Aus der Geschichte lernen

Über die Rolle der Erziehung in der bundesdeutschen Erinnerungskultur

Wolfgang Meseth

Johann Wolfgang Goethe-Universität
Frankfurt am Main 2005

Frankfurter Beiträge zur Erziehungswissenschaft
Reihe Monographien

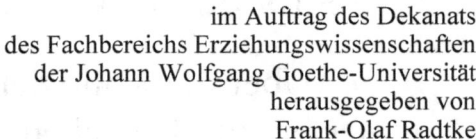

im Auftrag des Dekanats
des Fachbereichs Erziehungswissenschaften
der Johann Wolfgang Goethe-Universität
herausgegeben von
Frank-Olaf Radtke

Sigle: D 30

© Fachbereich Erziehungswissenschaften der
Johann Wolfgang Goethe-Universität
Frankfurt am Main 2005

Hergestellt: Books on Demand GmbH

Bibliografische Information der Deutschen Bibliothek

Die Deutsche Bibliothek verzeichnet diese Publikation in der Deutschen Nationalbibliografie; detaillierte bibliografische Daten sind im Internet über http://dnb.ddb.de abrufbar

ISBN 3-9809008-5-1

Inhaltsverzeichnis

Vorwort   7

Danksagung   9

Einleitung

Erziehung und der Umgang mit der Geschichte des Nationalsozialismus in der Bundesrepublik Deutschland

Aus der Geschichte lernen.. 11

Nation, Geschichte und Erziehung.. 13

‚Auschwitz' als Zäsur der Moderne... 15

Über den pädagogischen Umgang mit der NS-Geschichte in der
Bundesrepublik Deutschland... 17

Kapitel I

Nation, Geschichte und Erziehung – Versuch einer Verhältnisbestimmung

Gesellschaftliche Differenzierung versus gesellschaftliche Einheit....... 27

Das Differenzierungsmodell der Systemtheorie Niklas Luhmanns........ 29

    Die Unterscheidung von System und Umwelt (29) – Die
Unterscheidung von sozialen und psychischen Systemen (31) – Zur
„Imagination" gesellschaftlicher Einheit (33) – Geschichte und
Erziehung als Medien gesellschaftlicher Selbstvergewisserung (36)

Geschichte als Medium gesellschaftlicher Selbstvergewisserung.......... 38

    Zu den semantischen Grundlagen der modernen Erinnerungskultur:
Von *den* Geschichten zu *der* Geschichte (38) – Menschheit versus
Nation (42) – Über die Hoffnung, aus Geschichte sei zu lernen (44)
– Affirmation, Kritik, Gedenken – Formen historischer Sinnstiftung
(46) – Das „kulturelle Gedächtnis" (49)

Erziehung als (Steuerungs-)Medium gesellschaftlicher
Selbstvergewisserung.. 50

Die Ausdifferenzierung des Erziehungssystems (50) – Pädagogische Semantiken – Die Entdeckung des Menschen als zu erziehendes Wesen (53)

Zur Verschränkung der Medien Geschichte und Erziehung................. 56

Generation (56) – Geschichtsunterricht, Geschichtsbewußtsein und historisches Lernen (58)

Zusammenfassung.. 62

Kapitel II
Auschwitz als Zäsur der Moderne – Irritationen des Mediums Geschichte

Vom Fortschrittsoptimismus zur Prävention gegen den Rückfall.......... 65

Theodor W. Adornos kategorischer Imperativ „nach Auschwitz"......... 67

Die „Dialektik der Aufklärung" (67) – Negative Moralphilosophie (73)

Zwischen Geschichtsoptimismus und -pessimismus: Die Kritische Theorie und ihre Bedeutung für die bundesdeutsche Erinnerungskultur.. 78

Kapitel III
Die NS-Geschichte als Medium der bundesdeutschen Selbstvergewisserung

Schuld, Aktualisierung, Darstellung – Paradoxien der Erinnerungskultur.. 83

Etappen bundesdeutscher Selbstvergewisserung: Das Thema ‚Schuld' im Spannungsfeld von moralischem Universalismus und nationaler Identitätspolitik.. 84

Die Schuld der Deutschen (86) – Außenansichten nach 1945: Deutschland aus der Perspektive der Alliierten (89) – Innenansichten: Nationale Selbstbeschreibungen nach 1945: Beschweigen, Aufarbeitung, Gedenken (92) – Nationale Identitätspolitik versus Globalisierung (109)

Aktualisierungsparadoxien der Geschichte des Nationalsozialismus
und des Holocaust.. 111

Aktualisierungen im Spannungsfeld von Kontingenz und
Vereindeutigung (112) – Aktualisierungen im Spannungsfeld von
Singularität und Relativierung (115) – Aktualisierung im
Spannungsfeld von Instrumentalisierung und zweckfreiem
Opfergedenken (120)

Die Darstellungsparadoxie des Holocaust.. 122

Die Darstellungsparadoxie und seine Begründung in der Kritischen
Theorie Adornos (123) – ‚Authentizität' als Anspruch an eine
angemessene Darstellung der Verbrechen (126)

Kapitel IV
Erziehung als Medium der bundesdeutschen Selbstvergewisserung

Erziehung und Vergangenheitsbewältigung: von der *Re-Education*
zum pädagogischen Programm „Erziehung nach Auschwitz".............. 133

Das Programm der *Re-Education* und seine wissenschaftliche
Begründung (134) – Die Geschichte des Nationalsozialismus und
die deutsche Nachkriegspädagogik (139) – Von der
Geisteswissenschaftlichen Pädagogik zur Kritischen
Erziehungswissenschaft (142)

Erziehung im Schatten der „Dialektik der Aufklärung":
Theodor W. Adorno als Kulturkritiker und Volkserzieher...................... 147

Adornos Vortrag „Erziehung nach Auschwitz": Die Ikone
westdeutscher Erziehungsbemühungen nach 1968 (147) – Adorno:
Kulturkritiker und/oder Volkserzieher?! (150) – Adorno und die
Kritische Erziehungswissenschaft (155) – ‚Aus der Geschichte
lernen': Erziehung nach Auschwitz und die nachfolgenden
Generationen in der bundesdeutschen Erinnerungskultur (159)

Von der Uneindeutigkeit zur Vereindeutigung: über die
Leistungsfähigkeit des Mediums Erziehung.. 162

Erziehung und die Aktualisierungsparadoxie des Holocaust (163) –
Erziehung und die Darstellungsparadoxie des Holocaust (170) –
Erziehung versus Gedenken (174)

Kapitel V

Irritationen der bundesdeutschen Erinnerungskultur: Generationendifferenz und Migration

Die Geschichte des Nationalsozialismus und des Holocaust zwischen den Generationen.. 179

‚Generation': Von der sozialwissenschaftlichen Ordnungs- und Analysekategorie zum Medium nationaler Selbstvergewisserung (183) – Die 45er-Generation (189) – Die 68er-Generation (191) – Die 89er-Generation (194) – Das Geschichtsbewußtsein der 89er-Generation als ‚Gradmesser' für die moralische (Des-)Integration der Bundesrepublik (197) – Über Einstellungsmessungen und ihren Objektivitätsgehalt (200) – Von Einstellungsmessungen zur Ausdeutung erwartbarer Geschichtsbezüge (204) – Zusammenfassung – Generationsspezifische Differenzen im Umgang mit der NS-Geschichte (210)

Die Geschichte des Nationalsozialismus und des Holocaust in der deutschen Einwanderungsgesellschaft... 212

Geschichtsbezüge von Migranten (213)

Zusammenfassung – Plurale Geschichtsbezüge im Spannungsfeld von moralischem Universalismus und nationaler Identitätspolitik............... 217

Resümee

Zwischen Irritation und Vereindeutigung: Erziehung und die Kritische Theorie Adornos in der bundesdeutschen Erinnerungskultur

221

Soziologie als Sinnspender der Gesellschaft?.. 225

Literatur

231

Vorwort

In seiner hier vorliegenden Studie macht Wolfgang Meseth in erziehungswissenschaftlicher Perspektive den anspruchsvollen Versuch, die Geschichte der pädagogischen Bearbeitung der NS-Vergangenheit seit 1945 zu rekonstruieren. Es handelt sich um eine Fallstudie über das Verhältnis von Erziehung und Nationalstaat am Beispiel der besonderen Situation der Bundesrepublik Deutschland. Deren Aufgabe bei der Restitution eines neuen Gemeinwesens war darin zu sehen, daß die nationale Selbstvergewisserung und Vergemeinschaftung sich an einer moralisch schwer belasteten, durch Schande, Verbrechen und Niederlage gekennzeichneten Geschichte abzuarbeiten hatte und daraus pädagogische Lehren für die Zukunft formulieren mußten.

Mit der Arbeit wird der schon häufiger beschriebenen Geschichte der bundesdeutschen Vergangenheitsbewältigung eine Dimension hinzugefügt, in der in systematischer Perspektive nachvollzogen wird, welche Rolle der öffentlichen Erziehung darin zugedacht war, welchen Schwierigkeiten sich die pädagogische Programmatik angesichts des Gegenstandes jeweils zu stellen und welche Probleme in der pädagogischen Praxis in Schule und Unterricht schließlich zu meistern waren.

Wolfgang Meseth greift damit ein Desiderat der erziehungswissenschaftlichen, auch der geschichtspolitischen Forschung auf, wenn er das Schicksal der stehenden Formel „Erziehung nach Auschwitz" verfolgt, die Theodor Adorno geprägt hat und die zur Maxime des Handelns einer ganzen Generation von Pädagogen geworden war. Was oft übersehen wird: Die Kritische Theorie der Frankfurter Schule erweist sich als ein im Kern pädagogisches Projekt. Daß ihre Wirkungsgeschichte bislang erziehungswissenschaftlich unbearbeitet blieb, deutet auf einen „blinden Fleck", der aus einer theoretischen wie moralischen Selbstverständlichkeit des pädagogischen Zieles entsteht, die keine Infragestellung zu vertragen und keiner weiteren Aufklärung zu bedürfen scheint.

Mit der Aufarbeitung dieser Geschichte, die eine Geschichte programmatischer Entwürfe und ihrer Enttäuschung ist, gelingt es Wolfgang Meseth, das Selbstverständnis der Bundesrepublik, wenn man so will, den Inhalt des bundesdeutschen Nationalismus freizulegen. Letzten Endes geht es um eine Überprüfung der Prämissen der öffentlichen Erziehung, der damit einhergehenden hohen pädagogischen Aspirationen und der äußeren sozialen Erwartungen an den (Geschichts-)Unterricht zum Thema Nationalsozialismus und Holocaust.

Zu diesem Zweck werden in der Arbeit zwei große Problemkomplexe erörtert. Erstens wird die Frage nach der Bedeutung von Erziehung im Kontext der bundesrepublikanischen Selbstvergewisserungsbemühungen im Medium der Geschichte erörtert; zweitens werden Fragen aufgeworfen, die um das Problem der erziehungspraktischen Vermittlung eines historischen Gegenstandes kreisen, der sich durch eine, wie Meseth formuliert, besondere Widrigkeit auszeichnet und die pädagogische Praxis in schulischen wie außerschulischen Kontexten in Paradoxien führt, welche die pädagogische Praxis selbst möglicherweise so noch nicht gesehen hat, mit denen sie aber versuchen muß, fertig zu werden.

Die besondere Pointe der Arbeit ist es nun, daß der Autor die Wirkungsgeschichte der „Erziehung nach Auschwitz" mit Hilfe eines differenzierungstheoretischen Beschreibungsinstrumentariums beobachtet und mit diesem theoretischen Mittel die Paradoxien moralischer Erziehung in ihrer Struktur freilegen kann. Indem es ihm gelingt, die Strategien nachzuzeichnen, mit denen versucht worden ist, solchen Paradoxien entweder auszuweichen oder aber Wege zu finden, mit ihnen umzugehen, wird aus der erziehungswissenschaftlichen Analyse ein Angebot zur Reflexion der pädagogischen Programmatik und der Grenzen des Handelns. Dabei geht es nicht um Kritik, die wüßte, wie es besser gehen könnte, sondern um Transparenz der gegebenen Optionen.

Wolfgang Meseth hat eine außerordentlich anregende Arbeit vorgelegt, die das Potential der allgemeinen Erziehungswissenschaft nutzt, um die spezifischen pädagogischen Probleme im Umgang mit dem Nationalsozialismus und dem Holocaust zu klären, vor allem aber auch die Erwartungen an ein solches Programm zu begrenzen. Es ist zu wünschen, daß sie sowohl die geschichtsdidaktische, wie auch die allgemeinpädagogische Diskussion um die Leistungsfähigkeit von Schule und Unterricht zu moralischen Themen beeinflussen wird.

Frankfurt am Main, im August 2005   Frank-Olaf Radtke

Danksagung

Das vorliegende Buch ist die überarbeite Version meiner Dissertation, die ich von Juni 2000 bis Dezember 2003 am Fachbereich Erziehungswissenschaften der Johann Wolfgang Goethe-Universität Frankfurt am Main geschrieben habe.

Eine Arbeit wie diese hätte ohne die vielfältige Unterstützung von Förderern, Kollegen und Freunden nicht zustande kommen können.

Zu danken habe ich dem Cusanuswerk, dessen finanzielle Unterstützung und Graduiertenprogramm mir einen sicheren wie inspirierenden Rahmen für meine Forschung ermöglicht hat. Die Arbeit ist entstanden in einer herausfordernden intellektuellen Atmosphäre des Fachbereichs Erziehungswissenschaften der Johann Wolfgang Goethe-Universität. Eine Atmosphäre stetiger Irritation und produktiver Unruhe, die mich zur ständigen Vertiefung meiner Überlegungen angespornt hat. Zu Dank verpflichtet bin ich vor allem Frank-Olaf Radtke, der die Dissertation von Beginn kritisch begleitet und unterstützt hat und mir zu jeder Zeit ein Ansprechpartner war; ebenso Micha Brumlik, Andreas Gruschka und Jochen Kade für ihre kritische Auseinandersetzung mit meiner Arbeit. Ihren jeweils unterschiedlichen Perspektiven auf den Gegenstand meiner Dissertation standzuhalten, war wohl eine der größten Herausforderungen.

Zu danken habe ich auch und vor allem meinen Freunden und Kollegen, die mir in den vergangenen Jahren mit Rat und Tat zur Seite gestanden haben: Matthias Proske, Thomas Kunz und Christian Kolbe für die zahlreichen Arbeitsgruppendiskussionen; Gottfried Kößler für seine vielfältigen Impulse aus der Praxis; Oliver Hollstein, der mir als beständiger kritischer Diskutant meiner Texte immer neue Anregungen gegeben hat; Thomas Hauck und Stefan Reiß für die gründliche Lektorierung des Manuskripts. Seine jetzige Form erhielt das Buch durch Birgit Fischers sorgfältige Bearbeitung des Textes, für deren Geduld und Umsicht ich mich herzlich bedanke.

Schließlich habe ich meiner Familie, allen voran meinen Eltern, für ihr Vertrauen und ihre rückhaltlose Unterstützung zu danken; ganz besonders natürlich danke ich Carolin, die mich durch alle Höhen und Tiefen bis zum Abschluß meiner Promotion begleitet hat.

Einleitung

Erziehung und der Umgang mit der Geschichte des Nationalsozialismus in der Bundesrepublik Deutschland

Aus der Geschichte lernen

Mit großer Übereinstimmung haben jüngere geschichts- und sozialwissenschaftliche Untersuchungen die These erhärtet, daß die Auseinandersetzung mit dem Nationalsozialismus und dem Holocaust für das politische Selbstverständnis der Bundesrepublik konstitutiv sei.[1] Seit ihrer Gründung hat sich die Bundesrepublik in den vielfältigen geschichts- und erinnerungspolitischen Debatten, die von den Auschwitz-Prozessen über den Historikerstreit und die Wehrmachtsausstellung bis zur jüngsten Kontroverse zu dem Film „Der Untergang" reichen, fortdauernd mit Fragen der historischen Verantwortung, der angemessenen Erinnerung an die Opfer des Holocaust und der aus den Verbrechen zu ziehenden Lehren beschäftigt.

In den vergangenen Jahren ist neben die normative geschichts- und erinnerungspolitische Diskussion eine Ebene gerückt, in der die kontinuierliche Auseinandersetzung mit der NS-Geschichte selbst noch einmal zum Gegenstand von Reflexion wird. Die bundesdeutsche Auseinandersetzung mit den Verbrechen wird historisiert und in sozial- und geschichtswissenschaftlichen Studien ihrerseits als Teil der Geschichte der Bundesrepublik Deutschland erzählt: Etwa als eine Geschichte, in der die zeitweise sogenannte „Aufarbeitung der Vergangenheit" (Adorno) nach ihrer außen- und innenpolitischen Bedeutung in unterschiedliche Phasen unterteilt wird (vgl. Frei 1996; Wolfrum 1999; Assmann/Frevert 1999) oder als Generationengeschichte, in der die geschichtspolitische Entwicklung als Resultat eines spezifischen Generationenkonfliktes zwischen der Erlebnisgeneration und ihren Nachkommen, der sogenannten 68er-Generation, gedeutet wird (vgl. Bude 1987, 1992, 1995). Auffallend an dem in den letzten Jahren stetig gestiegenen Forschungsinteresse an der Geschichte der bundesrepublikanischen Vergangenheitsbewältigung ist, daß ein Aspekt bisher überraschender Weise fast gänzlich ausgespart worden ist: Obwohl die geschichtspolitischen Diskussionen in der Bundesrepublik seit jeher geprägt sind von pädagogischen Denkmustern,

---

1   Zur einheitsstiftenden Bedeutung der ‚Vergangenheitsbewältigung' in der Bundesrepublik Deutschland vgl. Albrecht u.a. 1999; Bergmann, W. u.a. 1995; Frei 1996; König u.a. 1998; Lepsius 1989; Reichel 2001; Schaal/Wöll 1997; Wolfrum 1999, bes. S. 272ff.

von Fragen, die um die Tradierung des Wissens der NS-Verbrechen an nachfolgende Generationen und um die wirkungsvollste Form einer „Erziehung nach Auschwitz" (Adorno) kreisen, ist bisher noch nicht systematisch untersucht worden, welche Bedeutung und Funktion diese allenthalben zu beobachtende Pädagogisierung der Erinnerung für die geschichtspolitische Verarbeitung des Holocaust und die damit verbundene Entwicklung des nationalen Selbstverständnisses der Bundesrepublik gehabt hat.

Die pädagogische Durchdringung der Erinnerungskultur deutet sich bereits in der *Re-Education*politik der Aliierten an. Sie führt über die Modernisierungs- und (Bildungs-)Reform der sechziger und siebziger Jahre bis in die Gegenwart, in der Theodor W. Adornos Forderung, „daß Auschwitz nicht noch einmal sei, ist die allererste an Erziehung" (GS 10.2, S. 674),[2] nicht selten mit einer Menschenrechtserziehung zu Toleranz, Zivilcourage und demokratischen Werthaltungen verbunden wird. Damals wie heute gehört der Verweis auf Erziehung zu einem festen Bestandteil des politisch-öffentlichen Redens über die nationalsozialistische Vergangenheit. Schon 1951 macht Bundeskanzler Konrad Adenauer in einer Erklärung der Bundesregierung zur „Haltung der Bundesrepublik gegenüber den Juden" im Bundestag auf die gewichtige Funktion aufmerksam, die der Erziehung bei der Etablierung von Werten wie Toleranz, Rechtsstaatlichkeit und Menschenwürde im neu entstehenden Gemeinwesen zukommen müsse. „Diese Normen", so Adenauer, „können (...) nur wirksam werden, wenn die Gesinnung, aus der sie geboren wurden, zum Gemeingut des gesamten Volkes wird. Hier handelt es sich somit in erster Linie um ein **Problem der Erziehung** (Herv. i. Orig.). Die Bundesregierung hält es für dringend erforderlich, daß die Kirchen und die Erziehungsveranstaltungen der Länder in ihren Bereichen alles daran setzten, damit **der Geist menschlicher und religiöser Toleranz** (Herv. i. Orig.) im ganzen deutschen Volk, besonders aber unter der deutschen Jugend, nicht nur formal Anerkennung findet, sondern von der seelischen Haltung und praktischen Tat Wirklichkeit wird" (Deutscher Bundestag 1951, S. 6698). Auch knapp fünfzig Jahre nach Adenauers Appell haben pädagogische Denkmuster ihre Bedeutung in erinnerungspolitischen Reden nicht verloren. „Aus der Geschichte folgt Verantwortung. Sie beginnt mit der Erziehung in den Schulen und mit der Einrichtung und Pflege von Stätten des Gedenkens" heißt es in einer Rede des Bundespräsidenten Johannes Rau vor der Knesset im Februar 2000, in der er die besondere nationale Verantwortung und Erinnerungspflicht hervorhebt, die aus den nationalsozialistischen Verbrechen für die Bundesrepublik generationenübergreifend erwachse. In beiden Reden dieser hohen Repräsentanten der Bundesrepublik Deutschland verdichtet sich jene Maxime, die den kontinuierlichen normativen Fluchtpunkt der bundes-

---

2   Zitiert wird hier wie in der Folge aus den Gesammelten Schriften Theodor W. Adornos (GS, Band, Seitenangabe).

deutschen Erinnerungskultur bildet: die Forderung, aus der Geschichte des Nationalsozialismus zu lernen. In den vielfältigen geschichts- und erinnerungspolitischen Debatten und Konflikten vor allem in den letzten beiden Jahrzehnten hat sich diese Maxime als kollektiv geteilte Prämisse der Praxis der Erinnerung an die Massenvernichtung der europäischen Juden verfestigt und wird dabei bevorzugt als pädagogischer Auftrag gedeutet.

Gerade angesichts der Selbstverständlichkeit, mit der etwa die Diskussion um die Restitution des deutschen Nationalstaates nach 1945 oder die bis in die Gegenwart hineinreichenden Debatten um die Zukunft der Erinnerung kontinuierlich als Herausforderung von Erziehung geführt wurden bzw. geführt werden, wäre zu untersuchen, welchen Anteil diese pädagogische Aspiration, von der die Erinnerungskultur seit ihren Anfängen getragen wird, für die Ausbildung einer relativ stabilen nationalen Identität gehabt hat. Zugespitzt formuliert stellt sich die Frage, ob und wenn ja, wie es der Bundesrepublik auch und gerade durch den symbolischen Rekurs auf Erziehung gelungen ist, die moralisch schwer belastete, durch Schuld, Scham und Niederlage gekennzeichnete Geschichte nicht nur als Teil der eigenen Nationengeschichte zu integrieren, sondern an ihr zudem das nationale Selbstverständnis auszubilden? Zur Beantwortung dieser Frage tritt die vorliegende Untersuchung an. Ihr Gegenstand ist die bundesdeutsche Erinnerungsgeschichte, die in der Folge als eine Geschichte der Erziehung und ihrer unterschiedlichen Ausformungen rekonstruiert werden soll.

Nation, Geschichte und Erziehung

Aus einer erziehungswissenschaftlichen Perspektive mag die hier kursorisch festgestellte Pädagogisierung der Erinnerung kaum überraschen. Die Vorstellung, vor allem der Schule und dem Geschichtsunterricht die Tradierung von Wissen und Werten zu überantworten, schließt an eine Grundfigur neuzeitlichen Denkens an, die das Selbstvergewisserungsbemühen der modernen Gesellschaft entscheidend geprägt hat. Sozial- und geschichtswissenschaftliche Studien haben mit großer Übereinstimmung gezeigt, wie sich während der Wende vom achtzehnten zum neunzehnten Jahrhundert das sinnstiftende Potential der Nationengeschichte und die vermittelnde Funktion von Erziehung, gleichsam als Kompensation für den einsetzenden Verlust der übergreifenden religiösen Ordnung, zu Haltepunkten der sozialen Vergemeinschaftung und des gesellschaftlichen Integrationsbemühens entwickelt haben.[3] Im Übergang zur modernen Gesellschaft verliert Religion ihr Primat zur Be-

---

3 Für das Feld der Geschichte vgl. Koselleck 1979; Wolfrum 1999; für das Feld der Erziehung vgl. Oelkers 1990a, 1992.

gründung und Legitimation der Welt. In diese Leerstelle tritt die Idee der Nation. Mit ihren einheits- und identitätsstiftenden Bezugsgrößen Sprache, Territorium und Geschichte bietet sie ein neuartiges semantisches Repertoire, das es der modernen Gesellschaft ermöglicht, sich jenseits einer religiösen Verankerung als Summe regional begrenzter sozialer Gemeinschaften zu beschreiben. Unter den Bedingungen gesteigerter Unübersichtlichkeit liefert die Nation eine „relativ stabile Identifikation für Personen" (Stichweh 2000, S. 48) und einen traditionsgesicherten Haltepunkt, aus dem sich Orientierungs- und Entscheidungswissen für die Gegenwart und die Zukunft ableiten läßt. Nicht von ungefähr wird die Nation auch als Ersatz- oder Zivilreligion bezeichnet (vgl. Wehler 1989, S. 506ff.), und vor allem ist es ihre Geschichte, die den neuralgischen Punkt ihres kollektiven Selbstvergewisserungsbemühens bildet. Obwohl die Frage, ob überhaupt und wenn ja, was aus der Geschichte zu lernen sei, unter Philosophen und Historikern umstritten bleibt (vgl. Reemtsma 2001a; Habermas 1994; Wehler 1988), verdichtet sich gerade in der öffentlich immer wieder bemühten Forderung, man solle aus der Geschichte lernen, die Suche nach Sinnstiftung, nach Vereindeutigung, nach Zuversicht.

Die Festschreibung der Nation und ihrer Geschichte als Bezugspunkt kollektiver Selbstvergewisserung gilt jedoch nur als ein notwendiger erster, keinesfalls aber hinreichender Schritt zur Herstellung und Bewahrung sozialer Einheit. Die Präsentation staatlich autorisierter Geschichtsbilder und -bezüge in Gestalt von Feiertagen, Gedenktagen, Denkmälern und Museen markiert lediglich die objektivierte Seite des historisch gewonnenen Wertekonsenses. Zur nachhaltigen sozialen Integration kann es aber erst dann kommen, wenn die Mitglieder einer als Kollektiv gedachten Bevölkerung diesen Konsens auch verinnerlichen, wenn sie sich an ihn halten und ihre normative Orientierung nach ihm ausrichten. Der Erhalt und die Förderung von nationaler Einheit wird als Vermittlungsleistung zwischen den Staatsbürgern und den Objektivationen historischen Wissens begriffen, die in der modernen Gesellschaft vor allem als Aufgabe von Erziehung gedacht wird. Mit der Erziehung der neuen Staatsbürger eröffnet sich der Blick in eine Zukunft, die sowohl als Bewahrung und Fortschreibung des Bewährten als aber auch als Erneuerung und Verbesserung des Alten gedacht werden kann. „Keiner der zahlreichen deutschen Staaten (...) des 20. Jahrhunderts", faßt Heinz-Elmar Tenorth (1991, S. 78) das über die Nation und Erziehung verlaufende Selbstvergewisserungsbemühen am Beispiel Deutschlands zusammen, „hat darauf verzichtet, in eigens entworfenen pädagogischen Programmen und Bildungskonzeptionen die eigene Identität zu symbolisieren und diesen Anspruch gegenüber den ‚Staatsbürgern', gegenüber deren Vorstellungen von individueller und kollektiver Identität und gegenüber der öffentlichen Vielfalt der Entwürfe von Staat und Nation zur Geltung zu bringen" (ebd.). Im Verbund mit der nationalen Geschichte und ihren moralischen Botschaften und

Lehren gilt die vermittelnde Kraft von Erziehung in der modernen Gesellschaft als Garant für ihre normative Integration.

‚Auschwitz' als Zäsur der Moderne

Wenngleich die Nationengeschichte und Erziehung zu den geläufigen normativen Referenzpunkten nationaler Selbstvergewisserung gehören und ein solches Vergemeinschaftungsmuster daher auch für die Bundesrepublik erwartbar scheint, bleibt unübersehbar, daß die Bundesrepublik bei ihrer Gründung vor einer historisch neuen Konstellation stand. Während sich das historische Selbstvergewisserungsbemühen von Nationalstaaten bis zum Zweiten Weltkrieg noch unbefragt auf positive Traditionsbestände beziehen konnte, war dies für beide deutschen Staaten, für die Bundesrepublik und die DDR, keinesfalls mehr selbstverständlich, denn mit der NS-Geschichte bildete nun ein zutiefst negativer Traditionsbestand den Bezugspunkt kollektiver Selbstvergewisserung.

Vergegenwärtigt man sich den historischen Entstehungszusammenhang dieses folgenreichen Vergemeinschaftungsmuster, so ist unübersehbar, daß die sinnstiftende Bedeutung von Geschichte und Erziehung eng verbunden ist mit der optimistischen Denkfigur der Aufklärung, mit der Idee des Fortschritts und der Machbarkeit von Geschichte durch Erziehung. Hinter dieser Idee steht noch ein ungebrochenes und positives Verhältnis zur Vernunft, das jedoch spätestens mit dem Wissen über die Massenvernichtung der europäischen Juden im Zweiten Weltkrieg beschädigt wurde. Als Menschheitsproblem stehen die nationalsozialistischen Verbrechen für das Selbstzerstörungspotential der Moderne.[4] Auschwitz zerbrach die fortschrittsoptimisti-

---

4   Dan Diner hat mit dem Begriff „Zivilisationsbruch" (1988) eine allgemein verwendete Formulierung geprägt, in der jene Zäsur zum Ausdruck gebracht wird, die die nationalsozialistischen Verbrechen, die industriell organisierte Vernichtung von mehreren Millionen Menschen, für das Projekt der Moderne bedeuteten. In der Auseinandersetzung um die Bezeichnung dieser Verbrechen gilt es als unbestritten, daß es weder einen richtigen noch einen angemessenen Begriff für die Ungeheuerlichkeit dieser historischen Ereignisse gibt. Auch wenn die Verbrechen mit den Begriffen „Shoah", „Holocaust" und „Auschwitz" immer wieder benannt werden, läßt sich mit James E. Youngs (1988) Studie „Beschreiben des Holocaust" zeigen, daß mit jedem dieser Begriffe auch eine andere Bedeutung der Verbrechen vermittelt wird. Die Unterschiede beziehen sich zum einen auf die etymologische Bedeutung dieser Begriffe und zum anderen auf ihre öffentliche und massenmediale Verwendung (vgl. Krankenhagen 2001, S. 7ff.). Der hebräische Begriff „Shoah" verweist auf „Verzweiflung und metaphysischen Zweifel" (Young 1988, S. 144), ist auf die Leidensgeschichten des jüdischen Volkes bezogen und wurde populär durch Claude Lanzmanns gleichnamigen Film aus dem Jahre 1985. Der aus dem griechischen abgeleitete Begriff „Holocaust" bezeichnet ein religiöses Brandopfer und ist gegenwärtig wohl der meistgebrauchte Begriff, dessen öffentliche Verbreitung vor allem auf den massenmedialen Erfolg der gleichnami-

sche Grundfigur der Aufklärung, die trotz ihrer höchsten Absicht, menschliches Leben zu verbessern, das Gegenteil hervorgebracht hatte, nämlich Tod und Vernichtung. Mit dieser Diagnose einer „Dialektik der Aufklärung", wie sie zuerst von Horkheimer und Adorno (1944) in ihrem gleichnamigen Werk formuliert worden ist, verloren auch Erziehung und Geschichte als „Kinder der Aufklärung" ihre selbstverständliche theoretische Grundlage. Die Hoffnung auf einen prinzipiell positiven Verlauf der Geschichte wurde nachhaltig beschädigt. Gesellschaftlicher Fortschritt war nicht mehr ohne den Makel dieser Dialektik zu denken, und die Geschichte verlor ihren unbestrittenen Ruf als Lehrmeisterin des Lebens. An die Stelle einer grundsätzlich optimistischen Haltung zur Geschichte rückte mit dem Imperativ „Nie wieder Auschwitz" eine negative Form historischer Sinnstiftung, deren oberstes Gebot nicht mehr gesellschaftliche Verbesserung, sondern die Prävention einer drohenden Selbstvernichtung der Menschheit sein sollte (vgl. Bergmann 1994, S. 96ff.).

In der Bundesrepublik Deutschland ist dieser Imperativ nicht nur als moralische Botschaft an die Menschheit verstanden worden. In den vielfältigen geschichtspolitischen Debatten und Konflikten über die Bedeutung der NS-Geschichte für das Selbstverständnis der Bundesrepublik hat die Formel „Nie wieder" auch eine partikulare gemeinschaftsstiftende Form gefunden, in der sich die als Schuld, Schande oder Scham begriffene Verantwortung gegenüber der Vergangenheit in eine nationale Verpflichtung für die Gegenwart und Zukunft zu verwandeln vermochte. Gerade die normative Absetzung vom ‚Dritten Reich' bildete die Grundlage der westdeutschen Nachkriegsdemokratie, durch die „der Nationalsozialismus", wie der Soziologie M. Rainer Lepsius (1989) betont, „als dauernde Mahnung (...) in der Bundesrepublik normativ internalisiert (Herv. i. Orig.) worden" sei (ebd., S. 251). Unübersehbar in dem historischen Selbstverständigungsprozeß der Bundesrepublik ist, daß die Auseinandersetzung mit der Geschichte der Shoah verstärkt als eine Angelegenheit von Erziehung interpretiert worden ist. Sie ist gleichsam zu einer volkspädagogischen Daueraufgabe geworden, durch die es gelingen soll, nachfolgende Generationen und mit ihnen die Gesellschaft gegen antidemokratische Tendenzen zu immunisieren.

---

gen amerikanischen Fernsehserie aus dem Jahre 1979 zurückzuführen ist. „Auschwitz" schließlich hat keine tiefer greifende etymologische Bedeutung, sondern ist die deutsche Bezeichnung für den polnischen Ort Oświęcim, dem Ort des größten Konzentrations- und Vernichtungslagers. In der deutschen Öffentlichkeit gewann die Bezeichnung „Auschwitz" ab den fünfziger Jahren Bedeutung, und hier vor allem über Theodor W. Adorno, der in seinen Schriften diesen Begriff als Symbol für den Mord an den europäischen Juden verwendet hat. Bei dem Gebrauch der Begriffe „Shoah", „Holocaust" und „Auschwitz" schließe ich mich Stefan Krankenhagen (2001) an, der in seiner Studie „Auschwitz darstellen" diese Begriffe austauschbar verwendet hat, „um nicht die Vorstellung zu transportieren, es gebe in der gegenwärtigen Diskussion eine (noch) nicht massenmedial vermittelte Art der Bezeichnung" (vgl. ebd., S. 8).

Offensichtlich haben Geschichte und Erziehung ihr sinnstiftendes Potential auch nach dem Zivilisationsbruch „Auschwitz" nicht etwa verloren, sondern unter geänderten Vorzeichen (Prävention statt Fortschritt) weiter entfaltet. Damit wird die Frage interessant, wie im konkreten Fall der Bundesrepublik das Verhältnis von Nation, Geschichte und Erziehung gebaut ist? Wie hat sich der deutsche Nationalstaat nach 1945 als Einheit restituiert, wenn man berücksichtigt, daß mit der allgemeinen Krise der Vernunft die Grundlagen der geläufigen Sinnspender in Frage gestellt wurden und mit der NS-Geschichte zudem ein zutiefst negativer Traditionsbestand den Fokus der nationalen Identifikation bildet?

Über den pädagogischen Umgang mit der NS-Geschichte in der Bundesrepublik Deutschland

Im Lichte des über Erziehung und Geschichte verlaufenden Modus nationaler Selbstvergewisserung, der auch nach Auschwitz seine Bestätigung fand, ist die pädagogische Durchdringung der bundesdeutschen Erinnerungskultur – das sei wiederholt – kaum überraschend. Im Gegenteil: sie ist in hohem Maße erwartbar. Es überrascht jedoch, daß trotz der Präsenz von pädagogischen Denkmustern in der Erinnerungskultur der Einfluß, den Erziehung auf diesem Feld entfaltet hat, systematisch bisher kaum untersucht worden ist. Einer kaum mehr überschaubaren Zahl pädagogisch-programmatischer Literatur zur Frage, *wie* das Thema „Nationalsozialismus und Holocaust" vermittelt werden *soll*[5], stehen eine nur geringe Zahl erziehungswissenschaftlicher Studien gegenüber, in der der pädagogische Umgang mit der NS-Geschichte selbst zum Forschungsgegenstand gemacht wird.[6] Angesichts des Gefälles

---

5   Vgl. eine Auswahl der zuletzt erschienen Veröffentlichungen zum Themenfeld „Erziehung nach Auschwitz", „Gedenkstättenpädagogik", „Erinnerungspädagogik": Abram/Heyl 1996; Boschki/Konrad 1997; Brinkmann u.a. 2000; Ehmann u.a. 1995; Fechler u.a. 2000; Fuchs u.a. 2002; Grillmeyer/Ackermann 2002; Kammerer/Prölß-Kammerer 2002; Kiesel u.a. 1997; Moysich/Heyl 1998; Neirich 2000.

6   Mit der hier in Anspruch genommenen Unterscheidung von Pädagogik und Erziehungswissenschaft ist eine normative und eine deskriptiven Perspektive auf Erziehung gemeint. Wenn in der Folge von Pädagogik gesprochen wird, so schließt dies die Intentionen, Methoden und Zielsetzungen einer „Erziehung nach Auschwitz" ein, wie sie in pädagogischen Konzepten oder der politischen Öffentlichkeit formuliert werden. Wenn hingegen von einer erziehungswissenschaftlichen Perspektive gesprochen wird, so ist ein analytisch-deskriptiver Blick auf die Prämissen und normativen Implikationen dieser öffentlich kommunizierten und in pädagogischen Konzepten vorfindlichen Erwartungen des pädagogischen Umgangs mit der Geschichte des Nationalsozialismus gemeint. Die vorliegende erziehungswissenschaftliche Studie tritt folglich nicht mit der Absicht an, ein neues pädagogisches Programm zur Vermittlung des Themas „Nationalsozialismus und Holocaust" zu entwerfen,

von pädagogisch-normativen und erziehungswissenschaftlich-deskriptiven Zugängen zum Thema drängt sich die Vermutung auf, daß dieses Forschungsdesiderat komplementär einzuordnen ist zu der hohen öffentlichen Erwartung an die soziale Integrationsleistung von Erziehung. Offensichtlich berühren die normativen Erwartungen einer „Erziehung nach Auschwitz" einen sensiblen Bereich des bundesdeutschen Selbstverständnisses, der sich gerade aufgrund seiner sinnstiftenden Bedeutung zu einem blinden Fleck nationaler Selbstbeobachtung entwickelt hat und darüber ein vor Forschung weitgehend geschützter *Arkanbereich* geblieben ist.

Lediglich vier Studien, die alle neueren Datums sind, haben sich der Aufgabe, den Umgang mit der Geschichte des Nationalsozialismus und des Holocaust zu erforschen, aus ganz unterschiedlichem Erkenntnisinteresse gestellt.

Erstens die empirische Studie Peter Dudeks (1995) über die „pädagogische Verarbeitung des Nationalsozialismus in Deutschland". Anhand der Analyse einschlägiger pädagogischer Fachzeitschriften von 1945 bis 1990 kann Dudek zeigen, wie sich der bis heute gültige individuelle und gesellschaftliche Emanzipationsanspruch einer „Erziehung nach Auschwitz" vor allem im Gefolge der politisch-kulturellen Umbrüche der sechziger und siebziger Jahre öffentlich festzuschreiben vermochte. Die Studie bietet eine solide Datenbasis, die die sukzessive Pädagogisierung von Auschwitz belegt und damit gleichsam den über die NS-Geschichte und Erziehung verlaufenden Selbstvergewisserungsprozeß der Bundesrepublik Deutschland konfirmiert. Der Studie fehlt jedoch eine theoretisch tiefergreifende Analyse der Mechanismen und Gründe dieses spezifischen Musters gesellschaftlicher Selbstvergewisserung und bleibt bei einer allgemeinen Kritik an der diagnostizierten Pädagogisierung von Auschwitz sowie bei einem allgemeinen Verweis auf die Grenzen von Erziehung stehen.

Zweitens zu erwähnen ist die Studie von Matthias Heyl (1997) „Erziehung nach Auschwitz. Eine Bestandsaufnahme". In einer international vergleichenden Untersuchung über die pädagogischen Programme und Konzepte in Deutschland, den Niederlanden, Israel und den USA werden Gemeinsamkeiten und Differenzen in der methodisch-didaktischen Vermittlung des Themas „Nationalsozialismus" ausgelotet. Eingebettet ist dieser Vergleich in einen historischen Überblick über die öffentliche und familiale Bedeutung der NS-Geschichte in den vier Ländern sowie in eine allgemeine Skizze der Schwierigkeiten des Gedenkens an die Opfer der Shoah. Heyl bietet den wohl umfassendsten Überblick über die programmatische Entwicklung einer „Er-

---

sondern zielt darauf ab, aus einer Beobachterperspektive und unter Absehung pädagogisch-normativer Vorentscheidungen den bisherigen pädagogischen Umgang mit der NS-Geschichte zu rekonstruieren (zur Unterscheidung von Erziehungswissenschaft und Pädagogik vgl. Brezinkas 1971; Kade 1999; Luhmann/Schorr 1979a; Oelkers/Tenorth 1993; Tenorth 1994; 2000, S. 366ff.).

ziehung nach Auschwitz", ohne jedoch das hinter dieser Erziehungsaspiration liegende Verhältnis von Nation, Geschichte und Erziehung in den Blick zu nehmen oder die Prämissen der pädagogischen Konzepte freizulegen und auf ihre Geltung zu überprüfen. Vielmehr schreibt Heyl die emanzipatorischen Zielsetzungen einer „Erziehung nach Auschwitz" unbefragt fort, wenn er in Absetzung zu den bestehenden Vermittlungskonzepten ein eigenes Programm entwirft, in dem die Realisierung eben jener Erziehungsziele mit anderen didaktischen Methoden vorgeschlagen wird.

Drittens Micha Brumliks (1995a) Studie „Gerechtigkeit zwischen den Generationen", in der dieser aus kulturwissenschaftlicher Perspektive eine „Ethik der Erinnerung" entwirft und die normativen Vorgaben dieser Konzeption ins Verhältnis setzt zu den pädagogischen Zielsetzungen einer „Erziehung nach Auschwitz". Im Zentrum der Überlegungen Brumliks steht die Überzeugung, daß alle Formen des Umgangs mit der NS-Vergangenheit, die in den Dienst aktueller moralisch-politischer Problemlagen gestellt werden, eine *Instrumentalisierung* der Opfer und damit den Verlust ihrer Würde bedeuten, die letztlich nur durch ein zweckfreies Opfergedenken gewahrt werden könne. Gerade eine „Erziehung nach Auschwitz" mit ihrem unumgänglichen Bezug zur Gegenwart stehe daher immer auch vor der Gefahr, „Vernichtung und Nationalsozialismus als Mittel zum Zweck der Zivilisierung" zu betrachten (ebd., S. 110). Brumlik will mit dieser grundsätzlichen Problematisierung aber keinesfalls die aus der Erfahrung des Holocaust erwachsenen Ziele einer Moral- und Menschenrechtserziehung in Frage gestellt wissen. Vielmehr geht es ihm darum, auf das „unübersehbare Mißverhältnis zwischen Thema und didaktischem Arrangement" (ebd., S. 112) hinzuweisen und den Pädagogen einzuschärfen, über ihrem Tun die Widrigkeit des Vermittlungsgegenstandes nicht aus den Augen zu verlieren.

Schließlich liegen viertens einige Versuche vor, die konkrete Vermittlungspraxis des Themas „Nationalsozialismus und Holocaust" empirisch zu untersuchen. Während es über die Vermittlungspraxis in Gedenkstätten bisher keine empirischen Studien gibt[7], widmen sich einige Veröffentlichungen der Frage, wie das Thema im Unterricht und hier vor allem im Geschichtsunterricht behandelt wird. Neben einigen Zeitschriftenaufsätzen (vgl. Schneider 1997; König 2001), in denen das Thema punktuell aufgegriffen wird, ist jedoch auch auf diesem Forschungsfeld ein Forschungsdesiderat zu konstatieren.[8] Erst mit der Studie von Hollstein u. a. (2002) liegt ein erster Versuch

---

7 Lediglich Einstellungsuntersuchungen über die Wirkung der Besuche von Gedenkstätten bei Schülerinnen und Schülern liegen für dieses Forschungsfeld vor (vgl. Gareis/v. Vultejus, 1987; Fischer/Anton 1992).

8 Ähnlich wie für den Bereich der Gedenkstätten liegt für den Geschichtsunterricht mit der Studie von Kurt Pohl (1996) „Bildungsreform und Geschichtsbewußtein" lediglich eine Einstellungsuntersuchung vor, in der die „Wirkungen der Bildungsreform im Bereich des Geschichtsunterrichts" erhoben wurden. Die Geschichtsdidaktik hat sich bisher nur ausnahmsweise der Unterrichtsforschung zugewendet, wobei im Zentrum der vorliegenden Stu-

vor, sich der unterrichtlichen Vermittlung des Themas „Nationalsozialismus und Holocaust" empirisch zu nähern.[9] Vor dem Hintergrund der hohen öffentlichen Erwartungen an eine „Erziehung nach Auschwitz" gehen die Autoren der empirischen Frage nach, *wie* das Thema im Geschichtsunterricht von Lehrern und Schülern behandelt wird. Im Zentrum der Untersuchung steht nicht die Messung von Einstellungen oder möglichen Einstellungsänderungen der Schüler, sondern die Frage, ob es im Unterricht gelingt und gelingen kann, den öffentlichen und pädagogisch kommunizierten Ansprüchen an einen angemessenen Umgang mit der NS-Geschichte gerecht zu werden. Die Untersuchung folgt einem differenztheoretischen Forschungsansatz und unterscheidet verschiedene Formbildungen des Themas „Nationalsozialismus und Holocaust": Die Form in der öffentlichen Debatte zur Vergangenheitsbewältigung, die Form in pädagogischen Programmen und die Form in der Unterrichtspraxis. Auf der Grundlage dieser Differenzannahme beschreiben die Autoren den Weg, den das Wissen über die NS-Geschichte bis in den Unterricht nimmt, nicht – wie es üblicherweise geschieht – als Transfer, sondern als eigenlogische Transformation dieses Wissens in je neue Formen. Die Ergebnisse der Studie zeigen, daß der real stattfindende Geschichtsunterricht eine Differenz zu den hohen Zielsetzungen aufweist, die pädagogisch-programmatisch intendiert und öffentlich erwartet werden. Dies gilt zum einen für das Ziel einer Moralerziehung, da Unterricht offensichtlich nur über begrenzte Möglichkeiten verfügt, moralische Kommunikation in ihrer Konflikthaftigkeit angemessen zu bearbeiten. Dies gilt zum anderen aber auch für die öffentliche Erwartung an eine angemessene Repräsentation der moralisch-affektiven Dimensionen der Verbrechen, denen der Unterricht angesichts seiner formal-organisatorischen Bedingungen kaum gerecht werden kann.

Neben diesen Studien, deren Erkenntnisinteresse unmittelbar dem pädagogischen Umgang mit der NS-Geschichte in der Bundesrepublik Deutschland gewidmet ist, liegen zudem empirische Studien über das Geschichtsbewußtsein der nachwachsenden Generationen (vgl. Barlog-Scholz 1994; v. Borries 1995; Kohlstruck 1997; Silbermann/Stoffels 2000; Brusten u.a. 1991), über spezifische Tradierungsformen zwischen der Erlebnisgeneration

---

dien von Harnischfeger (1972), Jeismann u.a. (1987) und Klose (1991, 1994) nicht die konkrete Unterrichtsinteraktion, sondern ebenfalls Schülerbefragungen stehen, mit denen die Wirksamkeit einzelner Unterrichtseinheiten überprüft werden soll.

9   Die Ergebnisse der Studie, an der ich mit beteiligt bin, wurden zuletzt in einem Sammelband (vgl. Meseth/Proske/Radtke 2004) unter Berücksichtigung aller Fallstudien und eingebetet in die aktuelle geschichtsdidaktische Diskussion präsentiert und von Historikern, Soziologen, Geschichtsdidaktikern und Erziehungswissenschaftlern kritisch kommentiert. Neben dieser Pilotstudie liegt mit der Untersuchung von Heike Deckert-Peaceman (2002) eine weitere empirische Schuluntersuchung vor, die am Beispiel einer amerikanischen Grundschule der Frage nachgegangen ist, ob sich der „Holocaust als Thema für Grundschulkinder" eignet.

und ihren Kindern und Enkeln (vgl. Hauer 1994; Pütz 1999; Rosenthal 1997; Welzer u.a. 1997; 2002) und über das Geschichtsbewußtsein von Migrantenjugendlichen vor (vgl. Georgi 2003). Die Studien geben Aufschluß darüber, wie sich heutige Jugendliche, mithin also Adressaten von Erziehung, auf die NS-Geschichte beziehen. In der Summe weisen die Befunde dieser Studien darauf hin, daß sich die Perspektive auf die NS-Geschichte vor dem Hintergrund der demographischen Veränderung (Generationenfolge und Einwanderung) nachhaltig verändert. Im Gegensatz zur Erlebnisgeneration und ihrer Kinder, für die die NS-Geschichte ein Lebensthema ist, das sich unmittelbar mit moralischen Gefühlen wie Wut, Schuld, Scham und Entrüstung verbindet, bildet die gleiche Geschichte für heutige Jugendliche bereits ein historisches Thema, zu dem sie keinen eigenen biographischen Bezug mehr haben. Ihnen begegnet die NS-Geschichte als didaktisch aufbereiteter Lerngegenstand in der Schule, als private Erzählung in der Familie oder massenmedial inszeniert im Fernsehen und im Kino. Folgt man den Befunden der Studien, so bringt der demographische Wandel zunehmend plurale und das relativ einheitliche Geschichtsbild der Bundesrepublik Deutschland irritierende Umgangsformen in der Beschäftigung mit dem Thema hervor, die ihrerseits bereits wieder als neue pädagogische Herausforderung für eine neu zu bestimmende „Erziehung nach Auschwitz" (vgl. Fechler u.a. 2000) und als Herausforderungen für den Geschichtsunterricht (vgl. Alavi 1998; Körber 2001) diskutiert werden.

Die vorliegenden Studien verdeutlichen, daß die Frage nach dem pädagogischen Umgang mit der NS-Geschichte bisher nur punktuell ausgeleuchtet worden ist, eine ‚Gesamtschau' aber fehlt. Geleistet wurde eine historische Vergewisserung der pädagogischen Verarbeitung der NS-Geschichte (vgl. Dudek 1995), eine „Bestandsaufnahme" vorliegender Vermittlungskonzepte zum Thema (vgl. Heyl 1997), eine Problematisierung des Verhältnisses von Erziehung und Gedenken (vgl. Brumlik 1995a) sowie eine empirische Bestimmung der Möglichkeiten und Grenzen des Vermittlungsortes Unterricht (vgl. Hollstein u.a. 2002). Gemessen an der breiten, pädagogisch wie öffentlich geführten Diskussion über die Ziele einer „Erziehung nach Auschwitz" bleibt nach der Durchschau bisheriger Untersuchungen zum Thema zu konstatieren, daß gerade erziehungswissenschaftliche Studien fehlen, die diese normativ aufgeladene Debatte systematisch untersuchen.

In Abgrenzung zu den bisherigen Untersuchungen zielt die hier vorliegende Studie auf eine theoretisch präzise Bestimmung der Bedeutung und des Einflusses von Erziehung im Kontext des bundesdeutschen Erinnerungskultur. Es geht um die Frage, *wie* sich der deutsche Nationalstaat nach 1945 über Geschichte des Nationalsozialismus ihrer Einheit vergewissert hat und vergewissert und welche Rolle Erziehung darin spielt. Den theoretischen Rahmen der Untersuchung bildet eine absichtsvolle Verfremdung der über Geschichte und Erziehung verlaufenden Selbstvergewisserung der modernen

Gesellschaft. Wenn in der Studie von der modernen Gesellschaft gesprochen wird, so dient das Adjektiv *modern* nicht dazu – wie es populär geschieht – die Gesellschaft in normativer Hinsicht zu beurteilen, etwa bezogen auf ihren Zivilisierungs- und Demokratisierungsgrad oder bezogen auf ihre wissenschaftlich-technischen Innovationen. Modern wird hier – in Anlehnung an die geläufige soziologische Bedeutung des Begriffs – als spezifisches Zeit- und Weltverhältnis verstanden. Ein Verhältnis, das sich – in Abgrenzung zur Vormoderne – durch ein gesteigertes Kontingenzbewußtsein, d. h. durch ein Bewußtsein für die Unabgeschlossenheit der Zukunft, ihre Offenheit und Ungewißheit auszeichnet. Mithin ein Verhältnis zur Welt, in der die Erfahrung dominiert, daß moralische Prinzipien und Handlungsorientierungen nicht mehr selbstverständlich aus einem göttlich gegebenen Wertesystem gezogen werden können, sondern durch gesellschaftlich Reflexions- und Aushandelungsprozesse eigenständig hervorgebracht werden müssen und ständiger Bewährung und Legitimation ausgesetzt sind (vgl. Nassehi 2003, S. 126ff.; Habermas 1985a, S. 9ff.). Neben die Religion als einzig möglichen Ausgangspunkt der Welterklärung treten Ende des achtzehnten/Anfang des neunzehnten Jahrhunderts konkurrierende Beschreibungen, in denen die Gesellschaft etwa aus wissenschaftlicher, politischer, ökonomischer oder pädagogischer Perspektive dargestellt werden kann. Kurz gesagt: Die soziologische Rede von der Moderne meint, daß der Gesellschaft angesichts der Pluralität an möglichen Beschreibungen theoretisch gesehen eine konkurrenzfreie Repräsentation der eigenen Einheit abhanden gekommen ist. Da empirisch jedoch unübersehbar ist, daß die Gesellschaft ungeachtet ihrer Komplexität und ihres Überschusses an Kontingenz Formen findet, in denen sie sich symbolisch ihrer Einheit vergewissert, besteht die Frage nun darin, wie sie durch spezifische Einschränkungen von Kontingenz ihren normativen Bezugsrahmen hervorbringt (vgl. Nassehi 2003).

Zur Beantwortung dieser Frage wird das Verhältnis von Nation, Geschichte und Erziehung theoretisch bestimmt (Kapitel I). Ausgehend von dem soziologischen Paradigma gesellschaftlicher Differenzierung wird mit der Systemtheorie Luhmanns ein Theorieangebot genutzt, in dem die Gesellschaft nicht mehr als Einheit, sondern als Differenz unterschiedlicher Perspektiven beschrieben wird. Eine Differenz, die ihren Grund in der funktionalen Ausdifferenzierung der modernen Gesellschaft in unterschiedliche Teilsysteme hat und die folglich eine „Multiplikation von Beobachtungsmöglichkeiten" (Kneer 2003, S. 320) erzeugt, die eine konkurrenzfreie Repräsentation der Einheit der Gesellschaft unmöglich werden läßt. Auf der Basis dieses Theorieangebotes soll schließlich gezeigt werden, wie die Gesellschaft mit dem Verlust an Eindeutigkeit umgeht, d. h. welche Formen der Kontingenzbewältigung sie ausbildet und welche Bedeutung der (Nationen-)Geschichte und der Erziehung in diesem Selbstvergewisserungsprozeß zukommt. Um den über die Geschichte und Erziehung verlaufenden Selbstvergewisserungsprozeß präzise analysieren zu können, greife ich mit der Unterscheidung von Medium und Form auf eine Theoriefigur der Systemtheorie zurück. Luhmann versteht unter einem Medium nicht – wie man gemeinhin annehmen könnte – ein technisches Mittel der Übertragung bestimmter Informationen. Sehr viel abstrakter meint der Begriff eine lose, weiche Struktur, die sich verdichten kann zu festeren, bestimmteren Formen (vgl. Luhmann 1997, S. 195ff., 2002, S. 82ff.). Die Nationengeschichte und Erziehung wären folglich solche Strukturen, die in gesellschaftlichen Selbstvergewisserungsprozessen neue Gestalt, d. h. neue Formen der Kontingenzbewältigung bilden. In einer historisch-systematischen Vergewisserung wird die Genese der semantischen Grundlagen der Medien Geschichte und Erziehung rekonstruiert und ihr Zusammenspiel im Prozeß nationaler Selbstvergewisserung näher bestimmt.

Vergegenwärtigt man sich, in welch starkem Maße die Nation in ihrem selbstvergewissernden Bemühen um Identität und Einheit an positive historische Traditionen und an ein optimistisches Verhältnis zur Vernunft gebunden zu sein scheint, stellt sich die Frage, wie sich die Bundesrepublik Deutschland als Nachfolgestaat des Dritten Reiches angesichts ihrer durch Schuld, Scham und Niederlage negativ besetzten Geschichte überhaupt restituieren konnte. Die scheinbar paradoxe Antwort lautet: maßgeblich durch den Einfluß einer Theorie, die mit ihrer resignativen Vernunft- und Kulturkritik einen zutiefst verstörende Blick auf die moderne Zivilisation öffnet und eigentlich keine positiven und identitätsstiftende Bezüge enthält (Kapitel II). Trotz der Negativität seiner Theorie avancierte Adorno durch sein wissenschafts- und bildungspolitisches Engagement am Frankfurter Institut für Sozialforschung zu einem geschichtspolitischen Akteur und gleichsam zum Stichwortgeber der bundesdeutschen Erinnerungskultur. Sowohl in den Formen des Mediums Geschichte als auch in denen der Erziehung läßt sich dieser Einfluß von Adornos Theorie nachweisen. Wie läßt sich diese Doppelrolle Adornos als radikaler Vernunft- und Kulturkritiker („Dialektik der Aufklärung") einerseits und als geschichtspolitischer Sinnspender („Erziehung nach Auschwitz") andererseits erklären und vor allem, welchen Weg hat Adornos Theorie auf ihrem Weg in die bundesdeutsche Erinnerungskultur genommen? Diesen Fragen soll in den Kapitel III und IV nachgespürt werden.

Mit den Themen Schuld, Aktualisierung und Darstellbarkeit werden drei neuralgische Punkte der bundesdeutschen Erinnerungskultur freigelegt, die allesamt einen Bezug zu Adornos Kritischer Theorie aufweisen und in denen die verstörenden Dimensionen virulent sind, die Auschwitz für das Denken der Moderne bedeutet (Kapitel III). Stetig waren und sind diese Konfliktthemen der Auslöser für geschichtspolitische Kontroversen (Auschwitz-Prozesse, Historikerstreit, Wehrmachtsausstellung etc.) und bilden bis heute eine beständige Irritationsquelle für das nationale Identitätskonzept der Bundesrepublik Deutschland. Nicht zuletzt spiegelt sich in der öffentlichen Präsenz dieser Themen die Ambivalenz des bundesdeutschen Selbstvergewisserungsbemühens wider: Der Versuch, auf der negativen Geschichte des Nationalsozialismus und des Holocaust das nationale Selbstverständnis zu begründen. Im öffentlichen Umgang mit diesen Konfliktthemen werden jedoch nicht nur die verstörenden Dimensionen von Auschwitz sichtbar. Der Umgang zeigt auch, wie sich die von der Shoah ausgehenden Irritationen mit dem zeitlichen Abstand zu den Verbrechen abschwächen und sich eine sukzessive „Umdeutung von Auschwitz zu einem sinnhaften Ereignis" (Krankenhagen 2001, S. 168) feststellen läßt.

Daß die Vereindeutigung der historischen Ereignisse und die Abdunklung der Beunruhigung, die der Holocaust für das Denken der Moderne bedeutet, auch und vor als Resultat der Pädagogisierung der Erinnerungskultur zu deuten ist, läßt sich an dem Verhältnis verdeutlichen, das Erziehung zur Aktualisierungsparadoxie und zur Darstellungsparadoxie des Holocaust sowie zur Debatte um eine Ethik des Gedenkens einnimmt (Kapitel IV). In der Erinnerungskultur der Bundesrepublik – deren pädagogische Kontur in einer historisch-systematischen Vergewisserung rekonstruiert wird – zeichnet sich ab, daß die Aporien, die den öffentlichen Umgang mit der Shoah prägen, nicht für eine „Erziehung nach Auschwitz" zu gelten scheinen. Erziehung darf vereindeutigen, darf auch und gerade den Holocaust darstellen, darf ihn instrumentalisieren, weil sie dem Ziel der Zivilisierung nachfolgender Generationen verpflichtet ist. Bedeutsam an dem über Erziehung verlaufenden Umdeutungs- und Vereindeutigungsprozeß von Auschwitz ist, daß diese Pädagogisierung der Erinnerungskultur vor allem durch den Rückgriff auf Adornos Arbeiten zu Erziehung und Bildung, mitgetragen wurde. Auch hier mag man sich fragen, wie sich Adornos Kultur- und Vernunftkritik zu dem Erziehungsoptimismus verhält, von dem seine Schriften zu Erziehung und Bildung offensichtlich getragen werden. Die These, die hier vertreten wird, ist die, daß Adorno als Denker der Moderne ihrem Horizont verpflichtet bleibt und selbst in seinen kulturkritischsten Schriften am utopischen Potential von Erziehung festhält. Adornos Theorie ist so gebaut, daß sie komplementär zu ihrer Desintegrationsdiagnose in der „Dialektik der Aufklärung" mit der vielzitierten „Wendung aufs Subjekt" pädagogische Anschlußstellen mitliefert, die eine Pädagogisierung des Holocaust begünstigt haben.

Flankiert wird der zu beobachtende pädagogische Umdeutungs- und Vereindeutigungsprozeß der NS-Geschichte durch die demographischen Veränderungen (Generationenfolge und Einwanderung) in der Bundesrepublik Deutschland (Kapitel V). Für diese These sprechen die Befunde der vorliegenden empirischen Untersuchungen über das Geschichtsbewußtsein der nachwachsenden Generationen. Auf der Basis der engen Verschränkung von Generationengeschichte und nationalem Identitätskonzept wird in einer ersten Perspektive auf diese Befunde und ihrer öffentlichen Rezeption gezeigt, wie sich die Bundesrepublik über das stetige Bemühen, das Geschichtsbewußtsein ihre Mitglieder zu ‚messen' des Grades ihrer moralischen Integration bzw. Desintegration vergewissert. Die zweite Perspektive auf die Befunde der Geschichtsbewußtseinsforschung soll verdeutlichen, daß sich die Tendenz zur Vereindeutigung des Holocaust auch in den Geschichtsbezügen der nachwachsenden Generation abzeichnet, obwohl zugleich auch eine Pluralisierung der Geschichtsbezüge sichtbar wird, die das relativ einheitliche Geschichtsbild der Bundesrepublik zu irritieren beginnt. Die Aneignung der NS-Geschichte durch die nachkommenden Generationen wird immer weniger von der emotionalen wie intellektuellen Beunruhigung geprägt, wie noch in den Generationen zuvor. Im Übergang vom kommunikativen zum kollektiven Gedächtnis zeichnet sich vielmehr ab, daß die Beschäftigung mit der NS-Geschichte zunehmend von der Frage der moralischen, gleichsam pädagogisch vermittelten Botschaft „Nie wieder" überlagert wird.

In einem Resümee werden die Erträge der Arbeit zusammengefaßt. Dies geschieht vor dem Hintergrund einer kurzen Rekapitulation der theoretischen Perspektive der Studie, durch die abschließend nochmals die Leistungsfähigkeit der systemtheoretischen Analyse der bundesdeutschen Erinnerungskultur hervorgehoben werden soll. Ihrem Anspruch nach hat sich Adornos Theorie, wie die Kritische Theorie insgesamt, immer als eine Theorie der Gesellschaft begriffen, die von einem exklusiven Ort außerhalb der Gesellschaft den Zustand der Gesellschaft reflektiert und für sie zugleich Wissen bereitstellen möchte, an dem sie ihre Normativität ausrichten kann. Wenngleich Adornos Theorie die Erinnerungskultur entscheidend mitgeprägt hat, so läßt sich in einer differenztheoretischen Perspektive zeigen, daß der identitäts- und sinnstiftende Rückgriff auf Adornos Theorie nicht notwendig, sondern historisch kontingent gewesen ist. Soziologische Beschreibungen der Gesellschaft, zu denen auch die Kritische Theorie gehört, sind ein Teil des „Semantischen Apparats", auf den die Gesellschaft zur Bewältigung der jeweiligen Kontingenz- und Krisenerfahrung selektiv zurückgreift. Im konkreten Fall von Adornos Theorie lieferte diese der Öffentlichkeit und dem pädagogischen Establishment in den sechziger und siebziger Jahren eine normative Perspektive, die den Geist der Zeit auf doppelte Weise zu treffen verstand. Adornos „Erziehung nach Auschwitz" bestätigte zum einen die Hoffnung auf die integrative Kraft von Erziehung. Zum anderen boten die Evidenz des Imperativs „Nie Wieder" und die unmißverständliche Verurteilung der NS-Verbrechen in Adornos Theorie einen normative Orientierungsrahmen, der es der Bundesrepublik ermöglichte, sich auch und gerade jenseits eines affirmativen Identitätsansinnens als nationale Einheit zu beschreiben.

Kapitel I

Nation, Geschichte und Erziehung – Versuch einer Verhältnisbestimmung

Gesellschaftliche Differenzierung versus gesellschaftliche Einheit

Es ist soziologischer *common sense*, daß die wissenschaftlichen, ökonomischen und politisch-sozialen Modernisierungsprozesse seit dem Ende des achtzehnten/Anfang des neunzehnten Jahrhunderts nicht nur zu einer umfassenden Erkenntnisakkumulation und zu technischem Fortschritt geführt, sondern durch den Funktionsverlust der Religion auch einen gesellschaftlich übergreifenden Orientierungsverlust nach sich gezogen haben (vgl. Nassehi 1999). Die sozio-historischen Diagnosen dieses Orientierungsverlustes sind hinlänglich bekannt: Sie reichen von Max Webers These von der „Entzauberung der Welt" (1920, S. 564) über Jürgen Habermas' Diagnose von der Verknappung der „Ressource ‚Sinn'" (1981b, S. 213) bis zu dem Befund gesellschaftlicher „Desintegration" bei Wilhelm Heitmeyer (1994) und Axel Honneth (1994). Trotz dieser im Detail durchaus unterschiedlich ausfallenden Zeitdiagnosen beziehen sie sich gemeinsam auf den Befund, daß die moderne Gesellschaft sich nicht mehr auf ein göttlich fundiertes Wertesystem, auf eine sinn- und einheitsstiftende *prästabilierte Harmonie* (Leibniz 1720) zu stützen vermag, sondern, so formuliert es Jürgen Habermas (1985a), darauf angewiesen sei, „ihre Normativität aus sich selbst (zu) schöpfen" (ebd.). „Die Moderne", schreibt Habermas weiter, „sieht sich, ohne Möglichkeit der Ausflucht, an sich selbst verwiesen. Das erklärt die Irritierbarkeit ihres Selbstverständnisses, die Dynamik der ruhelos bis in unsere Zeit fortgesetzten Versuche, sich selbst ‚festzustellen'" (ebd.).

Theoretisch fundiert werden die Befunde vom Verlust gesellschaftlicher Einheit und dem Bedürfnis der Moderne, sich in immer neuen reflexiven Wendungen selbst *festzustellen*, sich selbst einen Sinn und einen übergreifenden Wertekonsens zu geben, durch eine weitere soziologische Grundübereinkunft, nämlich der, „den Prozeß gesellschaftlicher Modernisierung als *Differenzierungsprozeß* (Herv. i. Orig.) zu beschreiben" (Nassehi 1999, S. 12).[10] Der Differenzierungsbegriff habe sich, so Armin Nassehi, „im Rahmen soziologischer Gesellschaftstheorie (...) nahezu konkurrenzlos durchgesetzt"

---

10 Die in der Folge referierten differenztheoretischen Grundgedanken sind vor allem den Arbeiten von Armin Nassehi (1999) und Uwe Schimank (1996) entnommen.

(ebd.). In seiner allgemeinsten Bedeutung beschreibt der Begriff im Anschluß an die Klassiker soziologischen Denkens von Herbert Spencer (1885) über Emile Durkheim (1893) und Georg Simmel (1908) bis Max Weber (1920), wie sich im Zuge der industriellen Revolution und der mit ihr einhergehenden beruflichen Arbeitsteilung spezialisierte gesellschaftliche Handlungsbereiche ausbilden, die sich ihrerseits schließlich zu gesellschaftlichen Funktionsbereichen ausdifferenzieren, wie beispielsweise zu dem der Wirtschaft, der Politik, des Rechts, der Wissenschaft, der Kunst und der Erziehung. Charakteristisch für diese Funktionsbereiche ist deren jeweils eigene Rationalität, mit der sie ihre Aufgaben lösen und ihren Blick auf die Welt strukturieren. Demgemäß operiert das Wirtschaftssystem in der Logik der Gewinnmaximierung, das politische System nach den Notwendigkeiten des Machterwerbs und -erhalts, das Rechtssystem beschränkt sich auf die Feststellung von Recht und Unrecht, während die Wissenschaft auf die Wahrheitssuche fixiert ist, das Kunstsystem einzig nach dem Schönen fragt und das Erziehungssystem sich für die Erziehung und Bildung nachkommender Generationen verantwortlich sieht. Die moderne Kultur, so bringt Max Weber den Prozeß der gesellschaftlichen Differenzierung auf den Begriff, zerfalle in unterschiedliche Wertsphären, die „nach ihren Eigengesetzlichkeiten rationalisiert und sublimiert" werden (Weber 1920, S. 544). Je nach Bewertung läßt sich die Ausdifferenzierung der Gesellschaft in unterschiedliche Teilsysteme dann entweder als Effizienzsteigerung des gesellschaftlichen Reproduktionsprozesses und insgesamt als gesellschaftlicher Fortschritt beschreiben. Oder aber die Verselbständigung der verschiedenen gesellschaftlichen Bereiche wird als Problem des Zerfalls und der Desintegration begriffen. „Differenzierung", so faßt Nassehi die gegenläufigen Deutungen dieses Prozesses zusammen, „steht sowohl für die Emanzipation unterschiedlicher Teile der Gesellschaft voneinander, wie für den Verlust gesellschaftlicher Einheit und eindeutiger Zurechenbarkeit" (Nassehi 1999, S. 12). In der zweiten Lesart des Differenzierungsparadigmas erscheint die Gesellschaft dann als Summe autonomer, beziehungslos nebeneinander operierender und auch gegeneinander arbeitender Teilsysteme, der ein übergreifendes Ordnungs- und Steuerungssystem abhanden gekommen ist. Nicht zuletzt steht dieser ‚Entfesselungsprozeß' der Moderne für die Ursache der vielfachen Katastrophen des zwanzigsten Jahrhunderts: für den Umschlag der Moderne in Barbarei,[11] sowie für das Bemühen um eine Abmilderung der negativen Folgen gesellschaftlicher Differenzierung. Die Spannung zwischen Einheit und Differenz, zwischen Integration und Desintegration, markiert eine „Grunderzählung der Soziologie" (Nassehi

---

11 Die einschlägige Diagnose dieses Umschlags der Moderne in Barbarei findet sich in Theodor W. Adornos und Max Horkheimers „Dialektik der Aufklärung" (1944). Vgl. hierzu auch Kap. II. Im Anschluß an die „Dialektik der Aufklärung" hat vor allem Zygmunt Bauman (1989; 1991) diese Ambivalenz der Moderne weiterführend rekonstruiert.

1999, S. 11), welche die soziologischen Gesellschaftsdiagnosen bis in die Gegenwart hinein bestimmt. Die Einigkeit über das Differenzierungsparadigma beschränkt sich jedoch darauf, die Genese der modernen Gesellschaft als einen Prozeß fortschreitender Differenzierung zu begreifen und die Bezeichnungen *moderne* und *funktional differenzierte* Gesellschaft synonym zu verwenden. Uneinigkeit besteht hingegen darüber, ob und wenn ja, wie gesellschaftliche Einheit unter den Bedingungen funktionaler Differenzierung überhaupt noch möglich ist. Während es auf der einen Seite eine Fülle differenztheoretischer Perspektiven gibt, die grundsätzlich an der „Integration des Differenzierten" (ebd., S. 13) und der Steuerungsmöglichkeit in der modernen Gesellschaft festhalten,[12] liegt mit der Systemtheorie Niklas Luhmanns hingegen ein Differenzierungsmodell vor, das von der Unwahrscheinlichkeit ausgeht, die verschiedenen gesellschaftlichen Teilsysteme durch besonders privilegierte Teilsysteme, wie zum Beispiel durch das der Politik, der Erziehung oder der Wissenschaft, steuern und auf einen substantiellen gesellschaftlichen Grundkonsens ausrichten zu können.

Das Differenzierungsmodell der Systemtheorie Niklas Luhmanns

Die Unterscheidung von System und Umwelt

Luhmann radikalisiert das Differenzierungsparadigma um eine Perspektive, die von der operativen Geschlossenheit der jeweiligen gesellschaftlichen Teilsysteme ausgeht. Operativ geschlossen meint, daß die Systemdifferenzierung nicht mehr als Differenzierung von unterschiedlichen Rollen oder gesellschaftlichen Funktionen, sondern als Systembildung verstanden wird, die sich ausschließlich aus den Elementen des Systems, d. h. selbstreferentiell und autopoietisch, vollzieht (vgl. Luhmann 1984, S. 25, 1997, S. 595ff.). Konstitutiv für das systemtheoretische Verständnis operativ geschlossener, autopoietischer Systeme ist die Grundunterscheidung von *System und Umwelt*. Mit der Unterscheidung von System und Umwelt geht Luhmann davon aus, daß sich ein System durch die strikte Abgrenzung von seiner Umwelt konstituiert und reproduziert. Das System zieht eine Grenze zwischen sich und der Umwelt und unterscheidet eigenlogisch, was zum System und was zur Umwelt gehört. Demnach operiert das System in seiner je eigenen Logik

---

12 Als Beispiele für den Versuch, eine „Integration des Differenzierten" theoretisch zu bewerkstelligen, führt Nassehi die Werke von Talcott Parsons (1975), Jürgen Habermas (1981a; b), Richard Münch (1991) und Jeffrey C. Alexander (1993) an.

zwar autonom, ohne dabei aber gegenüber seiner Umwelt autark zu sein. Umwelteinflüsse, so zum Beispiel Steuerungs- und Interventionsbestrebungen anderer Systeme, werden nicht nach deren Maßgaben, sondern immer nur nach den Maßgaben des eigenen Systems verarbeitet. Damit sind weder Systeme denkbar, die sich von außen kausal steuern lassen, noch solche, die in umgekehrter Richtung andere Systeme kausal zu steuern vermögen. Systeme sind füreinander stets Umwelt. Das, was in einem System geschieht, mag Resonanz in einem anderen System erzeugen. Diese Resonanz folgt jedoch nicht der Logik eines einfachen Ursache-Wirkungs-Verhältnisses, sondern geht den Weg der Transformation, d. h. die Umwelteinflüsse werden anhand der jeweiligen Sinnverarbeitungsregeln des Systems weiterverarbeitet.

Begreift man im Anschluß an die systemtheoretische Lesart des Differenzierungsparadigmas soziale Funktionssysteme als operativ geschlossene, sich selbst reproduzierende (autopoietische) Systeme, so läßt sich gesellschaftliche Differenzierung nicht mehr – wie in der Logik strukturfunktionaler Differenzierungsschemen – als Teilung oder Zerfall der Gesamtgesellschaft in die je eigenwillige Rationalität gesellschaftlicher Tätigkeiten (Arbeitsteilung) beschreiben, denn dies würde bedeuten, daß sich die gesellschaftlichen Teilsysteme an Umweltgesichtspunkten orientieren und sich gerade *nicht* selbstreferentiell formieren und reproduzieren. Vielmehr wird mit gesellschaftlicher Differenzierung ein evolutionärer Vorgang beschrieben. „Systemdifferenzierung", so faßt Luhmann (1997, S. 597) seine Überlegungen zusammen, „ist somit nichts anderes als eine rekursive Systembildung, die Anwendung von Systembildung auf ihr eigenes Resultat" (ebd.).

Klaus Türk (1995) hat darauf hingewiesen, daß funktionale Differenzierung im Sinne Luhmanns „keine Zerlegung des gesellschaftlichen Ganzen in einzelne Teile (meint), etwa so wie man eine Torte in Segmente aufteilt" (ebd., S. 171). Funktionale Differenzierung müsse vielmehr als „Institutionalisierung von Perspektiven, unter denen die ‚Realität' behandelt wird", begriffen werden (ebd.). Nach den theoretischen Maßgaben Luhmanns kann es sich daher bei einem Blick auf die ‚Realität' lediglich um Teilwirklichkeiten, also nie um die Wirklichkeit im Ganzen handeln. Vergegenwärtigt man sich das durch die theoretische Grundunterscheidung von System und Umwelt skizzierte Bild der Gesellschaft, so wird deutlich, daß es eine „Zentralagentur" (Luhmann 1997, S. 803) für gesamtgesellschaftliche Integration nicht geben kann. Alles, was gesellschaftlich passiert, läßt sich nicht von einer Metaperspektive außerhalb der Gesellschaft, sondern nur über die spezifischen Referenzen der Systeme erschließen. „Jedes Faktum und jede Möglichkeit in dieser Gesellschaft", faßt Uwe Schimank (1996, S. 185) die theoretischen Konsequenzen der Luhmannschen Systemtheorie zusammen, „hat eine Mehrzahl gesellschaftlich relevanter sinnhafter Bedeutungen, je nachdem, im Kontext welcher teilsystemischen Leitdifferenzen es betrachtet wird" (ebd.). Schimank hat diesen jeweils „andersartige(n) Blickwinkel auf die Welt" (ebd.) am Beispiel eines Zugunglücks zu verdeutlichen versucht. Jenseits der physikalischen Abläufe und des subjektiven Leids von Menschen wird das Zugunglück Gegenstand von Kommunikation und dadurch in seiner Bedeutung gleichsam vervielfacht. Je nach Systemreferenz wird es als wirtschaftliches, politisches, massenmediales, medizinisches, wissenschaftlich-technisches Ereignis kommunikativ erzeugt und kann unter ästhetischen Geschichtspunkten sogar als künstlerisches Geschehen beobachtet werden (vgl. ebd., S. 185f.).

In und mit der Pluralität unterschiedlicher, prinzipiell gleichwertiger und damit gleichermaßen relativer Beobachtungsperspektiven sieht sich die moderne Gesellschaft mit dem Verlust an Welteindeutigkeit konfrontiert. Die Vorstellung einer substantiell faßbaren Identität oder Einheit der Gesellschaft ist mit dem systemtheoretischen Differenzierungs- und Evolutionskonzept ebensowenig kompatibel, wie die Hoffung auf eine zentrale Regulierungs- und Steuerungsinstanz der Gesellschaft. In den lapidaren Worten Luhmanns ausgedrückt: „Die funktional differenzierte Gesellschaft operiert ohne Spitze und ohne Zentrum" (Luhmann 1997, S. 803). Letztlich ließe sich die Einheit der Gesellschaft nur noch paradox formulieren, nämlich als Einheit der Differenz der teilsystemspezifischen Beobachtungsverhältnisse. Weltdeutungen werden prinzipiell kontingent, d. h. sie sind weder notwendig noch unmöglich und damit immer auch anders denkbar (vgl. Luhmann 1992, S. 93ff.).

Die Unterscheidung von sozialen und psychischen Systemen

Luhmann beschränkt den Befund des Steuerungsdefizits in der modernen Gesellschaft jedoch nicht auf die wechselseitige Unerreichbarkeit der verschiedenen Teilsysteme, sondern dehnt ihn vor dem Hintergrund der Unterscheidung von System und Umwelt auch auf die Erreichbarkeit bzw. Nichterreichbarkeit der Gesellschaftsmitglieder aus. Mit der Unterscheidung von sozialen und psychischen Systemen trennt Luhmann zwei Arten von operativ geschlossenen, autopoietischen Systemen. Während sich soziale Systeme auf der Basis von Kommunikationen fortschreiben, reproduzieren sich psychische Systeme durch das Grundelement Bewußtsein.[13] Soziale und psychische

---

13 Mit der Bezeichnung „psychisches System" und dem Verweis auf neuere empirische Befunde aus den Bereichen von Physik, Chemie, Biochemie, Biologie, Neuropsychologie und Psychologie macht Luhmann auf die theoretisch nicht mehr haltbare emphatische Beschreibung des Menschen als eine grundsätzlich transparente und intentional erreichbare Einheit aufmerksam (vgl. Luhmann 2002, S. 13ff.). Kneer/Nasshei (1997) haben in diesem Zusammenhang auch darauf hingewiesen, daß es sich bei der Bezeichnung Mensch nicht um einen systemtheoretischen Begriff handelt, da der Mensch selbst kein System ist, sondern aus mehreren sich autopoietisch fortsetzenden Systemen besteht, so zum Beispiel aus dem

Systeme verhalten sich ihrerseits wieder wie System und Umwelt zueinander, so daß der kausale Durchgriff eines sozialen Systems auf ein psychisches System ebenso ausgeschlossen werden muß wie die Möglichkeit, von seiten des psychischen Systems kausal Einfluß auf ein soziales oder ein anderes psychisches System nehmen zu können. Auch hier gilt: Systeme stehen zwar im Austausch mit ihrer Umwelt, verarbeiten die Umwelteinflüsse aber stets selbstreferentiell, entweder im Modus von Bewußtsein (psychisches System) oder aber im Modus von Kommunikation (soziales System). Schließlich läßt sich mit der Unterscheidung von Kommunikation und Bewußtsein auch die geläufige Verhältnisbestimmung von Gesellschaft und Individuum nicht mehr als Einheit, sondern als Differenz begreifen. Während sich Gesellschaft als ein soziales System samt seiner Teilsysteme im Modus von Kommunikation reproduziert, reproduzieren sich psychische Systeme im Modus von Bewußtsein und zählen damit zur Umwelt der Gesellschaft (vgl. Luhmann 1990a, S. 11ff.). In diesem Sinne sind Sprache oder auch nonverbale Äußerungen des Menschen bereits soziales Geschehen, mithin Kommunikation, nicht Bewußtsein. Das, „was Bewußtseine denken", faßt Peter Fuchs (1994, S. 18) die Konsequenz dieser theoretischen Perspektive zusammen, „erscheint nicht auf dem Bildschirm der Gesellschaft, es sei denn: als Kommunikation" (ebd.).

Mit dieser theoretischen Entscheidung wird die von Luhmann vielzitierte und kritisierte Rede möglich, Gesellschaft bestehe nicht aus Menschen, sondern aus Kommunikation (vgl. Luhmann 1997, S. 16ff.), worauf der Systemtheorie nicht selten vorgeworfen wurde und wird, sie habe den Menschen exkommuniziert, ihn aus der Gesellschaft entfernt. Dieser Einwand übersieht jedoch, daß mit dieser Unterscheidung nicht gesagt ist, daß soziale Systeme unter Ausschluß von Menschen operieren. Soziale und psychische Systeme sind sehr wohl aufeinander bezogen. Luhmann hat hierfür den Begriff der „strukturellen Kopplung" (Luhmann 1990a, S. 30) geprägt, mit dem er deutlich zu machen versucht, daß Systeme zwar auf Irritationen aus der Umwelt reagieren, sich anpassen können, ohne daß sie dadurch dauerhaft aneinander gebunden sein oder sich wechselseitig kausal beeinflussen könnten. Der „strukturelle Operationszusammenhang von Bewußtsein und Kommunikation", so Luhmann, „ist nur eine von Moment zu Moment variable Kopplung, die die Freiheit des Systems zur Eigenbewegung mit dem Ablauf jedes Einzelereignisses immer wieder erneuert. Es kommt nie zu einer Verschmelzung, auch nicht zu einer Dauersynchronisation, einem Aneinanderklebenbleiben der einmal integrierten Systeme. Jede Integration steht unter der Notwendigkeit, sich wieder auflösen zu müssen" (ebd., S. 31). Folglich schließt die Unterscheidung von sozialen und psychischen Systemen nicht

---

organischen System, dem neuropsychologischen und eben dem psychischen System (vgl. ebd., S. 65ff.).

aus, daß Menschen handelnd in die Welt eingreifen, Intentionen haben, Pläne entwerfen, sich Ziele setzen und sie verfolgen. Luhmanns Theorie schärft jedoch den Blick dafür, daß solche Ziele in den seltensten Fällen in der gewünschten Weise realisiert werden, weil sie von anderen Systemen eigensinnig verarbeitet, ignoriert und gegebenenfalls gar in ihr Gegenteil verkehrt werden können. Mit Blick auf gesellschaftlich übergreifende Integrationsideen führt die Unterscheidung von Kommunikation und Bewußtsein schließlich zu der theoretischen Einsicht, daß die Gesellschaft nicht das Ergebnis eines von Menschen geplanten und zielgerichteten Entwurfes ist, zugleich aber stets die Folge menschlichen Handelns bleibt (vgl. Heyting 1999). Daß sich die Gesellschaft durch Konsensbildung ihre Mitglieder integriert, wird damit zu einem höchst unwahrscheinlichen, mithin also kontingenten Ereignis.

Zur „Imagination" gesellschaftlicher Einheit

Auf der Basis des systemtheoretischen Theorieprogramms stellt sich schließlich die Frage nach dem Verhältnis von gesellschaftlicher Differenzierung und gesellschaftlicher Einheit in paradigmatischer Weise neu. Entgegen der geläufigen soziologischen Vorstellung müsse das, was gemeinhin als gesellschaftliche Desintegration bezeichnet wird, eher als „Normalfall moderner Vergesellschaftung" und nicht etwa als „pathologischer Fall der Abweichung gelungener Vergesellschaftung" beschrieben werden, bringt Nassehi (1999, S. 115) die provokativen Folgen des Luhmannschen Denkens auf den Punkt. Mit der Umstellung der Theorieperspektive von Einheit auf Differenz kehrt Luhmann die geläufige Fragerichtung sozialwissenschaftlicher Forschung um: Gefragt wird nicht mehr, *was* die Gesellschaft im Inneren zusammenhält und welche Maßnahmen ergriffen werden müssen, um sie normativ auf Kurs zu bringen. Vielmehr schärft die Systemtheorie Luhmanns den Blick für die gesellschaftlichen Folgen von funktionaler Differenzierung und öffnet ein Forschungsfeld, in dessen Zentrum die Frage steht, *wie* die Gesellschaft mit dem Verlust von Eindeutigkeit, wie mit Kontingenz umgeht.[14]

---

14 Methodologisch lehnt sich die Untersuchung an dem von Armin Nassehi in Auseinandersetzung mit Niklas Luhmann vorgelegten Konzept „Beobachtung von Kontingenz" (2003, S. 58) an. Kontingenz zu beobachten heißt, „Strukturen ihrer Bearbeitung" zu suchen (Nassehi/Saake 2002, S. 83). Im Zentrum von Nassehis Forschungsperspektive steht das Bemühen, anhand ausgewählter kultureller Phänomene, wie etwa der Todeserfahrung, gesellschaftliche Formen ihrer Bewältigung freizulegen. Es geht darum den Konstruktionsprozessen der Kommunikation zu folgen und nach ihren kontingenzeinschränkenden Bedingungen zu fragen, d. h. zu untersuchen, „wie Selektivitäten sich entfalten, die die prinzipielle Fülle von Anschlußmöglichkeiten verknappen (...)" (Nassehi 2003, S. 57). Nassehi spricht in diesem Zusammenhang von „Kontexturen". Der Begriff bezeichnet einen Rahmen, „in dem bestimmte Anschlüsse wahrscheinlich werden", ohne daß jedoch dieser Rahmen be-

Die Irritierbarkeit und Ruhelosigkeit der Moderne, von der bei Habermas die Rede ist, verweist darauf, daß die moderne Gesellschaft an ihrer moralischen Integrität und Stabilität arbeitet, ohne sie beständig gewährleisten zu können. Gesellschaftliche Einheit wird auf der einen Seite zu einem notwendigen Gut erklärt, bleibt hinsichtlich ihrer Realisierung jedoch ein unwahrscheinliches Ereignis. Für notwendig wird sie deshalb erklärt, weil vom Fehlen gemeinsam geteilter Werte und ihrer Durchsetzung auf die Gefahr des moralisch-sittlichen Verfalls und insgesamt auf Desintegrationsprobleme geschlossen wird, die den Fortbestand des Gemeinwesens in Frage stellten. Unwahrscheinlich wird die moralische Integration der Gesellschaft deshalb, weil die Etablierung moralischer Werte durch die Pluralität von Perspektiven in der funktional-differenzierten Gesellschaft immer unzureichend begründet bleiben muß. Folglich lassen sich Fragen nach Wahrheit und Werten in der modernen Gesellschaft nur noch in der Form des Konfliktes denken, da alle Wertfestsetzungen immer auch anders vorstellbar, also kontingent sind. Niklas Luhmann (1992) hat bezüglich dieses Verlusts an Eindeutigkeit von der „Kontingenz als Eigenwert der modernen Gesellschaft" (ebd., S. 93ff.) gesprochen, die für einen ständigen Überschuß an Möglichkeiten sorgt, wie sich die moralische Einheit begründen und realisieren lasse. Folgt man Luhmanns Überlegung, so schließt das Bemühen, die Einheit der Gesellschaft durch philosophisch begründete Moralprogramme oder politische Wertfestsetzungen zu begründen, andere Begründungsmöglichkeiten immer bereits ein. Jede (Letzt-)Begründung der Moral bleibe durch ihren Vollzug „dem Vergleich mit anderen Möglichkeiten und damit dem Selbstzweifel ausgesetzt. Sie sabotiert sich laufend selbst, indem sie den Zugang zu anderen Möglichkeiten eröffnet, wo sie ihn verschließen möchte. Wenn wir dies beobachten, führt uns das zu der Konsequenz, Begründung sei ein paradoxes Unternehmen" (Luhmann 1989, S. 360).

Ungeachtet dieses Kontingenzproblems ist es jedoch unübersehbar, daß die Gesellschaft, obwohl oder vielleicht gerade weil sie sich nicht moralisch integrieren und auf eine Einheitsformel reduzieren läßt, simplifizierende Selbstbeschreibungen erzeugt. Man könne sogar, schreibt Luhmann, „von einem Zusammenhang von stärkerer Differenzierung und stärkerer Generalisierung der symbolischen Grundlagen, (...) ausgehen, mit denen die Gesellschaft ihre Einheit zu formulieren versucht" (vgl. Luhmann 1997, S. 848). In diesen Selbstbeschreibungen thematisiert die Gesellschaft ihre eigene Identität. Sie bildet Formen der Selbstvergewisserung aus. Formen, in und mit denen sie sich als auch moralisch integriert oder zumindest der Möglichkeit

---

reits konkrete Anschlüsse kausal bestimmen könnte (vgl. Nassehi/Saake 2002, S. 56). Solche Rahmen können normative Erwartungen, Konventionen, aber auch programmatische oder organisatorische Restriktionen sein. Untersucht werden Textdokumente als gesellschaftlich verfügbare Selbstbeschreibungen, in denen sich Kontingenzbewältigungsmuster exemplarisch verdichten.

nach als moralisch integrierbar zu erkennen gibt und Kontingenz und die beunruhigende Paradoxie von Einheitsbestreben und moralischer Desintegration stillzustellen vermag. Luhmann hat in diesem Zusammenhang auch von „Invisibilisierungen" (ebd., S. 1109) gesprochen, durch die das Kontingenzproblem der modernen Gesellschaft wirkungsvoll abgeschattet und durch eine Gemeinsamkeitsunterstellung überlagert werde.

Die Ressource für solche normativen Selbstbeschreibungen verortet Luhmann schließlich im „semantischen Apparat" (Luhmann 1980, S. 19) der Gesellschaft: „Die Gesamtheit der für diese Funktion benutzbaren *Formen* (Herv. i. Orig.) einer Gesellschaft (...) wollen wir die Semantik einer Gesellschaft nennen" (ebd.). Ursprünglich steht der aus der Sprachwissenschaft stammende Begriff Semantik für die Lehre von der Bedeutung von Zeichen und folglich für die Beziehung von Sprache und Welt. Seit längerem hat der Begriff auch Eingang in die Geschichts- und Kulturwissenschaft gefunden. Unter dem Stichwort ‚historische Semantik' firmiert der Begriff als Analyseeinheit, um die Bedeutungsgeschichte ausgewählter Begriffe zu untersuchen, denen für das sozial- und gesellschaftspolitische Leben ein besonders hoher Stellenwert zugeschrieben wird (vgl. Becker/Reinhardt-Becker 2001, S. 146). Die Rekonstruktion historischer Semantiken gilt dem Versuch, über die Ausdeutung neuralgischer Begriffe, wie z. B. Kultur, Bildung, Geschichte, Staat, Nation etc., Erkenntnisse über das gesellschaftlich geteilte Wissen über die Welt zu erlangen, auf das die Gesellschaft zur Verfertigung identitätsstiftender Selbstbeschreibungen zurückgreift. Im Theoriegebäude Luhmanns erhält der Begriff eine ähnliche und zugleich formalere Bedeutung. Semantiken verweisen zunächst auf ein sprachlich, d. h. symbolisch geregeltes Ordnungssystem, das den Überschuß an Weltdeutungsmöglichkeiten begrenzt. Der „semantische Apparat" (Luhmann 1980, S. 19) liefert den „Vorrat an bereitgehaltenen Sinnverarbeitungsregeln" (ebd.), mithin den Möglichkeitsrahmen für Wirklichkeitskonstruktionen, auf den die Gesellschaft zur Beschreibung ihrer eigenen Einheit zurückgreifen kann.[15] In und mit diesen normativen Selbstbeschreibungen gelingt es der Gesellschaft schließlich, ihre moralische Desintegriertheit zu invisibilisieren und „imaginäre Konstruktionen der Einheit" (Luhmann 1997, S. 866f.) zu erzeugen und aufrechtzuerhalten.

---

15 Fuchs (1992) spricht bezüglich dieser symbolischen Selbstvergewisserung der modernen Gesellschaft auch von Einheitssemantiken, die das Kontingenzbewußtsein zugunsten eindeutiger Orientierungsmuster wirkungsvoll zu binden verstehen. „Einheitssemantiken (...) entwickeln sich unter den Bedingungen funktional differenzierter Gesellschaft als Reaktion auf die kommunikativen Turbulenzen, die sich aus dem Verlust einer konkurrenzfreien repraesentatio identitatis ergeben" (ebd., S. 100).

Geschichte und Erziehung als Medien gesellschaftlicher Selbstvergewisserung

Aus dem bisher Erörterten sollte deutlich geworden sein, daß die Gesellschaftstheorie Niklas Luhmanns' analytische Mittel bereitstellt, die es ermöglichen, die Gesellschaft auf zwei Ebenen zu begreifen: Zum einen sozialstrukturell mit Blick auf ihre Differenzierung in Teilsysteme und zum anderen semantisch mit Blick darauf, wie sie durch die Hervorbringung von normativen Selbstbeschreibungen auf ihre sozialstrukturellen Veränderungen reagiert (vgl. Luhmann 1987a, S. 73). Zu der folgenreichsten normativen Selbstbeschreibung der modernen Gesellschaft zählt die Idee der Nation. Sie erlaubt es, die Gesellschaft als Gebilde zu begreifen, das aus vielen territorial und regional begrenzten Staaten mit jeweils eigenen gemeinschaftsstiftenden Ressourcen besteht (vgl. Luhmann 1997, S. 1045ff.; Stichweh 2000, S. 48ff.; Richter 1996).[16] Der Einheits- und Integrationsgedanke, der normative Selbstbeschreibungen prägt und der realisierbar scheint, wenn genügend Konsens zwischen den Menschen zustande kommt, läßt sich folglich besonders deutlich an der Idee der Nation beobachten, die vor allem in den semantischen Felder Geschichte und Erziehung symbolisch Halt findet

Geschichte, vor allem die Nationengeschichte, gewinnt ihre Attraktivität durch ihre zugehörigkeits- und identitätsstiftende Kraft. Aus der Geschichte erwachsen Traditionen, werden normative Orientierungen für die Gegenwart und Zukunft der Gemeinschaft abgeleitet. Geschichte liefert Geschichten, die es möglich erscheinen lassen, man könne aus ihnen etwas lernen. Geschichten, die nicht nur angeben, wie es gewesen ist, sondern die zudem einen An-

---

16 In den einschlägigen systemtheoretischen Beiträgen ist wiederholt darauf hingewiesen worden, daß der Luhmannsche Gesellschaftsbegriff sich strikt von der geläufigen synonymen Verwendung der Begriffe Gesellschaft und Nationalstaat unterscheidet (vgl. zusammenfassend Stichweh 2000). Durch die Unterscheidung von Gesellschaftsstruktur und Semantik gewinnt Luhmann die Möglichkeit, Gesellschaft als ein umfassendes Sozialsystem zu beschreiben, das alle anderen gesellschaftlichen Teilsysteme, alle Kommunikationen und differierenden Beobachtungsmöglichkeiten in sich einschließt. Die Idee des Nationalstaates ist folglich nicht identisch mit Gesellschaft. Sie ist, wie alle Selbstbeschreibungen, eine Beschreibung der Gesellschaft in der Gesellschaft, die in ihrem besonderen Fall auf die Einheit der Gesellschaft oder besser auf die Einheit der nationalen Gemeinschaften reflektiert und dabei ein Bild von Gesellschaft entwirft, nach dem diese aus vielen kleinen Einzelgesellschaften, eben aus Nationen bestünde. Wenn in der Folge von ‚Kollektiv', ‚nationaler Gemeinschaft' oder ‚Nation' gesprochen wird, so ist nicht die Gesellschaft als soziales System, sondern eben eine normative Selbstbeschreibung gemeint. Anzumerken bleibt, daß auch die hier zur Beobachtung dieser normativen Selbstbeschreibungen in Anspruch genommene Theorie der funktionalen Differenzierung ihrerseits eine gesellschaftliche, nämlich soziologische Selbstbeschreibung der Gesellschaft in der Gesellschaft ist, die ihrer eigenen Kontingenz Rechung tragen muß. Mit ihrer differenztheoretischen Perspektive ermöglich die Systemtheorie jedoch, Selbstbeschreibungen als Beschreibungen der Gesellschaft und nicht als gegebene gesellschaftliche Ordnung sichtbar zu machen. Diese „Beobachtung zweiter Ordnung" (Luhmann) macht sich die Arbeit zu nutze.

haltspunkt für die Beantwortung der Frage liefern, was zukünftig zu ändern, was zu erhalten sei. Die herausragende Stellung, die Geschichte für das kollektive Sinnstiftungsbemühen beigemessen wird, läßt sich – wie in der Folge noch ausführlich zu zeigen sein wird – vor allem dadurch erklären, daß Geschichte die Kontingenzerfahrung der modernen Gesellschaft sowohl zu binden als auch kontrolliert freizusetzen vermag. Geschichte bindet die Kontingenzerfahrung, wenn mit Verweis auf die Vergangenheit Haltepunkte abgerufen werden, die zur Orientierung des Handelns in der Gegenwart und der Zukunft dienen sollen. Zugleich öffnet Geschichte über ihren Zukunftsbezug den Horizont für eine andere, vielleicht bessere Gesellschaft. Durch den Rückgriff auf das Wissen über die Vergangenheit, durch Lehren, die man aus ihr ziehen kann, wird der Übergang zur Zukunft geebnet und als ein positiv beeinflußbarer, wenngleich nicht völlig planbarer Prozeß denkbar. Das Wissen über die Vergangenheit begrenzt den Möglichkeitsraum der Zukunft, um ihr schließlich eine handhabbare Form zu geben.

Ein vergleichbarer Kontingenzbewältigungsmechanismus läßt sich auch für das semantische Feld Erziehung vermuten. „Wenn man annimmt", schreibt Luhmann (2002, S. 15) mit Verweis auf die geläufige Integrationsidee, „daß die Gesellschaft aus Menschen bestehe, geht es in der Erziehung gewissermaßen um ihre Substanz. Es läßt sich dann kaum etwas Wichtigeres denken als die Sorge dafür, daß die Menschen die Formen und Verhaltensweisen erreichen, die gesellschaftliches Zusammenleben ermöglichen" (ebd.). Mit Erziehung vergewissert sich die jeweilige nationale Gemeinschaft der Erreichbarkeit ihrer Mitglieder, mithin also der Grundlage zur Durchsetzung ihrer Integration. Auch mit Erziehung läßt sich die Zukunft – wie ebenfalls noch gezeigt werden soll – entweder aus der Perspektive einer gewissen Vergangenheit denken, wenn Wissen und Werte durch Erziehung konserviert werden sollen. Oder aber die Vermittlung von Wissen und Werten an die folgenden Generationen unterliegt der Idee der ‚Investition' in eine *bessere* Zukunft. In jedem Fall eröffnet Erziehung die Hoffnung und erhält sie am Leben, die Menschen und mit ihr die Gesellschaft sei erreichbar, mithin steuerbar und die Zukunft damit nicht gänzlich kontingent.[17]

Begrifflich präzisieren läßt sich der Modus gesellschaftlicher Selbstvergewisserung schließlich mit der Theoriefigur von Medium und Form. Luhmann versteht unter einem Medium nicht – wie man gemeinhin annehmen könnte – ein technisches Mittel der Übertragung bestimmter Themen. Sehr viel abstrakter meint der Begriff eine – symbolisch gesprochen – lose, weiche Struktur, die sich verdichten kann zu festeren, bestimmteren Formen. Überträgt man diese Theoriefigur auf den Modus gesellschaftlicher Selbstverge-

---

17 Die Idee, daß die Zukunft über Erziehung zugleich als kontingent und nicht-kontingent, als ungewiß und gewiß, denkbar ist, geht auf Jochen Kades (2003a;b) Überlegungen zurück, die er im Anschluß an Luhmanns postum veröffentliche Studie über das „Erziehungssystem der Gesellschaft" (2002) entwickelt hat.

wisserung, läßt sich dieser als ein Vorgang beschreiben, in dem bestimmte semantische Felder, wie zum Beispiel Geschichte und Erziehung, immer wieder neu aufgegriffen und an die jeweils dominierende Desintegrations- und Kontingenzerfahrung angepaßt werden. Erziehung und Geschichte wären dann Medien, die Formen der Selbstvergewisserung hervorbringen, in und mit denen die durch gesellschaftliche Krisenerfahrungen ausgelösten Irritationen und die Ungewißheit der Zukunft absorbiert werden können. Damit sind Medium und Form materiell nicht unterscheidbar. Genau genommen existiert das Medium nur als Form (vgl. Luhmann 1997, S. 195ff., 2002, S. 82ff.). Die Theoriefigur verdeutlicht, wie durch das Wechselspiel von Medium und Form das Kontingenzproblem der modernen Gesellschaft zwar nicht gelöst, aber verzeitlicht werden kann und die normative Selbstschöpfung der Moderne als ein nicht linear verlaufender evolutionärer Vorgang beschreibbar wird. Die Leistungsfähigkeit und der Erfolg der Medien gesellschaftlicher Selbstvergewisserung bestünde dann darin, daß sie für Gewißheit sorgen und zugleich ein utopisches Potential mit sich führen, das einen kontrollierten Blick in die Zukunft eröffnet. Je nach Lage und Grad der Desintegrationserfahrung bilden diese Medien Formen, die entweder die Seite der Gewißheit oder aber den hoffnungsvollen Möglichkeitsraum der ungewissen Zukunft in den Vordergrund stellen.

In der Folge soll die historische Genese der semantischen Grundlagen dieser beiden Medien zunächst getrennt voneinander nachgezeichnet werden, bevor am Beispiel der Kategorien Generation, Geschichtsbewußtsein und historisches Lernen gezeigt werden soll, wie diese beiden Medien im Zuge des gesellschaftlichen Selbstvergewisserungsbemühens auch miteinander verschmelzen.

Geschichte als Medium gesellschaftlicher Selbstvergewisserung

Zu den semantischen Grundlagen der modernen Erinnerungskultur: Von den Geschichten zu der Geschichte

Jan Assmann hat in seiner Studie über „Das kulturelle Gedächtnis" (1992) gezeigt, daß die Erinnerung an die Vergangenheit von jeher zu einem konstitutiven Bestandteil von Gruppen und politischen Gemeinschaften gehört. Sowohl in archaischen als auch in antiken, mittelalterlichen, frühneuzeitlichen sowie in jüdischen Gemeinschaften waren Erinnerungskulturen fest verankert. Auch hier hatte Geschichte die Funktion, Identität zu stiften und Kontingenz zu bewältigen. Die Geschichten jedoch, die hier erinnert wurden, waren exemplarischer und nicht genetischer Natur, d. h. sie repräsentierten göttliche Gebote und Heilsversprechen, verwiesen aber nicht auf weltgeschichtliche Zusammenhänge oder gar auf eine vom Menschen gemachte und durch ihn veränderbare Geschichte. Sie lag jenseits des menschlichen Einflußbereiches und hatte mithin keinen politisch-praktischen Nutzen (vgl. J. Assmann 1992; 2001; Koselleck 1975; 1979). Insofern speisten sich alle Deutungen über die Vergangenheit aus dem semantischen Repertoire religiöser Weltdeutungen, die in der vormodernen Gesellschaft Einheit repräsentierten. Religion war das Medium gesellschaftlicher Selbstvergewisserung, in dem Geschichte unterschiedslos aufgehoben war. Die Entstehung der sozialen und natürlichen Ordnung wurde auf einen präexistenten Ursprung zurückgeführt, der durch den Menschen nicht variiert werden konnte. Seine erfolgreichste Form fand dieses Ursprungsdenken im Axiom der göttlichen Weltschöpfung, aus der sich alle vergangenen, gegenwärtigen und zukünftigen Ereignisse ableiten ließen (Emanation). In allem, was gesellschaftlich geschah, spiegelte sich die immergleiche Ordnung in verschiedenen Varianten wider. Demgemäß wurde das Verhältnis von Vergangenheit, Gegenwart und Zukunft nicht als kausaler Wirkungszusammenhang gedacht, der durch menschliches Handeln ausgelöst wurde und sich in einer nach vorne hin offenen Zeitfolge fortschreiben würde. Die Zeitvorstellung entsprach vielmehr der eines Kreises, in dem Geschichten über die Welt zirkulierten, die sich in unterschiedlichen Konstellationen wiederholen konnten (vgl. Bödeker 1994; Brunner 1968; Koselleck 1979, S. 315ff.; Schulin 1994). Man kannte nicht ‚die Geschichte an sich', sondern eine Fülle voneinander abgrenzbarer Geschichten, die für sich jeweils ein Exempel der präformierten Einheit markierten. Bis zur Aufklärung war von Geschichte nur im Plural die Rede. Die Singularform – dies kann Reinhart Koselleck in seiner grundlegenden Studie über den Wandel der semantischen Bedeutung von Geschichte zeigen – bildet sich erst am Ende des achtzehnten Jahrhunderts heraus (vgl. Koselleck 1979, S. 263f.). Am alten Topos von der Geschichte als ‚Lehrmeisterin' hat Koselleck die vormoderne Vorstellung von Geschichte treffend verdeutlicht. Geschichte, die sich in der von Cicero geprägten Formel der *Historia Magistra Vitae* präsentierte, umschloß nicht den gesamten historischen Lebenszusammenhang, also Geschichte im Singular, sondern eine Vielzahl unzusammenhängender Geschichten. Sie waren Quelle exemplarischer Begebenheiten, aus denen grundsätzlich gelernt werden konnte. „Die Historie", so faßt Koselleck dieses Lernmodell in der vormodernen Gesellschaft zusammen, „kann die Mit- oder Nachlebenden klüger oder relativ besser zu werden anleiten, das aber nur, wenn und solange die Voraussetzung dazu sich grundsätzlich gleich sind" (ebd., S. 40). Lernen aus Geschichte bedeutete demnach nicht, in Abgrenzung zu vergangenen Fehlern individuelle oder soziale Veränderungen herbeizuführen oder die vorgefundenen Traditionen im Sinne einer Idee des Fortschritts zu verbessern. Geschichtliches Lernen war ein Lernen durch

Nachahmung. Es bezog sich darauf, die als unveränderbar gedachte Ordnung aus den vergangenen Ereignissen exemplarisch zu erkunden, brauchbare Handlungsanweisungen und Regeln für das Leben abzuleiten, um sich schließlich möglichst gut in das überzeitliche Ordnungssystem einfügen zu können (vgl. Bödeker 1994; Koselleck 1975; 1979; Schulin 1994).

Erst mit der fortschreitenden Umstellung der sozialen, politischen und wissenschaftlichen Bedingungen zwischen dem achtzehnten und neunzehnten Jahrhundert ändert sich die semantische Bedeutung von Geschichte kategorial. Im Übergang zur modernen, funktional differenzierten Gesellschaft verlieren die bis dahin gültigen religiösen Begründungsformen der Welt immer stärker an Bedeutung. Dies führt zwar nicht dazu, daß Religion bedeutungslos wird oder gar verschwindet, neben sie treten jedoch funktional äquivalente Reflexionstheorien, die sich die Beschaffenheit der Welt auf ganz unterschiedliche Weise zu erklären versuchen. Durch die Ausdifferenzierung der Wissenschaft, Politik Wirtschaft, Kunst, und Erziehung in autonom operierende Teilsysteme der Gesellschaft wird das Weltwissen pluralisiert und zugleich heterogener, so daß eine Rückbindung dieses Wissens auf einen gemeinsamen normativen Bezugspunkt immer unwahrscheinlicher wird (vgl. Nassehi 1996). Die Differenzen zwischen den unterschiedlichen Modi der Welterschließung eröffnen neue kontingente Erfahrungsmöglichkeiten. Sie lassen das überzeitliche Weltbild hinter sich und erzeugen zugleich ein semantisches Vakuum, in dem sich die Erfahrung des Verlusts von Einheit und gesellschaftlicher Gesamtintegration spiegelt. Die Gesellschaft löste ihr Kontingenz- und Integrationsproblem schließlich, indem sie den Menschen an die Stelle des Gestalters der Welt setzte, ihn für die Einheit und Integration verantwortlich machte und die Realisierung dieses innerweltlichen Auftrages in die Zukunft verlagerte, also temporalisierte. Menschliches Handeln wurde als „Parallelkonstruktion zur Schöpfung" (Luhmann 1992, S. 132) konzipiert und avancierte zu einem Hoffnungsträger irdischer Daseinsverbesserung, die nur auf der Grundlage eines veränderten Zeitbewußtseins zu haben war. An die Stelle eines statischen und überzeitlichen Geschichtsverständnisses rückte ein verzeitlichtes und dynamisches Bild von Geschichte, das die Kontinuitäten zwischen Vergangenheit, Gegenwart und Zukunft betonte und Geschichte zu einem durch den Menschen grundsätzlich gestaltbaren und planbaren Prozeß werden ließ (vgl. Koselleck 1975; 1979; Habermas 1985a, S. 9ff.). Geschichte löste sich aus ihrem religiösen Begründungszusammenhang, stand nicht mehr als Exempel für eine zeitlos gegebene Ordnung, sondern wurde als Vor- und Entstehungsgeschichte der Gegenwart neu entdeckt. Sie wandelte sich von der religiös fundierten Heils- oder Verfallsgeschichte zur säkularen *Menschheitsgeschichte,* für deren Verlauf der Mensch sich selbst in die Verantwortung ziehen konnte. An die Stelle der Geschichten im Plural trat mit dem Kollektivsingular ‚die Geschichte' ein semantischer Rahmen, „der die Summe aller Einzelgeschichten bündelte" (Koselleck 1979, S. 264) und unter dem universalistischen Dach der ‚Menschheit' zu vereinigen vermochte. „Die Geschichte rückt auf zu einer letzten Instanz. Sie wird zum Agens menschlichen Schicksals oder gesellschaftlichen Fortschritts" (Koselleck 1975, S. 650).

Mit der Modernisierung des historischen Denkens und der daran geknüpften Erfahrung des Menschen, Erzeuger und Bewahrer der eigenen Gattung zu sein, setzte sich Geschichte als Reflexionskategorie des neuen Zeitbewußtseins und folglich als Medium gesellschaftlicher Selbstvergewisserung übergreifend durch. Die durch den Funktionsverlust der Religion entstandene semantische Leerstelle wird im achtzehnten Jahrhundert zunächst durch die Kategorie der ‚Menschheitsgeschichte' gefüllt. Zur Sicherstellung der Einheit der Gattung sowie ihrer Fortentwicklung werden alle gesellschaftlichen Tätigkeiten unter die Obhut der menschlichen Vernunft genommen. „Kants kategorischer Imperativ, daß man wollen solle, daß die eigenen Handlungsmaximen universalisierbar seien, repräsentiert das Bedürfnis" (Nassehi 1996, S. 247) nach eben jener Universalität, die vom Menschen, für den Menschen gemacht wird. „Politik, Recht, Moral, Ökonomie und Wissenschaft treten zwar mit unterschiedlichen Farben an, ihr Ziel ist aber das Gleiche: dem Fortschritt und der Neuen Zeit zu ihrem Recht zu verhelfen" (ebd., S. 246).

Die Dynamisierung des Zeit- und Geschichtsbewußtseins bedeutet aber keinesfalls uneingeschränkte Fortschrittseuphorie und eine komplette Stillegung des Kontingenzproblems. Geschichte wird nicht nur als steuer- und planbarer Prozeß entdeckt. Mit der Idee der Machbarkeit von Geschichte formiert sich zugleich auch das Bewußtsein von der Unbestimmbarkeit und Andersartigkeit der Zukunft. Modernes Geschichtsdenken ist daher von Beginn an mit dem Paradox ausgestattet, die *Nicht-Kontingenz der eigentlich kontingenten Geschichte* denken zu müssen. Während auf der einen Seite die Notwendigkeit steht, die Stabilität und Kontinuität durch menschliches Handeln zu gewährleisten, verweist das veränderte Zeitbewußtsein auf der anderen Seite auf die philosophische Einsicht in die Unmöglichkeit dieses Bemühens (vgl. Beck u.a. 2001, S. 27f.; Koselleck 1979, S. 61; Luhmann 1992, S. 93ff.). Angesichts dieses neuen Kontingenzbewußtseins stellt sich die Frage, welche Formen die Gesellschaft mit der Ambivalenz modernen Zeitbewußtseins generiert. Wo wird unter den Bedingungen größter Irritation ein fester Bezugsrahmen verortet, auf den sich die Gesellschaft in ihrem normativen Selbstschöpfungsbemühen zu stützen vermag, um die Geschichte der Zukunft als nicht-kontingenten Prozeß präsentieren zu können. Die naheliegende Antwort lautet: in der Vergangenheit. Wenn sich nämlich die Zukunft als offen erweist und zugleich das Resultat menschlichen Handelns ist, so liegt es nahe, nach den guten und schlechten Seiten vergangener Epochen zu fragen, um von dort aus normative Vorgaben zur Gestaltung von Gegenwart und Zukunft zu erhalten. Demgemäß gehört zum zukunftsoffenen Horizont der Moderne konstitutiv der selbstvergewissernde Rekurs auf die historischen Entstehungsbedingungen der Gegenwart. Die Vergangenheit liefert der Gegenwart Anhaltspunkte, nach denen sie ihre Entscheidungen für die Zukunft zu treffen und die eigentlich kontingente Zukunft in eine nicht-kontingente, handhabbare Form zu bringen vermag. „Stets", so faßt Jürgen Habermas (1985a, S. 23f.) die Grundstruktur moderner Selbstvergewisserung zusammen, „richtet sich der zukunftsorientierte Blick aus der Gegenwart in eine Vergangenheit, die als *Vorgeschichte* (Herv. i. Orig.) mit jeweils unserer Gegenwart wie durch die Kette eines durchgängigen Schicksals verbunden ist" (ebd). Die Vergangenheit avanciert zum archimedischen Punkt des Verständnisses der Gegenwart und Zukunft und entfaltet so ihre sinn- und identitätsstiftende Kraft, auf der sich schließlich die moderne Erinnerungskultur begründet.

Menschheit versus Nation

Während die Umstellung von einer religiösen zu einer säkularen Selbstbeschreibung der Gesellschaft zunächst die ‚Menschheitsgeschichte' als normative Bezugsgröße hervorbringt, wird jedoch bereits Ende des achtzehnten/Anfang des neunzehnten Jahrhunderts deutlich, daß dieser Kollektivsingular das Kontingenzbewußtsein der Moderne nicht alleine zu absorbieren vermag und daher rasch flankiert wird von dem Kollektivsingular der Nationengeschichte. Das abstrakt postulierte Ideal Menschheit reicht offensichtlich nicht aus, um die schwindende Bindungskraft der Religion wirksam zu ersetzen und das daraus resultierende neue Orientierungsbedürfnis der Menschen durch konkrete Handlungsnormen und Identitätsmuster zu befriedigen. „Das Erschrecken über die weltgeschichtliche Offenheit der Moderne wird mit ihrer nationalstaatlichen Schließung beantwortet" (Beck u.a. 2001, S. 28). An die Stelle der Einheit der Gattung tritt die der Nation. Im Übergang von der Aufklärung zum Historismus spaltet sich das *universalistisch* konstruierte Einheitsmodell Menschheit wieder auf und findet schließlich in den sich im neunzehnten Jahrhundert formierenden Nationalstaaten eine neue, *partikulare* Form (vgl. Beck u.a. 2001; Nassehi 1996; Rüsen 1994b S. 10f.; Stichweh 2000, S. 48ff.). Obwohl die Nation zunächst nicht gegen die universalistische Bezugsgröße Menschheit konzipiert wird, sondern die Summe der Nationen wiederum als Einheit der Menschheit gedacht wird, markiert diese semantische Differenzierung den Ausgangspunkt des bis in die Gegenwart hineinreichenden Widerstreits zwischen universalistischen und partikularistischen Welt- und Problemdeutungen, zwischen moralischem Universalismus und nationaler Geschichts- und Interessenpolitik (vgl. Habermas 1987, S. 164).[18]

---

18 Peter Fuchs (1991) hat das Oszillieren zwischen partikularen und universalistischen Einheitssemantiken am Beispiel der im achtzehnten Jahrhundert konkurrierenden gesellschaft-

Mit der Erfindung der Nation im achtzehnten Jahrhundert, die *das* politische Subjekt der Moderne darstellt, erhält Vergangenheit ihre bis heute gültige sinn- und einheitsstiftende Bedeutung.[19] Auf der Grundlage der Spannung von Gewißheit und Ungewißheit, von historischer Vergewisserung und Zukunftsprojektion, avanciert die jeweilige nationale Geschichte zur probaten Bezugsquelle normativer Sinnstiftung und zur Projektionsfolie kollektiver und individueller Identitätsbildung. Zugleich liefert die Entdeckung der Nationengeschichte auch ein Kriterium, um zwischen Mitgliedern und Nicht-Mitgliedern einer Nation unterscheiden zu können. Herkunft wird zu einem Merkmal von Zugehörigkeit und ermöglicht den Ein- oder Ausschluß von Menschen in die bzw. aus der nationalen Gemeinschaft (vgl. Nassehi 1999, S. 203ff.; Gosewinkel 1998).

Es gilt als unbestritten, daß die gesellschaftliche Durchsetzung nationaler Semantiken und der modernen Erinnerungskultur insgesamt an das historische Schlüsselereignis der Französischen Revolution von 1789 gebunden ist (vgl. Habermas 1989; 1987). Mit der Französischen Revolution verändert sich das politische Denken und die politische Praxis in Europa umfassend. Sie bringt ein neues Verständnis von Herrschaft hervor, das sich durch die breite Einbeziehung der Bevölkerung in die Politik auszeichnet und mit der symbolischen Dimension politischen Handelns ein neues Instrument politischer Herrschaft entdeckt. Der Sturz der alten Ordnung wurde durch Revolutionsfeste als öffentliches Ereignis inszeniert. Durch diese Inszenierungen erfuhr sich die Bevölkerung als Akteur der nationalen Geschichte und gelangte zu eben jenem Wissen über die Machbarkeit und Planbarkeit von Geschichte, das zuvor nur in Gelehrtenkreisen zirkulierte. Die Revolution politisierte den öffentlichen Raum in einer bisher nicht bekannten Weise und entdeckte ihn als Ort von symbolischer (Vergangenheits-)Politik neu (vgl. Wolfrum 1999, S. 16f.).

Mit der Etablierung der Nation als Medium und Form gesellschaftlicher Selbstvergewisserung setzt ein Homogenisierungsprozeß ein, in dem sich die unterschiedlichen Nationen durch die Herausbildung partikularer Merkmale immer klarer voneinander unterscheiden. Es wird nun endgültig „nicht mehr vorausgesetzt", faßt Luhmann die Konsequenzen dieses Homogenisierungsprozesses in Abgrenzung zur vormodernen Geschichtskonstruktion zusammen, „daß die Einheit schon vorhanden und nur zu erkennen und zu benennen sei" (Luhmann 1997, S. 1053). „Vielmehr", so Luhmann weiter, „dirigiert der Nationenbegriff jetzt die Forderung nach Herstellung der Einheit in einem eigenen Staat, und insofern kommt der Unterscheidung von Kulturnation und Staatsnation allenfalls eine sekundäre Bedeutung zu. Was immer die kulturellen und sprachlichen Wurzeln: um die Einheit zu erreichen, muß man

---

lichen Selbstbeschreibungen von Patriotismus und Kosmopolitismus eindrücklich rekonstruiert.
19 Zur Genese und Etablierung des Konzepts ‚Nation' vgl. Anderson 1983.

vereinigen und vereinheitlichen" (ebd.). Diese Vereinheitlichung vollzieht sich durch eine umfassende Institutionalisierung der jeweiligen Nationengeschichte. In und mit dieser Institutionalisierung bildet das Medium Geschichte durch die Etablierung einer nationalen Geschichtsschreibung, durch die Verfertigung spezifischer Geschichtsbilder und durch die Einrichtung entsprechender Gedenkorte und -tage spezifische nationale Formen gesellschaftlicher Selbstvergewisserung aus. Moderner Geschichtsschreibung ging es daher von Beginn an nicht nur um eine umfassende Erschließung der Genese des gesamten kulturellen, wirtschaftlichen und gesellschaftlichen Lebens, sondern verstärkt auch um die Produktion von pragmatisch verfügbarem Handlungs- und Orientierungswissen sowie um öffentliche Meinungsbildung.[20] Mit der Produktion von Wissen über die historischen Entstehungsbedingungen und Besonderheiten der eigenen Nationengeschichte verlieren religiöse Semantiken zugunsten nationaler und nationalgeschichtlicher Semantiken ihre alleingültige sinn- und einheitsstiftende Bedeutung. Sie schaffen eine gesellschaftliche Selbstbeschreibung, durch die der Eindruck entsteht, die Gesellschaft bestehe aus verschiedenen nationalen Gemeinschaften. Zugleich werden diese imaginären Gemeinschaften mit eindeutigen Verweisen (Geschichte, Sprache, Territorium, Währung) auf ihre Einheit ausgestattet und ermöglichen so die wirkungsvolle Stillegung des durch den Verlust göttlicher Prädestination aufgebrochenen Kontingenzproblems der Moderne.

Über die Hoffnung, aus Geschichte sei zu lernen

Wie gezeigt, wird durch die Umstellung der semantischen Bedeutung von Geschichte die Ambivalenz modernen Geschichtsdenkens sichtbar. Es ist geprägt von der Spannung zwischen Kontingenzerfahrung und Kontingenzbewältigung, von der philosophischen Einsicht in die *Unbestimmbarkeit von Geschichte* einerseits und der selbstvergewissernden *Sinnstiftung durch Geschichte* andererseits. Auf der einen Seite steht die Nationengeschichte als Medium und Form gesellschaftlicher Selbstvergewisserung. Hier wird Geschichte zum Fixpunkt, von dem aus Identitäten gestiftet, partikulare Wertfestsetzungen gebildet und Lehren für die Gegenwart und Zukunft gezogen werden. Dieser Einheitskonstruktion von Geschichte, die sich mithin als ‚Mythos' der jeweiligen nationalen Gemeinschaft präsentiert, steht auf der anderen Seite die Offenheit und Unbestimmbarkeit von Geschichte gegenüber. Der moderne Geschichtsbegriff bezieht seine Ambivalenz damit aus dem Zwang, daß er als Einheit gedacht werden muß, ohne ihn religiös für abgeschlossen erklären zu können, weil die Zukunft bekanntermaßen unbekannt bleibt. „Weil sich die Zukunft der modernen Geschichte ins Unbekann-

---

20 Zur Genese der Geschichtswissenschaft und ihrer sinn- und einheitsstiftenden Funktion im achtzehnten/neunzehnten Jahrhundert vgl. Küttler u.a. 1997.

te öffnet, wird sie planbar – und muß sie geplant werden. Und mit jedem neuen Plan wird eine neue Unerfahrbarkeit eingeführt. Die Eigenmacht der ‚Geschichte' wächst mit ihrer Machbarkeit. Das eine gründet im anderen und umgekehrt" (Koselleck 1979, S. 61).

Koselleck hat angesichts dieser Verschiebung des Geschichtsverständnisses betont, daß mit ihr auch die klassische Bedeutung der Geschichte als Lehrmeisterin ihre Geltung verloren habe. Denn: wenn sich die Geschichte nicht mehr wiederholt, also kein Exempel für die eine Ordnung mehr darstellt, sondern im Gegenteil, die Verzeitlichung von Geschichte ihre stetige Veränderbarkeit einschließt, so liegt die Einsicht nahe, daß Lernen aus ihr unmöglich ist. Jürgen Habermas (1994) hat in einem Essay über die Frage „Aus der Geschichte lernen?" darauf hingewiesen, daß auch die Einsicht, aus Geschichte könne nicht gelernt werden, selbst wieder ein Lernen aus Geschichte sei. Mit Verweis auf Kosellecks begriffsgeschichtliche Studie betont Habermas, daß, wenn man mit den Methoden historischer Forschung die Umstellung eines Weltbildes rekonstruiert und aus ihr schließe, lernen aus Geschichte sei unmöglich, so handelt es sich dabei ohne Zweifel um eine zwar ernüchternde, aber dennoch geschichtliche Lehre. Diesem „performativen Selbstwiderspruch" (ebd., S. 185) ist nicht zu entrinnen. Er begleitet modernes Geschichtsdenken als Paradoxie seit ihren Anfängen, so daß daher auch auf die Frage, ob man aus Geschichte lernen kann, bisher keine befriedigende Antwort gefunden werden konnte (vgl. ebd.; Reemtsma 2001a).

Die unter Philosophen und Historikern umstrittene Frage kann jedoch nicht darüber hinwegtäuschen, daß Geschichte bis heute ihre sinn- und identitätsstiftende Bedeutung nicht verloren hat, sondern im Gegenteil zu einem umkämpften Leitbegriff vor allem der Politik aufsteigen konnte, die ständig und in ganz verschiedener Weise Lehren aus der Geschichte gezogen hat und zieht; entweder um Bestehendes normativ zu fundieren und Herrschaft zu legitimieren oder aber Geschichte in den Dienst für noch nicht realisierte politische Ziele zu stellen (vgl. Wolfrum 1999). Als Medium gesellschaftlicher Selbstvergewisserung bleibt Geschichte der Bezugspunkt von etwas Wissenswertem, aus dem Maßstäbe und Werte für die Gegenwart und Zukunft entnommen werden können; ungeachtet der philosophischen Einsicht, daß alles auch immer anders kommen kann. Gerade im Kontext des öffentlichen Gebrauchs von Geschichte, etwa in der Form von geschichtspolitischen Deutungsentscheidungen oder offiziellen Gedenkfeiern, erweist sich die Widersprüchlichkeit der Forderung, aus der Geschichte zu lernen als irritierend, weil ihr die nötige Eindeutigkeit fehlt, um normative Haltepunkte aus der Vergangenheit zu destillieren. Es verwundert daher kaum, daß die Aporie des modernen Geschichtsbegriffs, gleichwohl sie akademisch diskutiert wird, in den öffentlichen Formen der Erinnerungskultur kaum in Erscheinung tritt, sondern einseitig aufgelöst wird, wenn in der nationalen Selbstbeschreibung an der Möglichkeit historischen Lernens festgehalten und ganz konkret aus

Geschichte gelernt wird. Insofern läßt sich die Formel ‚Lernen aus der Geschichte' als Formbildung im Medium Geschichte begreifen, in der sich der selbstvergewissernde Bezug zur Vergangenheit exemplarisch verdichtet. Im *common sense*, aus der Vergangenheit könne und müsse gelernt werden, wird das Kontingenzproblem der Moderne invisibilisiert, so daß Geschichte grundsätzlich als ein gestaltbarer, also nicht-kontingenter Prozeß gedacht werden kann. Auf der Grundlage dieser Vereindeutigung, der Entscheidung, was aus der Vergangenheit erinnert werden soll und welche Konsequenzen aus dieser Erinnerung gezogen werden sollen, kann sich schließlich die Hoffnung, man könne aus Geschichte lernen, als erfolgreiche Form des gesellschaftlichen Selbstvergewisserungsbemühens im Medium Geschichte generieren.

Affirmation, Kritik, Gedenken – Formen historischer Sinnstiftung

In der Formel ‚Lernen aus der Geschichte' wiederholt sich das für modernes Zeitbewußtsein konstitutive Bemühen um eine Bewahrung bzw. Wiederherstellung und Verbesserung der Einheit der eigenen Gattung. Wie, so läßt sich dieses Bemühen als Frage reformulieren, läßt sich die Vernunft am besten entfalten und auf den Weg ihrer Vollendung bringen. Die Moderne hat idealtypisch zwei Denkfiguren zur Beantwortung dieser Frage ausdifferenziert: die des *Historismus* und die des *historischen Materialismus*.[21]

Mit der Position des Historismus wird angenommen, daß die Vernunft bereits in allen kulturellen Leistungen angelegt ist, so daß man auf eine affirmative Reproduktion der historisch gewachsenen Tradition setzen kann. Die Gegenwart wird als Ergebnis eines für gut befundenen historischen Verlaufs begriffen, den es zu bewahren und zu verbessern gilt. Im Gegensatz hierzu machte der historische Materialismus die Idee geltend, daß sich in der Tradition immer auch unvernünftige, d. h. inhumane Strukturen befinden. Eine affirmative Fortschreibung würde damit nicht nur den positiven, sondern auch den negativen Seiten der historischen Tradition zum Durchbruch verhelfen. In dieser Logik lassen sich erst aus der kritischen Durchleuchtung der Tradition, Fehler und inhumane Strukturen aufdecken und durch Reformen oder Revolution überwinden. Emanzipation, d. h. ein reflexives Abrücken von den Verhältnissen der Vergangenheit, markiert jenen Wertmaßstab, der die kritische Haltung zur Geschichte auszeichnet. Sie soll gewährleisten, daß sich das Kollektiv von den schlechten Anteilen seines Überlieferungszusammenhangs befreit, um sich aus eigener Kraft auf den Weg in eine bessere Zukunft zu bringen. Obwohl Affirmation und Kritik aus ideologisch gänzlich verschiedenen Perspektiven den Blick in die Vergangenheit richten, dient er

---

21 Diese Unterscheidung ist den Ausführungen Jürgen Habermas' über Walter Benjamins „Geschichtsphilosophische Thesen" entnommen (vgl. Habermas 1985a, S. 18ff.).

in beiden Fällen dazu, die Gegenwart nicht nur deutend zu erklären, sondern über dieses Deutungswissen die Zukunft der Gesellschaft in eine handhabbare Form zu bringen.

Jürgen Habermas hat darauf verwiesen, daß sowohl der affirmative als auch der kritische Bezug zur Geschichte durch Walter Benjamin (1940)[22] kritisiert und mit dem Konzept des *Eingedenkens* um eine weitere Form des Vergangenheitsbezugs ergänzt wurde. Wenngleich sich die ersten beiden Formen historischer Sinnbildung hinsichtlich ihrer inhaltlichen Stoßrichtung unterscheiden, weist Benjamin auf eine entscheidende Strukturgleichheit dieser beiden Typen hin. Beide Vergangenheitsbezüge artikulieren ein instrumentelles Interesse an der Vergangenheit: Sie orientieren sich ausschließlich an den Bedürfnissen der gegenwärtigen und zukünftigen Generationen und klopfen das Leben und Leiden vergangener Generationen immer bereits daraufhin ab, ob es sich zur normativen Begründung und Legitimation des eigenen Handelns und damit als Lerngegenstand eignet. In beiden Fällen, so faßt Helmut Peukert (1976, S. 277) den Kerngedanken Benjamins zusammen, werde „aus der geschichtlichen Praxis von Subjekten das Brauchbare herauspräpariert, sofern es auf die eigene Gegenwart verweist und in ihr verwertet werden kann" (ebd.). Die Subjekte seien daher „nur der Abfall in einem geschichtlichen Verwertungsprozeß" (ebd.). Folgt man der Argumentation Benjamins, so überdeckt der instrumentelle Zugriff, sei er affirmativ oder kritisch motiviert, daß die Gegenwart sowohl durch Kultur als auch durch Barbarei gestiftet werde und sich daher immer auch auf dem Leiden vergangener Generationen gründet. „Denn", so Benjamin (1940, S. 696), was man „an Kulturgütern überblickt, das ist samt und sonders von einer Abkunft", die man nicht „ohne Grauen bedenken kann". Das „Dasein" danke sich daher nicht nur „der Mühe der großen Genien, die es geschaffen haben, sondern auch der namenlosen Fron ihrer Zeitgenossen. Es ist niemals ein Dokument der Kultur, ohne zugleich ein solches der Barbarei zu sein" (ebd.). Gegenwärtige und zukünftige Generationen leben daher immer bereits auf Kosten des Leids vergangener Generationen und sind damit unhintergehbar in einen Schuldzusammenhang eingebunden. Vor dem Hintergrund dieser Denkfigur läßt sich der Bezug zur Vergangenheit nicht mehr nur mit dem Argument der Verantwortung für die zukünftigen Generationen rechtfertigen, sondern bedarf der Sühne und des Bemühens um Versöhnung mit den vergangenen Generationen. Da die Toten aber bereits tot sind und man sie von Angesicht

---

22 Bei der Jahreszahl 1940 handelt es sich nicht um die Erstveröffentlichung von Benjamins Abhandlung „Über den Begriff der Geschichte", der die folgenden Überlegungen entnommen sind, sondern lediglich um den wahrscheinlichen Zeitraum seiner Entstehung (vgl. v. Reijen/v. Dooren 2001, S. 222). „Mit großer Wahrscheinlichkeit", so v. Reijen und v. Dooren, „hat Benjamin die Thesen (Herv. i. Orig.) relativ kurz vor seiner Flucht aus Paris, eventuell auch noch während der Flucht notiert" (ebd.). Die folgende Darstellung des erinnerungstheoretischen Konzepts von Benjamin folgt den Überlegungen von Habermas 1984, S. 514ff. und 1985a, S. 21ff. sowie Peukert 1976, S. 273ff.

zu Angesicht nicht mehr um Versöhnung bitten kann, bleibt lediglich der symbolische Akt des „Eingedenkens" (ebd., S. 704), der den Toten ihre moralische und leibliche Integrität zurückzugeben vermag. Aber auch der im aufrichtigen Gedenken an die Opfer zum Ausdruck kommende Wille zur Versöhnung bleibt einseitig und abstrakt, da ihr die Zustimmung der Toten verwehrt bleiben muß. Jeder Versöhnungsversuch ist daher unweigerlich zum Scheitern verurteilt, darf zugleich aber auch nicht unterlassen werden. Auch wenn das Unrecht nicht ungeschehen gemacht werden kann, so ermöglicht das Eingedenken doch wenigstens eine virtuelle Versöhnung mit den Opfern vergangener Generationen. Habermas hat diese widersprüchliche Forderung nach einer „Solidarität der Nachgeborenen mit ihren Vorfahren" (Habermas 1985a, S. 25) folgendermaßen zusammengefaßt:

„An der Idee einer Gerechtigkeit, die mit dem an früheren Generationen begangenen Unrecht erkauft ist, haftet ein Makel an. Der Makel kann nicht abgewaschen, er kann allenfalls vergessen werden; aber dieses Vergessen müßte Spuren des Verdrängten hinterlassen. Der Widerspruch, der der Idee der vollkommenen Gerechtigkeit ihres prinzipiell uneinlösbaren Universalismus wegen innewohnt, kann nicht aufgelöst werden. Hier setzt Benjamins Überlegung an: Die Nachgeborenen können den in der Idee selbst enthaltenen Widerspruch nur dadurch kompensieren, daß sie den abstrakten, aber uneinlösbaren Gedanken der Universalität durch die anamnetische Kraft eines Eingedenkens ergänzen, welches über die Begriffe der Moral selbst hinausgreift. Dieses Eingedenken aktualisiert sich in der mitleidenden Solidarität mit der vergangenen Verzweiflung der Geschlagenen und Gepeinigten, die das Nichtwiedergutzumachende erlitten haben" (Habermas 1984, S. 516f.).

Mit dieser widersprüchlichen Forderung des Eingedenkens bindet Benjamin den Umgang mit der Vergangenheit explizit an ein religiöses Motiv zurück, ohne dabei mit dem modernen Geschichtsverständnis zu brechen. Er begrenzt den Selbsterlösungsanspruch der profanen Fortschrittshoffnung des affirmativen und kritischen Vergangenheitsbezugs und setzt an ihre Stelle das Konzept des *Eingedenkens*. Die Erlösungshoffnung wird – dem modernen Geschichtsverständnis entsprechend – nicht mehr an ein überzeitliches Geschick Gottes gebunden. Sie wird zugleich aber auch nicht komplett profanisiert und gänzlich auf den Verantwortungsbereich der gegenwärtigen Generation ausgedehnt, sondern an die unbeobachtbare und damit unbeeinflußbare Entscheidung der bereits verstorbenen Mitglieder der eigenen Gattung gebunden. Die Selbstvergewisserung in der Form des Eingedenkens versucht, die Kontingenz modernen Zeitbewußtseins durch einen radikalisierten Vergangenheitsbezug zu bewältigen. Während die Einheit und Integrität des Kollektivs in den ersten beiden Formbildungen (Affirmation und Kritik) vor allem durch ihren Zukunftsbezug und die Idee der Machbarkeit von Geschichte repräsentiert wird, rückt das Konzept des Eingedenkens mit der Forderung nach einer universellen Solidarität mit den Toten ein transzendentes Universum, nämlich das eines imaginären Totenreichs, ins Zentrum der Selbstvergewisserung, das in diesem Fall für die Einheit und Integrität der Kollektivs steht.

Die hier idealtypisch referierten logischen Typen historischer Orientierung (Affirmation, Kritik, Gedenken) bilden jeweils für sich eigene Formen gesellschaftlicher Selbstvergewisserung im Medium Geschichte, die in der konkreten Erinnerungspraxis miteinander verschränkt sind und zuweilen auch den Gegenstand von geschichtspolitischen Kontroversen bilden können. Während Affirmation und Kritik inhaltlich opponieren, wenn um die Beurteilung der Vergangenheit für das kollektive Selbstverständnis der Gegenwart und um die Frage der konkreten historischen Lehren gestritten wird, bleibt ihnen gemeinsam, daß sie sich in einer instrumentellen und zwecksetzenden Absicht auf die Vergangenheit beziehen. Während die kritische und die affirmative Formbildung also im Zeichen einer moralisch gebotenen Inanspruchnahme der Vergangenheit für die Gegenwart und Zukunft steht, wird in und mit der Form des Gedenkens der instrumentelle Gebrauch der Vergangenheit für gegenwärtige und zukünftige Zwecke moralisch abgewehrt.

Das „kulturelle Gedächtnis"

Die Frage, wie die jeweilige Gemeinschaft ihr Wissen über die Vergangenheit und die aus ihr resultierenden moralischen Botschaften und Lehren generationsübergreifend auf Dauer zu stellen vermag, wird aus kulturwissenschaftlicher Perspektive übereinstimmend mit dem Verweis auf das „kulturelle Gedächtnis" beantwortet.[23] In Anlehnung an die Ausführungen des französischen Soziologen Maurice Halbwachs über „Das Gedächtnis und seine sozialen Bedingungen" aus dem Jahre 1925 wird das kulturelle Gedächtnis als „Sammelbegriff für alles Wissen" begriffen, „das im spezifischen Interaktionsrahmen einer Gesellschaft Handeln und Erleben steuert und von Generation zu Generation zur wiederholten Einübung und Einweisung ansteht" (J. Assmann 1988, S. 9). Um den Prozeß der Entstehung von kollektiven Erinnerungsgemeinschaften zu beschreiben, unterscheiden Aleida und Jan Assmann zwischen einem *kommunikativen* und einem *kollektiven* Gedächtnis. Das *kommunikative* Gedächtnis steht metaphorisch für die zeitlich und sozial begrenzten Erinnerungsformen, die unmittelbar an das individuelle Gedächtnis einzelner Personen gebunden sind. Die Ereignisse, die hier erinnert werden, sind Teil des eigenen Lebens und können als persönliche Erfahrungen in einem ‚lebendigen' Austausch zwischen den Generationen tradiert werden. Aleida Assmann bezeichnet das kommunikative Gedächtnis daher auch als „Kurzzeitgedächtnis" (Assmann/Frevert 1999, S. 37) des Kollektivs, in dem

---

23 Zur näheren Bestimmung des Vorgangs der Verfestigung von partikularen Geschichtsbildern und Erinnerungsstrategien haben Aleida und Jan Assmann mit ihren Arbeiten über das „kulturelle Gedächtnis" beigetragen. Vgl. etwa die Arbeiten von Jan Assmann (1988, 1992) und von Aleida Assmann gemeinsam mit Ute Frevert (1999), hier vor allem die Seiten 35-52.

die Erinnerungen der Form nach flüssig sind, d. h. nach dem Tod ihrer Träger zerfließen und damit grundsätzlich vergessen werden können. Der Übergang vom kommunikativen zum kollektiven Gedächtnis wird schließlich als eine „Steigerungsform" (ebd., S. 41) des Generationengedächtnisses beschrieben. In und mit diesem Übergang versucht die jeweilige Gemeinschaft Vorkehrungen zu treffen, daß die für relevant gehaltenen Narrative des kommunikativen Gedächtnisses feste Formen erhalten und in einem „sozialen Langzeitgedächtnis" symbolisch auf Dauer gestellt werden.[24] In diesem Sinne läßt sich das kollektive Gedächtnis als *virtuelles Lager* der Formbildungen im Medium Geschichte bezeichnen. Im kollektiven Gedächtnis reduziert sich das Geschichtsbild des Kollektivs auf Kosten vielfältiger und komplexer Vergangenheitserfahrungen auf oft nur noch ein gedächtniswirksames Ereignis und dessen spezifische Lesart. In der Vereindeutigung des Geschichtsbildes konstruiert sich das Kollektiv als Einheit, über die seine Mitglieder integriert und normativ gebunden werden sollen. Folglich entsteht das kollektive Gedächtnis nicht dadurch, daß aus der Vergangenheit selbstverständlich das Geschichtsbild der Gegenwart entspringt. Vielmehr sind es umgekehrt die Interessen der Gegenwart, die bestimmen, was von der Vergangenheit erinnert, was vergessen werden soll. „Die Vergangenheit (...) entsteht überhaupt erst dadurch, daß man sich auf sie bezieht", faßt J. Assmann (1992, S. 31) die bereits bei Halbwachs angelegte konstruktivistische Perspektive auf Geschichte zusammen. Über die jeweils gültigen Geschichtsbilder reguliert die Gesellschaft ihr Verhältnis von Erinnern und Vergessen und bestimmt damit zugleich den Deutungsrahmen für Zukunftsprojektionen und historisches Lernen.

Erziehung als (Steuerungs-)Medium gesellschaftlicher Selbstvergewisserung

Als Subjekte von historischem Lernen werden in der modernen Gesellschaft sowohl die jeweilige Nation als auch ihre Bürger verstanden, wobei der Lernerfolg des Kollektivs ursächlich an den der Individuen gekoppelt wird.

---

24 Systemtheoretisch lassen sich das kulturelle bzw. kollektive Gedächtnis nicht als Summe der individuellen Gedächtnisse begreifen. Die Formen des Gedächtnisses reproduzieren sich vielmehr im Modus von Kommunikation, an der Bewußtsein, d. h. psychische Systeme, zwar beteiligt sind, ohne daß damit aber Aussagen über das Gedächtnis einzelner Bewußtseinssysteme gemacht werden könnten. „Das soziale Gedächtnis würde zwar nicht funktionieren, gäbe es keine Bewußtseinssysteme mit Gedächtnis (...); aber es baut nicht auf die Gedächtnisleistungen der Bewußtseinssysteme auf, denn diese sind viel zu verschieden und in der Kommunikation nicht auf einen Nenner zu bringen" (Luhmann 1997, S. 584).

Der nationale Lernprozeß läßt sich so als ein Vorgang deuten, der über die vermittelnde Funktion von Erziehung zu planen und zu steuern sei. In und mit dieser Verschränkung von kollektiven und individuellen Lernprozessen spiegelt sich eine folgenreiche Grundfigur neuzeitlichen Denkens, welche die öffentliche Diskussion über die Steuerung sozialer Probleme, die nationale Integration und die Verbesserung der Welt insgesamt bis in die Gegenwart hinein bestimmt: Öffentliche Erziehung gilt als Garant und hat das Mandat dafür, die für relevant gehaltenen Wissens- und Wertbestände in den Köpfen der Staatsbürger zu verankern. Im Verbund mit ihrem Vermittlungsanspruch lassen sich die hohen Wirkungserwartungen von Erziehung als symbolischer Fluchtpunkt für die Herstellung und den Erhalt von nationaler Einheit begreifen.

Die Ausdifferenzierung des Erziehungssystems

Die öffentliche Etablierung von Erziehung als Steuerungsmedium für gesellschaftliche Integration ist eng mit den einsetzenden wissenschaftlichen, ökonomischen und politisch-sozialen Modernisierungsprozessen Ende des achtzehnten/Anfang des neunzehnten Jahrhunderts verbunden. Im Gefolge dieser Modernisierung und den daraus resultierenden Krisen- und Desintegrationserfahrungen füllt Erziehung schnell die Leerstelle einer neuen ethischen Reflexion über die Steuerungsmöglichkeiten sozialer Probleme und gesellschaftlicher Integration (vgl. Tenorth 2000, S. 183ff.). Vor allem sind es die durch die Industrialisierungsschübe hervorgerufenen Veränderungen der Arbeits- und Familienverhältnisse, durch die Erziehung in den Mittelpunkt des gesellschaftlichen Selbstvergewisserungsbemühens gerückt wird. Mit dem Anstieg nicht-selbständiger Arbeit (Lohnarbeit) verlor die Sozialisationsfunktion der Familie zunehmend an Bedeutung. Die familiäre Arbeits- und Sozialstruktur bot nicht mehr den selbstverständlichen Rahmen des Aufwachsens nachfolgender Generationen, die nun ‚künstlich' durch öffentliche Erziehung neu in die sich formierende Industrie- und Arbeitsgesellschaft eingegliedert werden mußten. Im Übergang zur modernen Gesellschaft stellt sich der Modus sozialer Integration von Herkunft auf Karriere mit der Konsequenz um, daß der jeweilige Platz, den die Individuen in der Gesellschaft einnehmen, nicht mehr selbstverständlich durch Geburt gegeben ist, sondern mittels spezieller Qualifikationen und Kompetenzen erst noch erkämpft werden muß (vgl. Luhmann 1987b; 2002, S. 62ff.). Erziehungs- und Bildungseinrichtungen erhielten folglich eine immer größere Bedeutung bei der Bewältigung dieser Eingliederungsaufgabe. Nicht nur, weil die Heranwachsenden dort Qualifikationen erwerben konnten, die sozialen Status bedeuteten und Zugänge zum Arbeitsmarkt eröffneten. Öffentliche Erziehung avancierte auch zur Kontroll- und Disziplinierungsinstanz, um sich vor den

Gefahren der vermeintlich nicht sozialisierten und zuweilen arbeitslosen Heranwachsenden zu schützen und die von der Familie nicht mehr gewährleistete moralisch-sittliche Erziehung des Nachwuchses zu kompensieren (vgl. Herrmann 1986). Als Folge dieser Umbrüche gewinnt öffentliche Erziehung eine zunehmend eigenständigere Bedeutung und differenziert sich schließlich in Gestalt von Fürsorge- und Bildungseinrichtungen zu einem eigenständigen Teilsystem der Gesellschaft aus (vgl. Luhmann 2002, S. 111ff.; Tenorth 2000, S. 177ff.).

Die Aufwertung öffentlicher Erziehung steht folglich in einem engen Zusammenhang mit der Kontingenz- und Desintegrationserfahrung der Moderne, da sie als Instanz der Vermittlung zwischen den jeweils gültigen nationalen Wert- und Wissensbeständen und den nachkommenden Generationen die Einheit des Kollektivs und ihre soziale Integration gewährleisten soll. Die „moderne Pädagogik", schreibt Jürgen Oelkers (1996, S. 25), „lebt von einer Grenzüberschreitung, nämlich der Bindung des gesellschaftlichen Fortschritts an die *richtige* (Herv. i. Orig.) Erziehung, einer Grundüberzeugung moralischer Kommunikation seit der Reformation, die quer zu weltanschaulichen oder politischen Lagern Geltung findet" (ebd.). Mit dieser Grenzüberschreitung steht Erziehung stets unter einer besonderen moralischen Beobachtung, da ihr eine Schlüsselfunktion für den Integrationsproze߬ zugeschrieben wird. Sie muß mehr leisten, als sich nur zu bemühen. Sie muß zeigen, daß ihr Vorhaben gelingt, zumindest aber prinzipiell gelingen kann, um die Gemeinschaft vor Desintegration zu bewahren. Resultat dieser engen Verschränkung von Erziehung und Integration bzw. Fortschritt ist schließlich die Freisetzung von pädagogischen Semantiken, die nicht mehr nur dem Erziehungssystem, sondern der Gesellschaft insgesamt als Ressource zur Selbstbeschreibung dienen und Erziehung zu einem übergreifenden (Steuerungs-)Medium werden lassen.[25]

---

25 Diese hier in Anspruch genommene Überlegung von der gesellschaftlich übergreifenden Ausweitung pädagogischer Semantiken schließt an die erziehungswissenschaftliche Debatte über den Pädagogisierungsbegriff an. Der Begriff wird hier als eine Beobachtungskategorie des Pädagogischen in der Gesellschaft begriffen. Unter systemtheoretischen Vorzeichen wird die gesellschaftlich wirkmächtige Durchsetzung pädagogischer Denkmuster als „Entgrenzung des Pädagogischen" (Lüders u.a. 1996) als „Expansion des Pädagogischen" (Helsper 1996, S. 16) oder als „Diffusion des Pädagogischen in die Gesellschaft" (Proske 2002, S. 294) näher bestimmt. Systematisch läßt sich mit der Kategorie ‚Pädagogisierung' zeigen, wie das Kontingenz- und Desintegrationsproblem der modernen Gesellschaft durch den Rückgriff auf pädagogische Semantiken invisibilisiert wird, wenn soziale Probleme, wie Rassismus, Umweltzerstörung oder soziale (Un-)Gerechtigkeit durch die Individualisierung der Ursachen dieser Probleme als Erziehungsprobleme reformuliert und pädagogisch bearbeitet werden (vgl. Radtke 1995; Thiel 1996; Proske 2001; 2002).

Pädagogische Semantiken – Die Entdeckung des Menschen als zu erziehendes Wesen

Die Konstituierung neuzeitlicher Pädagogik sei, betont Felicitas Thiel, von Beginn an mit der Idee verknüpft gewesen, Fortschritt als Resultat von Erziehung zu denken, so daß die Verbesserung von Mensch und Gesellschaft als eine Aufgabe von Erziehung konstruiert werden konnte (vgl. Thiel 1996, S. 23ff.). Dieser Verschränkung von kollektiver und individueller Verbesserung ist die Prämisse unterlegt, daß „die größere Projektion (,neue Gesellschaft') immer über die Veränderung der kleineren ('neuer Menschen')" (Oelkers 1992, S. 13) zu erfolgen habe. „Die Reform der Welt wurde als Sache der Erziehung gedacht, weil sie über die moralische Verbesserung der Menschen, gleichsam in Summierung ihrer Wirkungen, auch die Welt (vorgestellt als Interaktion von Menschen) verbessern würde" (ebd., S. 48). Den programmatischen Kern neuzeitlicher Erziehungsambitionen, der zugleich auch einen Teil des semantischen Rahmen der Selbstbeschreibung der modernen Gesellschaft bestimmt, hat Immanuel Kant 1803 folgendermaßen formuliert:

> "Der Mensch kann nur Mensch werden durch Erziehung. Er ist nichts, als was die Erziehung aus ihm macht (...). Es ist entzückend, sich vorzustellen, daß die menschliche Natur immer besser durch Erziehung werde entwickelt werden, und daß man diese in eine Form bringen kann, die der Menschheit angemessen ist. Dies eröffnet uns den Prospekt zu einem künftigen glücklicheren Menschengeschlecht" (ebd., S. 699f.).

Die Genese des Selbstverständnisses, Fortschritt und Integration in Abhängigkeit von Erziehung zu begreifen, ist – so die übereinstimmenden Befunde der erziehungswissenschaftlich-historischen Forschung – eng mit der Herausbildung des bereits oben rekonstruierten modernen Geschichtsdenkens verschränkt. Im Gefolge des veränderten Geschichtsverständnisses und der sich vor allem mit der Französischen Revolution auf Dauer gestellten Machbarkeitsvorstellung der Welt wird der Mensch als zu erziehendes Wesen und damit als Generator für Fortschritt und Verbesserung neu entdeckt. Im normativen Bezugspunkt ‚Menschheit' formiert sich ein Kollektivsingular, mit dem die Idee der Vervollkommnung des Menschen sowohl auf die menschliche Gattung als auch auf den Einzelmenschen bezogen werden kann. Die Offenheit der Geschichte und die neu gewonnene Gestaltungsmacht des Menschen führten nicht nur zu einem selbstvergewissernden Rekurs auf die Vorgeschichte der Gattung und zu einer umfassenden Institutionalisierung der Geschichte insgesamt. Mit ihr stellte sich auch die Frage, was der Mensch sei, in paradigmatischer Weise neu. Als Teil der Welt rückte sich der Mensch selbst in den Mittelpunkt der Überlegungen, wie die Steuerung und Gestaltung dieser als offen und machbar gedeuteten Welt organisiert werden könne. Die Machbarkeit der Welt im Allgemeinen wird übertragen auf die Idee der Machbarkeit des Menschen im Besonderen. Analog zur offenen und als entwicklungsfähig interpretierten Welt, deren Zukunft immer weniger von göttlicher Prädestination abhängig schien, bringt der Säkularisierungsprozeß auch ein neues Bild vom Menschen hervor. Wenn nämlich „der Mensch nicht von Natur aus so ist, wie er ist, sondern dies durch sein Zutun wird, dann ist er durch sich selbst und aus sich selbst veränderbar, mithin potentiell verbesserungsfähig", faßt Ulrich Herrmann (1992, S. 88) den anthropologischen Leitgedanken des achtzehnten Jahrhunderts zusammen.

Den entscheidenden Impuls für die Möglichkeit, den Menschen als Erzeuger seiner selbst und damit als ein komplett erziehbares Wesen zu begreifen, lieferte der Bruch mit dem bis zur Aufklärung geläufigsten Subjektmodell in der Geschichte der Pädagogik. Im Anschluß an die Überzeugung der christlichen Anthropologie galt der Mensch als ein Wesen, das mit einer unteilbaren und unangreifbaren Seele ausgestattet war, die sein Schicksal determinierte. Gott allein hatte den Zugriff auf die Seele. Der Mensch war erlösungsbedürftig und somit abhängig von der Gnade Gottes. Die Gnadenlehre limitierte die Möglichkeit des Menschen radikal, sich durch eigenes Zutun erlösen und die eigene Vollendung zu Lebzeiten erreichen zu können (vgl. Hoffmann 1955, S. 194ff.; Brunner 1968, Oelkers 1990a; 1992; 1997). Erst mit dem Konzept der *perfectibilité* des Menschen in der Anthropologie Jean-Jacques Rousseaus und dem *sensualistischen Subjektmodell* John Lokkes wurde das vormoderne Seelenmodell abgelöst und die Perfektionierung des Menschen durch erzieherisches Handeln denkbar.[26] Ähnlich wie sich die Vorstellung über Geschichte ändert und in die Idee einer Gattungsgeschichte mündet, die in einem Wirkungszusammenhang von Vergangenheit, Gegenwart und Zukunft steht, wird auch die Individualgeschichte des Menschen dynamisiert und als entwicklungsfähig und -bedürftig gedacht. Der theologische Gedanke der Erlösung (Gnade) wird profanisiert und in das Konzept

---

26 Im Kern liegt beiden Anthropologien, trotz ihrer grundsätzlichen Unterschiede, eine zentrale Gemeinsamkeit zugrunde: die Vorstellung einer durch Erziehung intentional zu beeinflussenden Richtung menschlicher Entwicklung und Veränderung menschlicher Dispositionen. Rousseaus Vorstellung von der menschlichen Natur impliziert eine teleologische Bewegung, die ihren höchsten Punkt, die eigene Vollendung, selbst zu erreichen vermag (vgl. Oelkers 1990a, S. 36ff.). Die gute Natur des Menschen wird ohne die christliche Erbsünde gedacht. Das Subjekt wird freigesetzt vom Diktum des jenseitigen Vollendungsideals, zugleich aber unter ein neues Diktum gestellt, nämlich unter das der diesseitigen natürlichen Entwicklung, mit der dem Menschen eine grundsätzliche Vervollkommnungsfähigkeit (perfectibilité) zugeschrieben werden kann (ebd.). Der durch die Philosophie Lockes auf den Weg gebrachte empirische Seelenbegriff hingegen begreift das menschliche Bewußtsein als eine ‚tabula rasa', eine leere Tafel, die von Außen beschrieben werden kann, wodurch der Mensch für Erziehung scheinbar unbegrenzt zugänglich wird (vgl. Oelkers 1992, S. 22ff.). Sowohl bei Rousseau als auch bei Locke handelt es sich um anthropologische Modellannahmen, in denen deutlich wird, wie grundlegend die Relation von Außen und Innen für den Erziehungsbegriff ist. Lockes pädagogische Strategie ist es, die innere Welt des Menschen von Außen zu gestalten, während es bei Rousseau darum geht, die innere Welt des Menschen in ihrer einmaligen Entwicklung vor den als schlecht beschriebenen äußeren Einflüssen zu schützen (vgl. Oelkers 1991, S. 14).

einer innerweltlichen Vervollkommnung menschlicher Dispositionen überführt (vgl. Oelkers 1990a; 1992). Im Gefolge der Säkularisierung wird der Mensch als ein Wesen neu entdeckt, dessen gegenwärtiger (mentaler) Zustand sich nun aus seinen vergangenen Lebensbedingungen erklären läßt und dessen Zukunft in der Gegenwart gleichsam planbar erscheint. An die Stelle der jenseitigen Erlösungshoffnung treten pädagogische Zielerwartungen, in denen das utopische Potential der Moderne einen Ort findet. Einen Ort, an dem die konkrete Zukunft über den Fluchtpunkt des Subjekts gedacht werden kann und durch Erziehung realisierbar erscheint. Mit Erziehung öffnet sich der Blick in eine nicht-kontingente Zukunft. Die Wirksamkeitsannahmen pädagogischen Handelns liefern der jeweiligen Gemeinschaft die symbolische Sicherheit, daß die für gut befundenen Traditionen auch in der Zukunft gegenwärtig sein werden und inhumanen Traditionen durch die (Um-)Erziehung der Menschen überwunden werden können. Angesichts der Leistung des Mediums Erziehung, die Kontingenzerfahrung der Moderne zu binden und der ungewissen Zukunft eine handhabbare Form zu geben, tritt die Frage nach der realen Wirksamkeit von Erziehung öffentlich kaum in Erscheinung. Zumeist bleibt sie vage, und die Wirkungen werden in eins gesetzt mit den pädagogischen Zielsetzungen. Selbst wenn sich mit Erziehung der gewünschte Erfolg nicht einzustellen scheint, wenn die sozialen Probleme weiter existieren und gesellschaftliche Desintegration öffentlich konstatiert wird, wird Erziehung als Lösungsstrategie nicht verworfen, sondern im Gegenteil erneuert. Die öffentliche Reaktion auf die bisherige Wirkungslosigkeit von Erziehung folgt dabei dem Muster von Aspiration, Enttäuschung und *Reform* (vgl. Oelkers 1996). Der Mißerfolg von Erziehung wird nicht etwa in den Bedingungen der vielleicht begrenzten Möglichkeiten von Erziehung gesucht, sondern individualisierend mit Kompetenzdefiziten des Lehrpersonals und mit nicht genügend durchdachten didaktischen Konzepten erklärt, so daß eine Wirkungsverbesserung von Erziehung durch die Behebung dieser Defizite möglich erscheint. Die angenommenen Wirkungen von Erziehung werden damit temporalisiert und in die Zukunft verschoben, so daß es ausreicht, das eigene Bemühen als „gute Absicht" auszuweisen, ohne zugleich deren Erfolg garantieren zu müssen (vgl. Luhmann 2002, S. 54ff. u. 168ff.).

Jürgen Oelkers hat darauf hingewiesen, daß die Übersetzung der theologischen Denkfigur der Erlösung in das profane Modell der Vervollkommnung die Struktur pädagogischen Denkens bis heute bestimme und sich vor allem in einer latent moralischen Kommunikation über Erziehung manifestiere (vgl. Oelkers 1990a; 1992; 1993). „Pädagogisches Wissen konstituiert sich unter Verweis auf Moral, also nach dem Schema von ‚gut' und ‚böse'" (Oelkers 1993, S. 213). Es ist mithin durchzogen von einer Argumentationsfigur, die zwischen einem besseren und schlechteren Zustand der Welt und des Menschen unterscheidet. Der bessere Zustand gilt dabei als normativer Bezugspunkt, von dem aus erzieherisches Handeln begründet und entworfen wird (vgl. ebd., S. 213f.). Harm Paschen (1988) hat die moralische Strukturiertheit pädagogischer Semantiken als eine Verkettung dreier Prämissen beschrieben: Nach Paschen folgt eine pädagogische Argumentation der Logik, soziale Zustände erstens als defizitär zu beschreiben, und die Gründe, die zu diesem Zustand geführt haben bzw. führen könnten, mit dem Fehlen wichtiger Kompetenzen der Menschen zu erklären („Defizitprämisse"). Zweitens werden die Ursachen dieser Defizite in der mangelnden, mangelhaften oder zu späten Erziehung vermutet („Ursachenprämisse"). Drittens schließlich kann als Konsequenz aus der Defizit- und Ursachenprämisse eine frühere und bessere Erziehung gefordert werden („Praxisprämisse"). Gesellschaftliche Verbesserung läßt sich so mittels Aufklärung und Bewußtseinsveränderung durch das Nadelöhr des Subjekts denken, und ihre Durchsetzung kann öffentlich durch Erziehung gefordert werden (vgl. ebd. 20ff.). Heinz-Elmar Tenorth und Jürgen Oelkers haben die Absenkung von pädagogischen Semantiken in das Repertoire des Selbstvergewisserungsbemühens der modernen Gesellschaft am Beispiel der öffentlichen Verwendung der Metaphern von der „Verantwortung" (Tenorth 1990) und der „Sorge" (Oelkers 1993) exemplarisch verdeutlicht. Sorge und Verantwortung werden als pädagogische Herausforderung kommuniziert und in doppelter Weise auf das Generationengefüge bezogen. Folglich hat Erziehung nicht nur für das Wohl der Heranwachsenden und ihre Zukunft zu sorgen, sondern gleichsam Verantwortung für den Fortbestand und die Verbesserung der eigenen Gattung zu übernehmen.

Zur Verschränkung der Medien Geschichte und Erziehung

Generation

Fragt man nach der Verschränkung von pädagogischen Semantiken mit denen der Geschichte, so wird man offensichtlich auf die Kategorie Generation verwiesen. In ihr fließen die Medien Geschichte und Erziehung zu einer gemeinsamen Form gesellschaftlicher Selbstvergewisserung zusammen.

Im Anschluß an die erziehungstheoretischen Überlegungen Friedrich Schleiermachers aus dem Jahre 1826 zentriert sich der Generationenbegriff bis heute um die Frage der Vermittlung und Weitergabe von Wissen und Werten. Er schließt damit an ein Grundproblem jeder Gemeinschaft an, die angesichts der anthropologischen Grundtatsachen von Natalität und Mortalität strukturell vor der Herausforderung steht, ihre kontinuierlich stattfindende personelle Erneuerung zu organisieren. Wie, so läßt sich diese Herausforderung als Frage reformulieren, lassen sich die akkumulierten politischen, kulturellen und sozialen Bestände eines Landes trotz des stetigen Sterbens seiner

Bürger dauerhaft sowohl bewahren als auch weiterentwickeln? Es geht zum einen darum, der Gefahr des Vergessens von erinnerungswerten Ereignissen und national bedeutsamen Wissens- und Wertebeständen entgegenzuarbeiten, die durch den Tod stets gegeben ist. Um die Kontinuität und Einheit des Kollektivs nachhaltig zu sichern, muß entschieden werden, welches Wissen und welche Werte institutionell auf Dauer gestellt werden sollen. Zum anderen geht es um den Umgang mit dem durch Geburt oder Zuwanderung neu hinzustoßenden neuen Staatsbürger. Die ‚Neuen' sollen durch Erziehung in die bestehende Gemeinschaft eingeführt und zugleich befähigt werden, sie zu verbessern.[27]

In der Kategorie Generation verschmelzen die Gattungs- und Individualgeschichte zu einem Kollektivsingular. Generation fokussiert zum einen die Gattung im Allgemeinen, wenn sozialer Wandel als Folge der stetigen Erneuerung des Kollektivs durch die Geburt neuer Mitglieder beschrieben wird. Zugleich nimmt der Begriff die Gattung im Besonderen in den Blick und fragt nach den spezifischen Prägungen einzelner Generationen und ihrer Angehörigen.[28] Die Besonderheit der Kategorie Generation liegt darin, daß sie nicht nur die Kontinuität der Gattung in den Mittelpunkt rückt, sondern durch den Verweis auf eine ausdrückliche *Differenz* zwischen den Generationen immer bereits ihre Diskontinuität reflektiert. Im Generationenkonzept tritt auch und vor allem die Offenheit und Unbestimmbarkeit des gattungsgeschichtlichen Verlaufes hervor, da der Wechsel des Personals immer auch neue Zugänge zu den Kulturgütern und dem Wertekonsens der Gesellschaft erzeugt. Es wird sichtbar, daß sich die ‚Neuen' des Kollektivs auch gegen die Moral der Etablierten entscheiden und eigene Wege gehen können. Mit dieser Reflexion auf die Spannung von Kontinuität und Neubeginn bleibt die Stabilität des historisch gewonnenen Wertekonsens immer prekär, da mit ihr die Kontingenz der Zukunft zu Tage tritt. Folglich fließen in der Kategorie Generation die Medien Geschichte und Erziehung zu einer spezifischen Form gesellschaftlicher Selbstvergewisserung zusammen. Eine Form, in der Kontingenz und Kontingenzbewältigung, Desintegrationserfahrung und Integrationsbemühen komplementär aufeinander bezogen werden und oszillieren. Gerade in der öffentlichen Rede über den ‚Generationenkonflikt' oder vom ‚Generationenproblem' vergegenwärtigt sich die Gesellschaft ihrer latenten Herausforderung, den stetigen Wechsel ihres Personals bewältigen zu müssen und liefert Erziehung als Integrationsmedium immer bereits mit. Die Kategorie Generation bildet demzufolge eine Form, in der Geschichte nicht ohne Erziehung und Erziehung nicht ohne Geschichte gedacht werden können.

---

27 Zur aktuellen erziehungswissenschaftlichen Diskussion über den pädagogischen Generationenbegriff in der Tradition von Friedrich Schleiermacher vgl. Winkler 1998, 2000. Zum pädagogischen Generationenbegriff allgemein vgl. Liebau 1997a; Ecarius 1998; Kramer u.a. 2001.
28 Zur sozialwissenschaftlichen Verwendung des Generationenbegriffs vgl. auch Kap. V.

Durch diese Form schafft sich die Gesellschaft den Referenzpunkt für eine kontrollierte Selbstirritation, eine Irritation also, die das Kontingenzproblem der Zukunft immer neu aufruft und mit Erziehung seine Bewältigungsstrategie immanent mitführt.

Diese komplementäre Verschränkung von Kontingenzerfahrung und der Bewältigung von Kontingenz durch Erziehung spiegelt sich exemplarisch in Schleiermachers Generationenkonzept wider (vgl. Winkler 1998, 2000; Oelkers 1990a, S. 47ff.). Auch hier schlagen die utopischen Momente der Medien Geschichte und Erziehung durch, deren Erfolg sich gerade darin ermißt, die Kontingenzerfahrung der Modernen sowohl binden also auch kontrolliert freisetzen zu können. Folglich begreift auch Schleiermacher die Generationenfolge trotz aller Brüche und Transformationen als einen durch Erziehung „sanktionierten Prozeß, der die Kontingenz der Geschichte ausschließen kann" (Oelkers 1990a, S. 57). Zwar wird die Differenz zwischen den Generationen als Strukturproblem der natürlichen Reproduktion des Kollektivs erkannt. Sie verkompliziert die Aufgabe von Erziehung, macht aus ihr ein reflexives Unterfangen, ohne daß Erziehung deshalb von ihrem Globalziel ‚Integration' entbunden würde:

„Die Erziehung soll den einzelnen ausbilden in der Ähnlichkeit mit dem größeren moralischen Ganzen, dem er angehört. Der Staat empfängt aus den Händen der Erzieher die einzelnen als ihm analog gebildet, so daß sie in das Gesamtleben als in ihr eigenes eintreten können" (Schleiermacher 1826, S. 38).

Auch in Schleiermachers Generationenkonzept geht es schließlich um die Gemeinschaft als Ganze, um ihre normative Integration, die über den Zugriff ihrer kleinsten Einheit, den Menschen, realisiert werden soll. In der Kategorie Generation werden Geschichte und Erziehung bereits moralisch in der Weise präfiguriert und aufeinander bezogen, daß die Verantwortung und die Sorge um die Einheit des Kollektivs nicht mehr ohne den wechselseitigen Verweis auf diese beiden Medien gedacht werden können. Geschichte und Erziehung verschmelzen zu einer Form, die es ermöglicht, das fragile Verhältnis von Integration und Desintegration zu reflektieren, ohne dabei die Einheit der Gemeinschaft aus den Augen zu verlieren.

Geschichtsunterricht, Geschichtsbewußtsein und historisches Lernen

Bezogen auf die Bedeutung, die der Erziehung als Integrationsmedium zugeschrieben wird, hat Heinz-Elmar Tenorth (1991) am Beispiel Deutschlands darauf verwiesen, daß „keiner der zahlreichen deutschen Staaten des 20. Jahrhunderts" (ebd., S. 78) darauf verzichtet habe „in eigens entworfenen pädagogischen Programmen und Bildungskonzeptionen die eigene Identität zu symbolisieren und diesen Anspruch gegenüber den ‚Staatsbürgern', gegenüber deren Vorstellungen von individueller und kollektiver Identität und gegenüber der öffentlichen Vielfalt der Entwürfe von Staat und Nation zur Geltung zu bringen" (ebd.). Folglich verwundert es nicht, daß gerade dem Geschichtsunterricht in Nationalstaaten eine wichtige Rolle bei der Integration neuer Staatsbürger und der Formierung der nationalen Einheit zugewiesen wird. Die Entwicklung des Geschichtsunterrichts ist mithin eng mit der Nationalstaatenbildung verbunden. „Einen selbständigen Geschichtsunterricht gibt es erst mit der Entstehung des modernen Staates", faßt Erich Weniger, einer der wohl bedeutendsten Vertreter der ‚geisteswissenschaftlichen Pädagogik' der Weimarer wie der Bonner Republik, den Entstehungskontext des nationalen Geschichtsunterrichts zusammen. „Der Staat der neuen Zeit", so Weniger weiter, „hat den eigentlichen Geschichtsunterricht erst begründet. Der Staat setzt in dem Schulfach ‚Geschichte' sein geschichtliches Selbstbewußtsein und Selbstverständnis, seine geschichtlichen Aufgaben und seinen Willen gegen das geschichtliche Bewußtsein und den Bildungswillen anderer Bildungsmächte, z. B. der Kirche oder der industriellen Gesellschaft oder der Wissenschaft ab (...). Er vermittelt diesen Willen, seine Aufgaben, seine besonderen Anliegen durch den Geschichtsunterricht dem Nachwuchs und ordnet so jede neue Generation in die Geschichtlichkeit ein" (Weniger 1957, S. 27). In Wenigers Worten verdichtet sich exemplarisch der normative Zusammenhang zwischen dem Bemühen um staatliche Einheit und der pädagogischen Vermittlung von Geschichte an die nachkommenden Generationen, der für das Selbstvergewisserung der modernen Gesellschaft prägend ist: Der „Nachwuchs" und mithin „jede neue Generation" soll durch den Geschichtsunterricht in die „Geschichtlichkeit" der partikularen Tradition des jeweiligen Staates eingeordnet werden, um die Kontinuität des Gemeinwesens zu gewährleisten und das kollektive Selbstverständnis zu erhärten.

Zur Planung und Steuerung dieser Vermittlungs- und Eingliederungsaufgabe hat sich mit der Etablierung des öffentlichen Schulwesens im neunzehnten Jahrhundert und parallel zur Geschichtswissenschaft die Geschichtsdidaktik als praktische Disziplin entwickelt. Sie übernimmt seither die Aufgabe, das validierte historische Wissen und die an dieses Wissen gebundenen Wertbezüge didaktisch aufzubereiten und historisches Lernen im Geschichtsunterricht und an anderen öffentlichen Lernorten (Gedenkstätten, Museen) anzuleiten sowie die Wirksamkeit dieser Lernarrangements zu reflektieren und zu verbessern.[29] Die Befunde und Leistungen der Geschichtsdidaktik sind angesichts der integrativen Bedeutung, die gerade dem Geschichtsunterricht in Nationalstaaten zugeschrieben wird, auch und vor allem von öffentlichem Interesse, weil sie einen neuralgischen Punkt der nationalen Selbstvergewisserung reflektieren. Nicht selten wird deshalb die Frage nach dem historischen Wissen und den moralischen Haltungen bei der nachwachsenden

---

29 Zur Entstehungsgeschichte der deutschen Geschichtsdidaktik vgl. Bergmann/Schneider 1982. Zum aktuellen Diskussionsstand in der Geschichtsdidaktik vgl. Bergmann u.a. 1997.

Generationen zu einem Gradmesser für den moralischen Zustand des eigenen Landes, und vor allem sind es die Leistungen des Geschichtsunterricht, die in diesem Zusammenhang auf dem Prüfstand stehen.

Die normative Verschränkung von Geschichte und Erziehung, die sich in den Formen der nationalen Selbstvergewisserung beobachten läßt, spiegelt sich exemplarisch in der Verwendung des Begriffs Geschichtsbewußtsein wider, der sich von den 1970er Jahren bis heute zu einer „Schlüsselkategorie der Geschichtsdidaktik" (Rüsen 1994a, S. 3) entwickelt hat und über die innerdisziplinäre Diskussion relativ zügig zu einem Bezugspunkt des bundesdeutschen Selbstvergewisserungsprozesses worden ist.[30] Der Erfolg des Begriffs ist in seiner doppelten inhaltlichen Bestimmung als empirische und theoretisch-didaktische Kategorie zu sehen. In der empirischen Bedeutung stellt der Begriff darauf ab, durch regelmäßige Befragungen den Wissenstand und die moralischen Haltungen der nachkommenden Generationen empirisch zu überprüfen. Im Zentrum des theoretisch-didaktischen Zugangs steht die Vergewisserung der anthropologischen wie psychologischen Grundlagen historischem Lernen. Wenngleich sich die beiden Zugänge zur Kategorie Geschichtsbewußtsein inhaltlich unterscheiden, weisen sie eine enge Verbindung zueinander auf, die zudem komplementäre einzuordnen ist. Die Komplementarität besteht darin, daß die empirische Variante als probates Instrument der symbolischen ‚Messung' der nationalen Befindlichkeit öffentlich Resonanz erzeugt und auf mögliche Integrationsprobleme der nachwachsenden Generation aufmerksam macht, welche die theoretisch-didaktische Variante durch erhöhten Reflexionsaufwand und die Verbesserung bestehender Vermittlungskonzepte zu bearbeiten sucht. Geschichtsbewußtsein wird hier im Anschluß an die klassisch gewordene Definition von Karl-Ernst Jeismanns (1980) als Prägemuster von Vergangenheitsdeutung, Gegenwartsverständnis und Zukunftsperspektive theoretisch bestimmt. Fokussiert werden die „mentalen (emotionalen und kognitiven, unbewußten und bewußten) Operationen" (Rüsen 1994a, S. 6), durch die historische Themen ihre je spezifische subjektive und gleichsam sinn- und identitätsstiftende Bedeutung im Bewußtsein der Menschen erhalten. Vor allem die von Jörn Rüsen (1990, S. 153-230) entwickelten vier Typen historischen Erzählens: traditional, exemplarisch, kritisch, genetisch, bieten der Geschichtsdidaktik einen lerntheoretischen Bezugsrahmen für die Möglichkeiten der pädagogischen Entwicklung von Geschichtsbewußtsein und folglich eine Folie zur Präzisierung der Ziele und Methoden historischen Lernens (vgl. Rüsen 1994b). In dieser didaktischen Perspektive kann der Mensch als eine koordinierte und kohärente Einheit begriffen werden, der sich in einer prinzipiell durchschaubaren und er-

---

30 Zur Bedeutung der Kategorie des Geschichtsbewußtseins in der deutschen Geschichtsdidaktik vgl. die Aufsätze von Karl-Ernst Jeismann, Bodo v. Borries und Dagmar Klose in: Bergmann u.a. 1997, S. 42-56; Rohlfes 1997. Zur interdisziplinären Bedeutung vgl. Rüsen 2001a.

klärbaren Weise in ein Verhältnis zu seiner Vergangenheit zu setzen und aus ihr sein Selbstverständnis zu fundieren vermag. Im Geschichtsbewußtsein lagert sich indes die jeweils individuelle Verarbeitung des kulturellen, sozialen und politischen Wandels als Ergebnis eines spezifischen Sozialisationsprozesses ab, der sowohl empirisch erforscht als auch durch Erziehung, genauer durch historisches Lernen, kanalisiert werden kann und auch kanalisiert werden soll. Jörn Rüsen begreift historisches Lernen als einen „Entwicklungsprozeß des Geschichtsbewußtseins, in dem Kompetenzen der historischen Erinnerung erworben werden" (ebd., S. 159). Zur Realisierung dieses Lernziels habe vor allem die Geschichtsdidaktik die Gesichtspunkte auszumessen, nach denen historisches Lernen „absichtsvoll (durch Lehren) beeinflußt, geplant, geformt, gelenkt und kontrolliert werden soll" (ebd., S. 77).

Ähnlich wie im Generationenkonzept fließen auch in der Kategorie Geschichtsbewußtsein die Medien Geschichte und Erziehung zu einer gemeinsamen Form zusammen, in der die komplementäre Verschränkung von Kontingenzerfahrung und der Bewältigung von Kontingenz durch Erziehung erneut ihren Ausdruck findet. Während durch die Vermittlung von historischem Wissen und der an dieses Wissen geknüpften Wertbezüge die Kontinuität der nationale Einheit gesichert werden soll, wird der Erfolg oder Mißerfolg dieses Integrationsbemühens zugleich durch die empirische Untersuchungen zum Geschichtsbewußtsein überprüft. Bei einer erfolgreichen Umsetzung des historischen Lernprogramms müßten sich im Idealfall die empirischen Befunde über das Geschichtswissen und die Einstellungen der Befragten mit den normativen Zielsetzungen historischen Lernens und dem nationalen Werte- und Wissenskanon decken. Abweichungen lassen sich daher nicht nur als mißlungenes Erziehungsbemühen, sondern immer auch als eine verfehlte Enkulturation der neuen Staatsbürger deuten und als Sorge über den Zustand der nachwachsenden Generation und der Gemeinschaft insgesamt kommunizieren.[31] Eine Sorge, die jedoch immanent gebunden werden kann durch die in der Form Geschichtsbewußtsein mitgeführte Lösungsstrategie

---

31 Die öffentliche Bedeutung von empirischen Studien über das Geschichtsbewußtsein Jugendlicher im Besonderen sowie deren politische und soziale Orientierungen im Allgemeinen, läßt sich an der stetigen Wiederkehr öffentlicher Krisen- und Desintegrationsszenarien zeigen, wie sie beispielsweise durch die Studie von Alphons Silbermann und Manfred Stoffers (2000) „Auschwitz: nie davon gehört?", durch die einschlägigen Shell-Jugendstudien oder durch die Ende der neunziger Jahre für Schlagzeilen sorgende Studie von Wilhelm Heitmeyer u.a. (1997) über den vermeintlich unter türkischen Jugendlichen verbreiteten islamischen Fundamentalismus ausgelöst wurde. Das prominenteste Projekt dieser Art startete unter der Leitung des Bielefelder Wissenschaftlers Wilhelm Heitmeyer im Jahre 2002. Ziel dieses Projektes ist es, „Deutsche Zustände" zu messen, um in der Summe Auskunft über die moralische Verfaßtheit der Bundesrepublik zu geben (vgl. Heitmeyer 2002). Zur öffentlichen Bedeutung von quantitativen Studien zum Geschichtsbewußtsein Jugendlicher über die NS-Geschichte und zu ihren methodologischen und methodischen Unschärfen vgl. Kap. V, S. 197ff.

Erziehung, d. h. durch die Forderung nach mehr und besseren Konzepten für historisches Lernen.

In der öffentlichen Bedeutung der geschichtsdidaktischen Kategorie des Geschichtsbewußtseins, vor allem in ihrer empirischen Variante, exemplifiziert sich die in diesem Kapitel rekonstruierte normative Verschränkung von Nation, Geschichte und Erziehung ein weiteres Mal. Auch in diesem Fall verläuft der Modus gesellschaftlicher Selbstvergewisserung über die Medien Geschichte und Erziehung, wenn sich an die empirisch befundenen Desintegrationsdiagnosen selbstverständlich Debatten um die Wirksamkeit von Erziehung anschließen und neue geschichtsdidaktische Vermittlungsmethoden entwickelt werden, die in der Summe den Verlauf des beabsichtigten kollektiven Lernprozeß steuern sollen.

Zusammenfassung

Mit dem vorangegangenen Versuch, das Verhältnis von Nation, Geschichte und Erziehung systemtheoretisch zu bestimmen, sollte folgendes deutlich geworden sein: Beschreibt man die moderne Gesellschaft als funktional differenziert und folglich als Gesellschaft, der eine konkurrenzfreie Repräsentation der eigenen Einheit unmöglich ist, so erweist sich die Idee der Nation als eine normative Selbstbeschreibung der Gesellschaft, in der diese letztlich als Summe territorial und regional begrenzter Einzelstaaten begriffen werden kann. Wenngleich mit dieser Selbstbeschreibung das Kontingenzproblem der Moderne nicht aufgehoben, sondern verzeitlicht wird, so bietet sie, vermittelt durch die Medien Geschichte und Erziehung, eine hinreichende Erwartungssicherheit, in denen sich die Hoffnung erhält, die Einheit der jeweiligen Gemeinschaft sei möglich. Es ist daher sicher kein Zufall, daß sich gerade in historischen und pädagogischen Semantiken Spuren religiösen Denkens finden lassen. Spuren, die den religiösen Einheitsgedanken – repräsentiert durch die Einheit Gottes – transformiert haben in ein säkulares Modell der Einheit, deren Realisierung sich der Mensch selbst aufgetragen hat. Solang es der modernen Gesellschaft an alternativen Strategien der Kontingenzbewältigung fehlt, bleibt daher anzunehmen, daß die Idee der Nation als gesellschaftliche Selbstbeschreibung ihre Attraktivität kaum verlieren wird und daß sich nationale Gemeinschaften ihrer Einheit bis auf weiteres im Horizont der Medien Geschichte und Erziehung symbolisch vergewissern werden.

Vor allem die Forderung, aus Geschichte sei zu lernen, erweist sich für das nationale Selbstvergewisserungsbemühen als Wertbezug, durch den die Kontingenz der Zukunft eine handhabbare, nicht-kontingente Form gewinnt. Eine Form, in der Geschichte als ein Prozeß gedacht werden kann, der auch und vor allem über die vermittelnde Kraft von Erziehung planbarer und steuerbarer erscheint. Historisch betrachtet sind die utopischen Reserven, die in den Medien Erziehung und Geschichte aufgehoben sind, die Folge einer umfassenden gesellschaftsstrukturellen Umstellung, die ihren Ausgang am Ende des achtzehnten/Anfang des neunzehnten Jahrhunderts genommen hat. Die Rekonstruktion der Genese des semantischen Rahmens der beiden Medien hat gezeigt, das die sinnstiftende Bedeutung von Geschichte und Erziehung eng verbunden ist mit der grundsätzlich optimistischen Denkfigur der Epoche der Aufklärung, mit der Idee des Fortschritts und der Machbarkeit von Geschichte, hinter der noch ein ungebrochenes und positives Verhältnis zur Vernunft steht. Ein Verhältnis jedoch, daß mit den Nebenfolgen des Fortschritts beschädigt wurde: durch die negativen Auswirkungen der Industrialisierung auf die Lebensbedingungen der Menschen, durch die Enttraditionalisierung der Lebensführung und nicht zuletzt durch die verheerende Vernichtungskraft der modernen Kriegführung, die bereits im Ersten Weltkrieg zu Tage trat und ihren Höhepunkt in der Massenvernichtung der europäischen Juden im Zweiten Weltkrieg fand. Angesichts dieser Desintegrationserfahrungen liegt die Frage nah, wie die moderne Gesellschaft auf die Irritationen ihres Selbstverständnisses reagiert, d. h. ob und wenn ja in welcher Weise sich die Formen der Kontingenzbewältigung verändert haben.

Unübersehbar ist, daß sowohl Geschichte als auch Erziehung weiterhin jeweils zentrale sinnstiftende Rollen in der modernen Gesellschaft einnehmen, in denen ihre Leistungsfähigkeit als Medien der gesellschaftlichen Selbstvergewisserung bestätigt wird. Welche Formen die beiden Medien ausgebildet haben, und vor allem wie in diesen Formen die Infragestellung der eigenen Grundlagen verarbeitet wurden, soll in den folgenden Kapiteln systematisch nachgegangen werden.

Kapitel II

Auschwitz als Zäsur der Moderne – Irritationen des Mediums Geschichte

Vom Fortschrittsoptimismus zur Prävention gegen den Rückfall

Wie kein anderes historisches Ereignis stehen die nationalsozialistischen Verbrechen für die basale Erschütterung des Vertrauens in die zivilisatorische Selbstbegrenzung der modernen Gesellschaft. Auschwitz zerbrach die fortschrittsoptimistische Grundfigur der Aufklärung, deren erklärtes Ziel sich nicht nur nicht erfüllt, sondern in sein Gegenteil verkehrt hatte. Nicht die Verbesserung des menschlichen Lebens, zu dessen Realisierung Aufklärung angetreten war, sondern Tod und Vernichtung hatte sie hervorgebracht. Die industrielle Organisation des Mordens konfrontierte die Moderne mit einer fundamental neuen Desintegrationserfahrung und führte sie an die Grenzen ihres Denkhorizontes heran. Jürgen Habermas hat die durch die Verbrechen ausgelöste Irritation des modernen Selbstverständnisses folgendermaßen formuliert:

„Auschwitz (ist) zur Signatur eines ganzen Zeitalters geworden – und geht uns alle an. Hier ist etwas geschehen, was bis dahin niemand auch nur für möglich halten konnte. Hier ist an eine tiefe Schicht der Solidarität zwischen allem, was Menschenantlitz trägt, gerührt worden; die Integrität dieser Tiefenschicht hatte man bis dahin – trotz aller naturwüchsigen Bestialitäten der Weltgeschichte – unbesehen unterstellt. Ein Band von Naivität ist damals zerrissen worden – eine Naivität, aus der fraglose Überlieferungen ihre Autorität geschöpft, von der überhaupt geschichtliche Kontinuitäten gezehrt hatten. Auschwitz hat die Bedingungen für die Kontinuierung geschichtlicher Lebenszusammenhänge verändert – und das nicht nur in Deutschland" (Habermas 1987, S. 161f.).

Angesichts der Erschütterung über das Ausmaß der Verbrechen verlor Geschichte ihre grundsätzlich positive Bedeutung. Dieser Verlust bezog sich nicht nur auf die affirmative Vorbildfunktion von Geschichte, wie sie sich im Anschluß an den Historismus präsentiert hatte. Auch der zwar kritische, dennoch aber auf gesellschaftliche Verbesserung abzielende Geschichtsbezug des historischen Materialismus hatte sich in Anbetracht der dialektischen Verschränkung von Fortschritt und Barbarei moralisch diskreditiert. Nicht nur die Vergangenheit war nunmehr negativ besetzt, sondern auch Gegenwart und Zukunft blieben von den destruktiven Dimensionen der aufklärenden Vernunft umzingelt. Die Hoffnung, aus der gesicherten Position der Gegenwart ließen sich die irrationalen Überreste der Vergangenheit aufspüren und durch eine vernünftige Ordnung ersetzten, war unhintergehbar getrübt worden von der Einsicht, daß man hinter jeder, im Zeichen der Vernunft formulierten guten Absicht, bereits ihr Gegenteil vermuten mußte.

Der Geltungsverlust des prinzipiell positiven Geschichtsverständnisses hatte jedoch nicht zur Folge, daß Geschichte ihre sinnstiftende Funktion, mithin ihre Bedeutung als gesellschaftliches Integrationsmedium verlor. Im Gegenteil: Die nationalsozialistischen Verbrechen avancierten ihrerseits zu einem Fluchtpunkt historischer Sinnstiftung. Neben die grundsätzlich geschichtsoptimistische Haltung rückte mit dem Imperativ „Nie wieder Auschwitz" eine negative Form historischer Sinnstiftung, deren oberstes Gebot nicht mehr gesellschaftliche Verbesserung, sondern die Prävention gegen die drohende Selbstvernichtung der Menschheit sein sollte (vgl. Bergmann 1994).

Der Wechsel des geschichtsphilosophischen Paradigmas von einer positiven zu einer negativen Haltung zur Geschichte vollzog sich durch die Umarbeitung der theoretischen Grundlagen der kritischen Form historischer Sinnbildung. Im Gegensatz zur affirmativen Form historischer Sinnbildung, die eine negative Vergegenwärtigung von Geschichte kategorial ausschloß, verfügte die kritische Form über ein Modifikationspotential ihrer theoretischen Grundlagen. Affirmation blieb unweigerlich an positive und vorbildhafte Traditionsbestände gebunden. Kritik hingegen nahm per Definition bereits eine skeptische, mithin also prinzipiell negative Haltung gegenüber den überlieferten Traditionsbeständen ein und bestimmte lediglich ihr Ziel positiv, nach dem die als fehlerhaft diagnostizierten historischen Verläufe in bessere, nämlich vernünftigere Bahnen überführt werden sollten. In Anbetracht der resignativen Einsicht, daß die Moderne gesellschaftliche Verbesserung nicht nur nicht zu garantieren vermochte, sondern sich fatalerweise als Ursache des katastrophalen Verlaufs der Geschichte herausgestellt hatte, rückte neben das weitreichende Ziel des gesellschaftlichen Fortschritts eben das der Prävention; die Hoffnung also, die selbstzerstörenden Tendenzen der Moderne, wenn nicht überwinden, so doch domestizieren zu können. Mit dieser semantischen Verschiebung innerhalb des kritischen Vergangenheitsbezugs blieb ein sinnstiftender Zugriff auf Geschichte möglich, ohne daß dieser Zugriff dabei notwendig mit dem prekär gewordenen Fortschrittskonzept der Moderne assoziiert werden mußte. Auschwitz wurde, wie Habermas oben betont, *zur Signatur eines ganzen Zeitalters*, deren universelle Lehre im Zeichen des selbstbegrenzenden Bemühens stehen sollte, einer Wiederholung des Schlimmsten in einer zutiefst destruktiven Welt entgegenzuwirken.

Theodor W. Adornos kategorischer Imperativ „nach Auschwitz"

Den prominentesten theoretischen Bezugspunkt für die Bedeutungsverschiebung der kritischen Form historischer Sinnstiftung bilden die sozialphilosophischen Arbeiten Theodor W. Adornos. Adornos übergreifendes Anliegen galt dem Bemühen, die paradoxe Grundstruktur der Moderne im Spannungsfeld von Zivilisierung und Barbarei theoretisch greifbar und begreifbar zu machen. In seiner Lesart markiert Auschwitz das alternativlose Scheitern der Aufklärung und jeglicher von ihr hervorgebrachten Kultur. „Daß es geschehen konnte inmitten aller Tradition der Philosophie, der Kunst und der aufklärenden Wissenschaften, sagt mehr als nur, daß diese, der Geist, es nicht vermochte, die Menschen zu ergreifen und zu verändern", resümiert Adorno seine resignative Diagnose in der „Negativen Dialektik" (GS 6, S. 359). „In jenen Sparten selber", so Adorno weiter, „im emphatischen Anspruch ihrer Autarkie, haust die Unwahrheit. Alle Kultur nach Auschwitz, samt der dringlichen Kritik daran, ist Müll" (ebd.), da das Verbrechen gezeigt habe, daß in den Errungenschaften der Aufklärung die Barbarei bereits angelegt sei.

Die „Dialektik der Aufklärung"

Eine umfassende Begründung für den fatalen Umschlag der Aufklärung ins Destruktive unternimmt Adorno gemeinsam mit Max Horkheimer im 1947 erstmals veröffentlichten Werk „Dialektik der Aufklärung".[32] In ihr rekon-

---

32 Das Buch erschien erstmals 1944 in einer hektographierten und auf ca. 500 Exemplare beschränkten Ausgabe im amerikanischen Exil mit dem Titel ‚Philosophische Fragmente'. Erst in der 1947 veröffentlichten Druckfassung erhielt das Buch seinen heutigen Titel, während der ursprüngliche zum Untertitel wurde. Das Buch wurde in Amsterdam bei Querido, „dem wohl unbedeutendsten deutschen Exilverlag" (Schmidt Noerr 1987, S. 423) gedruckt, aber erst während der Studentenproteste in den sechziger Jahren öffentlich wirksam rezipiert. Mit Verweis auf den Entstehungszeitraum der „Dialektik der Aufklärung" von 1942 bis 1944 macht Sigrid Weigel (1996) darauf aufmerksam, daß die Autoren sehr wahrscheinlich noch nicht um die Dimensionen der Vernichtungspolitik der NS-Verbrechen wußten, sondern das Buch unter dem Eindruck des Erfolgs der Nationalsozialisten und des Zweiten Weltkrieges verfaßt hatten. Daß sich vor allem Adorno vor dem Hintergrund des späteren Wissens um die ‚Endlösung' in den Thesen der „Dialektik der Aufklärung" bestätigt sah, zeigt sich in der Fortführung und Ausarbeitung dieser These in seinen nachfolgenden soziologischen und philosophischen Schriften. Die folgende kurze Zusammenfassung der Kernthesen der „Dialektik der Aufklärung" und der moralphilosophischen Überlegungen Adornos ist nicht in der Absicht verfaßt, seinem Gesamtwerk gerecht zu werden oder den Stand der Adorno-Exegese wiederzugeben. Die Darstellung soll lediglich die theoretischen Grundlagen abstecken, die – wie in der Folge gezeigt werden soll – den normativen Bezugsrahmen des Diskurses zur Vergangenheitsbewältigung bilden. Bei der Zusammenfassung wird auf die bereits vorliegenden folgenden Zusammenfassungen zurückgegriffen:

struieren die Autoren die Geschichte der Menschheit als Geschichte der Aufklärung und folglich als Geschichte der Vernunft, die sich nicht, wie im Programm der Aufklärung angenommen, widerspruchsfrei zu entfalten vermochte, sondern sich im Laufe ihrer Geschichte destruktiv gegen sich selbst und somit gegen die Menschheit richtete. „Seit je hat Aufklärung im umfassendsten Sinn fortschreitenden Denkens das Ziel verfolgt, von den Menschen die Furcht zu nehmen und sie als Herren einzusetzen. Aber die vollends aufgeklärte Erde strahlt im Zeichen triumphalen Unheils" (GS 3, S. 19), so beschreiben Adorno und Horkheimer am Anfang der „Dialektik der Aufklärung" die Ausgangslage jener Situation, zu deren Erklärung sie mit ihrem Buch angetreten waren. Vor dem Hintergrund der unübersehbaren Differenz von Anspruch und Realisierung des Programms der Aufklärung legen die Autoren unterhalb der bisher geltenden und gleichsam positiv besetzten Geschichte der Vernunft eine zweite destruktive Geschichte der Vernunft frei. Ein Geschichte, die sich hinter dem Rücken der Aufklärungsidee unbemerkt zu entfalten vermochte und erst mit dem Nationalsozialismus ihr selbstzerstörerisches Gesicht gezeigt hatte. In einem der an den Haupttext der „Dialektik der Aufklärung" anschließenden Texte schreiben Adorno und Horkheimer zu dieser Parallelaktion der Vernunft:

„Unter der bekannten Geschichte Europas läuft eine unterirdische. Sie besteht im Schicksal der durch Zivilisation verdrängten und entstellten menschlichen Instinkte und Leidenschaften. Von der faschistischen Gegenwart aus, in der das Verborgene ans Licht tritt, erscheint auch die manifeste Geschichte in ihrem Zusammenhang mit jener Nachtseite, die in der offiziellen Legende der Nationalstaaten und nicht weniger in ihrer progressiven Kritik übergangen wird" (GS 3, S. 265).

In Anbetracht der bisher kaum zur Kenntnis genommenen destruktiven Tendenz der modernen Zivilisation machen es sich die Autoren der „Dialektik der Aufklärung" zur Aufgabe, die Genese dieser doppelsinnigen Vernunft mit der Absicht zu rekonstruieren, der Gesellschaft die unbedachten Nebenfolgen ihres Zivilisierungsprozesses ins Bewußtsein zu heben und ihr zugleich das fortgeschrittene Stadium ihrer Zersetzung zu spiegeln. Adorno und Horkheimer meinen mit dem Begriff der Aufklärung nicht, wie es gewöhnlich geschieht, die europäische geistesgeschichtliche Epoche des achtzehnten Jahrhunderts, sondern die Entwicklung der Menschheitsgeschichte insgesamt. Eine Geschichte, in deren Zentrum die Naturbeherrschung zum Zweck der Selbsterhaltung steht, die die Autoren vom mythologischen Denken bis zur modernen Wissenschaft der Neuzeit rekonstruieren. Folglich wird Aufklärung dem Mythos nicht entgegengesetzt. Aufklärung ist nicht die Überwindung des Mythos, nicht die Verabschiedung von Aberglaube und religiösen Praktiken, sondern immer auch Teil des mythologischen Denkens selbst. Der

---

vgl. Habermas 1985a, S. 130ff.; Wellmer 1993; Schweppenhäuser 1993; Auer 1998; Krankenhagen 2001, S. 30ff.

geläufigen Vorstellung von einem Gegensatz von Mythos und Aufklärung „setzen Horkheimer und Adorno die These einer heimlichen Komplizenschaft entgegen" (Habermas 1985a, S. 131).

Den Ausgangspunkt ihrer Überlegungen bildete die Frage nach dem Herrschaftsverhältnis zwischen Mensch und Natur, das im Fortgang der Argumentation als unhintergehbare Dialektik von Selbsterhaltung und Selbstzerstörung rekonstruiert wird. Folgt man den Ausführungen von Adorno und Horkheimer, so tritt die Natur dem Menschen als das von ihm Unterschiedene entgegen, als das Andere, „Unbekannte" und „Fremde" (GS 3, S. 31), das sich als ständige „Quelle der Angst" (ebd., S. 32) erweist. Im Verlangen des Menschen, diese Ur-Angst vor den bedrohlichen Naturgewalten zu bannen, sehen die Autoren den Grund für den immanenten Herrschaftsanspruch der Menschen über die Natur, für den sie im Prozeß der Zivilisation zwei qualitative Stufen ausmachen. Zum einen die „magische Stufe" (ebd., S. 27) des Mythos in der vormodernen Gesellschaft und zum anderen die Stufe des aufgeklärten Denkens der modernen Wissenschaft. Beide Stufen zeichnen sich durch das Bemühen aus, sich von den Naturgewalten zu emanzipieren, auch wenn sich die jeweiligen Strategien voneinander unterscheiden.

Im Mythos, so das Argument von Adorno und Horkheimer, vollzieht sich die Bewältigung der Angst durch die sinngebende Ausdeutung der Natur. Hinter den unbekannten, bedrohlichen Erscheinungen der Natur werden Gottheiten, Geister oder Dämonen vermutet. Diesen allmächtigen Instanzen kann der Mensch sich nicht entziehen, er kann sie lediglich beschwichtigen, indem er sich durch „Beschwörungspraktiken" (ebd., S. 24) den unberuhigenden Naturgewalten anzugleichen und sie nachzuahmen versucht. In diesen mimetischen Ritualen, der „organischen Anschmiegung ans andere" (ebd., S. 205), wird der von den Naturgewalten ausgehende Schrecken gemindert. Der Weg von der Beunruhigung zur Beruhigung des Menschen folgt dabei dem Versuch, sich *graduell* der Natur und damit zugleich dem göttlichen Willen anzunähern, der letztlich unerreichbar im Hintergrund wirkt. Die „magische Stufe" der Naturbeherrschung steht demnach für einen Modus der Kontingenzbewältigung, in der die Vielseitigkeit der Erscheinungen der Natur sowie die unverstandenen affektiven und irrationalen Regungen der Menschen nicht vollends unter ein begriffliches Ordnungsschema der modernen Wissenschaft subsumiert werden: „Die Riten des Schamanen", fassen die Autoren diesen Modus zusammen, „wandten sich an den Wind, den Regen, die Schlange draußen oder den Dämon im Kranken, nicht an die Stoffe oder Exemplare. Es war nicht der eine und identische Geist, der Magie betrieb; er wechselte gleich den Kultmasken, die den vielen Geistern ähnlich sein sollten" (ebd., S. 25). Das „Inkommensurable" (ebd., S. 29) bzw. das „Nichtidentische",[33] wie Adorno die expressiven, unmittelbaren und eigenwilligen Momente menschlichen Lebens in der „Negativen Dialektik" (GS 6, S. 17) bezeichnet, finden hier noch Spielraum zur Entfaltung. Zugleich deutet sich aber bereits im Mythos die ordnungsstiftende Tendenz jener totalen Naturbeherrschung an, die sich im Zuge des neuzeitlichen Denkens wirkmächtig entfaltet und das „Nicht-Identische" zunehmend nivelliert. „Der Mythos wollte berichten, nennen, den Ursprung sagen: damit aber darstellen, festhalten, erklären" (GS 3, S. 24). Neben dieser ordnungsstiftenden Tendenz sehen Adorno und Horkheimer die emanzipatorische Kraft des Mythos' aber auch in der List der Menschen, die Götter trotz ihrer scheinbaren Allmacht zu überlisten. Exemplarisch verdeutlichen die Autoren diese List an der Episode von Odysseus' Vorbeifahrt an den Sirenen in Homers „Odyssee". Die Sirenen, die durch ihren Gesang alle Menschen anziehen, verzaubern und zugleich zu Grunde richten, überlistet Odysseus dadurch, daß er sich von seinen Gefährten an einen Mast binden läßt und sie zugleich anweist, an den Sirenen mit zugestopften Ohren vorbeizufahren. Odysseus gewinnt dadurch die Möglichkeit, den Gesang zu genießen, ohne dabei zu Grunde zu gehen, und setzt den menschlichen Verstand gegen die Macht der Götter ein (vgl. GS 3, S. 61ff; sowie Habermas 1985a, S. 131ff; Oevermann 1997). Folglich sind Mythos und Aufklärung nach Horkheimer und Adorno nichts Gegensätzliches; weder steht der Mythos für eine naive, esoterische Naturverfallenheit noch ist Aufklärung die widerspruchsfreie Einlösung des Versprechens, den Menschen mittels Vernunft aus seiner selbstverschuldeten Unmündigkeit zu führen, ihn zu befreien von den Abhängigkeiten der Natur und den ungerechten gesellschaftlichen Machtverhältnissen. Sowohl der Mythos als auch die Aufklärung bestimmen das Verhältnis von Mensch und Natur als eines der Macht, so daß sich der Zivilisationsprozeß nicht mehr als herrschaftsfreies Verhältnis zwischen Mensch und Natur denken läßt.

Ungeachtet der bereits im Mythos zum Tragen kommenden Distanz zur Natur, bleibt die Natur hier jedoch Teil eines beseelten Ganzen, in dem die Differenz von Mensch und Natur noch nicht als Differenz von Subjekt und Objekt gedacht wird. Im Gegensatz zum Einheitsgedanken des Mythos steht das aufklärende Denken der modernen Wissenschaft für ein Verhältnis von Mensch und Natur, in dem die Differenz von Subjekt und Objekt, von Beseeltem und Unbeseeltem und damit die Idee der Machbarkeit und Verfügbarkeit der Welt wirkmächtig zum Tragen kommen. Befreit von den mythischen Deutungen der „magischen Stufe", werden die unheimlichen Naturerscheinungen zu kontrollierbaren Phänomenen. Begrifflich kategorisiert und wissenschaftlich vereinheitlicht verlieren sie ihren Schrecken und werden mittels Technik und Methode nicht nur zu einem abschätzbaren Risiko, son-

---

33 Zum Begriff des Nicht-Identischen und seiner Bedeutung für die Philosophie Adornos vgl. Ritsert 1997.

dern gleichsam zum Zweck der Selbsterhaltung und Lebensverbesserung vereinnahmt. Aber gerade der Glaube, den Naturzwang endgültig brechen zu können, erweist sich nach Adorno und Horkheimer als Irrtum und wird selbst zum Mythos. Mythos und Aufklärung stehen damit in einem dialektischen Verhältnis zueinander, das die Autoren in ihrer Vorrede folgendermaßen formulieren: „Schon der Mythos ist Aufklärung, und: Aufklärung schlägt in Mythologie zurück" (GS 3, S. 16).

Nach Adorno und Horkheimer verkannte die Philosophie der Neuzeit diese Dialektik und mit ihr die Doppelsinnigkeit des Begriffs ‚Vernunft'. Vernunft galt lediglich als die Fähigkeit des Menschen, sich von den Fesseln der Natur zu befreien und einer besseren Welt zum Durchbruch zu verhelfen (vgl. ebd., S. 102). „Zugleich jedoch", so der Begründungsgang weiter, bilde Vernunft aber auch „die Instanz des kalkulierenden Denkens, das die Welt für die Zwecke der Selbsterhaltung zurichtet und keine anderen Funktionen kennt als die der Präparierung des Gegenstandes aus bloßem Sinnmaterial zum Material der Unterjochung" (ebd., S. 102f.). Folgt man den Autoren, so entwickelte sich die „Instanz des kalkulierenden Denkens" im Zuge der fortschreitenden ökonomischen und wissenschaftlichen Rationalisierung schließlich zu einem Prinzip des Weltverständnisses mit totalitärer und destruktiver Qualität. Die einheits- und ordnungsstiftende Kraft der Vernunft wird nicht nur zu einem bestimmenden methodologischen Bezugssystem der Wissenschaften, sondern ergreift die menschliche Lebensform gänzlich. Gänzlich in dem Sinne, daß das Leben reduziert wird auf einen bloßen Funktionszusammenhang, der Mensch und Natur zu manipulierbaren Dingen macht (vgl. Wellmer 1993, S. 145). Nach Ansicht von Adorno und Horkheimer habe die instrumentelle Vernunft das Denken bereits vollständig überformt und zu einem „selbsttätig ablaufenden, automatischen Prozeß" verdinglicht (GS 3, S. 42). Dem Denken wurde jeder kritische Impuls genommen, mehr noch: Kritik muß sich ihrerseits den Vorwurf gefallen lassen, von der instrumentellen Vernunft infiziert zu sein. In diesem Sinne wirke Aufklärung totalitär; ihren guten Absichten gänzlich enthoben, wird sie überführt in den überwunden geglaubten Zustand mythologischen Denkens:

„Der Mythos geht in die Aufklärung über und die Natur in bloße Objektivität. Die Menschen bezahlen die Vermehrung ihrer Macht mit der Entfremdung von dem, worüber sie die Macht ausüben. Die Aufklärung verhält sich zu den Dingen wie der Diktator zu den Menschen. Er erkennt sie, insofern er sie manipulieren kann. Der Mann der Wissenschaft kennt die Dinge, insofern er sie machen kann" (ebd., S. 25).

Adorno und Horkheimer rekonstruieren die wissenschaftliche Unterordnung der Natur durch den Menschen als einen Prozeß zunehmender Abstraktion. Mittels des begrifflichen Denkens wird das Besondere der Natur auf das Allgemeine des Begriffs reduziert. Die Vielfältigkeit der Natur wird begrifflich kategorisiert, unter ein einheitliches Schema subsumiert und gleichsam der Manipulation und Beherrschung ausgesetzt. Erkenntnis, die in der Logik eines solchen Wissenschaftsverständnisses produziert wird, bleibt damit reduziert auf die Berechenbarkeit, Nützlichkeit und Verwertbarkeit der Natur zum Zwecke der Selbsterhaltung und des Fortschritts. Im Zeichen dieses allgegenwärtigen Mechanismus der Rationalisierung verliert der Mensch das Wissen um seine eigene Eingebundenheit in die Natur, um das „Nicht-Identische" und um die begrifflich nicht zu fassenden Phänomene der Natur im Subjekt. In dieser verleugneten Natur im Menschen sehen Adorno und Horkheimer schließlich die Ursache für die Perversion des Prozesses der Selbsterhaltung, in dem das Herrschaftsverhältnis über die Natur umschlägt in ein Herrschaftsverhältnis von Menschen über Menschen. Der Mensch bleibt als vernünftiges Wesen immer auch ein Teil der Natur. Er ist damit Herrscher und Beherrschter zugleich. Herrscher über die Natur, wenn er sie unmittelbar zum Zwecke der Selbsterhaltung instrumentalisiert. Beherrschter, wenn er durch andere Menschen selbst zum Objekt von Herrschaft gemacht, also zum Mittel der Selbsterhaltung anderer degradiert wird. „Eben diese Verleugnung, der Kern aller zivilisatorischen Rationalität, ist die Zelle der fortwuchernden mythischen Irrationalität" (GS 3, S. 72f.), bringen Adorno und Horkheimer die Ursache der ausweglosen erscheinenden Situation auf den Punkt, denn: „In dem Augenblick, in dem der Mensch das Bewußtsein seiner selbst als Natur sich abschneidet, werden alle die Zwecke, für die er sich am Leben erhält, der gesellschaftliche Fortschritt, die Steigerung aller materiellen und geistigen Kräfte, ja Bewußtsein selber, nichtig, und die Inthronisierung des Mittels als Zweck, die im späten Kapitalismus den Charakter des offenen Wahnsinns annimmt, ist schon in der Urgeschichte der Subjektivität wahrnehmbar" (ebd., S. 73). Durch diese verleugnete Natur im Menschen pervertieren alle Beziehungen zwischen Menschen zu Machtverhältnissen, die ohne Gewalt, sei sie personal oder strukturell gegeben, nicht mehr gedacht werden können. Dieser unhintergehbare gesellschaftliche Herrschaftsanspruch macht Menschen zugleich zu Opfern und zu Tätern von Gewalt.

In diesem Sinne bedeutete die nationalsozialistische Ideologie – von der Verabsolutierung der Einheit des Volkes über den rassischen Antisemitismus bis hin zur systematischen und rational organisierten Vernichtung von Menschen – die totale Herrschaft der instrumentellen Vernunft. „Auschwitz", so faßt Helmut Peukert (1996, S. 133) die resignative Diagnose von Adorno und Horkheimer zusammen, bezeuge die „Perversion der Vernunft zum Instrument von Herrschaft" und markiere im Sinne von Adorno und Horkheimer den "Endpunkt einer verhängnisvollen Entwicklung der europäischen und der menschlichen Kultur" (ebd.). Aufklärung verfehlte ihr Ziel, eine wahrlich menschliche Gesellschaft einzurichten, radikal. Sie schlug um in ihr Gegenteil und wurde dadurch ihrer Fortschrittseuphorie gänzlich entkleidet. Im Schatten dieses widersprüchlichen Zustands der Vernunft sieht Adorno schließlich jedes Denken ‚nach Auschwitz' schuldhaft verstrickt in die „Dialektik der Aufklärung", die auch nach dem Ende des Zweiten Weltkriegs weiter fortwirke: „Der Gedanke", so Adorno in den „Minima Moralia", „daß nach diesem Krieg das Leben ‚normal' weitergehen oder gar die Kultur ‚wiederaufgebaut' werden könnte (...) ist idiotisch. Millionen Juden sind ermordet worden, und das soll ein Zwischenspiel sein und nicht die Katastrophe selbst. Worauf wartet diese Kultur eigentlich noch?" (GS 4, S. 61f.). Nach Adorno war die von der „Dialektik der Aufklärung" ausgehende Gefahr in der neu entstehenden Bundesrepublik Deutschland keinesfalls gebannt. Vielmehr sah er auch nach dem Zweiten Weltkrieg in allen noch so guten politischen, kulturellen und philosophisch-wissenschaftlichen Absichten ihr Gegenteil angelegt. Diese Aporie des Denkens will Adorno in seiner immer wieder gebrauchten Formulierung „nach Auschwitz" reflektiert und nicht verdeckt wissen. Sie ist die Aufforderung zur Skepsis gegenüber allem, was Menschen an vermeintlich Vernünftigem erzeugen, weil eben die Vernunft nach Adorno nicht mehr ohne das perfide Wirken des begrifflichen und identifizierenden Denkens der instrumentellen Vernunft zu haben war.

Negative Moralphilosophie

Angesichts der Einsicht in die Allgegenwart der instrumentellen Vernunft verwehrt sich Adorno gegen die explizite Fundierung eines positiven normativen Fundaments, mithin also gegen die Ab- und Herleitung eines klar umrissenen Wertesystems, das entweder affirmativ aus historischen Traditionen oder aber aus der kritischen Durchleuchtung der Vergangenheit gewonnen werden sollte. Zugleich brach aber auch er nicht gänzlich mit der Vorstellung, man könne und solle aus Geschichte lernen. Wie aber, so stellt sich die Frage, läßt sich Lernen aus der Geschichte überhaupt noch begründen, wenn die Vernunft kein hinlängliches Argument für Zivilisiertheit und Humanität hat und selbst die bestgemeinte Lehre samt ihrer Begründung den Fängen der instrumentellen Vernunft ausgeliefert bleibt?

Gerhard Schweppenhäuser (1993) hat darauf hingewiesen, daß Adorno trotz oder gerade wegen seiner resignativen Kultur- und Vernunftkritik das eigene Denken „gewissermaßen a priori" dem moralischen Geschichtspunkt unterstellt habe, „dem Leiden Wort und Begriff zu geben und an seiner Abschaffung zu arbeiten" (ebd., S. 6). Adorno band die Menschen angesichts des Grauens von Auschwitz an eine unhintergehbare Verantwortung für die Zukunft. Diese Zukunftsverantwortung versuchte er jedoch nicht durch ein transzendental fundiertes Moralprinzip zu begründen, wie es durch Immanuel Kants kategorischen Imperativ, dem Inbegriff neuzeitlicher Ethik, bereits bestimmt worden war (vgl. ebd., S. 62ff.). Während Kant die Moral im Vernünftigsein als solchem zu begründen versucht, rückt Adorno angesichts der in der „Dialektik der Aufklärung" diagnostizierten Doppelsinnigkeit des

Begriffs der Vernunft von einem affirmativen Gebrauch der Vernunft zum Zwecke der Begründung moralischen Handelns ab. Adorno sucht die Begründung in den moralischen Gefühlen des Subjekts, in einem „nicht in Rationalität aufzulösenden, naturhaft somatischen Moment" (ebd., S. 109), der ihm als letzter Hort des „Nicht-Identischen" in einer ansonsten total verwalteten Welt gilt. Angesichts des millionenfachen Leids, das der Faschismus den Menschen zugefügt hat, sind die Bezugspunkte der Adornoschen Moral die expressiven moralischen Gefühle der Wut, der Trauer, der Scham und der Entrüstung, die es unwiderruflich gebieten, menschliches Leiden in der Gegenwart und Zukunft zu verhindern (vgl. Kohlmann 1996; Schweppenhäuser 1993; Thyen 1998; Wischke 1995). Die moralische Verurteilung von Gewalttaten erwächst im Sinne Adornos demnach nicht notwendig daraus, daß diese Taten aus Gründen vernünftiger Einsicht und durch die Anerkennung eines universell geltenden Normensystems mißbilligt werden. Vielmehr ist es die unmittelbare Empörung über das Leid, das Menschen spontan zu moralischem Urteilen und Handeln bewege (vgl. GS 6, S. 281).

Die Rehabilitierung des somatischen Anteils moralischen Urteilens unterstreicht Adornos Skepsis gegenüber einer begrifflich bestimmten Begründung von Moral, die er immer vom Makel der „Dialektik der Aufklärung" begleitet sieht. „Moral ist für Adorno (...) Impuls, kein Produkt von Rationalisierung", sondern Ausdruck einer auf „leibhafter Erfahrung beruhenden humanen Solidarität" (Schweppenhäuser 1993, S. 183), die lediglich situativ im Moment der unmittelbaren Entrüstung über das Leiden anderer Menschen ihren Ausdruck findet. Jedes Bestreben, diesen nicht-identischen Impuls in ein neues Moralprinzip mit positiven Normen zu überführen, würde hingegen seine Verdinglichung bedeuten. „Wahr sind", so schreibt Adorno in der „Negativen Dialektik" (GS 6, S. 281), „die Sätze als Impuls, wenn gemeldet wird, irgendwo sei gefoltert worden. Sie dürfen sich nicht rationalisieren; als abstraktes Prinzip gerieten sie sogleich in die schlechte Unendlichkeit ihrer Ableitung und Gültigkeit (...). Der Impuls, die nackte physische Angst und das Gefühl der Solidarität mit den (...) quälbaren Körpern, der dem moralischen Verhalten immanent ist, würde durchs Bestreben rücksichtsloser Rationalisierung verleugnet" (ebd.). Adornos Verweigerung, ein normatives Fundament des ‚richtigen' Lebens zu formulieren, führt ihn schließlich zu einem negativ verfaßten Imperativ, der nicht vom großen Entwurf des ‚Guten' geleitet wird, sondern ‚bescheiden' die Vermeidung des Leidens von Menschen fordert und damit lediglich zum Ausdruck bringt, was nicht sein darf (vgl. Schweppenhäuser 1993, S. 185ff.). Es ist jener Imperativ, der ungeachtet aller moralischen Konflikte im einzelnen den gesellschaftlich übergreifenden Grundkonsens der westlichen Moderne stiftete und sich gegen jedes rationale Begründungsansinnen immun zeigen sollte:

"Hitler hat den Menschen im Stande ihrer Unfreiheit einen neuen kategorischen Imperativ aufgezwungen: ihr Denken und Handeln so einzurichten, daß Auschwitz nicht sich wiederhole, nichts Ähnliches geschehe. Dieser Imperativ ist so widerspenstig gegen seine Begründung wie einst die Gegebenheit des Kantischen. Ihn diskursiv zu behandeln, wäre Frevel: an ihm läßt leibhaft das Moment des Hinzutretenden am Sittlichen sich fühlen. Leibhaft, weil es der praktisch gewordene Abscheu vor dem unerträglichen physischen Schmerz ist, dem die Individuen ausgesetzt sind, auch nachdem Individualität, als geistige Reflexionsform, zu verschwinden sich anschickt. Nur im ungeschminkt materialistischen Motiv überlebt Moral" (GS 6, S. 358).

„Offenkundig", so faßt Schweppenhäuser (1993, S. 6) das negative Moralkonzept Adornos zusammen, stehe für ihn „außer Frage, daß es etwas gibt, was man als objektive moralische Verpflichtung bezeichnen kann" (ebd.). Eine Verpflichtung, die es gebietet, für die Wahrung der leiblichen und moralischen Integrität des Menschen einzustehen, ohne daß für die Umsetzung dieser Verpflichtung praktische Hinweis formuliert würden. Gerade im Schatten der „Dialektik Aufklärung" böten solche Handlungsanweisungen nicht nur keine Gewähr für ihren Erfolg, sondern liefen zudem immer auch Gefahr, Gegenteiliges zu bewirken, da sich selbst die beste Handlungsabsicht dem Wirken der instrumentellen Vernunft nicht sicher sein kann.

Bei aller Kritik am identifizierenden und begrifflichen Denken sieht Adorno sich jedoch nicht veranlaßt, die Anstrengung der begrifflichen Reflexion zugunsten der Forderung eines letztlich naiven Postulats zu mehr Mitgefühl, Empathie und erregtem Aktionismus zu verabschieden. Reflexion bleibt a priori an den Begriff gebunden. Selbst die Kritik an den verdinglichenden Dimensionen der begrifflichen Sprache muß sich begrifflicher Mittel bedienen. Will sich das Denken dem Verblendungszusammenhang der „Dialektik der Aufklärung" entziehen, muß sich begriffliche Reflexion daher auf den Begriff selbst beziehen. „Die Entzauberung des Begriffs ist das Gegengift der Philosophie. Es verhindert ihre Wucherung: daß sie sich selbst zum Absoluten werde" (GS 6, S. 24). Der Philosophie sei daher die Anstrengung auferlegt, „über den Begriff durch den Begriff hinauszugelangen" (ebd., S. 27) und das Nichtidentische und Begriffslose ins Denken einzulassen. Allein durch ein solches „Eingedenken der Natur im Subjekt, in dessen Vollzug die verkannte Wahrheit aller Kultur beschlossen liegt, ist Aufklärung der Herrschaft überhaupt entgegenzusetzen" (GS 3, S. 58). Mit Blick auf diese reflexive, auf sich selbst bezogene Aufklärung, hat Albrecht Welmer (1993) Adorno daher zum „Anwalt des Nicht-Identischen" erklärt und die normative Grundlage seiner Theorie freigelegt, der „insgeheim eine utopische Perspektive, eine Perspektive der Versöhnung einbeschrieben" sei (ebd., S. 152).[34] In der Figur des „Nicht-Identischen" findet das utopische Potential der Kritischen Theorie Adornos seinen Ort. Einen Ort, an dem das Undenkbare gedacht und zumindest der Möglichkeit nach an der Realisierung der eigentlich getilgten ‚vernünftigen' Vernunft festgehalten werden kann. Dies gelingt – ganz im Zeichen der Philosophie der Aufklärung – über den Fluchtpunkt des

---

34 Zu den normativen Grundlagen der Kritischen Theorie vgl. auch Benhabib 1992.

Subjekts und die Konstruktion einer selbstkritischen Vernunft, die als verborgenes Potential der Individuen den Möglichkeitsraum für eine bessere Zukunft zu öffnen vermag. Adorno stellt das Denken im Zeichen der „Dialektik der Aufklärung" daher vor eine paradoxe Situation, wenn er die Aufklärung sowohl verabschieden will als auch an ihr festhalten möchte. Jürgen Habermas (1985a) hat diese von Adorno diagnostizierte aporetische Situation des Denkens als „performativen Widerspruch" (ebd., S. 144) bezeichnet, da mit ihr eine Prämisse formuliert werde, die die Unmöglichkeit der eigenen Prämisse behaupte. Im Augenblick der Kritik an der instrumentellen Vernunft müsse der Kritiker „noch von der totgesagten Kritik Gebrauch machen" (ebd.) und bliebe daher aussichtslos umklammert von den destruktiven Tendenzen der Vernunft. Es gilt als unbestritten, daß Adorno sich dieses selbsterzeugten Widerspruchs bewußt war und der „paradoxen Struktur" seines Denkens „nicht ausgewichen" sei (ebd., S. 145). Im Zentrum seines Schaffens habe vielmehr die „ruhelose Entfaltung des Paradoxes" gestanden (ebd.), aus der sich auch die eigenwillige Darstellungsform seiner Theorie erklären lasse. Von besonderer Bedeutung ist hierbei die sprachliche Gestaltung seiner soziologischen und philosophischen Texte. Sie zeichnen sich dadurch aus, daß sie keine fertigen Denkergebnisse präsentieren, sondern lediglich den Reflexionsprozeß des Autors dokumentieren. Durch die Komplexität seines Denkens und durch die Differenziertheit seiner Sprache, sind diese Texte nur schwer zu erschließen und verlangen vom Leser ein hohes Maß an Konzentration und Mühe. Die dichte und komplexe sprachliche Form seiner Texte ist geradezu die Reaktion auf seine vernunftkritische Diagnose. In ihnen wird das Mißtrauen gegen den alltäglichen, aber auch gegen den wissenschaftlichen Gebrauch von Sprache deutlich (vgl. Müller-Doohm 1996, S. 16; Wellmer 1993, S. 137). So ist die oft kritisierte vermeintliche ‚Unleserlichkeit' von Adornos Texten maßgeblich seinem Versuch geschuldet, sich im Prozeß des Schreibens selbst immer wieder dem begrifflichen und identifizierenden Denken zu entziehen. In seinem verfremdeten und eigenwilligen Sprachgebrauch zeigt sich Adornos Versuch, sich von den gewohnten Denkschemata des *common sense* abzusetzen. Sowohl in der sprachlichen Gestaltung seiner Texte, die sich dem einfachen Verstehen entziehen, als auch in den zur Übertreibung neigenden Formulierung seiner Thesen spiegelt sich Adornos unnachgiebiger moralischer Anspruch an ein Denken „nach Auschwitz". Seine Texte leben geradezu von einer „Rhetorik der Übertreibung" (Krankenhagen 2001, S. 47), die ohne die Erkenntnis des aporetischen Charakters der Vernunft nicht zu denken sei (vgl. ebd.).[35] So sind es vor allem die zur Verzweiflung neigenden Aphorismen Adornos, in den das stilistische Mittel der Übertreibung zum Ausdruck

---

35 Vgl. hierzu Van den Brink 1997, der die „Rhetorik der Übertreibung" im Werk Adorno ausführlich rekonstruiert hat.

kommt, ohne daß dabei der letzte Funken Hoffnung auf die Aufklärung aufgegeben würde:

„Es gibt nichts Harmloses mehr. Die kleinen Freuden, die Äußerungen des Lebens, die von der Verantwortung des Gedankens ausgenommen scheinen, haben nicht nur ein Moment der trotzigen Albernheit, des hartherzigen sich blind Machens, sondern treten unmittelbar in den Dienst ihres äußersten Gegensatzes. Noch der Baum, der blüht, lügt in dem Augenblick, in welchem man sein Blühen ohne den Schatten des Entsetzen wahrnimmt; noch das unschuldige Wie schön wird zur Ausrede für die Schmach des Daseins, das anders ist, und es ist keine Schönheit und kein Trost mehr außer in dem Blick, der aufs Grauen geht, ihm standhält und im ungemilderten Bewußtsein der Negativität die Möglichkeit des Besseren festhält" (GS 4, S. 26).

Lernen aus der Geschichte bleibt im total gewordenen Schuldzusammenhang modernen Denkens auf die radikale Kritik am Bestehenden beschränkt, will es sich selbst nicht wieder verstricken in die „Dialektik der Aufklärung". Mehr noch: Kritik darf sich selbst nicht in Sicherheit wähnen, sondern muß fähig bleiben, das eigene Denken auf seine Defizienz zu reflektieren (vgl. Rademacher 1996, S. 113ff.). Die Gelegenheit für solche Reflexionen findet Adorno in den Sphären, die sich der gesellschaftlichen Praxis und damit dem unmittelbaren Wirken der instrumentellen Vernunft in einzelnen Momenten zu entziehen vermögen: Es sind die Sphären der Kunst und der Philosophie (vgl. Förster 1998, S. 81ff.; Wellmer 1993, S. 153). Demgemäß bleiben alle Versuche, Theorie in Praxis zu verwandeln und aus der gesellschaftlichen Praxis heraus eine Verbesserung am Zustand der Welt zu bewirken, unhintergehbar zum Scheitern verurteilt. In all diesen Versuchen vermag sich die instrumentelle Vernunft aufs Neue zu entfalten; sie bleiben verwickelt in die Doppelsinnigkeit der Vernunft und fallen theoretisch hinter die „Dialektik der Aufklärung" zurück. Kritik folgt daher nicht – wie es die Tradition des historischen Materialismus noch intendiert hatte – dem Zweck, eine absichtsvolle und wohlbegründete Veränderung der gesellschaftlichen Verhältnisse herbeizuführen, sondern läßt sich einzig noch als Selbstzweck, dessen emanzipatorische Wirkung notwendig kontingent bleiben muß, moralisch rechtfertigen.

Mit dem theoretischen Befund, daß modernes Denken unhintergehbar in die Dialektik einer Emanzipation einschließenden und einer Emanzipation ausschließenden Tendenz ausgesetzt bleiben sollte, wurden die Möglichkeiten des moralisch angemessenen Umgangs mit der Vergangenheit und vor allem die Forderung, aus Geschichte zu lernen, entscheidend begrenzt. Als letzte historische Lehre bot sich Adorno – das sei wiederholt – nur noch die Kritik am Bestehenden. Es scheint daher unmittelbar einsichtig, daß Adornos ‚unpraktische' Negativität kaum mehr Anschlüsse für eine normative Selbstbeschreibungen der modernen Gesellschaft bot. Im Gegenteil: Der Befund, daß es um die moralische Einheit der Welt schlecht bestellt sei und jeder Versuch ihrer Besserung unweigerlich im Schlechten verfangen bleiben müsse, ließ eher die Vermutung zu, daß man die Moderne als eine „alternativlose Verfallsgeschichte" (Auer 1998, S. 24) ohne jeden Ausweg zu begreifen habe. Ungeachtet des zweifellos vorhandenen normativen Kerns der Kritischen Theorie Adornos, lieferte sie keine handlungspraktischen Haltepunkte, an denen die Gesellschaft ihre Einheit neu hätte ausrichten können. Mit Adornos Theorie war gesellschaftliche Praxis nur noch als „ruhelose Entfaltung des Paradoxes" (Habermas 1985a, S. 145) in den Sphären der Kunst und der Philosophie, nur als eine Praxis des Denkens und Reflektierens, zu haben.

Zwischen Geschichtsoptimismus und -pessimismus: Die Kritische Theorie und ihre Bedeutung für die bundesdeutsche Erinnerungskultur

Angesichts der Praxisverweigerung, die aus Adornos aporetischer Reflexion folgt, ist es um so erstaunlicher, daß der maßgeblich durch Adorno geprägte Imperativ „Nie wieder" jenseits seines voraussetzungsvollen Begründungs- und Entstehungszusammenhangs in handlungsleitender Absicht die semantischen Grundlagen der bundesdeutschen Selbstbeschreibung nach dem Zweiten Weltkrieg in überaus erfolgreicher Weise zu prägen vermochte. Wie läßt sich der zumindest partielle Rückgriff auf Adorno erklären? Die Gründe sind zum eine in den normativen Implikationen der Adornoschen Theorie zu suchen. Zum anderen liegen sie in der besonderen Bedeutung, die das Theoriegebäude „Kritische Theorie" für die bundesdeutsche Erinnerungskultur entfaltet hat.[36]

(1) Adorno liefert mit seinem Imperativ „Nie wieder Auschwitz" einen zwar abstrakten, dennoch aber evidenten normativen Bezugspunkt für das bundesrepublikanische Sinnstiftungsbemühen. Adressat des Imperativs ist das moralische Subjekt. Folglich bewegt sich Adorno mit seinem negativen Moralprogramm ganz in den Koordinaten des modernen Individualismus. Wenngleich das ‚vernünftige' moralische Urteil unter den Generalverdacht

---

36 Obwohl die Erforschung der Bedeutung der Kritischen Theorie für die das bundesdeutsche Selbstverständnis erst am Anfang steht, weisen neuere Untersuchungen bereits auf den herausragenden Einfluß hin, den dieses Theoriegebäude auf das nationale Selbstbild der Bundesrepublik und deren Umgang mit der nationalsozialistischen Vergangenheit genommen hat (vgl. Albrecht u.a. 1999; Demiroviç 1999). Albrecht u.a. gehen sogar soweit, die Kritische Theorie in intellektueller Hinsicht als das Fundament der westdeutschen Demokratie zu bezeichnen, das sich im Zuge der kulturellen und politischen Veränderungen in den sechziger und siebziger Jahre gebildet habe (vgl. Albrecht u.a. 1999, S. 497ff.). Vgl. auch Alfons Söllner (2002), der die Bedeutung „Adornos für die politische Kultur der frühen Bundesrepublik" vor dem Hintergrund der aktuellsten Studien zum Thema zusammenfaßt und kommentiert.

der instrumentellen Vernunft gerät, so hält Adorno mit seiner Referenz auf das moralische Gefühl dennoch an der Möglichkeit des Besseren durch den Erkenntnis- und Veränderungswillen des modernen Subjekts fest. Adorno liefert Anschlußstellen für ein Lernen aus Geschichte; daran ändert auch der Zirkel von Kritik und Selbstkritik nichts, der die schwindelerregende Reflexion seiner Dialektik ausmacht. Gerade die Evidenz seines Imperativs, wenigstens dem schlimmsten, nämlich einer Wiederholung von Auschwitz, entgegenzuarbeiten, ermöglichte es, Adorno auch ohne seine vertrackte Dialektik zu lesen und ihn praktisch zu wenden. In der normativen Selbstbeschreibung der Bundesrepublik wurde der Passus der Praxisverweigerung und die damit verknüpfte basale Aporie, die Adornos Theorie für das Denken der Moderne bedeutet, invisibilisiert.[37] Diese Invisibilisierung ermöglichte es, den normativen Kern seiner Theorie einseitig freizulegen. Jenseits der voraussetzungsvollen Anforderungen an ein Denken „nach Auschwitz" – die sich sehr wohl jedoch in den Nischen des akademischen Denkens zu halten vermochten – konnte der Imperativ „Nie wieder Auschwitz" als konsensfähiger Wert Eingang in die semantischen Ressourcen des nationalen Selbstvergewisserungsbemühens finden.

(2) Die öffentliche Resonanz, die Adornos Kritische Theorie insbesondere durch die Invisibilisierung ihres aporetischen Kerns erzeugt hat, ist als Teil der Wirkung zu deuten, welche die Kritische Theorie insgesamt in der Bundesrepublik entfalten konnte. Rolf Wiggershaus (1993) hat in seiner Studie über die Geschichte der Kritischen Theorie und ihrer politischen Bedeutung darauf hingewiesen, daß es sich bei den Bezeichnungen ‚Kritische Theorie' oder ‚Frankfurter Schule' nicht um ein geschlossenes Theoriegebäude handelt. Vielmehr verberge sich hinter diesen Bezeichnungen ein sozialphilosophisches Projekt, an dem eine größere Anzahl von Soziologen, Philosophen und Ökonomen mit ähnlich motivierten Erkenntnisinteressen teilnahmen und das seinen institutionellen Rahmen zeitweise im 1923 in Frankfurt am Main gegründeten Institut für Sozialforschung gefunden habe (vgl. ebd., S. 9ff.). Neben Forschern wie Herbert Marcuse, Erich Fromm, Walter Benjamin, Friedrich Pollock und Leo Löwenthal waren es vor allem Max Horkeimer und Theodor W. Adorno, die das wissenschaftliche Unternehmen nachhaltig geprägt haben. Zentrales gemeinsames Anliegen des Forschungszusammenhangs in ihrer Gründungsphase der zwanziger Jahre war die Entwicklung einer kritischen Theorie der Gesellschaft. Eine Theorie, die der Erfahrung der

---

37 Auch Alois Hahn (1996) weist in einem Versuch, die Aktualität der „Dialektik der Aufklärung" für die Deutung des Holocaust auszuloten, auf die marginale gesellschaftliche Bedeutung der „von den Autoren der Dialektik der Aufklärung" (Herv. i. Orig.) entdeckte(n) Aporie" hin (ebd., S. 158). Als Grund führt Hahn vor allem den „zumindest relativen Erfolg einer zugleich demokratischen und sozialstaatlichen politischen Ordnung" an, durch den Adornos und Horkheimers resignative Lesart des Holocaust „invisibilisiert" worden sei (ebd.).

mächtiger werdenden Herrschaft des Nationalsozialismus und des Faschismus im Europa der zwanziger und dreißiger Jahren gerecht werden und Erklärungen für die destruktiven Tendenzen der modernen Zivilisation geben wollte. Es galt, die gesellschaftlichen Modernisierungsprozesse kritisch zu analysieren und im Anschluß an diese Analysen Antworten auf die Fragen zu geben, ob und wenn ja wie, die destruktive Dynamik der Moderne sozial- und rechtsstaatlich domestizierbar sei (vgl. Dubiel 1994, S 231). In der einschlägigen Literatur über die Theoriegeschichte der Frankfurter Schule wird übereinstimmend darauf hingewiesen, daß sich bei der Bearbeitung dieser übergreifenden Problemstellung zwei theoretische Zugänge mit unterschiedlicher öffentlicher Resonanz ausdifferenziert haben (vgl. ebd., S. 230f.). Während mit der „Dialektik der Aufklärung" (1944) von Max Horkheimer und Theodor W. Adorno sowie der „Negativen Dialektik" (1966) und der „Ästhetischen Theorie" (1969) Adornos eine Theorielinie mit *geschichtspessimistischer* Grundhaltung vorlag, die aufgrund ihrer radikalen Kultur- und Vernunftkritik zumindest explizit kaum als Bezugspunkt für das nationale Sinnstiftungsbemühen zu taugen schien, bot die in den zwanziger und dreißiger Jahren entwickelte *geschichtsoptimistische* Theorielinie, die ganz in der Tradition des historischen Materialismus auf einem gesellschaftsverändernden Impetus gründete, eine Fülle von Anschlußpunkten für das kulturelle und politische Umbruchsklima der sechziger und siebziger Jahre.[38] Zwar wurde der Geschichtsoptimismus, der in der Gründungsphase der Kritischen Theorie noch eng an die weitreichende Zielsetzung des Fortschritts und der gesellschaftlichen Verbesserung gebunden war, angesichts der Erfahrung des Zweiten Weltkriegs modifiziert und durch das Ziel der Prävention erweitert, die aporetische Reflexion Adornos hingegen rückte innerhalb dieser Theorielinie ebenso in den Hintergrund, wie die mit ihr verknüpfte Praxisverweigerung.[39] Nach der Rückkehr von Adorno und Horkheimer aus dem amerikani-

---

[38] Den methodologischen Rahmen der geschichtsoptimistischen Theorielinie bildete die marxistische Theorie, die unter Einarbeitung der Freudschen Psychoanalyse zu einer Sozialpsychologie erweitert worden war. Im Mittelpunkt stand die erkenntnisleitende Frage, wie institutionalisierte autoritäre Strukturen individuelles Bewußtsein prägen und welche Bedeutung dieses Wechselverhältnis zwischen Gesellschaft und Individuum für die Stabilisierung und Reproduktion des gesellschaftlichen Ganzen hat? Im Ergebnis zielte diese ideologiekritische Durchleuchtung der Gesellschaft darauf ab, soziale, ökonomische und politische Fehlentwicklungen aufzudecken. Durch die Offenlegung gesellschaftlicher Mißstände sollten die Menschen über ihre soziale Situation und Abhängigkeit und ihr verblendetes und verkehrtes Bewußtsein aufgeklärt werden, um die Grundlage für individuelle und kollektive Emanzipation zu schaffen. Zu den zentralen Schriften dieser Theorielinie zählen vor allem Max Horkheimers „Studien über Autorität und Familie" (1936) und sein Aufsatz „Traditionelle und kritische Theorie" (1937).

[39] Vor allem Jürgen Habermas hat sich immer wieder gegen die resignative Perspektive in der „Dialektik der Aufklärung gewendet und nicht zuletzt mit seiner „Theorie des kommunikativen Handelns" (1981) einen „konstruktivere" Perspektive eröffnet, die auch als Fortfüh-

schen Exil gehörte es zur selbstgestellten Aufgaben des im Jahre 1951 wiedereröffneten Instituts für Sozialforschung in Frankfurt am Main, sich über die akademische Tätigkeit hinaus auch aktiv in die Restitution des deutschen Staates einzumischen. Das Institut entwickelte von Beginn an ein gesellschafts- und bildungspolitisches Engagement und sah es als seine Aufgabe an, die Bundesrepublik in ihrem Bemühen um historische Selbstaufklärung zu unterstützen.[40] Während beide Theorielinien innerhalb der akademischen Auseinandersetzung gleichermaßen präsent waren, fußte die Außendarstellung des Instituts auf der geschichtsoptimistischen Theorielinie.[41] Unter Absehung der resignativen Auflage der Praxisverweigerung bot sich der bundesdeutschen Nation mit der Kritischen Theorie ein semantischer Rahmen, der es ermöglichte, ohne naive Fortschrittshoffnung und affirmativem Wertebezug eine Form des Umgangs mit der durch Schuld, Scham und Niederlage negativ besetzten Geschichte zu gewinnen. Der Imperativ „Nie wieder", der vermittelt über die Kritische Theorie und gleichsam bereinigt von der negativen Konnotation seines Entstehungszusammenhanges bei Adorno, Eingang fand in den bundesdeutschen Wertekonsens, ermöglichte es, den Bruch mit der positiven und prinzipiell zukunftsoptimistischen Grundfigur modernen Denkens zu bewerkstelligen, ohne Geschichte in ihrer Funktion als Lehrmeisterin zu verlieren.

---

     rung der ersten Phase, der geschichtsoptimistischen Theorielinie der Kritischen Theorie, beschrieben wird (vgl. Peukert 1983, S. 206).

40   Albrecht u.a. sehen in diesem pädagogischen, gleichsam volksaufklärerischen Engagement der Kritischen Theorie den einzig nachhaltigen Einfluß auf die bundesdeutsche Selbstbeschreibung. Folgt man der im Duktus der Ideologiekritik verfaßten Studie, so habe die Kritische Theorie in den zwanziger Jahren als Kritische Gesellschaftstheorie begonnen und sei in den siebziger Jahren als politische Bildung mit zeitweise hegemonialer Wirkung in Bildungspolitik, Schule und Erwachsenenbildung geendet.

41   Unschwer drängt sich an dieser Stelle die Frage auf, warum Adorno mit seiner Vernunftkritik einerseits die Praxisverweigerung stark macht, andererseits aber maßgeblich am gesellschafts- und bildungspolitischen Engagement des Instituts für Sozialforschung mitwirkte. Zu dieser Amvivalenz in Adornos Gesamtwerk vgl. ausführlich Kap. IV, S. 147ff.

Kapitel III

Die NS-Geschichte als Medium der bundesdeutschen Selbstvergewisserung

Schuld, Aktualisierung, Darstellung – Paradoxien der Erinnerungskultur

Der Imperativ „Nie wieder Auschwitz" sowie die an ihn anschließenden Werte wie Toleranz, Frieden und Humanität sind prominente semantische Bezugspunkte der bundesdeutschen Selbstbeschreibung, die jedoch keineswegs gradlinig und konfliktfrei in das Identitätskonzept der Bundesrepublik Deutschland Eingang gefunden haben. Trotz der weitgehenden *Invisibilisierung* der verstörenden Vernunftkritik, die Adornos Kritische Theorie bestimmt, sind es gerade seine aporetischen Positionen, die als beständige Irritation des historischen Selbstaufklärungsbemühens der Bundesrepublik Deutschland wirken. Die Bewältigung dieser Irritation, die als das Ausgeschlossene der bundesdeutsche Erinnerungskultur zeitweilig wieder in sie eintritt, erweist sich geradezu als *Movens* des nationalen Selbstvergewisserungsbemühens. Im Spannungsfeld von *Schuld, Aktualisierung* und *Darstellbarkeit* lassen sich drei eng miteinander verschränkte Konfliktthemen rekonstruieren, die in unterschiedlicher Weise mit der Kritischen Theorie Adornos verwoben sind. Sie bilden die *neuralgischen Punkte* der öffentlichen Auseinandersetzung mit der NS-Geschichte und kreisen um folgende Fragen:

- An welches Kollektiv ist die moralische Botschaft „Nie wieder Auschwitz" gerichtet: an die Menschheit als universelle oder an die deutsche Nation als partikulare ethische Gemeinschaft? Im Zentrum dieser Frage steht das Thema *Schuld*: Zum einen die universelle und abstrakte Konstruktion einer ‚Schuld des Denkens' im Sinne der „Dialektik der Aufklärung". Zum anderen die partikulare „Schuld der Deutschen" im Sinne der konkreten deutschen Täterschaft.
- Was genau soll aus der Geschichte des Nationalsozialismus gelernt werden? Hier bildet das Thema *Aktualisierung* den Rahmen der Auseinandersetzung, d. h. die Frage, welche politischen und individuellen Handlungskonsequenzen aus dem Imperativ „Nie wieder Auschwitz" für die Gegenwart und Zukunft zu ziehen sind.
- Wie läßt sich der Holocaust als eine Mahnung für folgende Generationen sowie die Erinnerung an die Opfer der Verbrechen dauerhaft im kollekti-

ven Gedächtnis halten? Das Thema dieser Frage zentriert sich um das Problem der adäquaten *Darstellung* der Verbrechen.

In den geschichtspolitischen Debatten der Gegenwart bilden diese Fragen den Ausgangspunkt für öffentliche Kontroversen, in denen die Bedeutung der NS-Geschichte für das Selbstverständnis der Bundesrepublik immer wieder neu verhandelt wird. Inhaltlich lassen sich die Themen Schuld, Aktualisierung und Darstellung sowohl voneinander unterscheiden als aber auch aufeinander beziehen. Sie bilden den komplexen semantischen Hintergrund für die konfliktreiche und bis heute andauernde Debatte zur Vergangenheitsbewältigung. In der Folge sollen die Formbildungen dieser Konfliktthemen analytisch sichtbar gemacht werden.

Etappen bundesdeutscher Selbstvergewisserung: Das Thema ‚Schuld' im Spannungsfeld von moralischem Universalismus und nationaler Identitätspolitik

Werner Bergmann (1994, S. 96ff.) hat darauf hingewiesen, daß nach dem Zweiten Weltkrieg die universalistische Kategorie Menschheit eine Schlüsselrolle bei der gesellschaftlichen Bewältigung des durch Auschwitz zu Tage getretenen Krisenbewußtseins spielte. Er verweist darauf, daß der im verfassungsrechtlichen Kontext relativ neue Begriff von der ‚Würde des Menschen' nach 1945 sowohl in der 1948 von den Vereinten Nationen proklamierten ‚Allgemeinen Erklärung der Menschenrechte' als auch in der Verfassung beider deutscher Staaten etabliert wurde (vgl. ebd.). Das Bemühen, die Menschenrechte international festzuschreiben, begreift Bergmann als Ausdruck einer erhöhten Resonanzbereitschaft der Welt- und Staatengemeinschaft für ihr eigenes Selbstzerstörungspotential. Eine Bereitschaft zur Sorge, die schließlich dazu geführt habe, die partikularen nationalen Interessen der Einzelstaaten durch die Festschreibung einer universalistischen Perspektive auf die Menschheit zu beschränken, d. h. die Wahrung der Menschenwürde und den Erhalt der Menschheit als einen überstaatlichen Wertekonsens zu verankern (ebd.).

Die Festschreibung der Menschenrechte als globalen Wertbezug bedeutete einerseits eine Aufwertung, gleichsam eine *Renaissance* jener universalistischen Perspektive, die für das normative Selbstschöpfungsbemühen vor allem der Epoche der Aufklärung kennzeichnend gewesen war. Diese Aufwertung bedeutete andererseits jedoch nicht, daß die Geschichte der nationalsozialistischen Verbrechen gänzlich universalisiert wurde und sich als negatives Exempel der Menschheitsgeschichte ausschließlich ins kollektive Gedächtnis der Welt- und Staatengemeinschaft eingeschrieben hat. Angesichts der bis heute andauernden Erfolgsgeschichte der Nation als Medium gesellschaftlicher Selbstvergewisserung verweist Auschwitz immer auch auf ein Verbrechen, das durch den *deutschen* Nationalstaat hervorgebracht wurde. Als Teil der deutschen Nationengeschichte bedeutete Auschwitz daher nicht nur die Manifestation einer *universellen* ‚Schuld des Denkens' im Sinne der „Dialektik der Aufklärung", sondern immer auch eine *partikulare* ‚Schuld der Deutschen'.

In den aktuellen Forschungsbefunden zur Geschichte der bundesdeutschen Vergangenheitsbewältigung gilt es als unbestritten, daß die Schuldfrage die Erinnerungskultur der Bundesrepublik Deutschland nachhaltig geprägt habe. Sie sei, so betont Michael Kohlstruck, der „archimedische Punkt" (Kohlstruck 1997, S. 39) der deutschen Vergangenheitsbewältigung, die sich bis heute in der Rede von der Schicksals-, Verantwortungs- oder Haftungsgemeinschaft nicht nur als individuelles Problem der Täter, sondern als kollektives Problem der Deutschen spiegelt. Stefan Krankenhagen (2001) hat darauf hingewiesen, daß der von Horkheimer und Adorno in der „Dialektik der Aufklärung" entfaltete Begriff der Schuld keinesfalls den Auslöser für die bis in die Gegenwart hineinreichende Diskussion um die Schuldfrage bildet, sondern als Verstärker dieses Konfliktthemas begriffen werden müsse (vgl. ebd., S. 21ff.). Wie kaum ein anderer Theoretiker sah sich vor allem Adorno mit seiner Philosophie der öffentlichen Diskussion verpflichtet und war von seiner Rückkehr nach Deutschland 1949 bis zu seinem Tod 1969 darum bemüht, die theoretische Einsicht in die Öffentlichkeit zu tragen, daß die Gefahren der „Dialektik der Aufklärung" nach dem Ende des Zweiten Weltkrieges keinesfalls gebannt waren, sondern im Gegenteil weiter fortwirkten.[42] Bereits unmittelbar nach dem Krieg stieß Adornos abstrakte Konstruktion einer universellen ‚Schuld des Denkens' auf eine öffentlich geführte Schulddiskussion, die jedoch nicht unter vernunft- und kulturkritischen Vorzeichen stand, sondern um die Frage der konkreten deutschen Schuld und vor allem der Schuldabwehr kreiste. In diesem Sinne seien, so Krankenhagen (2001), beide Schulddefinitionen, die ‚Schuld des Denkens' und die ‚Schuld der Deutschen', „gleichzeitig vermittelt und different" (ebd., S. 43). In ihrer Bezogenheit aufeinander bilden sie, sich wechselseitig verstärkend, einen neuralgischen Bezugspunkt für das Verständnis der deutschen Erinnerungsgeschichte.

---

42 Zum gesellschaftspolitischen Engagement Adornos im Rahmen seiner Arbeit am Institut für Sozialforschung in Frankfurt a. M. vgl. Kap. IV, S. 147ff.

Die Schuld der Deutschen

Der Stellenwert, den die Schuldthematik im Kontext der nationalen Selbstverständigung bis heute einnimmt, macht deutlich, daß sich die mit den NS-Verbrechen verbundenen Fragen nach Schuld und Verantwortung offensichtlich nicht alleine durch eine individuelle Schuldzurechnung einzelner Täter beantworten ließen. „Die Deutschen", so Heinz Bude, (standen) „1945 vor einem kollektiven Zuschreibungsproblem" (Bude 1992, S. 8), da der Völkermord auf eine Schuld verwies, die offensichtlich nicht alleine die konkrete Täterschaft bestimmter Nationalsozialisten, sondern auch das als Kollektiv begriffene deutsche Volk insgesamt betraf. Die Schuldfrage bezog sich dabei weniger auf den Krieg als vielmehr auf die neue Dimension eines Völkermords, der mit den gewöhnlichen zivilisatorischen Mechanismen zur Begleichung von Kriegsschuld, wie beispielsweise Reparationszahlungen, nicht beizukommen war. Im Anschluß an den von Dan Diner (1988) geprägten Begriff des „Zivilisationsbruchs" spricht Bude von einer „nicht-zivilisierbaren Schuld der Deutschen", die sich aufgrund des Fehlens konventioneller und symbolisch geregelter Bewältigungsstrategien als eine gänzlich nicht zu tilgende Hypothek in das Selbstverständnis der Bundesrepublik Deutschland eingeschrieben habe (vgl. Bude 1992, 8f.). Hannah Arendt hat die These von der „nicht-zivilisierbaren Schuld" bereits 1946 in der Auseinandersetzung mit Karl Jaspers' Behandlung der Schuldfrage aufgegriffen und wie folgt auf das Problem einer straf- und völkerrechtlich kaum zu begleichenden Schuld hingewiesen:

„Diese Verbrechen lassen sich, scheint mir, juristisch nicht mehr fassen, und das macht gerade ihre Ungeheuerlichkeit aus. Für diese Verbrechen gibt es keine angemessene Strafe mehr; Göring zu hängen, ist zwar notwendig, aber völlig inadäquat. Daß heißt, diese Schuld, im Gegensatz zu aller kriminellen Schuld, übersteigt und zerbricht alle Rechtsordnungen" (Arendt/Jaspers 1993, S. 90).

Angesichts dieser nicht greifbaren Schulddimension gehörte die Frage nach dem Verhältnis von kollektiver Schuldzuschreibung und individueller Schuldmöglichkeit schon unmittelbar nach 1945 zu einem öffentlich kontrovers diskutierten Thema. Zur Klärung dieser bis heute virulenten Frage hatte Karl Japsers mit seiner Schrift „Die Schuldfrage" bereits 1946 eine Heuristik zur Unterscheidung der unterschiedlichen Dimensionen von Schuld entwickelt, die aufgrund der kontinuierlichen erinnerungspolitischen Aktualität des Themas heute „gleichsam als Gründungstext des neuen Gemeinwesens der (West-)Deutschen" (Diner 1999, S. 63) gelesen werden kann. Jaspers (1946) unterscheidet vier Schuld-Begriffe, um zu verdeutlichen, worin jeweils Schuld besteht, wer als Subjekt von Schuld in Frage kommt und welche Möglichkeiten ihrer Tilgung es gibt. Im Anschluß an das moderne Rechts- und Ethikverständnis läßt sich Schuld zunächst nur auf die nachweisbare Handlung einer Person beziehen, die eindeutig gegen geltendes Recht verstoßen hat. Exemplarisch für dieses Schuldverständnis ist nach Jaspers die „kriminelle Schuld" (vgl. ebd., S. 31/47ff.). Kriminelle Schuld zeichnet sich dadurch aus, daß sie individuell zurechenbar ist und strafrechtlich, wie im Rahmen der Nürnberger Prozesse geschehen, verfolgt und geahndet werden kann. Ähnliches gilt auch für die „politische Schuld" (vgl. ebd., S. 31/55ff.). Auch sie folgt dem Prinzip der individuellen Schuldzurechung, so daß für Verbrechen, die im Namen eines Staates verübt wurden, lediglich die Repräsentanten dieses Staates, nicht aber alle Staatsangehörigen schuldig gesprochen werden können. Auch hier ermöglicht die Institution des Rechts – in diesem Fall das Völkerrecht – eine individuelle Zurechnung der Schuld und damit eine juristisch geregelte Verfolgung der Täter. Vor dem Hintergrund dieser geläufigen Schuldformen, der kriminellen und politischen Schuld, die unhintergehbar an das Prinzip der individuellen Schuldzurechnung gebunden bleiben, kann es demnach nach Jaspers keine Kollektivschuld geben. Lediglich eine kollektive Haftung im Sinne einer materiellen Wiedergutmachung, keinesfalls aber eine strafrechtliche Verfolgung der Kollektivmitglieder, ließe sich auf der Basis dieser Schuldverständnisse begründen. Folglich sind nur die kriminelle und die politische Schuld öffentlich und politisch von Belang, da es für sie sowohl Träger von Schuld als auch symbolische Formen ihrer Bearbeitung gibt.

In Anbetracht der Ungeheuerlichkeit der Verbrechen greifen nach Jaspers die konventionellen Schuldbegriffe jedoch zu kurz, da sie die nicht objektivierbaren Dimensionen von Schuld unberücksichtigt lassen. Diese Dimensionen, die weniger in der individuellen Schuldmöglichkeit als vielmehr in einem subjektiven Schuldgefühl lägen, basierten auf einem Gefühl kollektiver Zugehörigkeit. Mit dieser subjektiven Dimension von Schuld, die von Jaspers als „moralische Schuld" (vgl. ebd., S. 31/57ff.) bezeichnet wird, begibt dieser sich auf die Ebene der Psychologie und Sozialpsychologie. Moralische Schuld erwächst nicht aus einem objektiven Straftatbestand, sondern aus dem subjektiven Gefühl, mitverantwortlich zu sein für die Verbrechen, die Staatsbürger des eigenen Landes verübt haben. Demzufolge richtet sich moralische Schuld an die strafrechtlich nicht zu fassende Dimension der Komplizenschaft an den Verbrechen, wie etwa das billigende Inkaufnehmen der Verbrechen oder das massenhafte Zu- und Wegschauen. Die Bewertungsinstanz, vor der man moralisch schuldig werden kann und vor der man sich zu verantworten hat, ist allein das Gewissen. Moralische Schuld richtet sich auf Vergehen, die nicht öffentlich, d. h. weder politisch noch strafrechtlich geahndet werden können und für die es in säkular verfaßten Gesellschaften keine institutionellen und rituellen Formen der Sühne gibt. Lediglich die Psychologie, genauer die Psychotherapie, sieht Formen des Umgangs mit moralischer Schuld vor, die jedoch auf den Bereich des Privaten begrenzt bleiben.[43] In Jaspers Konstruktion einer moralischen Schuld spiegeln sich metaphorisch die öffentlich nicht zu bearbeitenden und nicht repräsentierbaren Dimensionen des subjektiven Schuldgefühls wider. Obwohl der Begriff der Kollektivschuld in der Logik des modernen Individualismus unbegründet bleiben muß, weist Jaspers ihr mit dem moralischen Schuldbegriff symbolisch einen Ort zu und betont zugleich die soziale Wirksamkeit dieser juristisch und politisch nicht zu greifenden Schulderfahrung:

> „Wir fühlen etwas wie Mitschuld für das Tun unserer Familienangehörigen. Diese Mitschuld ist nicht objektivierbar. Jede Weise der Sippenhaftung würden wir verwerfen. Aber wir sind doch geneigt, weil gleichen Blutes, uns mitgetroffen zu fühlen, wenn einer aus unserer Familie Unrecht tut, und darum auch geneigt, je nach Lage und Art des Tuns und der vom Unrecht Betroffenen, es wiedergutzumachen, auch wenn wir moralisch und juristisch nicht haften. So fühlt der Deutsche – d. h. der deutsch sprechende Mensch – sich mitbetroffen von allem, was aus dem Deutschen erwächst. Nicht die Haftung des Staatsangehörigen, sondern die Mitbetroffenheit als zum deutschen geistigen und seelischen Leben gehörender Mensch, der ich mit den anderen gleicher Sprache, gleicher Herkunft, gleichen Schicksals bin, wird hier Grund nicht einer greifbaren Schuld, aber eines Analogons von Mitschuld" (ebd. 70f.).

In Jaspers sozialpsychologischer und quasi naturalistischer Begründung eines kollektiven Schuldzusammenhangs, die in der Formel eines „Analogons von Mitschuld" metaphorisch auf den Punkt gebracht wird, wird ein bis heute zentraler Bezugspunkt der bundesrepublikanischen Erinnerungskultur benannt. Die Schuldfrage wird in den Stand eines nationalen Schicksals gerückt, das alle Angehörigen des Kollektivs gleichermaßen (er)tragen müssen. Jürgen Habermas hat diesen Konsens der generationenübergreifenden Mithaftung während des Historikerstreits in den achtziger Jahren nachdrücklich bestätigt, wenn er mit Verweis auf Jaspers' Traktat über „Die Schuldfrage" betont, „daß auch die Nachgeborenen in einer Lebensform aufgewachsen sind, in der *das* (Herv. i. Orig.) möglich war. Mit jenem Lebenszusammenhang, in dem Auschwitz möglich war, ist unser eigenes Leben nicht etwa durch kontingente Umstände, sondern innerlich verknüpft. (...) Niemand von

---

43   Unter dem Eindruck der Monstrosität der NS-Verbrechen unterstellt Jaspers auch dem moralischen Schuldbegriff ein noch zu enges Schuldverständnis. Zwar wird die moralische Schuld auf die nachfolgenden Generationen ausgedehnt und als subjektives Gefühl der Mittäterschaft gefaßt, sie bleibt jedoch auf einen innerweltlichen Zusammenhang bezogen, in der die Sühne von Schuld durch den Menschen möglich bleibt. Diese säkulare Konstruktion von Schuld versucht Jaspers durch den vierten Schuldbegriff, den der „metaphysischen Schuld", zu transzendieren. Hierbei handelt es sich um eine letztlich religiös begründete universalistisch konstruierte Schuld, die durch eine Verletzung der abstrakten Solidaritätsverpflichtung gegenüber der Menschheit entsteht. Unter „metaphysischer Schuld" versteht Jaspers den Mangel an einer „absoluten Solidarität mit dem Menschen als Menschen", die auch dort noch ein „unauslöschlicher Anspruch" bleibe, „wo dort ein moralisch sinnvolle Forderung schon aufgehört hat" (Jaspers 1946, S. 64). Zur Feststellung und Sühne dieser Schuld gibt es keine innerweltliche Instanz, sondern einzig das Jüngste Gericht, sprich: Gott (vgl. ebd., S. 31/57ff.).

uns kann sich aus diesem Milieu heraussstehen, weil mit ihm unsere Identität, sowohl als Individuen wie als Deutsche, unauflöslich verwoben ist" (Habermas 1986b, S. 247).

Die um die Schuldfrage situierte Festschreibung der Geschichte des Nationalsozialismus und des Holocaust als Medium nationaler Selbstvergewisserung läßt sich retrospektiv – den einschlägigen Studien über die Geschichte der bundesrepublikanischen Vergangenheitsbewältigung folgend – in drei Phasen unterteilen, in denen das Thema Schuld jeweils unterschiedlich präsent ist. Zeitlich werden diese Phasen durch die historischen Wendezeiten 1968 und 1989 voneinander abgegrenzt, sachlich lassen sie sich durch die Begriffspaare (1) Beschweigen, (2) Aufarbeitung und (3) Gedenken unterscheiden, die in der Folge als unterschiedliche Formbildungen des historischen Selbstvergewisserungsbemühens der Bundesrepublik Deutschland ausgewiesen werden sollen. Es handelt sich hierbei um idealtypische Konstruktionen der Periodisierung bzw. Unterscheidung, die im Zuge der bundesrepublikanischen Erinnerungsgeschichte in komplexen Überlappungsverhältnissen stehen.

Außenansichten nach 1945: Deutschland aus der Perspektive der Alliierten

Nach dem Ende des Zweiten Weltkrieges waren sich die Besatzungsmächte der West- und Ostzone darüber einig, daß sich im Anschluß an die militärische Niederlage Deutschlands nicht ohne weiteres eine neue staatliche Ordnung entwickeln würde, die ein Fortleben des Nationalsozialismus ausschloß und uneingeschränkt Gewähr gegen einen Rückfall in den Faschismus bot. Man stand vor der grundlegenden Frage, wie eine nationale Gemeinschaft nach dem Zusammenbruch ihres politischen Systems, das sich moralisch vollständig diskreditiert hatte, mit fast identischem Personal glaubwürdig einen neuen Staat aufzubauen vermag. Einig war man sich zwischen den Alliierten jedoch lediglich darüber, die Schuldigen der Verbrechen ausfindig zu machen und sie – im Sinne der kriminellen und politischen Schuldkategorie Jaspers – in einem gemeinsamen Kriegsverbrecherprozeß – den späteren Nürnberger Prozessen – für ihre Taten zu bestrafen. Strittig hingegen blieb zwischen den West-Alliierten und der sowjetischen Besatzungszone die essentielle Frage, wie die Überwindung des deutschen Faschismus nach 1945 auf lange Sicht bewerkstelligt werden sollte, und vor allem, welche politische Ordnung Frieden und Demokratie in Deutschland nachhaltig zu sichern vermöge. Mit diesem Dissens brachen auch die politisch-ideologischen Differenzen zwischen den Alliierten wieder auf. Differenzen, die angesichts des zuvor noch gemeinsamen Interesses, den Nationalsozialismus in Deutschland zu zerschlagen, in den Hintergrund gerückt waren und die nun in dem unterschiedlichen Deutungsangebot neu zum Ausdruck kamen, auf das die Besatzungsmächte zur Erklärung der Entstehungsgeschichte und des Erfolgs des Faschismus in Deutschland zurückgriffen (vgl. Albrecht u.a. 1999, S. 78ff.).

Auf der Basis eines Geschichtsverständnisses marxistischer Prägung wurde der Nationalsozialismus auf sowjetischer Seite und später auch in der DDR zu einer Variante des Kapitalismus erklärt. Die Ursachen des Faschismus ließen sich damit als ein latent existierendes Problem aller kapitalistischen Staaten deuten, dessen Überwindung durch die Entmachtung der kapitalistischen Klasse und die Einführung eines Arbeiter- und Bauernstaates nach sowjetischem Vorbild möglich erschien. Entlang dieser Ursachendeutung entwickelten sich sozialistische Wertbezüge wie etwa der des Antifaschismus, der in der späteren DDR zum zentralen Bezugspunkt des politisches Selbstverständnisses avancierte und über den sich die DDR ideologisch von der Bundesrepublik abzugrenzen vermochte. Fragen nach Schuld und Verantwortung, die über die individuell zurechenbare kriminelle und politische Schuld hinauswiesen, konnten durch die Abwendung vom Kapitalismus und die Hinwendung zum Marxismus externalisiert und somit der kapitalistisch gebliebenen Bundesrepublik und dem Kapitalismus des Westens insgesamt zugerechnet werden (vgl. ebd.; Lepsius 1989). Der Bezug zur marxistischen Geschichtsauffassung sowie der aus ihr geschöpfte Wert des Antifaschismus bildeten die Grundlage des offiziellen Geschichtsbildes der DDR und bedeuten nicht nur den Bruch mit dem Nationalsozialismus, sondern mit der deutschen Geschichte überhaupt (vgl. Kohlstruck 1997, S. 45ff.). Folglich wurden auch Fragen nach der historischen Besonderheit des Nationalsozialismus und den möglichen Wurzeln des Antisemitismus in der deutschen Geschichte keine besondere Bedeutung zugeschrieben. „Mit der Funktionalisierung des Antifaschismus als Legitimation", faßt Michael Kohlstruck die Konsequenzen des geschichtspolitischen Kurses der ehemaligen DDR zusammen, „wurde der Nationalsozialismus zum Gegenbild des Sozialismus und als eine eigenständige geschichtliche Phase nahezu annulliert" (ebd., S. 51).

Während man also in der sowjetischen Zone bei der Lösung des deutschen Faschismusproblems auf die Umstellung der politischen und ökonomischen Verhältnisse setzte, fehlte den westlichen Besatzungsmächten vordergründig eine derart eindeutige Lösungsstrategie, die dauerhaft garantieren konnte, daß sich ein Rückfall in den Faschismus nicht wiederholen würde. Einig war man sich zunächst nur darin, in Deutschland einen modernen, demokratischen Verfassungsstaat nach westlichem Vorbild zu implementieren. Zu den grundlegenden Zielen gehörte daher eine umfassende Re-Demokratisierung Deutschlands, mit der die unter der nationalsozialistischen Herrschaft auf Abwege geratene Nation in die zivilisierte Werte- und Kulturgemeinschaft des Westens zurückgeführt werden sollte (vgl. Albrecht u.a. 1999, S. 78ff.). Im Gegensatz zur marxistischen Problemdeutung fußten die westlichen Erklärungsansätze auf sozialwissenschaftlichen und kulturanthropologischen Studien vor allem amerikanischer Forscher, die sich bereits vor dem Beginn des Zweiten Weltkrieges mit den Entstehungsbedingungen des Nationalsozialismus beschäftigt hatten. Nach diesen Studien waren der Faschismus und Antisemitismus in Deutschland vornehmlich ein partikulares Problem des deutschen Nationalstaates und seiner Entstehungsgeschichte, der gleichsam zu einem „Sonderfall" (Lewin 1943) der westlichen Zivilisation erklärt wurde.[44] Vor allem in der sozialen, politischen wie geistesgeschichtlichen Entwicklung Deutschlands sah man die Wurzeln für die Entstehung von Militarismus, Rassismus, überhöhtem Nationalismus und Autoritätshörigkeit, die in der Summe den Boden des deutschen Faschismus bereitet haben sollten. Man ging davon aus, daß diese partikularen Wertbezüge strukturell eingelagert waren in den Institutionen des Landes und darüber auch die subjektiven Einstellungen der deutschen Staatsbürger geprägt hatten. In den wissenschaftlichen Expertisen wurden diese Einstellungen als kollektives deutsches Prägemuster gefaßt, das sich in der Rede vom sogenannten ‚deutschen Nationalcharakter'[45] begrifflich verdichtete. Die sozialpsychologische Lesart der These vom deutschen Sonderweg legte es nahe, die Ursachen des Nationalsozialismus in eben jenem zur Demokratie unfähigen deutschen Charakter zu suchen, demzufolge die Eliminierung des Faschismus nicht allein durch die Veränderung der Eigentumsverhältnisse und die Umstellung des politischen Systems zu bewerkstelligen war, wie es die sowjetische Variante der Faschismusinterpretation vorsah. Der Aufbau eines modernen demokratischen Verfassungsstaates blieb vielmehr an die demokratische Einstellung seiner Träger gebunden, die durch eine umfassende Umerziehung der Deutschen zu mündigen Demokraten erst noch geschaffen werden mußte.[46] Folglich kon-

---

44 Auch wenn die Maßnahmen der englischen, französischen und amerikanischen Besatzungszone hinsichtlich der Gewichtung der Re-Demokratisierungsmaßnahmen durchaus verschieden ausfielen, basierten sie doch alle auf ähnlichen sozial- und kulturpsychologischen Ursachendeutung des Nationalsozialismus. In der Folge werde ich mich auf die Darstellung der amerikanischen Diagnose des Faschismus und der an sie anschließenden Bewältigungsstrategien beschränken, da sie vor allem bezogen auf das Bildungswesen am umfangreichsten ausfielen (vgl. Tenorth 2000, S. 276). Die wissenschaftlichen Befunde stellten eine zentrale Bewertungsgrundlage für die Behandlung Deutschlands nach 1945 dar und waren Bestandteil der Ausbildungsinhalte der amerikanischen Armee sowie des Personals der Besatzungsbehörden (vgl. Rupieper 1993, S. 10ff.). Zum Deutschlandbild der westlichen Besatzungsmächte vgl. auch Bungenstab 1970, S. 18ff.; Schmidt/Fichter 1973, S. 134ff.; Mosberg 1991, S. 29ff.; Füssl 1994, S. 37ff.; Papcke 1983; Schweitzer 1994, S. 100ff.).
45 Zur Verwendung des Begriffs vgl. die Literatur in Fußnote 44.
46 Angesichts der Bedeutung, die demokratischen Einstellungen für die politische Kultur Deutschlands zugeschrieben wurde, bemühte sich die amerikanische Besatzungsbehörde bereits unmittelbar nach Kriegsende durch Befragung deutscher Soldaten, Daten über das Bewußtsein der deutschen Bevölkerung zu ermitteln. Felix Philipp Lutz (2000) verortet in diesen ersten empirischen Untersuchung von politischen Einstellungen und Geschichtsbewußtsein einen „(Kontinuitäts-)Faden, der sich chronologisch ununterbrochen durch die

zentrierte sich die Re-Demokratisierung auf eine Vielzahl von Maßnahmen, um die autoritären Strukturen und mentalen Dispositionen aufzubrechen. Die Entmilitarisierung, die Auflösung von faschistischen Organisationen, der Versuch einer ‚Entnazifizierung' staatlicher Institutionen, aber auch die Einführung eines umfangreichen „Re-Education-Programms"[47] bildeten die Grundlagen, durch die ein erfolgreicher demokratischer Neuanfang geschaffen werden sollte, der implizit jedoch voraussetzte, daß man sich auf deutscher Seite offen mit Fragen der Schuld und Verantwortung auseinandersetzen würde.

Innenansichten: Nationale Selbstbeschreibungen nach 1945: Beschweigen – Aufarbeitung – Gedenken

Die These von der deutschen Kollektivschuld – Geschichtspolitik im Zeichen der Affirmation

Der Zweite Weltkrieg hatte bei den westlichen Alliierten und bei der deutschen Bevölkerung einen grundlegend unterschiedlichen Erfahrungshorizont hinterlassen, der auch eine unterschiedliche Beurteilung der aus den Verbrechen zu ziehenden Konsequenzen nach sich zog. Während die bevorstehenden Herausforderungen von den West-Alliierten aus einer distanzierten Außenperspektive beurteilt werden konnten, an die sich mit dem Re-Demokratisierungs- und Umerziehungsbemühen ein theoretisch-programmatisches Bewältigungskonzept anschloß, lag der Binnenperspektive eine biographisch-existentiell geprägte Seite der Bewältigung zugrunde, die vor allem durch pragmatische Erwägungen der unmittelbaren Lebensgestaltung und dem Wunsch nach Normalität geleitet wurden (vgl. Albrecht u.a. 1999, S. 544ff.). Während die wissenschaftliche Beschreibung der Situation in Deutschland für die westlichen Alliierten eine notwendige Orientierungs- und Entscheidungsgrundlage für das weitere Vorgehen in Deutschland lieferte, mußten die gleichen Deutungen aus einer deutschen Binnenperspektive eine Irritation für das nationale Selbstverständnis bedeuten. Die Irritation bestand nicht nur darin, daß mit dem Nationalsozialismus ein ausnahmslos negatives Ereignis in das nationale Identitätskonzept integriert werden mußte. Die sozial- und kulturpsychologische Deutung des Nationalsozialismus als eine Fehlentwicklung des deutschen Nationalstaates ließ einen affirmativen Rückbe-

---

nachfolgende politische Kulturforschung in und über Deutschland ziehen sollte" (ebd., S. 26). Daß sich dieser ‚Faden' bis in die Gegenwart hinein verfolgen läßt, zeigen die regelmäßig durchgeführten Untersuchungen zum Geschichtsbewußtsein, die auch und vor allem als Indikator für die normative Integriertheit der deutschen Nation öffentlich Resonanz erzeugen. Vgl. hierzu Kap. I, S. 59ff. und Kap. V.

47 Zur Bedeutung der *Re-Education* für die bundesdeutsche Selbstbeschreibung vgl. ausführlich Kap. IV, S.133ff.

zug auf die deutsche Geschichte im Ganzen eigentlich nicht mehr zu. Aufgrund der negativen Entwicklung der eigenen nationalen Geschichte stellte sich diese zwangsläufig als Geschichte des Scheiterns dar. Ein Scheitern, das eine reflexive und zugleich widersprüchliche Aneignungserwartung der eigenen Traditionen erforderlich machte: Der katastrophale Verlauf der eigenen Geschichte hätte zunächst radikal abgelehnt werden müssen, um ihn zugleich wieder als moralische Herausforderung zur historischen Selbstaufklärung und Wachsamkeit gegenüber den eigenen Schwächen anzuerkennen. Der selbstvergewissernde Rückbezug auf die eigene Nationengeschichte ließ sich vor dem Hintergrund dieser Ursachendeutung eigentlich nur noch als Anstrengung zur kritischen Reflexion der nationalen Traditionen sowie der gegenwärtigen sozialen und politischen Zustände bewerkstelligen, da die Ursachendeutung der Alliierten den Schluß nahelegen mußte, daß auch der sich neu formierende deutsche Nationalstaat latent in der Gefahr schwebte, erneut in die autoritären Muster zurückzufallen. Diese kritische Aneignung der eigenen nationalen Tradition blieb unmittelbar nach dem Krieg bis in die sechziger Jahre geschichtspolitisch ohne Bedeutung.

Während man sich mit den westlichen Alliierten auf der Grundlage des Eingeständnisses der militärischen Niederlage Deutschlands schnell über die Ziele einer innen- und außenpolitischen Neuorientierung einig war (Westintegration, Entwicklung einer parlamentarischen Demokratie), gab es bezüglich der dafür in Frage kommenden konkreten Maßnahmen keinesfalls einen Konsens (vgl. Tenorth 2000, S. 274). Deutlich wurden diese Differenzen in der unterschiedlichen Beurteilung des Umgangs mit der nationalsozialistischen Vergangenheit. Die Bundesrepublik wollte sich mit der Etablierung einer neuen politischen Kultur, dem Aufbau neuer Institutionen und dem Ausschluß moralisch diskreditierten Personals nach *außen* schnell als ‚verläßliche Nation' präsentieren. Der Blick war auf die Zukunft und den Wiederaufbau gerichtet, ohne daß dabei nach *innen* Fragen nach den Ursachen und der Schuld der Verbrechen explizit thematisiert worden wären. Demgemäß blieb eine analytische Bewältigung der Verbrechen, die Thematisierung der eigenen Verstrickung in das NS-System oder gar die unmittelbare Beschäftigung mit dem Genozid und dem Schicksal seiner Opfer aus (vgl. Frei 1996, S. 397ff.).

Da den umfassenden Reform- und Umerziehungsbemühungen der westlichen Alliierten jedoch von Beginn an die Überzeugung unterlegt war, daß der demokratische Wandel in Deutschland nicht durch Oktroyierung zum Erfolg führen würde, sondern nur durch die Einsicht und die aktive Mithilfe der deutschen Bevölkerung zu leisten war, traten spätestens hier erkennbare Differenzen zwischen den Außenansichten der Alliierten und der nationalen Selbstbeschreibung auf (vgl. Rupieper 1993, S. 37ff.; Heinemann 1981). Für die deutsche Bevölkerung bedeutete die sozial- und kulturpsychologische Ursachendeutung des Nationalsozialismus nicht nur anzuerkennen, daß die politischen Strukturen des eigenen Landes ein Demokratiedefizit auswiesen und daher reformbedürftig waren. Man hätte sich zudem eingestehen müssen, daß der eigene psychische Apparat defizitäre oder gar pathologische Strukturen aufzuweisen hatte und selbstkritisch nach der eigenen Mitschuld und -verantwortung fragen müssen. Ein solches Eingeständnis blieb jedoch ebenso aus, wie eine selbstkritische Auseinandersetzung mit den mangelnden strukturellen und mentalen Voraussetzungen für den Aufbau eines demokratischen Verfassungsstaates, so daß auch das Bemühen der westlichen Alliierten, die deutsche Bevölkerung zur freiwilligen Beteiligung an den Demokratisierungs- und Umerziehungsmaßnahmen zu bewegen, auf Skepsis stoßen mußte (vgl. Benz 1995, S. 48f.).

Die Ablehnung der westalliierten Defizitdiagnosen äußerte sich jedoch nicht nur in der Zurückhaltung gegenüber den als Bevormundung empfundenen Reformvorgaben. Sie fand ihren Ausdruck vor allem in der Kritik an der von den Alliierten vermeintlich formulierten deutschen Kollektivschuld, die in den ersten Nachkriegsjahren bis in die ‚Adenauer Ära' hinein publizistisch immer wieder aufgegriffen und moralisch abgewehrt wurde. Eigentlich legten die sozial- und kulturpsychologische Ursachenkonstruktion des Nationalsozialismus, die dem Re-Demokratisierungsbemühen der Alliierten zu Grunde lag, einen kollektiven Schuldvorwurf durchaus nahe. Norbert Frei (1997) und Helmut Dubiel (1999) haben jedoch darauf hingewiesen, daß dieser Schuldvorwurf von den Siegermächten nie ausdrücklich postuliert wurde, sondern vielmehr als Resultat „deutscher Erfindungskraft" (Frei 1997) bezeichnet werden müsse. Angesichts der eigentümlichen Spannung zwischen der Präsenz der These in der deutschen Öffentlichkeit und ihrer fehlenden Grundlage seitens offizieller Äußerungen der Alliierten vermutet Dubiel, daß es sich hierbei um ein Symptom des schulbeladenen Gewissens der Deutschen gehandelt haben müsse, ein Symptom also, daß man als ein indirektes Schuldeingeständnis der deutschen Bevölkerung zu begreifen haben:

„Die geradezu obsessive Abwehr eines Vorwurfs, den niemand erhoben hatte, erlaubt einzig die psychoanalytische Deutung als ‚Projektion'. In dieser Abwehr wird nämlich die vielfältige – nach überkommenen moralischen und politischen Kriterien kaum deutbare – Verstrickung zahlloser Deutscher in die historisch beispiellosen Verbrechen ihres Staates indirekt eingestanden" (Dubiel 1999, S. 71).

Über diese sozialpsychologische Deutung hinaus, macht das öffentliche Interesse an der Debatte über den vermeintlichen Kollektivschuldvorwurf zugleich deutlich, wie sich die deutsche Bevölkerung bereits unmittelbar nach dem Krieg und gleichsam *über* den Krieg wieder symbolisch als Einheit formierte. In der Erregung über den selbsterzeugten Vorwurf der *Kollektiv*schuld wurde ein gemeinsamer, wenngleich auch negativer Bezugspunkt kollektiver Sinnstiftung geschaffen. Eine Sinnstiftung, die flankiert wurde von der ebenso öffentlich artikulierten Stilisierung der Deutschen als Opfer der ungerechtfertigten Unterstellungen der Alliierten. „Der angebliche Vorwurf einer deutschen Kollektivschuld", so faßt Benz (1995, S. 51) die symbolische Vergemeinschaftung zusammen, „wurde zur Metapher für alles Leid und Unrecht, das Deutschen nach dem Zweiten Weltkrieg angeblich geschah" (ebd.). Auch Aleida Assmann bestätigt diesen symbolischen Vergemeinschaftungsprozeß in ihrer gemeinsam mit Ute Frevert verfaßten Studie über den „Umgang mit deutschen Vergangenheiten nach 1945" und macht dabei auf die besondere Bedeutung des Gefühls der Scham aufmerksam, dem sie im Kontext der Formierung der deutschen Nachkriegsidentität Vorrang vor dem Gefühl der Schuld einräumt. Auch Assmann bestreitet nicht, daß der Kollektivschuldvorwurf kein ausdrücklicher Bestandteil alliierter Politik gewesen sei, weist ihm aber eine konkrete Erfahrungsgrundlage zu. Neben der westlichen Faschismusinterpretation unter dem Signum der These vom deutschen Sonderweg und der psychologisierenden Diagnose vom defizitären deutschen Nationalcharakter, sei es vor allem die offensichtliche Umerziehungs- und Aufklärungspraxis der Alliierten gewesen, die einen solchen Vorwurf implizit mitgeführt habe (vgl. Assmann/Frevert 1999, S. 112ff.). Insbesondere in der „Veröffentlichung der Bilder aus den befreiten Konzentrationslagern, die von den Alliierten als Mittel der politischen Pädagogik eingesetzt wurden" (ebd., S. 117), sieht Assmann jene Erfahrungsgrundlage, die das Entstehen der Kollektivschuldthese begünstigte. „Der dichte Schleier aus Verheimlichung, ungläubiger Abwehr, Apathie und Nichtwissenwollen, der dieses dunkelste Kapitel der deutschen Geschichte abgedeckt hatte, wurde mit diesen Bildern schlagartig zerrissen" (ebd.) und erzeugte ein „Trauma der Scham" (ebd., S. 122), das die Auseinandersetzung mit der eigenen Schuld blockierte und die deutsche Erinnerungsgeschichte nachhaltig geprägt habe. In dem Moment nämlich, als die Taten in den Stand der (Welt-)Öffentlichkeit gerückt wurden und die deutsche Bevölkerung das Ausmaß der Verbrechen vor sich sah, waren „die Betrachter (...) zugleich Betrachtete; was sie sahen, sahen sie nicht nur coram publico, sondern coram globo" (ebd.), betont Assmann, und unterstreicht angesichts dieser Konfrontation mit dem Schrecken, daß das Trauma der Deutschen deshalb nicht als Trauma der Schuld, sondern vielmehr als das der Scham zu begreifen sei. Nach Assmann gehe das moralische Gefühl der Scham dem der Schuld immer voraus. Nicht das Gefühl der Schuld erzeuge Pein, sondern der Gedanke daran, daß man von Anderen für schuldig gehalten werde bzw. daß andere von der eigenen Schuld wüßten, sei der Auslöser dafür, daß sich Menschen peinlich berührt fühlen und sich zu schämen beginnen (vgl. ebd., S. 122).[48] Anhand schriftlicher Reaktionen von Literaten, Publizisten und Wissenschaftlern auf die Bilder der Konzentrationslager kann Assmann schließlich zeigen, wie sich das öffentliche Bekenntnis der eigenen Beschämung als kollektive Selbstbe-

---

48 Assmann greift zur Begründung ihrer These auf Charles Darwin zurück, den sie als einen der ersten Theoretiker der Scham ausweist (ebd.)

schreibung vor allem der Generation der Täter, Mitläufer und Zuschauer kommunikativ auf Dauer stellen konnte. Exemplarisch für die bis in die Gegenwart hineinreichende öffentliche Bedeutung dieses Schamdiskurses gilt einschlägigen Analysen der bundesrepublikanischen Vergangenheitsbewältigung nicht zuletzt die kontrovers diskutierten Rede Martin Walsers in der Paulskirche im Jahr 1998, in der Walser erregt von der „Dauerpräsentation unserer Schande" sprach (vgl. ebd.; Apitzsch 2000; Gross/Konitzer 1999).

Die öffentliche Resonanz der Kollektivschulddebatte macht deutlich, daß die Erfahrungen von Krieg und Vernichtung in den westlichen Besatzungszonen und der späteren Bundesrepublik von Beginn an als Problem einer zutiefst erschütterten kollektiven Selbstachtung artikuliert wurden. Komplementär zu dieser Erschütterung trat der Wunsch nach einer Wiederherstellung der moralischen Integrität des eigenen Landes. Da jedoch ein positiver Rückgriff auf die jüngste Geschichte unmöglich geworden war, stellte sich die Frage, wie kollektive Identität im Namen der deutschen Nation überhaupt noch gedacht werden könne. Wollte man sich weiter positiv an der eigenen Nationengeschichte orientieren, mußte man die Normalität des deutschen Nationalstaates hervorheben und den Nationalsozialismus aus den Kontinuitätslinien der deutschen Geschichte verbannen. Dies geschah dadurch, daß man den Krieg und den millionenfachen Mord von Menschen dem verbrecherischen Regime der Nazis zuschrieb, in dem die *normalen* Deutschen lediglich hilflose Opfer einer perfiden Verführung gewesen waren. „Die Schreckenszüge der Naziperiode", so faßt Rüsen den Versuch, die moralische Integrität der eigenen Nation zu retten, zusammen, wurden „in das Anderssein der Täter projiziert, das jenseits der Grenzen des eigenen Selbst liegt" (Rüsen 2001b, S. 249). Erst durch diese Verkehrung und Umdeutung der deutschen Bevölkerung zu Opfern wurde es möglich, den Nationalsozialismus „aus der deutschen Geschichte zu exterritorialisieren" (ebd.), um dadurch ein Mindestmaß an historischer Kontinuität und kollektiver Identität aufrecht erhalten zu können. Ungeachtet der kulturpsychologischen Fremdbeschreibung der Alliierten, die gerade in der Gründungsgeschichte des deutschen Nationalstaates die Wurzeln des Erfolges des Nationalsozialismus sahen, unterlag die bundesrepublikanische Geschichtspolitik vor allem in den fünfziger Jahren dem Bemühen, eine historisch-normative Fundierung des deutschen Gemeinwesens durch den affirmativen Rückbezug zur Nationengeschichte vor 1933 zu bewerkstelligen.

Wie Edgar Wolfrums Studie über die „Geschichtspolitik in der Bundesrepublik Deutschland" (1999) zeigt, fand diese Normalisierungsstrategie in der ‚Adenauer Ära' ihren Ausdruck darin, geschichtspolitisch an die demokratischen Traditionsbestände des neunzehnten Jahrhunderts anzuknüpfen und die NS-Zeit samt ihrer Verbrechen öffentlich nicht zu thematisieren. Zu den identitätsstiftenden Bezugspunkten zählten das Erbe der Revolution von 1848, die demokratischen Ideale der ersten deutschen Nationalversammlung in der Frankfurter Paulskirche sowie der daran geknüpfte Gedanke an die Einheit der deutschen Nation. Diese Form deutscher Geschichtspolitik ermöglichte es, an den Basiskonsens und die demokratische Traditionen der westlichen Nationen anzuschließen und zugleich über einen vergemeinschaftenden positiven historischen Bezugspunkt zu verfügen. Einen Bezugspunkt, der sich schließlich im proklamierten Nationalfeiertag des 17. Juni 1953 verdichtete. Die niedergeschlagene Arbeiterrevolte gegen das politische System der DDR wurde in Westdeutschland zum Symbol des seit 1848 stetigen Strebens der deutschen Nation nach nationaler Einheit (vgl. Wolfrum 1999, S. 39ff.).[49] Bis in die späten fünfziger Jahre hinein spielte die Geschichte des Nationalsozialismus und des Holocaust als Gegenstand einer politisch-moralischen Selbstaufklärung der Bundesrepublik keine geschichtspolitische Rolle. Die Verbrechen blieben zwar durch die Debatte um die Kollektivschuldthese im thematischen Dreieck von Schuld, Scham und Verantwortung öffentlich präsent, konnten zugleich aber gerade durch die Abwehr dieses vermeintlichen Vorwurfes wirksam auf Distanz gehalten werden.

Hinsichtlich der Bewertung der Strategien des Beschweigens und Umdeutens der nationalsozialistischen Verbrechen konkurrieren gegenwärtig zwei Lesarten miteinander. Die eine gründet auf der funktionalistischen Deutung Hermann Lübbes (1983), in der das „kommunikative Beschweigen" der Vergangenheit als ein sozialpsychologisch notwendiger Mechanismus beschrieben wird, der es der bundesrepublikanischen Bevölkerung überhaupt erst ermöglicht habe, sich in die „Bürgerschaft der Bundesrepublik" zu verwandeln (ebd., S. 585). Im Anschluß an Lübbe haben zuletzt Aleida Assmann und Bergmann diese Bewertung theoretisch weiterentwickelt und als „Strukturschutz" (Bergmann 1998, S. 396) bzw. „Kommunikationsbegrenzung" (Assmann/Frevert 1999, S. 141) der westdeutschen Nachkriegsdemokratie beschrieben. Die andere Lesart gründet auf einer psychoanalytisch orientierten Deutung. In ihr wird das Beschweigen pathologisiert, d. h. als Verdrängung und Verleugnung von Schuld beschrieben und insgesamt als Ausdruck und Fortschreibung des spezifisch autoritären und zur Trauer unfähigen deutschen Charakters betrachtet.[50] Trotz der unterschiedlichen Bewertung dieses ‚Schweige- und Umdeutungskonsens' zeigen beide Lesarten, daß

---

49 Wolfrum rekonstruiert in seiner Studie zwei Basiserzählungen deutscher Geschichts- und Identitätspolitik, die in stetig konkurrierender Weise das Ringen um das Selbstverständnis der Bundesrepublik in politischen und öffentlichen Debatten bestimmen. Auf der einen Seite steht demnach das einheitlich-affirmative Geschichtsbild, das über die Idee der deutschen Einheit die „Normalität des deutschen Nationalstaates" beschwöre. Auf der anderen Seite hingegen stehe das sich in den sechziger Jahren herausgebildete liberal-emanzipatorische Geschichtsbild, das sich über den historischen Bezugspunkt des Nationalsozialismus definiere und die Einheit Deutschlands negativ zu begründen versuche (vgl. bes. S. 258-356).

50 Exemplarisch für diese Lesart stehen die Studie von Alexander und Margarete Mitscherlich „Die Unfähigkeit zu Trauern" (1967) sowie die von Ralph Giordano über die „Die zweite Schuld" (1987).

sich die zentralen Fragen nach Schuld und Verantwortung bereits unmittelbar nach dem Zweiten Weltkrieg als semantische Bezugsgrößen kollektiver Selbstvergewisserung in der bundesdeutschen Erinnerungskultur etabliert haben. Gleichwohl die NS-Geschichte in dieser Phase der deutschen Erinnerungsgeschichte noch keine *explizite* geschichtspolitische Rolle spielt, bildet sie in der Form des Schuld- und Schamdiskussion bereits hier einen *impliziten* normativen Bezugspunkt nationaler Vergemeinschaftung.

Zur sozialpsychologischen Wende in der bundesdeutschen Erinnerungskultur: Aufarbeitung und Kritik

In den einschlägigen Studien über die bundesdeutsche Erinnerungsgeschichte gilt es als unbestritten, daß die thematische Verschiebung im Umgang mit der NS-Geschichte und ihre Integration in das offizielle Geschichtsbild der Bundesrepublik auf das Zusammenspiel dreier Faktoren zurückzuführen ist. Erstens auf die stärkere öffentliche Thematisierung der Verbrechen Ende der fünfziger und Anfang der sechziger Jahre, zweitens auf den einsetzenden Generationenwechsel und drittens schließlich auf die politisch-kulturelle Reformaspiration der sechziger und siebziger Jahre.[51]

Zu den Gründen der steigenden öffentlichen Beschäftigung mit den NS-Verbrechen zählten vor allem die seit dem Beginn der sechziger Jahre im Bundestag geführte Debatte über die Verjährung der NS-Verbrechen und die sie begleitenden NS-Prozesse: der Ulmer Einsatztruppen-Prozeß von 1958, der 1961 in Jerusalem stattfindende und in Deutschland stark beachtete Eichmann-Prozeß sowie die Ende 1963 beginnenden Auschwitz-Prozesse in Frankfurt und die an sie anschließenden Prozesse zu Belzec 1965, Treblinka 1964/65 und Sobibor 1965/66. Hinzu kam die steigende Zahl wissenschaftlicher Publikationen, die vor allem vom 1950 gründeten Institut für Zeitgeschichte in München ausgingen. Nicht zuletzt war es auch die zunehmende und mit großem Interesse rezipierte Verarbeitung der NS-Vergangenheit in Literatur und Theater,[52] mit der die landesweite Nichtthematisierung der NS-Zeit durchbrochen wurde und das Thema immer stärker ins Blickfeld öffentlicher Wahrnehmung rückte.

In diese Phase der Auflösung des Schweigekonsenses fiel ein für die bundesrepublikanische Vergangenheitspolitik bedeutsames Ereignis: Am 25. Dezember 1959 beschmierten zwei Mitglieder der Deutschen Reichspartei die Kölner Synagoge mit antisemitischen Parolen und Hakenkreuzen. Diesem Vorfall folgten eine Fülle weitere antisemitischer Schmierereien zunächst in

---

51 Vgl. hierzu die Literatur in Fußnote 1.
52 Zu nennen sind hier vor allem Friedrich Dürrenmatts Theaterstück „Der Besuch der alten Dame" (1956), Max Frischs „Andorra" (1961), Siegfried Lenz' „Zeit der Schuldlosen" (1962) und Rolf Hochhuths Stück „Der Stellvertreter" (1963), aber auch der Erfolg des bereits 1949 auf deutsch erschienenen „Tagebuchs der Anne Frank".

Deutschland und später auch in anderen Ländern, die Reaktionen der Empörung im In- und Ausland hervorriefen und zu einer heftigen innen- wie auch außenpolitischen Debatte über die Ursachen dieser Taten führten (vgl. W. Bergmann 1997). Außenpolitisch sah sich die Bundesrepublik den alten Vorwürfen der westlichen Alliierten ausgesetzt, die in den Ereignissen ein Fortleben der nationalsozialistischen Ideologie sahen und das Deutschlandbild bestätigt fanden, das noch fünfzehn Jahre zuvor die Grundlage der Umerziehungspolitik gebildet hatte.[53] Innenpolitisch reagierte man auf die Vorfälle mit einer bis dahin noch ungewohnt selbstkritischen Problembeschreibung. Die Ursachen für die Schändung der Kölner Synagoge wurden maßgeblich als Wissensdefizit der eigenen Bevölkerung im Bereich der Geschichte des Nationalsozialismus gedeutet. Vor allem bei der nachwachsenden Generation wurde ein Mangel an historischen Kenntnissen und moralischen Haltungen den Verbrechen gegenüber vermutet. Ein Mangel, der sich durch eine Befragung von Studenten des Instituts für Sozialforschung in Frankfurt am Main zu bestätigen schien, die bei ihren Probanden ebenfalls moralisch indifferente Haltungen gegenüber der NS-Vergangenheit und große Wissenslücken über die Zeit des Faschismus diagnostiziert hatten (vgl. Dudek 1995, S. 271f.).[54] Retrospektiv läßt sich in der öffentlichen Auseinandersetzung mit den antisemitischen Vorfälle, in der diese als ein Problem mangelnder historischer Aufklärung gesehen und damit in den Kontext der NS-Geschichte gestellt wurden, als eine Form des öffentlichen Umgangs mit der NS-Geschichte rekonstruieren, von der die Erinnerungskultur bis in die Gegenwart geprägt wird. Gleichsam komplementär werden seit den Ereignissen in Köln antisemitische und rechtsextreme Vorfälle im Lichte der Geschichte des Nationalsozialismus gedeutet und als Problem einer gescheiterten oder fehlerhaften Vergangenheitsbewältigung begriffen. Nicht zuletzt deshalb werden die Kölner Ereignisse und ihre geschichtspolitische Verarbeitung als Wendepunkt der bundesrepublikanischen Erinnerungskultur begriffen, weil sie die Internalisierung der NS-Geschichte in das nationale Selbstkonzept der Bundesrepublik symbolisch mit begründet hat (vgl. Albrecht u.a. 1999, S. 393ff.; Reichel 2001, S. 125ff.).

Neben der breiten Diskussion über das Werte- und Wissensdefizit bei der deutschen Bevölkerung setzte sich im Zuge der öffentlichen Debatte über den Umgang mit der nationalsozialistischen Vergangenheit auch eine sozialpsychologische Deutung der deutschen Nachkriegssituation durch, die in ganz

---

53 Auf die durch die Ereignisse in Köln ausgelöste Vertrauenskrise zwischen den westlichen Alliierten und der Bundesrepublik reagierte die Bundesregierung mit dem erstmaligen offiziellen Besuch eines ehemaligen Konzentrationslagers durch einen staatlichen Repräsentanten. Konrad Adenauer besuchte gemeinsam mit dem Vorsitzenden des World Jewish Congresses das ehemalige KZ Bergen-Belsen (vgl. Albrecht u.a. 1999, S. 394).

54 Eine breite und umfassend belegte Schilderung der öffentlichen und pädagogischen Diskussion, die durch die antisemitischen Schmierereien ausgelöst wurden, findet sich in ebd., S. 267ff.

ähnlicher Weise bereits den Re-Demokratisierungsstrategien der westlichen Alliierten zugrundegelegen hatte. Im Gegensatz zur Problemdiagnose der Alliierten, die von außen herangetragen worden war, lag mit dem Theorieprogramm der Kritischen Theorie nun eine gleichsam von innen heraus entwickelte sozialpsychologische Perspektive auf den bundesdeutschen Umgang mit der NS-Geschichte vor, die – gestützt wohl auch durch diesen ‚Heimvorteil' – eine vergleichsweise starke geschichtspolitische Resonanz erzeugen konnte. Mit ihr bot sich nicht nur eine tiefer greifende Erklärung für die beunruhigenden antisemitischen Tendenzen. Sie lieferte zudem die theoretische Basis für die geschichtspolitisch Deutungsverschiebung von Affirmation auf Kritik, von der die bundesdeutsche Erinnerungskultur seit den sechziger Jahren getragen wird.

Zu einem Schlüsseltext der geschichtspolitischen Durchsetzung des kritischen Vergangenheitsbezuges gehört der kurz vor dem antisemitischen Vorfall in Köln von Theodor W. Adorno im November 1959 vor dem Koordinationsrat für Christlich-Jüdische Zusammenarbeit gehaltene Vortrag „Was bedeutet: Aufarbeitung der Vergangenheit" (GS 10.2).[55] Im Zentrum des Vortrages steht die Vermutung, daß die größte Gefahr für die deutsche Demokratie im psychischen wie strukturellen Nachleben des Nationalsozialismus in der Bundesrepublik bestehe. „Der Nationalsozialismus lebt nach", schreibt Adorno zu Anfang seines Textes, „und bis heute wissen wir nicht, ob bloß als Gespenst dessen, was so monströs war, daß es am eigenen Tode noch nicht starb, oder ob es gar nicht erst zum Tode kam; ob die Bereitschaft zum Unsäglichen fortwest in den Menschen wie in den Verhältnissen, die sie umklammern" (ebd., S. 555).

Die Diagnose vom Nachleben des Faschismus in der Bundesrepublik brach mit der bis dahin gültigen nationalen Selbstbeschreibung. In dieser Selbstbeschreibung war der Nationalsozialismus im Kern ein Problem seiner Eliten und seines Machtapparates gewesen, das man durch eine nachhaltige normative Abgrenzung vom NS-System und dem Willen zum Neubeginn nach 1945 bereits für überwunden geglaubt hatte. Stand das Selbstvergewisserungsbemühen der frühen Bundesrepublik noch im Zeichen eines Bruchs mit dem Nationalsozialismus, hob Adorno die mentalen und institutionellen Kontinuität zwischen der Bundesrepublik und dem „Dritten Reich" hervor. Im Verbund mit den theoretischen Mitteln, die Adornos Analyse anleiteten, lieferte der Verweis auf diese Kontinuitätslinien den semantischen Rahmen für einen Form der nationalen Selbstbeschreibung, die verunsichern mußte, rückten mit ihr doch die nach Adorno defizitären demokratischen Strukturen und psychischen Dispositionen des Personals der Bundesrepublik ins Zen-

---

55 Eine Übersicht über Adornos Arbeiten zur Fragen des Umgangs mit der NS-Vergangenheit findet sich bei Perels 1998.

trum der öffentlichen Debatte, die gleichsam auf einen selbstkritischen Umgang mit der NS-Geschichte drängten.

Mit seiner sozialpsychologischen Analyse legte Adorno eine bis dahin öffentlich kaum zur Kenntnis genommene Deutung der Situation in der Bundesrepublik vor. Diese Deutung, in der auf die latente Gefahr eines Rückfalls in Antisemitismus und Totalitarismus hingewiesen wurde, knüpfte argumentativ durchaus an die schon lange vorliegende Problemdiagnose der westlichen Besatzungsmächte an,[56] die nun in einer zeitlichen Verschiebung von über zehn Jahren in das semantische Repertoire der bundesrepublikanischen Selbstbeschreibung einfloß. Der Modus des Beschweigens der Verbrechen und des affirmativen Wertebezugs auf die humanistischen und demokratischen deutschen Traditionen vor 1933 rückten als Formbildungen der nationalen Selbstvergewisserung zunehmend in den Hintergrund. Neben den affirmativen Modus historischer Sinnstiftung trat ein sozialpsychologisch fundierter *kritischer* Modus, der die semantischen Grundlagen der bundesdeutschen Erinnerungskultur von den sechziger Jahren bis in die Gegenwart hinein immer stärker prägen sollte.

In den einschlägigen Studien über die deutschen Erinnerungsgeschichte wird die Umstellung der nationalen Selbstbeschreibung von Affirmation auf Kritik auch als Ausdruck und Folge eines spezifischen Generationenwechsels beschrieben, der retrospektiv als entscheidende Zäsur im Umgang mit der NS-Geschichte gilt (vgl. Bude 1992). Im Klima des Protestes und des Aufbruchs der sechziger und siebziger Jahre begannen sich die Kinder der Tätergeneration öffentlich mit den Verstrickungen der eigenen Eltern in den Faschismus auseinanderzusetzen. Fragen nach Schuld und Verantwortung rückten explizit in den Blickpunkt des öffentlichen Interesses und überlagerten den Schweige- und Umdeutungsdiskurs, der einer zunehmend kritisch-moralischen Beschäftigung mit der NS-Vergangenheit weichen mußte.[57] Im Zuge dieser Umstellung, die auch als Wechsel von einer Scham- zu einer Schuldkultur beschrieben wird (vgl. Bude 1998), beschränkte sich die Auseinandersetzung mit der Schuldfrage nicht alleine auf die schuldhafte Verstrickung der Elterngeneration, sondern wurde, wie Lepsius betont, „über die

---

56 Zu betonen ist, daß es Adorno und Horkheimer im Gegensatz zu den westlichen Alliierten nicht darum ging, den Faschismus in Deutschland mentalitätsgeschichtlich als Problem des deutschen Nationalcharakters zu erklären. Sie sahen im Faschismus vielmehr eine Tendenz des Kapitalismus, der die Menschen in ihrer autoritären Charakterstruktur prädisponiert hatte und die nun pädagogisch behoben werden sollte. Trotz dieser unterschiedlichen Diagnosen unterlag beiden Deutungen mit der Sozialpsychologie ein methodologisch ähnliches Konzept, das die Individualisierung der Ursachen des Faschismus ermöglichte und damit Anschlußpunkte für eine Pädagogisierung des Umgangs mit der NS-Geschichte begünstigte.
57 Zur Bedeutung des Generationenwechsel für den Wandel der deutschen Erinnerungsgeschichte vgl. Bude 1992; 1998; Kohlstruck 1997; 1998; Negt 1995; Hettling 2000; Rüsen 2001b sowie ausführlich Kap. 6.

ursächliche Mitwirkung auf die kollektive Mithaftung und zur besonderen deutschen Verpflichtung auch in der Generationenfolge ausgedehnt" (Lepsius 1989, S. 261). Die selbstbezügliche und öffentlich geführte Auseinandersetzung mit der Schuld- und Verantwortungsfrage begünstigte es, daß die NS-Geschichte im Zeichen des Imperativs „Nie wieder Auschwitz" zügig als Teil der eigenen Nationengeschichte in das Identitätskonzept der Bundesrepublik integriert werden konnte. Vor allem die Kritische Theorie bot sich als theoretische Referenz dieser geschichtspolitischen Wende an. Ihr ideologiekritischer Impetus wurde publizistisch aufgegriffen, inspirierte andere wissenschaftliche Disziplinen zur Überarbeitung ihrer methodologischen Prämissen und fungierte zunehmend auch als Stichwortgeber in geschichtspolitischen Debatten. Wenngleich nicht in linearer Ableitung, so fand die Kritische Theorie Eingang in das semantische Repertoire der normativen Selbstbeschreibung der Bundesrepublik Deutschland. Gerade ihre unmißverständliche Verurteilung der NS-Verbrechen und ihr ausdrücklicher Verweis auf die Unvorstellbarkeit des industriell organisierten Massenmordes blieb aus erdenklichen Gründen von dem Vorwurf frei, durch eine affirmative Haltung zur deutschen Geschichte einer Relativierung und Verharmlosung des Nationalsozialismus Vorschub zu leisten. In der öffentlichen Auseinandersetzung mit der Shoah bot daher gerade der Rückgriff auf die Kritische Theorie die Möglichkeit, eine dem Thema angemessene und moralisch zugleich unbedenkliche Position zu beziehen, die nicht dem Verdacht ausgesetzt war, die Verbrechen zum Zwecke der Wahrung eines positiven nationalen Identitätsansinnens zu relativieren.

Erinnern und Gedenken – Geschichtspolitische Deutungsentscheidungen im Spannungsfeld von Affirmation und Kritik

Obwohl die biographischen Bezüge zum Nationalsozialismus aufgrund des Sterbens der Zeitzeugen zwangsläufig immer geringer werden, ist unübersehbar, daß das öffentliche Interesse an der Geschichte des Nationalsozialismus und des Holocaust mit wachsendem zeitlichen Abstand eher steigt, als daß es abnimmt (vgl. Broszat 1988; Assmann/Frevert 1999). Anders als in den ersten vierzig Jahren der Bundesrepublik, in denen die Vergangenheitspolitik um die Fragen von Schuld sowie von Verleugnung und Anerkennung der Verbrechen kreiste, steht sie seit Beginn der achtziger Jahre im Zeichen der Herausforderung, *wie*, d. h. in welchen Formen und mit welchen Inhalten die Geschichte der Verbrechen dauerhaft im kollektiven Gedächtnis der Bundesrepublik gehalten werden kann und soll. Die Institutionalisierung des kritisch-emanzipatorischen Vergangenheitsbezugs läßt sich hierbei keinesfalls als linearer Festschreibungsprozeß von den sechziger Jahren bis in die Gegenwart hinein begreifen. Die geschichtsbezogene Selbstvergewisserung, metaphorisch gesprochen, der Übergang vom „kommunikativen Kurzzeitgedächtnis" zum „kollektiven Langzeitgedächtnis" (vgl. Assmann/Frevert

1999), erweist sich vielmehr – wie zuletzt Edgar Wolfrum (1999) in seiner Studie über die Geschichtspolitik der Bundesrepublik gezeigt hat – als Widerstreit zwischen einer affirmativen und einer kritisch-emanzipatorischen Form historischer Sinnstiftung, der vor allem die geschichtspolitischen Debatten der achtziger Jahre geprägt hat.[58] Während die erste Form für eine abschließende Bewältigung der Geschichte des Nationalsozialismus steht, die auf die Aussöhnung der Deutschen mit ihrer Vergangenheit abzielte und exemplarisch mit dem Namen Helmut Kohl verbunden wird, wird die zweite Form des Vergangenheitsbezugs als „Vergangenheitsbewahrung" (Assmann/Frevert 1999, S. 145) beschrieben. Sie wird mit dem Namen Richard von Weizsäcker verknüpft und steht für das *einseitige* Versprechen der Bundesrepublik, sich an das unermeßliche Leid der Opfer dauerhaft zu erinnern.

Nach dem Ende der sozial-liberalen Koalition 1982 und des darauffolgenden christlich-liberalen Bündnisses stand die bundesrepublikanische Geschichtspolitik im Zeichen der von Helmut Kohl geforderten „geistig-moralischen Wende" – eine Wende, die dem Versuch galt, über das Bezugsereignis des 17. Juni 1953 die Erinnerung an die deutsche Teilung und damit an die Einheit des deutschen Volkes öffentlich mit dem Ziel zu etablieren, jenseits der Erinnerung an die NS-Geschichte auch eine positive Perspektive auf die deutsche Nationengeschichte zu eröffnen. Wolfrum kann zeigen, daß hinter diesem Bemühen, die deutsche Nation als eine ‚normale' Nation zu rehabilitieren, die Sorge von konservativen Historikern und Geschichtsdidaktikern stand, ein einseitiger Bezug auf die Geschichte des Nationalsozialismus könne die normative Orientierungsfunktion von Geschichte beschädigen und insgesamt eine Identitätsunsicherheit bei der deutschen Bevölkerung zur Folge haben (vgl. Wolfrum 1999, S. 303ff.). Dem scheinbar drohenden Verlust der sozialintegrativen Kraft von Geschichte in Deutschland sollte durch die Setzung eines positiven Gründungsmythos' entgegengearbeitet werden. „Ziel war es", so faßt Wolfrum diese Form der historischen Sinnstiftung zusammen, „die NS-Vergangenheit im Dienste eines funktionalistischen nationalpädagogischen Konzepts zu neutralisieren und eine selbstkritische Aufarbeitung deutscher politischer Traditionen zugunsten einer nationalen Sinnstiftung aufzugeben. Ein zustimmungsfähiges Geschichtsbild, das die Nationalgeschichte nicht beständig als Unheilsgeschichte überlieferte, sollte als Legitimationsstrategie die politische Zukunft gewinnen helfen" (ebd., S. 341). Zu den geschichtspolitischen Zeichensetzungen dieser Form des affirmativen Vergangenheitsbezugs zählt vor allem die symbolisch-rituelle Politik der Versöhnung mit den Siegermächten sowie mit dem Nachbarstaat Polen, der am meisten unter der deutschen Aggression gelitten hatte: die gemeinsamen Auftritte Helmut Kohls mit Françoise Mitterand in Verdun und Ronald Reagan in Bitburg vierzig Jahre nach Kriegsende sowie die zum

---

58 Vgl. hierzu auch Assmann/Frevert 1999; Benz 1995; Brumlik 1995b.

fünfzigsten Jahrestag gehaltenen Reden von Wladyslaw Bartoszewski in Bonn und Françoise Mitterand in Berlin (vgl. Assmann/Frevert 1999, S. 145). Die geschichtspolitische Strategie einer rituelle Versöhnung mit den verschiedenen Kriegsparteien folgt zugleich aber der Logik einer prekären Verharmlosung und Relativierung des Zweiten Weltkrieges, da mit ihr die schreckliche Besonderheit dieses Krieges, die industrielle Massenvernichtung von Menschen und damit die von Deutschen verübten Verbrechen, unbenannt blieben. Aleida Assmann hat in diesem Zusammenhang darauf hingewiesen, daß dieses Versöhnungsbemühen, wie alle Versöhnungsrituale, nur die Sieger und Besiegten eines Konfliktes einschließe. Damit beziehe sich das Gedenken im Rahmen dieser *zwischenstaatlichen* Gesten der Versöhnung lediglich auf die Kriegsopfer der zerstrittenen Parteien, während die Opfer von staatlich organisierter Verfolgung und Vernichtung aus diesen Trauerritualen ausgeschlossen würden (vgl. ebd., S. 145). Ihre Verdichtung findet diese prekäre Form des Totengedenkens in der von Helmut Kohl 1993 geschaffenen nationalen Gedenkstätte ‚Neue Wache' in Berlin. Die Darstellung von der trauernden Mutter mit ihrem toten Sohn als Symbol für die allgemein menschliche Schmerz- und Trauererfahrung des Verlustes gilt Kritikern des Mahnmals als Ausdruck für einen nivellierenden ‚Opfermythos', in dem sowohl die Grenze zwischen Kriegsopfern und Opfern der Verfolgung und Vernichtung als auch die Grenze zwischen den Tätern und Opfern des deutschen Faschismus verwischt würden (vgl. ebd.; Kirsch 2001).

Wenngleich die NS-Geschichte durch diese Etablierung des universalistischen Totengedenkens und die zwischenstaatlichen Versöhnungsrituale keinesfalls aus dem öffentlichen Geschichtsbild der Bundesrepublik gestrichen werden sollte, so galt es doch, den Zweiten Weltkrieg in den Stand eines ‚normalen Krieges' zu rücken und die Vernichtungspolitik der Nationalsozialisten aus dem Zentrum der öffentlichen Erinnerungspraxis zu heben. In und mit dieser ‚Normalisierungsstrategie' sollte es schließlich gelingen, die NS-Geschichte lediglich als *einen* Teil, keinesfalls aber als *besonderen* Teil der deutschen Nationengeschichte zu markieren, um ihre Bedeutung als Gegenstand historischer Identitätsbildung zu schmälern (vgl. Assmann/Frevert 1999, S. 259ff.).

Der Versuch, die deutsche Nationengeschichte zu rehabilitieren und eine affirmative Bezugnahme auf die eigenen Geschichte zu ermöglichen, gilt nicht zuletzt aufgrund der breiten publizistischen Kritik in den achtziger Jahren als gescheitert (vgl. ebd.; Kirsch 2001). Zu den entscheidenden Gründen des Scheiterns dieser geschichtspolitischen Strategie zählt vor allem der 1986 durch Jürgen Habermas ausgelöste sogenannte Historikerstreit, in dem um die Deutung des Nationalsozialismus, um die Singularität und Vergleichbarkeit der Verbrechen, mithin also um die Frage der geschichtspolitischen Deutungsentscheidungen Deutschlands öffentlich wirksam diskutiert wurde (vgl. Historikerstreit 1987). Habermas (1986a) hatte die geschichtspolitische

Strategie der Regierung Kohl sowie ihrer intellektuellen Vordenker, den Historikern Michael Stürmer, Andreas Hillgruber und Ernst Nolte, vorgeworfen, „die Hypotheken einer glücklich entmoralisierten Vergangenheit *abzuschütteln*" (ebd., S. 73)[59] und ungeachtet der Ungeheuerlichkeit der Verbrechen „die Deutschen zu einer konventionellen Form ihrer nationalen Identität zurückrufen" zu wollen (ebd., S. 76). Dieser „Gestalt einer konventionellen, nämlich einhellig und vorreflexiv *geteilten* Identität" (ebd., S. 75) setzte Habermas mit Nachdruck die Forderung einer „kritischen Aneignung mehrdeutiger Traditionen" (ebd., S. 74f.) entgegen. Durch diese von ihm als „postkonventionelle" (ebd., S. 75) oder an anderer Stelle auch als „posttraditionale" oder „postnationale Identität"[60] gekennzeichnete Form der historischen Selbstvergewisserung sollte es nicht nur gelingen, die öffentliche Etablierung eines affirmativen Geschichtsbildes zu verhindern. Habermas ging es zugleich auch darum, den geläufigen partikularen Modus nationaler Sinnstiftung nicht zuletzt angesichts der destruktiven Entwicklung des Nationalismus in Europa zu lockern und zurückzubinden an universalistische Wertbezüge, wie beispielsweise an die europäische Tradition des Verfassungspatriotismus oder etwa an die Menschenrechte. Intendiert war das ambitionierte Unterfangen, die Spannung zwischen einer universalistischen und einer partikularistischen Wertorientierung reflexiv in den Modus nationaler Sinnstiftung einzuschließen. Einerseits sollte die NS-Geschichte und insgesamt die belastete eigene nationale Tradition einer kritisch-reflexiven Aneignung unterzogen werden, in und mit der die partikulare Verantwortung für die eigene Geschichte Anerkennung finden sollte. Andererseits galt es aber auch, die NS-Geschichte zugleich „durch den Filter universalistischer Wertorientierungen" hindurchzutreiben (ebd., S. 75), um dem möglichen Sog einer erneut übertriebenen nationalen Identifikation in Deutschland entgegenzuwirken.

Zwar rückte durch den Historikerstreit das affirmative Geschichts- und Identitätskonzept zunehmend in den Hintergrund und wurde geschichtspolitisch durch eine kritisch-emanzipatorischen Vergangenheitsbezug überlagert und schließlich abgelöst, die symbolisch-rituellen Zeichensetzungen dieser Form der nationalen Sinnstiftung zeigen jedoch, daß Habermas' Forderung nach einer *postkonventionellen* deutschen Identität zumindest im offiziellen Geschichtsbild kaum Resonanz erzeugt hat. Auch und gerade durch die im Zeichen von Kritik und Emanzipation stehende Aufnahme der NS-Geschichte in das nationale Selbstkonzept entwickelte sich die Beschäftigung mit den Verbrechen zu einer partikularen Herausforderung der Bundesrepublik. Die Festschreibung der NS-Geschichte als negativer Gründungsmythos der Bundesrepublik folgte damit den Koordinaten eines konventionellen modernen, mithin also nationalen Modus' der Sinnstiftung und löste den von

---

59 Diese und die folgenden Hervorhebungen im Zitat sind dem Original entnommen.
60 Vgl. hierzu ausführlich Habermas 1987.

Habermas geforderten dialektischen Umgang mit partikularen und universalistischen Wertorientierungen zu Gunsten einer nationalen Lösung einseitig auf. Als wegweisend für die öffentliche Anerkennung und Institutionalisierung dieser partikular-kritischen Vergangenheitsbewahrung gilt die am 8. Mai 1985 im Deutschen Bundestag gehaltene Ansprache des damaligen Bundespräsidenten Richard von Weizsäcker im Rahmen der Gedenkstunde zum 40. Jahrestag der Beendigung des Zweiten Weltkrieges. In der Funktion des höchsten Repräsentanten der Bundesrepublik spricht sich Weizsäcker für eine der Gegenwart und Zukunft verpflichtete Erinnerung an die nationalsozialistischen Verbrechen und seinen Opfern aus und rückt die NS-Geschichte in den Mittelpunkt des bundesrepublikanischen Selbstverständnisses:

„Viele Völker gedenken heute des Tages, an dem der Zweite Weltkrieg in Europa zu Ende ging. Seinem Schicksal gemäß hat jedes Volk dabei seine eigenen Gefühle. (...) Wir Deutsche begehen den Tag unter uns, und das ist notwendig. Wir müssen die Maßstäbe allein finden. Schonung unserer Gefühle durch uns selbst oder durch andere hilft nicht weiter. Wir brauchen und wir haben die Kraft, der Wahrheit, so gut wir es können, ins Auge zu sehen, ohne Beschönigung und ohne Einseitigkeit. Der 8. Mai ist für uns vor allem ein Tag der Erinnerung an das, was Menschen erleiden mußten. Er ist zugleich ein Tag des Nachdenkens über den Gang unserer Geschichte. Je ehrlicher wir ihn begehen, desto freier sind wir, uns seinen Folgen verantwortlich zu stellen" (v. Weizsäcker zit. n. Gill/Steffani 1986, S. 175).

In und mit diesem Bekenntnis zur besonderen Erinnerungsverantwortung, die Weizsäcker in seiner Rede stellvertretend für alle Deutschen und in scharfer Abgrenzung zur geschichtspolitischen Anstrengung Helmut Kohls formuliert hatte, veränderten sich auch die Koordinaten der offiziellen bundesrepublikanischen Selbstbeschreibung. Die Rede erzeugte ein gesellschaftsübergreifendes positives Echo, in dem das affirmative Identitätsansinnen Kohls öffentlich an Geltung verlor (vgl. Assmann/Frevert 1999, S. 269; Dubiel 1999, S. 206ff.). An die Stelle der Versöhnungs- und Aussöhnungspolitik, dem *wechselseitigen* Vergeben und Vergessen zwischen Siegern und Verlieren, rückte das *einseitige* Versprechen der ‚Tätergesellschaft', sich an das unermeßliche Leid der Opfer dauerhaft zu erinnern und die NS-Verbrechen als partikulares Vermächtnis der Bundesrepublik Deutschland sowie als Lerngegenstand für folgende Generationen im kollektiven Gedächtnis zu bewahren. Weizsäcker brachte zur Sprache, was zuvor noch kein Politiker der Bundesrepublik in dieser Eindeutigkeit gewagt hatte. Durch seinen emphatischen *Wir-Bezug*, der sich in der einleitenden Formulierung „Wir Deutsche begehen den Tag unter uns" sowie in seine Feststellung, der 8. Mai sei „ein Tag des Nachdenkens über den Gang unserer Geschichte" spiegelt, ließ Weizsäcker keinen Zweifel daran, daß sich die deutsche Bevölkerung diesem Teil der eigenen Nationengeschichte kritisch zu stellen habe. Er setzte dem in der Bundesrepublik immer wieder forcierten affirmativen geschichtspolitischen Bemühen ein dauerhaftes Ende und hob mit seiner Ansprache die öffentliche

Thematisierung der NS-Geschichte auf ein Reflexionsniveau, das in der Folge ohne scharfe publizistische Kritik nicht mehr unterschritten werden konnte.[61] Weizsäcker gelang es in seiner Rede drei Perspektiven zur Deckung zu bringen, die bisher erinnerungspolitisch konkurriert hatten. Er richtete den Blick erstens rückhaltlos auf die Täter und die Erinnerungsverantwortung ihrer Nachfahren. Durch die Betonung der Erinnerungsverantwortung rückt er zweitens in aller Ausführlichkeit die Opfer der nationalsozialistischen Vernichtungspolitik in den Mittelpunkt des Gedenkens und Erinnerns. Er nennt die ermordeten Juden, erwähnt die ermordeten Sinti und Roma, Homosexuellen, Geisteskranken, Widerstandskämpfer und alle Menschen, die wegen ihrer politischen oder religiösen Überzeugung verfolgt und ermordet wurden (vgl. v. Weizsäcker zit. n. Gill/Steffani 1986, S. 177). Drittens schließlich gedenkt er der Toten aller Staaten, die durch den Krieg umkamen, und schließt dabei die eigene Bevölkerung in die Erinnerung ein, wenn er die „eigenen Landsleute, die als Soldaten, bei den Fliegerangriffen in der Heimat, in Gefangenschaft und bei der Vertreibung ums Leben gekommen sind" (ebd.), ausdrücklich erwähnt.

So notwendig dieses differenzierte erinnerungspolitische Zeichen durch einen Bundespräsidenten angesichts der auch nach vierzig Jahren noch uneindeutig gebliebenen Richtung der deutschen Geschichtspolitik gewesen war, bedeutete sie zugleich aber auch eine Perpetuierung von Zugehörigkeits- und Homogenitätskriterien der deutschen Nation. Im Gefolge des emphatischen *Wir-Bezugs* wird der Umgang mit der NS-Geschichte als eine partikulare moralische Herausforderung der Bundesrepublik begriffen, die sich dadurch unweigerlich zu einer *Geschichtsnation* mit dem negativem Gründungsmythos ‚Auschwitz' wandeln mußte. Paradoxerweise führte der moralische Rekurs auf die Erinnerungsverantwortung Deutschlands immer auch die Gefahr einer einseitigen Re-Nationalisierung mit sich (vgl. Albrecht u.a. 1999, S. 567ff.; Gross/Konitzer 1999), vor der Jürgen Habermas (1986a) mit Verweis auf die Aufrechterhaltung der Spannung von Universalismus und Partikularismus im nationalen Erinnerungsdiskurs gewarnt hatte.

---

61 Exemplarisch für eine solche ‚Diskursverletzung' steht die am 9. November 1988 vom damaligen Bundestagspräsidenten Philipp Jenninger (CDU) gehaltene Rede im Rahmen einer Feierstunde des Deutschen Bundestag zur Erinnerung an die Reichspogromnacht 1938. Obwohl Jenninger im ersten Teil seiner Rede keinen Zweifel an der Verwerflichkeit der nationalsozialistischen Vertreibungs- und Vernichtungspolitik ließ und ausdrücklich seiner Opfer gedachte, so bedeutete sein Versuch, sich der Täter und ihrer Motive zu erinnern, eine inhaltliche wie rhetorische Unterschreitung des Reflexionsstandes, den Weizsäcker in seiner Rede 1985 markiert hatte. Der Versuch glich einer unangemessenen Übernahme der Perspektive der Täter und der Rechtfertigung ihres Verhaltens, die politisch wie publizistisch auf Kritik stieß und Jenninger schließlich sein Amt kostete. In der Summe glitt Jenninger ab in eine schlichte Identifikation mit den Tätern, von denen er sich nicht kritisch zu distanzieren vermochte und deren schuldhafte Verstrickung in die Verbrechen er nicht ausdrücklich benannte, so wie es Weizsäcker 1985 getan hatte (vgl. Dubiel 1999, S. 215ff.; Assmann/Frevert 1999, S. 268f.).

Die prekäre, aber kaum zu verhindernde nationalstaatliche Schließung, die über das einseitige Bekenntnis der Bundesrepublik zur besonderen Erinnerungsverantwortung erfolgte, läßt sich auch an der Art und Weise der Rezeption dieser Rede zeigen. Weizsäcker zitiert zur Begründung dieser Erinnerungsverantwortung die kabbalistische Weisheit „Das Vergessenwollen verlängert das Exil, und das Geheimnis der Erlösung heißt Erinnerung" (zit. n. Gill/Steffani 1986, S. 180), die als Inschrift in der Gedenkstätte Yad Vashem steht. Micha Brumlik hat darauf hingewiesen, daß dieser Spruch in den nachfolgenden bundesdeutschen Debatten über das Gedenken seiner eigentlichen Bedeutung enthoben worden sei, weil lediglich der zweite Teil des Spruchs aufgegriffen wurde. Der Halbsatz „das Geheimnis der Erlösung heißt Erinnerung" habe dadurch den Rang einer Erlösungskomponente erhalten, durch die das Gedenken an die Opfer der Massenvernichtung zu „eine(r) Art Selbstreinigung" (Brumlik 1995a, S. 96) des Täterkollektivs geworden und folglich, so Brumlik weiter, „therapeutisch" mißverstanden worden sei (ebd.). In der jüdischen Kabbala gehe es nämlich gerade „nicht um die Erlösung derjenigen (...), die sich, schuldig geworden, erinnern" (ebd.). Vielmehr gehe es allein „um die Opfer des geschichtlichen Unrechts" (ebd.), denen die Erinnerung zu gelten habe.[62] Eine angemessene „Ethik des Gedenkens" (ebd., S. 113) lasse sich daher nur als ein Ritual konzeptualisieren, das ganz auf die Vergangenheit und die zweckfreie Ehrung der Opfer bezogen bleibe und ihnen durch die symbolische Anerkennung des unermeßlichen Leids, das ihnen durch die Täter zugefügt wurde, ihre menschliche Würde zurückgeben könne (vgl. ebd., S. 112ff.).

Nicht zuletzt zeigt diese Umdeutung der kabbalistischen Weisheit zu einer erlösenden nationalen Selbstreinigung, wie sich die Bundesrepublik – wenngleich in guter Absicht – über das öffentliche Lob der Rede einmal mehr als Abstammungs- und Schicksalsgemeinschaft formierte, deren gemeinsame Aufgabe nun als Bemühen zur Wiederherstellung der eigenen moralischen Souveränität gedeutet werden konnte (vgl. Dubiel 1999, S. 214).[63]

---

[62] Brumlik verweist in diesem Zusammenhang ausdrücklich auf Benjamins „Geschichtsphilosophische Thesen" (vgl. ebd., S. 119).

[63] Diese nationale Selbstdefinition wird in peinlicher Weise noch verschärft, wenn man in ihr die Fortschreibung jener Unterscheidung zwischen jüdischen und nicht-jüdischen Bürgern sieht, wie sie von den Nationalsozialisten in fataler Weise betrieben wurde. Begreift man die nationalsozialistische Vernichtungspolitik als Ausdruck einer gesellschaftlichen Selbstzerstörung, durch die der Staat vor allem auch Menschen der eigenen Gemeinschaft tötete, so wäre es im Sinne einer nationalen Gedenkpolitik nur konsequent, die Opfer dieser Selbstzerstörung in das Gedenken der Gemeinschaft einzuschließen, Gedenken also gerade auch als eine Ehrung der Opfer des eigenen und nicht eines fremden jüdischen Kollektivs zu begreifen. Die Beobachtung, daß dies selbst nach der vermeintlich so eindeutigen Rede v. Weizsäckers nicht passierte, kann man auch als eine Form der gesellschaftlichen Selbstvergewisserung begreifen, in der sich nicht nur die Perpetuierung eines modernen, nämlich nationalen Vergemeinschaftungsmusters, sondern in der sich zudem auch der prekäre Aus-

Nationale Identitätspolitik versus Globalisierung

Während auf der einen Seite also nicht zu übersehen ist, daß die NS-Geschichte als Medium nationaler Selbstvergewisserung partikulare, d. h. nationale Formen bildet, zeigt sich auf der anderen Seite die Tendenz der Welt- und Staatengemeinschaft, das Paradigma der Nationengeschichte zu transzendieren und im Zeitalter der sogenannten Globalisierung nationale Katastrophen, wie den Holocaust, zu universalisieren. „Vor dem Hintergrund des Falles des Eisernen Vorhangs und der Jugoslawienkrise zu Beginn der neunziger Jahre wird der Holocaust zu einer relevanten global-politischen und global-kulturellen Norm, über die neue Sensibilitäten und Solidaritäten entstehen" schreiben Daniel Levy und Natan Sznaider (2001, S. 18) in ihrer Studie „Erinnerung im globalen Zeitalter". In ihr rekonstruieren die Autoren den Prozeß der moralischen Universalisierung, der seinen „vorläufigen Höhepunkt" mit dem Kosovokonflikt im Jahre 1998 erreicht habe, „wo der ‚militärische Humanismus' (Beck 1998) mit dem Argument ‚Nie wieder Auschwitz' legitimiert" (Levy/Sznaider 2001, S. 18) worden sei.

Folgt man den Befunden von Levy und Sznaider, so nimmt „dieser neue Kosmopolitismus der Erinnerung" (ebd., S. 10) seinen Ausgang in der seit den sechziger Jahren einsetzenden medialen Repräsentation des Holocaust, durch die nicht nur das Wissen über den Völkermord global verbreitet, sondern auch seine moralische Botschaft vereindeutigt wurde (vgl. ebd., S. 149ff.). Vor allem in den populären Darstellungen, wie in der Serie *Holocaust* oder dem Film *Schindlers Liste* aber auch im Washingtoner *Holocaust Memorial Museum*, verwandeln sich die historischen Ereignisse in eine moralisch-universalistische Erzählung, in der sich die NS-Verbrechen als „Modell für ‚Gut und Böse'" (ebd., S. 150) präsentieren und als deren globaler Wert sich Solidarität und gegenseitige Verantwortung herausgebildet habe.[64] Folgt man der Argumentation und den Befunden von Levy und Sznaider, so hat sich der Holocaust zu einem wirkungsvollen normativen Bezugspunkt des transnationalen Sinnstiftungsbemühens entwickelt, in der die Desintegrati-

---

schluß jüdischer Gesellschaftsmitglieder wiederholt, der für den Antisemitismus der Moderne kennzeichnend ist.

64 Als Vorlage für die erst später einsetzende massenmediale Verbreitung dieses universalistischen Wertbezugs gilt den Autoren vor allem die Rezeptionsgeschichte des Tagebuchs der Anne Frank, das von Beginn an in einen universalistischen und zukunftsbezogenen Kontext gestellt wurde. „Trotz allem glaube ich nach wie vor an das Gute im Menschen" (Herv. d. W.M.), lautet das wohl bekannteste Zitat aus dem Tagebuch der Anne Frank. In der amerikanischen Theaterinszenierung von Frances Goodrich und Albert Hackett (1955) wurde dieses Zitat aus seinem Tagebuchkontext gerissen und fungierte am Ende des Stücks ohne den Verweis auf das tödliche Schicksal Anne Franks als optimistische Botschaft an die Nachwelt. Die Leiden der Anne Frank werden zu einem Leiden der ganzen Menschheit, das zum Bezugspunkt einer moralisch-politischen Verpflichtung für die Gegenwart und Zukunft zu werden vermochte (vgl. Levy/Sznaider 2001, S. 71ff.).

onserfahrung der sogenannten Globalisierung durch einen „Diskurs der Hoffnung"[65] wirkungsvoll gebunden werden kann und – so die eigene Botschaft der Autoren – auch gebunden werden soll. In Abgrenzung zu den etablierten nationalen Erinnerungskulturen bestimmen Levy und Sznaider mit dem Holocaust einen kollektiven Bezugspunkt der Sinnstiftung für die Menschheit. Einen Bezugspunkt, über den die Menschheit als universelle ethische Gemeinschaft adressiert wird und durch den die partikularen geschichtspolitischen Einzelinteressen der vielen Nationen gleichsam auf einen normativen Nenner gebracht werden sollen. Eine so verstandene globale Erinnerung an die Shoah ermögliche es, „den Menschen in der Zweiten Moderne, aufgrund gemeinsam erinnerter Barbarei neue Solidaritätsformen zu schaffen. Die Erinnerungen an den Holocaust erlauben zu Beginn des dritten Jahrtausends die Formierung nationenübergreifender Gedächtniskulturen, die wiederum zur Grundlage für globale Menschenrechtspolitik werden" (ebd., S.11).[66]

Die Studie von Levy und Sznaider macht deutlicht, daß die partikulare Erinnerungskultur der Bundesrepublik immer auch von einem universellen Wertebezug auf die NS-Verbrechen flankiert wurde und wird. Die Verschränkung von moralischem Universalismus und nationaler Identitätspolitik bildet in Deutschland bis heute eine spannungsreichen Bezugspunkt. Für ein tiefer greifendes Verständnis des historischen Selbstaufklärungsbemühens der Bundesrepublik Deutschland und ihrer Geschichtspolitik scheint gerade die Berücksichtigung dieser Spannung von besonderer Bedeutung. Obwohl Levy und Sznaider auch in der deutschen Öffentlichkeit eine stärkere Universalisierung des Holocaust ausmachen, scheint es zum gegenwärtigen Zeitpunkt jedoch kaum vorstellbar, daß sich die NS-Geschichte im Land der Täter von der spezifischen Nationengeschichte abzukoppeln vermag und als alleiniges Problem der Menschheit universalisiert wird. Analytisch mag dies funktionieren, geschichtspolitisch würde dies dem paradoxen Versuch einer *Trennung des Untrennbaren* gleichkommen. Wahrscheinlich würde das öffentlich wirksame Bemühen einer einseitigen Universalisierung durch politische Repräsentanten zu einer weiteren geschichtspolitischen Debatte über die

---

65 Die nicht in der Studie benutze Formulierung „Diskurs der Hoffnung" verwendete Natan Sznaider während der Präsentation seines Buches an den Johann Wolfgang Goethe-Universität in Frankfurt am Main im Herbst 2001, um damit deutlich seine Distanz zur kulturkritischen Haltung im Umgang mit der NS-Geschichte zum Ausdruck zu bringen, der seines Erachtens keine ausreichenden positiven Bezugspunkte für eine globale Erinnerungskultur biete.

66 Der von Levy und Sznaider verwendete und von Ulrich Beck in die Soziologie eingeführte Begriff „Zweite Moderne" gilt den Autoren als heuristisches Mittel zur Unterscheidung zwischen einer nationalen und einer kosmopolitischen Erinnerung an den Holocaust. Während mit der „Ersten Moderne" die „national- und territorialstaatliche Ausrichtung der Politik" (ebd., S. 9) gefaßt wird, die den theoretischen Bezugspunkt zur Analyse partikularer Erinnerungsformen bildet, gilt die „Zweite Moderne" in ausdrücklich normativer Abgrenzung zur „Ersten" als Analyseinstrument für die kosmopolitischen Formen der Holocaust-Erinnerung.

Relativierung von Schuld und Verantwortung führen und damit die Besonderheit dieser Nationengeschichte ein weiteres Mal bestätigen.[67]

Aktualisierungsparadoxien der Geschichte des Nationalsozialismus und des Holocaust

Ungeachtet der Spannung zwischen moralischem Universalismus und nationaler Identitätspolitik stellt sich mit dem Wert „Nie wieder Auschwitz" unweigerlich die Frage nach den politischen und handlungspraktischen Konsequenzen dieser moralischen Botschaft. So eindeutig diese Botschaft sein mag, ihre praktische Umsetzung bleibt umstritten. Sie verweist auf Uneindeutigkeit und es mag daher kaum verwundern, dass über die Frage, was konkret aus der NS-Geschichte zu lernen sei, kein geschichtspolitischer Konsens auszumachen ist, sondern im Gegenteil, sich an ihr regelmäßig neue Kontroversen entzünden.

Niklas Luhmann hat bezüglich der Differenz zwischen der Eindeutigkeit von Wertesemantiken einerseits und Uneindeutigkeit ihrer handlungspraktischen Ausdeutung andererseits darauf hingewiesen, daß die Funktion von Werten in der modernen Gesellschaft „allein darin (liegt), in kommunikativen Situationen eine Orientierung des Handelns zu gewährleisten, die von niemandem in Frage gestellt wird" (Luhmann 1997, S. 341f.). Diese „Orientierung des Handelns" liefere jedoch keinesfalls eindeutige Handlungsanweisung, sondern im Gegenteil, es könne „keine die Rede davon sein, daß Werte in der Lage wären, Handlungen zu selegieren. Dazu sind sie viel zu abstrakt und im übrigen aus der Sicht von Handlungssituationen stets in der Form des Wertekonfliktes gegeben" (ebd., S. 341). Demgemäß erhalten Werte, wie Gesundheit, Frieden, Gerechtigkeit, Emanzipation oder eben „Nie wieder Auschwitz", ihre öffentliche Bedeutung nicht dadurch, daß sie angeben, *wie*, d. h. durch welche Handlungsstrategien sie sich realisieren lassen. Ihre „Unbezweifelbarkeit" (ebd., S. 343) und damit ihr Erfolg liegen vielmehr darin, daß sie sich lediglich durch lose „Anspielungen aktualisieren" (ebd.), in denen gerade darauf verzichtet wird, zu sagen, was zu tun sei. „Werte sind", so Luhmann, „das Medium für eine Gemeinsamkeitsunterstellung, die einschränkt, was gesagt und verlangt werden kann, ohne zu determinieren, was getan werden soll" (ebd., S. 343). Folgt man Luhmanns Argumentation, so

---

67 Vgl. hierzu auch die Überlegungen von Avishai Margalit, der die Chancen auf eine erfolgreiche Etablierung einer universellen ethischen Gemeinschaft im Anschluß an die Idee der Menschheit aufgrund der Deutungsmacht des modernen Vergemeinschaftungskonzepts „Nation" eher gering einschätzt, gleichwohl er die Orientierung an einer solchen regulativen Idee der Menschheit damit nicht aufgegeben wissen will (vgl. Margalit 2000, S. 52ff.).

setzt die erfolgreiche Durchsetzung bestimmter Wertesemantiken immer voraus, daß die Prämissen dieser Werte unbeleuchtet, deren Begründungen also unbestritten und ungeprüft bleiben. Zugleich schließt ein solcher Wertekonsens nicht aus, daß es unterhalb dieser Übereinkunft zu Konflikten kommen kann, wenn über die Mittel und Wege der Umsetzung dieser Werte gestritten wird.

Dieses Zusammenspiel zwischen einem unbefragt bleibenden Wertebezug und seiner kontroversen Ausdeutung läßt sich besonders deutlich am Beispiel des Wertes „Nie wieder Auschwitz" beobachten. Da er als Imperativ formuliert ist, ist er eng mit einer moralischen Handlungsaufforderung verknüpft und drängt zur Beantwortung der Frage nach dem *wie* seiner Realisierung. Während in der Erinnerungskultur der Bundesrepublik die Bewertung der Ereignisse als Verbrechen gegen die Menschlichkeit und die damit verknüpfte moralische Eindeutigkeit des Imperativs „Nie wieder Auschwitz" einerseits nicht zur Diskussion steht, ist es andererseits jedoch nicht zu übersehen, daß es grundsätzlich strittig bleibt, welche konkreten Schlußfolgerungen für die Gegenwart, d. h. welche politischen und individuellen Handlungskonsequenzen aus der moralischen Bewertung der nationalsozialistischen Verbrechen zu ziehen sind. Aktuelle politische Konflikte liefern für diese Ungewißheit beredte Beispiele, wenn zum Beispiel mit Bezug auf den Imperativ „Nie wieder" militärische Interventionen auf dem Balkan zum Schutze verfolgter Minderheiten sowohl gefordert, aber auch abgelehnt werden konnten.[68]

Aktualisierungen im Spannungsfeld von Kontingenz und Vereindeutigung

Offenbar sind solche Aktualisierungsversuche immer mit der Frage nach der Vergleichbarkeit von Geschichte und Gegenwart konfrontiert, zumal dann, wenn Geschichte zur moralischen Begründung gegenwärtiger Handlungen herangezogen wird. Die Kontroversen, die sich regelmäßig an solchen Aktualisierungen entzünden, verdeutlichen einerseits die besondere Bedeutung der NS-Geschichte für das bundesdeutsche Selbstverständnis. Andererseits zeigt

---

68 Am 13.5.1999 erklärte Außenminister Joschka Fischer auf einem Sonderparteitag der ‚Grünen': „Auschwitz ist unvergleichbar. Aber ich stehe auf zwei Grundsätzen, nie wieder Krieg, nie wieder Auschwitz, nie wieder Völkermord, nie wieder Faschismus. Beides gehört bei mir zusammen" (zit. n. Levy/Sznaider 2000, S. 190). Fischers Vergleich, den dieser in der Absicht gezogen hatte, die Teilnahme des deutschen Militärs im Kosovo zu legitimieren, folgte eine heftige publizistische Kritik, in dessen Zentrum das Argument stand, daß jeglicher Militäreinsatz eben gerade aus der historischen Erfahrung des Zweiten Weltkrieges heraus abzulehnen sei. Zur Bedeutung der NS-Geschichte bei der politischen Entscheidung zur deutsche Beteiligung am Kosovokrieg zugeschrieben wurde, vgl. Michael Schwab-Trapp (2001).

sich in ihnen auch die erkenntnistheoretische Aporie der historischen Komparatistik. Diese Aporie hat ihren Grund darin, daß jeder Aktualisierungsversuch und mit ihm die Frage, was konkret aus der NS-Geschichte zu lernen sei, an eindeutiges und überlegenes Wissen über die Ursachen der nationalsozialistischen Verbrechen gebunden bleibt. Daß dieses Ursachenwissen auch und vor allem über den Holocaust bis heute uneindeutig geblieben ist, hat nicht zuletzt Gunnar Heinsohn (1995) gezeigt, der in seiner Studie „Warum Auschwitz" mehr als vierzig Theorien über den Völkermord zusammengetragen hat. Obwohl oder gerade weil über die historischen Ereignisse von 1933 bis 1945 umfassend geforscht wird, stellt sich heraus, daß mit zunehmendem zeitlichen Abstand und gestiegenem Wissen über den Ablauf der Ereignisse und Entscheidungen der nationalsozialistischen Vernichtungspolitik das Erklärungsdefizit keinesfalls geringer, sondern im Gegenteil größer geworden ist. Während das „bürokratische Räderwerk der nationalsozialistischen Vernichtungsmaschinerie in seinen Details" einerseits „weitgehend analysiert" sei, sei andererseits nicht zu übersehen, daß „die Konturen des ‚Warum' um so unschärfer werden, je detaillierter sich der historische Ablauf der Ereignisse und Entscheidungen beschreiben läßt", faßt Wolfgang Bialas (1996, S. 107) die eigentümliche Diskrepanz zwischen dem vorhandenen Detailwissen und einer angemessenen Erklärung der Verbrechen zusammen. Angesichts dieser uneindeutigen Bewertungslage des wissenschaftlichen Wissens über die NS-Zeit zeichnen sich historische Vergleiche mit anderen Kriegen und Völkermorden sowie mit ähnlich gelagerten sozialen Problemen, wie z. B. Diskriminierung, Rassismus oder Antisemitismus durch ein Begründungsdefizit aus. Gleiches gilt auch für die konkreten Interventionsstrategien, mithin also für die konkreten Lehren, die aus solchen Aktualisierungen abgeleitet werden, seien es politische, juristische oder etwa pädagogische Lehren. Ihnen gemeinsam ist, daß sie zumindest implizit eine Erklärung der Verbrechen mit sich führen, die ihrerseits Widerspruch hervorrufen und damit Kontroversen über die richtigen historischen Lehren auslösen können. Die Befunde der Geschichtsschreibung mögen Orientierungen des Handelns geben, Werte bestimmen, *was* sein soll oder nicht sein darf. Antworten auf die Frage hingegen, *wie* es besser zu machen sei, *wie* sich in Zukunft Krieg, Verbrechen und Leid durch gezielte Entscheidungen verhindern lassen, bleiben theoretisch ungedeckt. An dieser Unschärferelation von historischen Vergleichen und Lehren ändert sich auch dann nichts, wenn sich nach einer historisch begründeten Entscheidung das intendierte Ziel einstellt. Dieses Zusammentreten von Intention und Wirkung läßt sich in gleichem Maße als Erfolg oder als Zufall beschreiben. Damit verliert das Bemühen, historisches in handlungsanleitendes Wissen zu verwandeln, ebenso seinen eindeutig geglaubten Standpunkt wie die Hoffnung, aus Geschichte sei zu lernen. Im Lichte dieser erkenntnistheoretischen Aporie ließe sich das Bemühen, aus der

Geschichte zu lernen, schließlich als paradoxer Versuch der *Vereindeutigung des Uneindeutigen* reformulieren.

Diese Paradoxie scheint zunächst trivial, da sich aus erkenntnistheoretischer Perspektive alle Aktualisierungen im Spannungsfeld von Kontingenz und Vereindeutigung bewegen. Sie gewinnt ihre Dynamik erst, wenn Vergleiche mit der NS-Geschichte nicht auf den Kontext der akademischen Komparatistik begrenzt bleiben, sondern – wie in der Bundesrepublik Deutschland nicht selten der Fall – eine politisch-moralische Bedeutung erhalten. Da sich die Bundesrepublik als Antwort auf die moralische Herausforderung der nationalsozialistischen Verbrechen begreift, werden aktuelle moralisch-politische Problemlagen und Konflikte – so z. B. der Konflikt auf dem Balkan oder rechtsextremistische und antisemitische Tendenzen in der Bundesrepublik – immer auch in den Kontext der NS-Geschichte gerückt. Es werden Handlungskonsequenzen gezogen, die zur Lösung dieser Probleme beitragen sollen und die auch durch den Rückbezug zur Vergangenheit legitimiert werden. Während solche Aktualisierungen von Auschwitz in der Bundesrepublik einerseits unvermeidlich sind, bleiben sie andererseits immer unzureichend begründet und bilden deshalb die Grundlage für geschichtspolitische Auseinandersetzungen.

Historische Vergleiche und die an sie anschließenden Kontroversen kreisen um die Frage, was aus Geschichte zu lernen sei, was gelernt worden ist und ob es bessere oder schlechtere historische Lehren gebe. Sie kreisen nicht um die Fragen, ob es theoretisch begründete Lehren überhaupt geben könne. In der kontroversen Ausdeutung des Wertes „Nie wieder Auschwitz" spiegelt sich das selbstvergewissernde Bemühen um Vereindeutigung wider, um historische Sinnstiftung, die Auskunft darüber zu geben vermag, *wie* es zu den Verbrechen kommen konnte, die Wege eröffnet, wie man sich vor einer Widerholung dieses Schreckens schützen kann. „Der Wunsch nach einer Erklärung ist immer mit einer Beunruhigung verbunden, eine Erklärung führt stets zu einer Beruhigung", schreibt Reemtsma (1998a, S. 211) mit Blick auf die wiederkehrenden Debatten über eine angemessene Erklärung der Shoah. Erklärungen *erklären* die Verbrechen aber nicht gänzlich, sie beruhigen lediglich, nehmen dem Grauen ihren Schrecken. Am Wunsch nach Erklärungen könne man, so Reemtsma weiter, „nicht nur sehen, wie beunruhigend die Welt ist, sondern vor allem, welche Beunruhigung von dem Gedanken ausgeht, daß wir für sie verantwortlich sind und daß das Böse nicht nur von uns ausgeht, sondern wir selbst festlegen, was gut und böse ist" (ebd., S. 217).

In der von Reemtsma beschriebenen Spannung zwischen der Desintegrationserfahrung, die von den nationalsozialistischen Verbrechen für das Selbstverständnis der Bundesrepublik ausgeht und dem Bemühen, eine Form des Umgangs mit dieser beunruhigenden Vergangenheit zu finden, spiegelt sich die vereindeutigende Tendenz historischer Sinnstiftung wider. Zwar wird in öffentlichen Kontroversen immer wieder über die richtigen Lehren aus der Geschichte gestritten und nicht zuletzt werden gerade mit diesen Kontroversen die beunruhigenden Dimensionen des Völkermordes ins Bewußtsein der Öffentlichkeit gehoben, letztlich jedoch bleiben diese Kontroversen ungeachtet aller moralischen Konflikte im Einzelnen rückgebunden an den Wert „Nie wieder Auschwitz", dessen normative Energie sich als Haltepunkt des Grundkonsenses der Bundesrepublik Deutschland erweist. Die Kontroversen über die Ausdeutung dieses Wertes, so strittig sie auch sein mögen, haben damit eines gemeinsam: Sie halten die Hoffnung am Leben, aus Geschichte sei zu lernen und arbeiten in immer neuer Form an der Stillegung des Kontingenz- und Desintegrationsproblems der modernen Gesellschaft auch und gerade nach dem Holocaust.

Aktualisierungen im Spannungsfeld von Singularität und Relativierung

Die existentielle Beunruhigung, die von Auschwitz für das Selbstverständnis der Moderne ausgeht, läßt zunächst vermuten, daß die öffentlich kommunizierten Erklärungen der Verbrechen und die darauf aufbauenden Aktualisierungen daraufhin beobachtet werden, ob sie die gewünschte Beruhigung verschaffen und Überzeugungskraft bei der Beantwortung der Frage besitzen, wie einer Wiederholung dieses Schreckens wirkungsvoll entgegenzuarbeiten sei. Für den öffentlichen Umgang mit der NS-Geschichte gilt jedoch erstaunlicher Weise nicht nur das Moment der Beruhigung. Im Gegenteil: Die Geschichte des Holocaust ist im kollektiven Gedächtnis der Bundesrepublik als eine unvergangene Vergangenheit eingelagert, die gerade nicht durch eindeutige Erklärungen „in den Fluß der Geschichte" eingepaßt werden (Diner 1987, S. 62), sondern in ihrem Grauen als *singuläres* Ereignis der Historie präsent bleiben soll. Dan Diner hat diesen Konsens von der Singularität und den Grenzen des Verstehens und Erklärens der Shoah im Anschluß an den *Historikerstreit* der achtziger Jahre folgendermaßen zusammengefaßt:

„Auschwitz ist ein Niemandsland des Verstehens, ein schwarzer Kasten des Erklärens, ein historiographische Deutungsversuche aufsaugendes, ja, *außerhistorische* Bedeutung annehmendes Vakuum (Herv. i. Orig.). Nur ex negativo, nur durch den ständigen Versuch, die Vergeblichkeit des Verstehens zu verstehen, kann ermessen werden, um welches Ereignis es sich bei diesem Zivilisationsbruch gehandelt haben könnte" (ebd., S. 73).

Geschichtspolitisch bedeutet der *Historikerstreit* einen Wendepunkt in der bundesdeutschen Erinnerungskultur, da mit ihm die Singularitätsthese als normatives Korrektiv der öffentlichen Thematisierung der NS-Geschichte an Einfluß gewann.[69] Ausgelöst wurde die Debatte um die Deutung des Nationalsozialismus, in der um die Singularität und Vergleichbarkeit der Verbre-

---

69 Zur geschichtspolitischen Resonanz des Historikerstreits, vgl. in diesem Kapitel S. 102ff.

chen gestritten wurde, durch das bis in die achtziger Jahre hineinreichende Bemühen konservativer Politiker und Historiker, Fragen von Schuld und Verantwortung der NS-Verbrechen mit dem Verweis auf andere Menschheitsverbrechen, wie zum Beispiel den stalinistischen Totalitarismus, moralisch zu relativieren, um die Bundesrepublik nicht zuletzt aus einem affirmativen Identitätsbedürfnis heraus als ‚normale Nation' zu rehabilitieren.

Vermittelt über den Historikerstreit fungiert die Singularitätsthese bis in die Gegenwart hinein als Wächter über den immer fragil bleibenden Konsens, die NS-Geschichte als basales historisches Bezugsereignis der Bundesrepublik anzuerkennen. Folglich geraten Vergleiche mit dem Nationalsozialismus in den Blick öffentlicher Kritik, wenn hinter ihnen die strategische Intention eines Akteurs mit affirmativ-konservativem Geschichtsbild vermutet wird, dem mit seinem Vergleich unterstellt wird, den gesellschaftlichen Konsens über die moralisch eindeutige Bedeutung der NS-Vergangenheit aufkündigen zu wollen. Welche öffentliche Resonanz solche Aktualisierungen erzeugen können, läßt sich beispielhaft an einer historischen Parallele des Hessischen Ministerpräsidenten Roland Koch illustrieren. Dieser hatte in einer parlamentarischen Debatte im Hessischen Landtag zur Wiedereinführung der Vermögenssteuer den Vorsitzenden der Gewerkschaft Ver.di für die namentliche Nennung einzelner Wohlhabender kritisiert und diese Anprangerung mit der nationalsozialistischen Diskriminierungspolitik, dem Tragen eines Judensterns, gleichgesetzt. Die scharfe publizistische und parteiübergreifende Empörung über die als relativierende Verharmlosung des Holocaust und Verunglimpfung seiner Opfer kritisierten Gleichsetzung Kochs zeigt deutlich, welche Provokationen ein Umgang mit der NS-Geschichte verursachen kann, der ganz offensichtlich nicht den öffentlichen Vorerwartungen entspricht, wie mit diesem Teil der deutschen Geschichte moralisch richtig umzugehen sei. In eklatanter Weise wird mit dieser Gleichsetzung das Reflexionsniveau des offiziellen Geschichtsbildes unterschritten. Die verharmlosende Gleichsetzung von der zugegebenermaßen inakzeptablen Namennennung wohlhabender Staatsbürger mit der nationalsozialistischen Demütigung von Juden, die schließlich zur millionenfachen industriellen Vernichtung von Menschen führte, verweist nicht nur auf die fehlende Einsicht Roland Kochs in die mörderischen Dimensionen des Nationalsozialismus. Kochs Assoziation von reichen Bürgern und der Diskriminierung und Vernichtung von Juden läßt sich zudem als Fortschreibung eines klassischen antisemitischen Vorurteils begreifen, nach dem Juden vor allem aufgrund ihres vermeintlichen Reichtums gehaßt, diskriminiert und schließlich verfolgt wurden. Micha Brumlik hat bezüglich der Äußerung Kochs darauf hingewiesen, daß diese Reduzierung des modernen Judenhasses auf eine „verdeckte Form klassenkämpferischen Sozialneides" (Brumlik 2002) nicht nur eine Bagatellisierung des modernen Antisemitismus bedeute, sondern gleichsam auch eine prekäre Ursachendeutung des Antisemitismus mit sich führe, nach der dieser lediglich eine aggressive Form des Antikapitalismus sei. Vor dem Hintergrund dieser Analyse rückt Brumlik den Aktualisierungsversuch schließlich in den Kontext eines affirmativ-konservativen Geschichtsbildes, das sich letztlich in den argumentativen Koordinaten Ernst Noltes bewege, „für den der Nationalsozialismus ohnehin nichts anderes" gewesen sei „als eine Reaktion auf sowie eine Kopie des Bolschewismus" (ebd.).

Wie oben bereits angedeutet, bildet die aus dem *Historikerstreit* hervorgegangene Singularitätsthese den theoretischen Hintergrund dieses immer wieder formulierten Vorwurfs der Verharmlosung und Relativierung von Schuld und Verantwortung. Mit der im *Historikerstreit* diskutierten Frage nach den Grenzen der Historisierbarkeit von Auschwitz griff die Geschichtswissenschaft die aporetische Position im Umgang mit dem Holocaust auf, die Theodor W. Adorno bereits in seiner Kultur- und Vernunftkritik formuliert hatte. Adornos resignative Überzeugung, daß die systematisch geplante industrielle Vernichtung der europäischen Juden als Resultat einer pervertierten wissenschaftlichen Rationalität zu begreifen sei, die vor und nach dem Nationalsozialismus in kaum veränderter Form existierte und existiert, veranlaßte auch die Geschichtswissenschaft zu einer Reflexion ihres Erkenntnisinteresses. Sie rückte von ihrem eigentlichen wissenschaftlichen Anspruch ab, die Verbrechen mit den Mitteln historischer Forschung gänzlich erklären und verstehen zu wollen. Das normative Argument der Singularität des Grauens führte zur Übereinkunft, daß Auschwitz sich dem Verstehen und dem Verstand überhaupt entziehe, so daß jede wissenschaftliche Erklärung ebenso wie jeder historische Vergleich den unvorstellbaren Dimensionen dieses Verbrechens nicht gerecht werden kann. Mehr noch: Im Angesicht der „Dialektik der Aufklärung" muß jeder rationale Erklärungsversuch dem Vorwurf ausgesetzt bleiben, „die Spezifik der Shoah durch ihre Einordnung in eine Universalgeschichte der Vernichtung und Zerstörung erneut rationalitätstheoretisch" (Bialas 1996, S. 110) einzuebnen und dem faszinierenden und entlastenden Mechanismus der *Subsumtion* des begrifflichen Denkens zu erliegen.[70]

Wenngleich das Argument der Singularität vor dem Hintergrund des erkenntnistheoretischen Dilemmas akademischer Komparatistik immer unzureichend begründet und theoretisch angreifbar bleiben muß, so verweist das Beharren auf die Einzigartigkeit der Verbrechen auf die jenseits aller Erkenntnistheorie liegende Anerkennung des unermeßlichen Leids von Menschen, die staatlich autorisiert und systematisch organisiert verfolgt und vernichtet wurden. Nicht zuletzt läßt sich die Singularitätsthese als Ausdruck der Wirkung begreifen, die Adornos negative Moralphilosophie über das Wissenschaftssystem hinaus auch für das die bundesdeutsche Selbstbeschreibung

---

70 Eine Zusammenfassung der theoretischen Dimensionen des Historikerstreits liefert Berg 1996.

erzeugt hat. Adornos Forderung nach einer negativen Vergegenwärtigung des Grauens bildet nicht nur die normative Grundlage für den geschichtswissenschaftlichen Umgang mit der NS-Geschichte. Vermittelt durch den Historikerstreit hat die Forderung auch in die Erinnerungskultur der Bundesrepublik Eingang gefunden und die geschichtspolitischen Deutungsentscheidungen der Bundesrepublik nachhaltig geprägt. In der Singularitätsthese gewinnt die Moralphilosophie Adornos eine Form, die den normativen Rahmen des öffentlichen Umgangs mit der NS-Geschichte absteckt und als Spürprogramm für Thematisierungen fungiert, die das Reflexionsniveau für einen angemessenen Umgang mit dem Holocaust unterschreiten. Zudem läßt sich die Singularitätsthese als Modus einer ständigen Selbstirritation begreifen, durch den die fundamentale Beunruhigung, die von Auschwitz ausgeht, im historischen Selbstvergewisserungsbemühen nicht gänzlich getilgt wurde. Erst mit der Singularitätsthese gewinnt die NS-Geschichte den Status einer unvergangenen Vergangenheit im kollektiven Gedächtnis der Bundesrepublik Deutschland.

In der Festschreibung der Singularitätsthese spiegelt sich einerseits das Bemühen des deutsche Nationalstaats, die NS-Verbrechen als zentrales historisches Bezugsereignis in die eigene normative Selbstbeschreibung zu integrieren. Zum anderen bringt sie sich dadurch aber auch in eine widersprüchliche Situation. Jan Philipp Reemtsma (1998a) hat darauf hingewiesen, daß der Konsens der Geschichtswissenschaft, den Holocaust als das ganz andere historische Ereignis zu behandeln, als Ereignis, das sich a priori dem Verstehen verschließt, ganz offensichtlich quer zu dem Vereindeutigungsbedürfnis der modernen Gesellschaft steht. „Der Wunsch nach Beruhigung bleibt, aber man verweigert seine Befriedigung" (ebd., S. 223) mit dem Verweis auf ein höheres moralisches Gut. Dieses Gut hat seinen letzten Grund im Konsens der Einzigartigkeit. Dieser Konsens nimmt das Paradigma der negativen Moralphilosophie Adornos ernst, wenn durch diesen Konsens immer wieder auf die Gefahr verwiesen wird, die Verbrechen durch den Zugriff vorschneller Deutungen in den „Fluß der Geschichte" (Diner 1987, S. 62) einzupassen und dadurch dem Vergessen preiszugeben. Zugleich bedeutet dieser Konsens aber auch das Prekärwerden der Forderung, man solle aus Geschichte lernen. Im Anschluß an Adornos negative Moralphilosophie markiert Auschwitz ein sinnloses historisches Ereignis, dem keine positive Lehre abzugewinnen ist. Nur in der Form einer negativen Vergegenwärtigung, in einem „Blick, der aufs Grauen geht, ihm standhält und im ungemilderten Bewußtsein der Negativität die Möglichkeit des Besseren festhält" (GS 4, S. 26), läßt sich nach Adorno ein Zugang zur Geschichte des Holocaust noch legitimieren.

Während in akademischen Debatten ein puristischer Umgang mit Adornos Praxisverweigerung in der Form strikter Reflexion prinzipiell möglich bleibt, kommt das nationale Selbstvergewisserungsbemühen jedoch ohne eine vereindeutigende moralische Botschaft nicht aus. Da Wissenschaft bis heute weniger zur Erzeugung von Handlungs- als von Reflexionswissen antritt, vermag sie sowohl die Spannung der Kontingenz als auch die Spannung der „Dialektik der Aufklärung" in ihren Denk-Nischen zu halten. Wissenschaft kann Fragen stellen, die mehr Probleme als Problemlösungen erzeugen, kann Wissen produzieren, in dem sich neues Nicht-Wissen ankündigt (vgl. Luhmann 2002, S. 133). Wissenschaft kann schließlich auf eine eindeutige Ursachendeutung der Verbrechen verzichten, ohne dabei in Legitimationsprobleme zu geraten. Als Medium gesellschaftlicher Selbstvergewisserung steht die NS-Geschichte hingegen im Horizont der Notwendigkeit, Formen der Sinnstiftung zu generieren, von der aus sich gegenwärtiges und zukünftiges Handeln positiv begründen lassen. Die existentielle Frage ‚Was soll ich tun' muß optimistischere Antworten ermöglichen als die der negativen Vergegenwärtigung des Grauens. Streng genommen schließt aber die Singularitätsthese eine positive Antwort auf die Frage ‚Was soll ich tun' aus. Mit ihr laufen prinzipiell alle historischen Vergleiche Gefahr, die Übereinkunft von der Singularität der nationalsozialistischen Vernichtungspolitik zu untergraben und einer verharmlosenden Relativierung der Verbrechen Vorschub zu leisten, zumal dann, wenn zur Begründung von politischen Urteilen nicht nur Vergleichbarkeit eingefordert, sondern eine Gleichsetzung der NS-Verbrechen mit aktuellen Problemlagen provoziert wird. Im Zuge der Ausdeutung des Wertes „Nie wieder Auschwitz" gewinnt das historische Sinnstiftungsbemühen paradoxe Züge. Während einerseits gefordert wird, aus der Geschichte zu lernen, gilt andererseits aber auch das Verdikt, die Verbrechen nicht mit anderen historischen und gegenwärtigen Ereignissen zu vergleichen.

Wie geht die Bundesrepublik mit der für sie paradoxen normativen Botschaft der Singularitätsthese um. Vieles spricht dafür, daß die Spannung zwischen Singularität und Relativierung in ihrer paradoxalen Struktur kaum in Erscheinung tritt, sondern normativ in eine Richtung aufgelöst wird. In der Logik der Genese der Singularitätsthese während des Historikerstreits greift sie – wie die Diskursverletzung des Hessischen Ministerpräsidenten zeigt – vornehmlich bei historischen Vergleichen und Gleichsetzungen, hinter der die Intention vermutet wird, die geschichtspolitischen Koordinaten strategisch mit dem Ziel zu durchkreuzen, die besondere Bedeutung der NS-Geschichte zu relativieren. Mit der Singularitätsthese wird damit weniger der historische Vergleich als solcher problematisiert, sondern vielmehr das politische Motiv, das hinter diesem Vergleich steht bzw. vermutet wird. Im Gegensatz zu solchen Vergleichen werden Parallelen zu vermeintlich verwandtgelagerten aktuellen sozialen Problemen, wie z. B. Diskriminierung, Rassismus oder Antisemitismus, selten dem Verdacht ausgesetzt, mit ihnen würde die aus der Geschichte abgeleitete partikulare Verantwortungs- und Erinnerungspflicht relativiert. Die oft mit dem der Forderung ‚Wehret den Anfängen' verschränkten Vergleiche werden weniger als Ausdruck von Verharmlosung und Relativierung begriffen. Sie werden vielmehr als normativ notwendige Mahnungen gegen eine mögliche Wiederholungsgefahr gedeutet und als redliches Bemühen begriffen, dem Diktum ‚aus der Geschichte lernen' gerecht zu werden.

Aktualisierung im Spannungsfeld von Instrumentalisierung und zweckfreiem Opfergedenken

Neben dem erkenntnistheoretischen Problem der historischen Kontingenz und der durch die normative Setzung der Singularitätsthese erzeugten Spannung zwischen Vergleich und Relativierung ist dem Aktualisierungsbemühen eine *dritte* Paradoxie eingeschrieben. Ähnlich wie die Singularitätsthese beruht auch diese Paradoxie auf einer normativen Vorentscheidung. Auch sie ist eng mit den Überlegungen der „Dialektik der Aufklärung" verschränkt und hat ihren Grund in den Prinzipien eines angemessenen Opfergedenkens. Hinter dieser „Ethik des Gedenkens" (Brumlik 1995b) steht die Überzeugung, daß alle Formen des Gedenkens, die in den Dienst aktueller moralischpolitischer Zielsetzungen gestellt werden, eine *Instrumentalisierung* der Opfer und den Verlust ihrer Würde bedeuten, die nur durch ein zweckfreies Opfergedenken gewahrt werden können. Wie im ersten Kapitel (vgl. S. 46ff.) bereits ausführlich rekonstruiert, geht das normative Konzept des zweckfreien „Eingedenkens" der Opfer auf die Überlegungen Walter Benjamins zurück, der die zwecksetzende Haltung gegenüber der Vergangenheit mit dem Verweis auf die damit einhergehende Instrumentalisierung der Opfer moralisch abgewehrt hat. In seinen „Geschichtsphilosophischen Thesen" (1940) deutet Benjamin jene Skepsis gegenüber den positiven Bezügen zur Geschichte bereits an, die von Adorno und Horkheimer in der „Dialektik der Aufklärung" theoretisch ausformuliert werden, wenn er schreibt, daß das Dasein „niemals ein Dokument der Kultur" sein könne „ohne zugleich ein solches der Barbarei zu sein" (ebd., S. 696). Dies, so Benjamin weiter, gelte auch für den Prozeß der Tradierung, denn wenn das Dasein „selbst nicht frei ist von Barbarei, so ist es auch der Prozeß der Überlieferung nicht, in der es von dem einen an den anderen gefallen ist" (ebd.). In Anbetracht der Diagnose Benjamins, daß der Gebrauch von Geschichte nicht ohne das Leid vergangener Generationen gedacht werden könne, daß sich also die im Dienst der Gegenwart und Zukunft stehenden Vergangenheitsbezüge immer auch auf Kosten des Leids der vergangenen Generationen legitimieren würden, plädierte dieser aus ethischen Gründen für einen Umgang mit der Vergangenheit, der sich nicht an den zwecksetzenden Interessen der Lebenden, sondern allein am zweckfreien Eingedenken der Toten zu orientieren habe. Micha Brumlik hat im Anschluß an die gedenktheoretische Konzeption Benjamins die Grundlagen einer „Ethik des Gedenkens" weiterentwickelt und zugleich auf die damit verknüpfte paradoxale Struktur des Umgangs mit der NS-

Vergangenheit hingewiesen. Nicht zuletzt läßt sich diese Paradoxie als eine unvermeidliche Kollision zwischen der Form eines kritisch-emanzipatorischen Vergangenheitsbezugs und der Form einer zweckfrei gedachten anamnetischen Solidarität mit den Opfern begreifen. Diese Paradoxie besteht aus der theoretisch unüberbrückbaren Spannung zwischen dem Imperativ eines zweckfreien Gedenkens einerseits und dem Imperativ ‚aus der Geschichte' lernen andererseits, die Brumlik folgendermaßen zusammengefaßt hat:

„Die zentrale Intuition einer Erinnerungskultur besteht darin, die Würde der durch Mord ausgegrenzten Opfer in der Nennung ihres Namens wiederherzustellen und sich dadurch in einem moralischen Imperativ bestärkt zu sehen, der dafür Sorge trägt, dass anderen, Gegenwärtigen und Zukünftigen nichts Nämliches widerfährt. Dadurch läuft sie aber notwendig Gefahr, den Selbstzweck der Erinnerung dem Zweck politischer Selbstermächtigung zu opfern" (Brumlik 2001, S. 17).

Ungeachtet der moralischen Einwände Benjamins, Geschichte in den Dienst der Gegenwart und Zukunft zu stellen, zeigen die geschichtspolitischen Deutungsentscheidungen der Bundesrepublik Deutschland, daß sich die zwecksetzende Bedeutung des Mediums Geschichte auch nach dem Zweiten Weltkrieg nicht geändert hat. Auch nach Auschwitz wurde Geschichte in gewohnter Weise zur Lehrmeisterin erklärt. Im Sog des erfolgreichen Modus moderner Kontingenzbewältigung, des instrumentellen Gebrauchs von Geschichte, blieb Benjamins Forderung nach einer anamnetischen Solidarität mit den Opfern zwar ein Bezugspunkt in den akademischen Diskussionen um eine Ethik des Gedenkens, ohne sich dabei jedoch als relevante Form historischer Sinnbildung durchsetzen zu können. Ähnlich wie im Falle der Singularitätsthese, die ihren theoretischen Ausgangspunkt im akademischen Streit um die Singularität und Vergleichbarkeit der Verbrechen während des Historikerstreits genommen hat, bleiben aber auch die normativen Implikationen der Debatte um eine „Ethik des Gedenkens" nicht gänzlich ohne geschichtspolitische Resonanz. In dem immer wieder kommunizierten Vorwurf der Instrumentalisierung – wie er sich beispielhaft auch im oben skizzierten Beispiel der Diskursverletzung des Hessischen Ministerpräsidenten Koch formiert – finden auch die akademischen Überlegungen eines zweckfreien Opfergedenkens einen Ausdruck in der bundesdeutschen Erinnerungskultur. Im Verbund mit der Singularitätsthese gewinnt das Argument der Instrumentalisierung die Bedeutung einer stetigen nationalen Selbstirritation. Eine Irritation, durch die die beunruhigenden Dimensionen der NS-Verbrechen nicht gänzlich abgedunkelt werden und die NS-Geschichte zudem vor einer öffentlichen Relativierungsansinnen geschützt wird.

Die normativen Positionen von Adorno und Benjamin erzeugen also durchaus geschichtspolitische Resonanz und verweisen auf das Irritationspotential, das der Holocaust für das moderne Selbstverständnis bedeutet. Der Einschluß dieser Irritationen erfolgt jedoch eigenwillig in der Logik der geschichtspolitischen Notwendigkeiten und eben nicht puristisch im Sinne der Autoren. Unter Absehung der aporetischen sowie unpraktischen Positionen von Adorno und Benjamin – deren Einschluß in die bundesdeutsche Selbstbeschreibung wahrscheinlich eine geschichtspolitische Paralyse auslösen würde und die deshalb invisibilisiert werden müssen – fungieren die rhetorischen Figuren der Singularitätsthese und der Instrumentalisierung als Wächter über die Einhaltung der geschichtspolitischen Koordinaten. Sie belegen alle öffentlichen Äußerungen mit Kritik, die sich nicht eindeutig zur moralischen Verurteilung der NS-Verbrechen bekennen und die die besondere Bedeutung der NS-Geschichte für das bundesrepublikanische Selbstverständnis relativieren oder gar negieren.

Die Darstellungsparadoxie des Holocaust

Im Zentrum des letzten Spannungsfeldes der bundesdeutschen Erinnerungskultur steht die Frage *wie*, d. h. in welchen Formen die Verbrechen und die Erinnerung der Opfer dauerhaft im kollektiven Gedächtnis gehalten werden können. Das politische Bemühen, die Bedeutung der NS-Verbrechen im kollektiven Gedächtnis der Bundesrepublik zu verankern, beruht auf der Übereinkunft, daß dieser Teil der deutschen Geschichte öffentlich repräsentiert werden muß, aber auch repräsentiert werden kann. Dieser politischen Erinnerungspflicht auf der einen Seite steht auf der anderen Seite die seit den fünfziger Jahren in der akademischen Diskussion virulente Frage gegenüber, ob die Darstellung des realen Leidens von Millionen von Menschen in den etablierten Formen des kollektiven Gedächtnisses überhaupt angemessen zum Ausdruck gebracht werden kann, oder ob nicht jeder Versuch, das Unfaßbare faßbar zu machen, notwendig zum Scheitern verurteilt sei. Die öffentlichen Kontroversen über einen angemessenen Umgang mit der NS-Vergangenheit machen deutlich, daß die Spannung zwischen der Verpflichtung und der Unmöglichkeit einer Repräsentation der NS-Verbrechen nicht nur innerhalb akademischer Debatten als Problem bearbeitet wird, sondern auch für die öffentlichen Formen der Erinnerung zu einer ständigen Quelle der Irritation geworden ist. Der langjährige Konflikt um die Ausgestaltung des „Mahnmals für die ermordeten Juden in Europa" in Berlin ist hierfür ein beredtes Beispiel (vgl. Cullen 1999; Heimrod u.a. 1999).

Stefan Krankenhagen hat in seiner Studie „Auschwitz darstellen" (2001) nachgewiesen, daß der Topos der Undarstellbarkeit des Holocaust die öffentliche Auseinandersetzung mit der NS-Geschichte von ihren Anfängen in den fünfziger Jahren bis in die Gegenwart hinein geprägt und sich zu einem neuralgischen Punkt der bundesrepublikanischen Erinnerungskultur entwickelt hat. Während sich die Repräsentationen von Auschwitz in den letzten Jahrzehnten durch die stärkere öffentliche Beschäftigung mit der NS-Geschichte einerseits potenziert haben, eine Darstellung von Auschwitz also in immer neuen Formen bewerkstelligt wird, ist andererseits nicht zu übersehen, daß dieses Repräsentationsbemühen von einer stetigen Problematisierung begleitet wird, in der die Angemessenheit dieser Darstellungen reflektiert wird. „Allen vorhandenen Darstellungen zum Trotz", faßt Krankenhagen seinen Befund zusammen, „begleitet die Vorstellung einer Undarstellbarkeit von Auschwitz die gegenwärtige Diskussion in Deutschland" (ebd., S. 7). Offensichtlich hat sich das Postulat der Undarstellbarkeit – ähnlich wie das Argument der Singularität und der Instrumentalisierung – zu einem übergreifenden normativen Bezugsrahmen entwickelt, vor dem sich jede Repräsentationsform des Holocaust behaupten, mindestens jedoch in ein reflektiertes Verhältnis setzen muß, will sie sich nicht vorschnell dem Vorwurf der Entstellung oder der Verharmlosung der Verbrechen ausgesetzt sehen. Der Einschluß dieses Postulats in den öffentlichen Erinnerungsdiskurs läßt sich als normatives Korrektiv, mithin als Mechanismus einer latenten Selbstirritation des bundesdeutschen Selbstvergewisserungsbemühens begreifen. Die immanente Problematisierung der Darstellung versetzt jede Auseinandersetzung mit den Verbrechen in eine widersprüchliche Situation. Sie besteht in der Erinnerungspflicht und der damit verknüpften Notwendigkeit zur Thematisierung der Shoah einerseits und dem Eingeständnis in die Unangemessenheit jeglicher Repräsentation des Leidens andererseits. Die „Extremsituation der Shoah", schreibt der Historiker Alexandre Métraux (2000, S. 284), führe dazu, daß „*jede* Repräsentationsform schon im Ansatz durch den Repräsentationsinhalt überfordert zu sein" scheint (Herv. i. Orig). Erinnerung wird zu einem unabschließbaren und zugleich paradoxen Unterfangen. In der Suche nach angemessenen Darstellungsformen und den daraus resultierenden Kontroversen spiegelt sich das widersprüchliche Bemühen der Bundesrepublik, sich ihrer als undarstellbar gekennzeichneten Geschichte zu vergewissern. Während die Darstellung vielfältig bewerkstelligt wird, führt sie zugleich den Makel des Defizitären unvermeidlich mit sich.

Das Darstellungsproblem und seine Begründung in der Kritischen Theorie Adornos

Den Ausgangspunkt für die heute zum Gemeinplatz gewordene Rede von der Undarstellbarkeit des Holocaust verortet Krankenhagen in Adornos Überlegungen zu Gedichten nach Auschwitz und ihrer öffentlich wirksamen Rezeption durch Schriftsteller der sechziger und siebziger Jahre. 1951 schreibt Adorno in seinem Aufsatz „Kulturkritik und Gesellschaft": „Kulturkritik findet sich der letzten Stufe der Dialektik von Kultur und Barbarei gegenüber: nach Auschwitz ein Gedicht zu schreiben, ist barbarisch, und das frißt auch die Erkenntnis an, die ausspricht, warum es möglich ward, heute Gedichte zu schreiben" (vgl. GS 10.1, S. 30). Der Satz ist keinesfalls, wie Krankenhagen (2001, S. 53ff.) nachdrücklich betont, als eine konkrete Kritik Adornos an den damaligen Darstellungsformen von Auschwitz zu verstehen, sondern fügt sich unmittelbar in die vernunft- und kulturkritischen Überlegungen seiner Theorie ein. Stets ging es Adorno darum, auf die Ausnahmeartigkeit der Verbrechen hinzuweisen und anzumahnen, daß die Ursachen von Antisemitismus und Faschismus mit dem Ende des Zweiten Weltkrieges keinesfalls als beseitigt erklärt werden dürften, sondern im Gegenteil auch weiterhin Teil der modernen Zivilisation waren. Adornos Übertreibungen, auch und gerade die des rhetorisch gemeinten Darstellungsverbots, waren Teil seines unermüdlichen Bemühens, die Zäsur hervorzuheben, die Auschwitz für das Denken der Moderne bedeutet. So schreibt Adorno in einem Aphorismus in den „Minima Moralia" über das Problem der Darstellung der Verbrechen: „Was die Nazis den Juden antaten, war unsagbar: die Sprachen hatten kein Wort dafür, denn selbst Massenmord hätte gegenüber dem Planvollen, Systematischen und Totalen noch geklungen wie aus der guten alten Zeit" (GS 4, S. 288). Folgt man der Studie Krankenhagens, so verweist die in diesem Zitat betonte *Unsagbarkeit* keineswegs auf ein apodiktisches Darstellungsverbot der NS-Verbrechen, sondern auf die Aporie, die jeder Darstellung von Auschwitz unter den Bedingungen des Schuldzusammenhanges der instrumentellen Vernunft grundgelegt ist. Die Verwicklung aller in die universelle Schuld des Denkens, die die „Dialektik der Aufklärung" zeigt, macht die Erinnerung und mit ihr die Darstellung des Leids der Opfer einerseits notwendig und führt sie andererseits in ein unhintergehbares moralisches Dilemma. Jede Thematisierung der Shoah sieht sich dem Problem ausgesetzt, die *besonderen* Leiden des Einzelnen unter die begrifflichen Regeln des *Allgemeinen* der Repräsentationsform zu subsumieren. In dieser vereinheitlichenden Objektivierung des Grauens gerät nicht nur das individuelle Schicksal der Opfer aus dem Blick. Die Darstellungen selbst können sich dem Wirken der instrumentellen Vernunft nicht entziehen. Die Ermordeten werden unweigerlich ein zweites Mal zum Opfer des Herrschaftsanspruches der Vernunft, zumal dann, wenn das Repräsentationsbemühen ganz in den Kontext gegenwartsbezogener Interessen gerückt und instrumentalisiert wird für die Zwecke nationaler Identitätspolitik. Adorno erteilt – analog zu seiner Verweigerung, einen positiven Entwurf des guten Lebens zu formulieren – damit auch der Hoffnung auf eine adäquate Darstellung der Verbrechen eine Absage, ohne jedoch dem Bemühen um Darstellung des Leidens seine Notwendigkeit abzusprechen. „Das Bedürfnis, Leiden beredt werden zu lassen, ist die Bedingung aller Wahrheit", betont Adorno in der „Negativen Dialektik" (GS 6, S. 29) und unterstreicht den unnachgiebigen moralischen Anspruch, dem Leiden der Opfer Ausdruck zu verleihen. „Denn", so Adorno weiter, „Leiden ist Objektivität, die auf dem Subjekt lastet; was es als sein

Subjektivstes erfährt, sein Ausdruck, ist objektiv vermittelt" (ebd.). Aufgrund der hier angesprochenen Repräsentationsnotwendigkeit des Leidens kommt Krankenhagen (2001) zu dem Schluß, daß Adorno kein Darstellungsverbot ausgesprochen habe, sondern „ein Bewußtsein für die ‚Nichterfaßbarkeit' von Auschwitz" (ebd., S. 63) forderte. Aus der Überzeugung, daß „die Vermittlung dieses Bewußtseins von der grundlegenden Erkenntniskritik affiziert war, mußte innerhalb der Darstellung ein die Erkenntnis negierendes Moment deutlich werden" (ebd.). Adorno ging es darum, die Sinnlosigkeit der historischen Ereignisse unnachgiebig zu benennen. Seine Kritik wendete sich gegen Darstellungen, die es erlaubten, Auschwitz retrospektiv einen Sinn abzugewinnen. Eine Repräsentation der Verbrechen, die sich dem individuellen und kollektiven Identitätsbedürfnis fügen würde, würde zugleich auch immer Gefahr laufen, die beunruhigenden Dimensionen der Verbrechen zu verdekken und die Gesellschaft zu anästhesieren für die auch in der Gegenwart latente Gefahr eines drohenden Rückfalls in die Barbarei.

Das paradoxe Bemühen *einer Darstellung des eigentlich Undarstellbaren* führte Adorno schließlich in die Sphäre der Kunst. Auf sie, dem Ort der „Zuflucht des mimetischen Verhaltens" (GS 7, S. 86), setzt Adorno seine verbliebene Hoffnung, dem Leiden der Opfer in der ansonsten durch und durch verwalteten Welt angemessen Ausdruck zu verleihen. In und mit der Kunst erscheint die Repräsentation des Grauens in einzelnen Momenten als negative Vergegenwärtigung noch möglich. Der „rationale(n) Erkenntnis", schreibt Adorno in der „Ästhetischen Theorie", sei „(...) das Leiden fremd, sie kann es subsumierend bestimmen, Mittel zur Linderung bereitstellen; kaum durch seine Erfahrung ausdrücken: eben das hieße ihr irrational. Leiden auf den Begriff gebracht bleibt stumm und konsequenzlos: das läßt in Deutschland nach Hitler sich beobachten. Dem Hegelschen Satz, (...) die Wahrheit sei konkret, genügt vielleicht im Zeitalter des unbegreifbaren Grauens nur noch Kunst" (ebd., S. 35). Auch wenn Adorno der Kunst die Darstellung des Leidens überantwortet, will er damit keine konkretistische Dauerpräsenz des Grauens verstanden wissen. Im Gegenteil: Nur in der subtilen und losen Anspielung auf das Leiden, sieht er die Angemessenheit der Darstellung gewahrt. Demgemäß begreift Adorno ein Kunstwerk als „Rätsel" (ebd., S. 182) und „Vexierbild" (ebd., S. 184), das sich dem unmittelbaren Verstehen durch die ästhetische Brechung der Realität versperrt. „Daß Kunstwerke etwas sagen und mit dem gleichen Atemzug es verbergen, nennt den Rätselcharakter unterm Aspekt der Sprache" (ebd., S. 182). Im Kunstwerk wird das Leid fühlbar, dennoch nicht greifbar, sondern kann sich begrifflicher Fixierung entziehen. In seinem Verweis- und „Rätselcharakter" erhält sich das Kunstwerk die Möglichkeit, durch eine begriffslose Andeutung des Leids von Millionen, dem subjektiven Leid des einzelnen gerecht zu werden. Im Sinne dieser negativen Vergegenwärtigung des Grauens würdigt Adorno vor allem Samuel Becketts Werk. Im ‚absurden Theater' Becketts, das sich dem Versuch einer realistischen Spiegelung des Grauens bewußt verweigert, findet nach Ansicht Adornos die Erkenntniskritik der „Dialektik der Aufklärung" ihren angemessenen Ausdruck. Zu Becketts „Endspiel" schreibt er:

„Beckett hat auf die Situation des Konzentrationslagers, die er nicht nennt, als läge über ihr Bilderverbot, so reagiert, wie es allein ansteht. Was ist, sei wie das Konzentrationslager. Einmal spricht er von lebenslanger Todesstrafe. Als einzige Hoffnung dämmert, daß nichts mehr sei. Auch die verwirft er. Aus dem Spalt der Inkonsequenz, der damit sich bildet, tritt die Bilderwelt des Nichts als Etwas hervor, die seine Dichtung festhält. Im Erbe von Handlung darin, dem scheinbar stoischen Weitermachen, wird aber lautlos geschrieen, daß es anders sein soll" (GS 6, S. 373f.).

Stefan Krankenhagen (2001) kann in seiner Studie zeigen, wie Adornos selbstreflexive Überlegungen zum ästhetischen Umgang mit dem Holocaust die öffentliche Beschäftigung mit den Darstellungsformen der NS-Verbrechen bis in die Gegenwart hinein normativ vorstrukturieren. Den prominenten Bezugspunkt in dieser Auseinandersetzung bildet – wie bereits oben betont – der Satz, „nach Auschwitz ein Gedicht zu schreiben, ist barbarisch". Er sei, so Krankenhagen, „zu einer Projektionsfläche unterschiedlicher Deutungen und Bewertungen im Kontext einer Problematisierung der Darstellbarkeit geworden" (ebd., S. 83) und könne deshalb als „'Primärtext' des Diskurses um die Darstellbarkeit des Holocaust" (ebd., S. 86) begriffen werden. Zwei Rezeptionslinien dieses Satzes werden von Krankenhagen unterschieden: Während sich die erste Linie durch eine „Hypostasierung eines Darstellungsverbotes" auszeichne, unterstreiche die zweite die „Unlösbarkeit einer grundsätzlich aporetischen Darstellungsproblematik von Auschwitz" (ebd.). Ungeachtet ihrer im Detail verschiedenen Interpretationen schufen beide Rezeptionslinien ein Bewußtsein für die Widrigkeit der historischen Ereignisse und verankerten die Rede von der Undarstellbarkeit im öffentlichen Bewußtsein der Bundesrepublik Deutschland. Rückblickend läßt sich die durch Adorno angestoßene Debatte als Orientierungsfolie für die Konzeption der Darstellungsformen von Auschwitz begreifen, die letztlich zur Etablierung eines „breitenwirksamen Kanon(s) indirekter Darstellungsmodi" geführt habe (ebd., S. 81; vgl. Kramer 1999).

‚Authentizität' als Anspruch an eine angemessene Darstellung der Verbrechen

Das prinzipielle Darstellungsverbot wurde von Beginn an mit dem Verweis kritisiert, daß ein solches Verdikt unweigerlich dem Verdrängen und Vergessen der Verbrechen in die Hände spiele (vgl. Krankenhagen 2001, S. 83ff.). Ein Vorwurf, der jedoch die theoretischen Dimensionen der Adornoschen Darstellungskritik verkannte, die gerade dem Vergessen des Leidens und der

Einpassung von Auschwitz in den Fluß der Geschichte entgegenarbeiten wollte. Der Vorwurf wurde vor allem erhoben, weil man auch die autobiographischen Zeugnisse von Überlebenden der Konzentrationslager vom vermeintlichen Darstellungsverbot Adornos betroffen sah, was diesen in der „Negativen Dialektik" zu einer Einschränkung seines 1951 formulierten Satzes veranlaßte: „Das perennierende Leiden hat soviel Recht auf Ausdruck wie der Gemarterte zu brüllen; darum mag falsch gewesen sein, nach Auschwitz ließe kein Gedicht mehr sich schreiben" (GS 6, S. 355). Krankenhagen (2001) sieht in Adornos scheinbarer Revision seines Standpunktes keinesfalls eine Selbstwiderlegung seiner theoretischen Überlegungen, sondern begreift sie vielmehr als Versuch einer Differenzierung der Repräsentationsformen, auf die sich seine Darstellungskritik bezieht (vgl. ebd., S. 96ff.). In Anbetracht der Kritik seines Satzes und vor dem Hintergrund der in den sechziger Jahren zunehmend publizierten Berichte von Überlebenden des NS-Terrors in den Konzentrationslagern wollte Adorno seinen Widerruf lediglich auf eben jene Zeitzeugenberichte bezogen wissen. Für alle anderen Repräsentationsformen des Holocaust hielt er hingegen an der Notwendigkeit einer ästhetisch gebrochenen Darstellung fest. Die Unterscheidung zwischen diesen beiden Repräsentationsformen, die Krankenhagen als „primäre" und „sekundäre" Darstellungen des Holocaust bezeichnet (vgl. ebd. S. 10ff.), bedeutete eine entscheidende Zäsur in der bundesdeutschen Erinnerungskultur, mithin einen Schlüssel für das Verständnis der folgenden öffentlichen Debatten um die Repräsentierbarkeit von Auschwitz. Krankenhagen hebt hervor, das die literarischen Zeugnisse der Überlebenden nie in Kontroversen um die Angemessenheit der Darstellung einbezogen worden seien. Vielmehr stünden sie für die „Autorität des ‚Primären'" (ebd., S. 11) und müßten sich daher bezüglich ihrer Repräsentationsform nicht legitimieren.[71] Den „Überlebensmemoiren", wie Jan Philipp Reemtsma (1998b, S. 229) die autobiographischen Aufzeichnungen der Überlebenden der nationalsozialistischen Gewaltexzesse bezeichnet, werde angesichts der in ihnen zum Ausdruck kommenden „Leidens-, Schmerz- und Überwältigungserfahrung" eine „Deutungsautorität zugesprochen" (ebd.). Als ‚authentische' und ‚wahre' Zeugnisse besitzen sie heute uneingeschränkte Legitimität. Ihre Autorität hebt die Berichte von Überlebenden in den Stand eines „historisch verbürgten Wissens" (Krankenhagen

---

71 Auch bei Zeugnissen von Überlebenden wird die Frage der Darstellbarkeit des Grauens diskutiert. Hier stehen jedoch nicht philosophisch-normative Überlegungen, sondern die existentielle Frage nach den Grenzen der Verarbeitungs- und sprachlichen Darstellungsmöglichkeit der traumatischen Erfahrungen im Zentrum: Die unaufhebbare Diskrepanz zwischen der Faktizität der Ereignisse und ihrer Darstellung, deren gewählte Gestalt nie unmittelbar sein kann, bildet den Bezugspunkt der vor allem psychoanalytisch und literaturtheoretisch geführten Diskussion um die Grenzen der Darstellbarkeit, die jedoch nicht mit der hier verhandelten Darstellungsproblematik verwechselt werden darf. Für die psychoanalytische Diskussion vgl. zuletzt Psyche 2000 (Sonderheft); für die literaturtheoretische Diskussion vgl. zuletzt Günter 2002.

2001, S. 12), das die Grundlage für alles weitere Wissen über den Terror in den Vernichtungslagern bildet. Reemtsma (1998b) hat in diesem Zusammenhang darauf hingewiesen, daß sich die Bedeutung der NS-Verbrechen als eine zivilisatorische Katastrophe überhaupt erst durch diese Überlebendenberichte entwickelt habe (vgl. ebd., S. 232). Ruth Klüger zitierend verdeutlicht er, daß die Shoah unmittelbar nach dem Krieg, auch in den Nürnberger Prozessen, nicht so gesehen wurde wie heute: „Damals, gleich nach dem Krieg, war die Sache mit dem Judenmord zwar außerordentlich, das war sie sofort und immer, aber sie wurde nicht als einzigartig angesehen. Es war eben etwas, was neben vielen Untaten und vielem anderen Unglück in diesem Krieg geschehen war" (ebd., S. 232f.). Ausgehend von diesem Befund, daß die NS-Verbrechen damals öffentlich anders wahrgenommen wurden als heute, schreibt Reemtsma im Anschluß an das Zitat weiter: „Daß wir das heute anders sehen, ist nicht die Voraussetzung für unsere Lektüre der Autobiographien der Überlebenden, sondern mit deren Ergebnis. Wir haben sie nicht gelesen, weil wir mit ihren Voraussetzungen einverstanden waren, sondern wir haben ihre Sicht der Dinge auf Grund einer ihnen eingeräumten Autorität akzeptiert" (ebd., S. 233). Die Tatsache, daß es überhaupt Überlebende gab – was, wie Reemtsma betont, „nicht bei allen Katastrophen, nicht bei allen Massakern der Fall" (ebd., S. 232) sei und in der Logik der NS-Ideologie auch bei der Vernichtung der Juden Europas hätte vermieden werden sollen – war die Voraussetzung dafür, daß die Dimensionen der Verbrechen in der heute bekannten Weise ins öffentliche Bewußtsein treten konnten. Mehr noch: Erst die bedingungslose Kapitulation Deutschlands und die Nürnberger Prozesse ermöglichten es, daß die überlebenden Opfer „den Status von Zeugen der Anklage" (ebd., S. 233) erhielten. Erst über das Wissen dieser Zeugen erschloß sich das Ausmaß des Leidens der Opfer, die unglaubliche Brutalität der Verbrechen und die Systematik der Vernichtung, was schließlich dazu führte, die nationalsozialistische Vernichtungspolitik als „Zivilisationsbruch" zu beschreiben (vgl. ebd., S. 232). Der Begriff ‚Authentizität', der die gegenwärtige Diskussion um die Darstellung des Holocaust bestimmt, ist damit in doppelter Weise für die Berichte von Überlebenden reserviert. Die Berichte stehen zum einen für historisch verbürgtes Wissen über die Verbrechen. Zum anderen besitzen sie eben aufgrund dieses Status' als einzige Darstellung des Holocaust uneingeschränkt Legitimität (vgl. Krankenhagen 2001, S. 184).

Vor dem Hintergrund der herausragenden Bedeutung, die Zeitzeugenberichten für eine angemessene Repräsentation der Shoah zugeschrieben wird, scheint es mit dem zeitlichen Abstand zu den historischen Ereignissen und dem Sterben von Zeitzeugen kaum zu verwundern, daß die Frage nach der Authentizität der Darstellung von Auschwitz einen neuen Stellenwert in der bundesrepublikanischen Erinnerungskultur erhält. Da im Übergang vom kommunikativen zum kollektiven Gedächtnis die Frage virulent wird, ob und wenn ja, wie jenseits der Interaktion mit Zeitzeugen authentische Formen der Erinnerung möglich bleiben, rückt das Wissen der Zeitzeuge als Bewertungsrahmen für die Angemessenheit sekundärer Darstellungen immer stärker neben die philosophische begründete Darstellungskritik Adornos. Mehr noch: Während „sekundäre Darstellungen in einem normativen Abhängigkeitsverhältnis zu primären Darstellungen stehen" (ebd., S. 15), verlieren Adornos vernunftkritische Reflexionen auf Auschwitz zusehend ihre Bedeutung (vgl. ebd. 163ff.).

Zu einem Schlüsselereignis für die öffentliche Wahrnehmung von und die umfassendere Beschäftigung mit Zeitzeugenberichten zählt die Ausstrahlung der Fernsehserie *Holocaust* (1979).[72] Der Film markierte den ersten öffentlich wirksamen Versuch einer massenmedialen und zudem fiktionalen Repräsentation des Holocaust, die vor allem in Deutschland zunächst die Darstellungskritik im Zeichen Adornos auf den Plan rief.[73] Im Zentrum der Kritik stand der Vorwurf, daß die fiktionale Geschichte *einer* Opferfamilie die *vielen* Leidensgeschichten der Opfer und Überlebenden des nationalsozialistischen Terrors entwerten würde. Im Gefolge dieser Kritik formierte sich das Bemühen, den Überlebenden weit mehr als zuvor die Möglichkeit zu geben, von ihrem individuellen Schicksal zu berichten. Einerseits um die Würde dieser Menschen zu wahren. Andererseits aber auch, um zum Ausdruck zu bringen, daß die Realität der NS-Verbrechen mit ihren unzähligen Einzelschicksalen sich nicht unter eine exemplarische und noch dazu fiktionale Opfergeschichte subsumieren lasse. Stand zuvor die Beschäftigung mit der NS-Geschichte im Zeichen einer distanzierten Geschichtsdarstellung, ermöglichte *Holocaust* durch seinen emotionalen und personalisierenden Zugang zur NS-Geschichte ungeachtet der Darstellungskritik eine identifikatorische Auseinandersetzung mit den Protagonisten der Serie und darüber vermittelt eine Anteilnahme am Schicksal der Opfern der Shoah (vgl. Keilbach 1999, S. 141). Das seit den achtziger Jahren steigende Interesse an der Alltagsgeschichte und an dokumentarischen Zeugnissen von Holocaust-Überlebenden hatte eine zweifache inhaltliche Verschiebung der Darstellungskritik zur Folge. Zum einen wurde die abstrakte Darstellungskritik im Sinne des Adornoschen Kunstbegriffes abgeschwächt, da mit den Zeitzeugen eine uneingeschränkt legitime Repräsentationen der Shoah möglich schien. Zum anderen änderte sich die inhaltliche Stoßrichtung der Kritik an sekundären Repräsentationen. Diese mußten sich nicht mehr nur an den normativen Vorgaben Adornos, sondern auch am Grad ihres Authentizitätspotentials

---

72 Judith Keilbach (1999) hat darauf hingewiesen, daß die Gründung von Archiven, in denen videographierte Berichte von Zeitzeugen aufbewahrt werden, sowie die Hinwendung zur Oral History häufig in den Zusammenhang mit der öffentlichen Kritik an der Fernsehserie Holocaust gebracht werden (vgl. ebd., S. 133).

73 Zur Kontroverse über den Fernsehserie Holocaust in der Bundesrepublik Deutschland vgl. Märthesheimer/Frenzel 1979.

messen lassen. Authentizität fand Eingang in den Katalog der normativen Bewertungsgrundlagen für sekundäre Darstellungsformen und begann, die kulturkritische Darstellungskritik Adornos zu überlagern.[74]

Einen weiteren Schritt zur Festschreibung des Authentizitätsanspruches und der immer stärkeren „Ablösung des Darstellungsverbotes" (Krankenhagen 2001, S. 217) bildet Steven Spielbergs Spielfilm *Schindlers Liste* (1993). Folgt man den einschlägigen Untersuchungen über die Komposition des Films und seiner Rezeption (vgl. Kramer 1999; Köppen/Scherpe 1997; Krankenhagen 2001), so läßt sich mit ihm ein grundlegender Wandel im öffentlichen Umgang mit dem Wissen über Auschwitz beobachten. Während sich *Schindlers Liste* auf der einen Seite auch weiterhin der Adornoschen Darstellungskritik ausgesetzt sah, formierte sich in der Öffentlichkeit auf der anderen Seite eine Lesart des Films, die gerade mit diesem Film das bisherige Problem der Undarstellbarkeit für überwunden erklärte. „Bisher ging es nicht, jetzt geht es", bringt Krankenhagen (2001, S. 163) die Reaktionen des Films auf den Punkt. Das Darstellungsproblem wurde immer weniger und zumal kaum mehr öffentlich als philosophisches Problem diskutiert, das unmittelbar an die Reflexion von Auschwitz als einen „Zivilisationsbruch" gebunden war. Die Schwierigkeiten der Darstellung waren nicht mehr ein immanentes Problem des historischen Ereignisses selbst, sondern ein graduelles Problem der Zeit, genauer: des zeitlichen Abstandes zu den Verbrechen. Im Zentrum der Erklärung dieses „Paradigmenwechsels" (ebd.) von einer Problematisierung der Darstellung von Auschwitz zu ihrer Nicht-Problematisierung steht die Beobachtung, daß im Film „Schindlers Liste" die Grenzen zwischen den primären und den sekundären Darstellungen zunehmend verschwimmen. Das Wissen um Auschwitz, die Bilder der Vernichtung vom Einfahrtstor des Vernichtungslagers Auschwitz-Birkenau bis hin zum Anblick der ausgehungerten, kahlgeschorenen Menschen, mithin also die gesamte Holocaust-Ikonographie, die ihre symbolische Bedeutung maßgeblich über die Berichte der Zeitzeugen erhalten hat, geht über in ein Wissen, das seinerseits den Status des Authentischen erhält. Obwohl diese Darstellungen des Holocaust dem Wissen der Zeitzeugen entspringen, bleibt dem Zuschauer diese Verbindung verschlossen. Nur in der Schlußszene des Films wird diese Verbindung kurzzeitig wiederhergestellt. Gezeigt wird, wie sich die Schauspieler und die von ihnen dargestellten Überlebenden am Grab von Oskar Schindler versammeln und in einem offensichtlichen symbolischen Akt des Erinnerns Steine auf sein Grab legen. Die Überlebenden beglaubigen die im Film erzählte Geschichte und machen die Filmschauspieler im Verbund mit den Zuschauern des Films gleichsam zu Zeugen, zu sekundären Zeugen, der

---

74 Zu der konsequentesten Umsetzung dieses Authentizitätsanspruches zählt Krankenhagen (2001, S. 183ff.) Claude Lanzmanns achtstündigen Film Shoah, in dem ohne den Zusatz von historischem Bildmaterial und musikalischer Illustration Zeitzeugen (Opfer, Täter und Zuschauer) interviewt werden.

eigenen Geschichte. Die Möglichkeit einer authentischen Darstellung auch nach dem Sterben der Zeitzeugen wird gewahrt durch eben diese sekundäre Zeugenschaft der Nachkommen, die als Statthalter des historisch verbürgten Wissens eben dieses Wissen zur Darstellung des Holocaust nutzen dürfen. Diese Abkopplung des Wissens von seinen Trägern, oder besser die Übertragung dieses Wissen auf die nachkommende Generation, kommt in dieser Schlußszene symbolisch zum Ausdruck. Sekundäre Darstellungen, die sich dieser Bilder bedienen, werden zu erweiterten Garanten einer authentischen Darstellung der Shoah. „Die Deutungsautorität der Überlebenden", faßt Krankenhagen (2001, S. 210) dieses Prozeß zusammen, „wird gegenwärtig ersetzt durch die Authentizität der sekundären Zeugenschaft. Statt der Erinnerung der Überlebenden wird die Erinnerung der Nachgeborenen zum Kriterium einer authentischen Darstellung des Holocaust" (ebd.). In und mit dieser Authentisierungsstrategie verliert die grundsätzliche Problematisierung der Darstellung als eine immanente kritische Reflexion auf die Widrigkeit des Ereignisses ihre Bedeutung, da die Frage, ob Auschwitz überhaupt darstellbar ist, nicht mehr gestellt wird. Mit dem Verlust dieser Frage verlieren auch die beunruhigenden Dimensionen des Holocaust ihre irritierende Bedeutung, weil gerade in dieser Frage, in der Problematisierung der Darstellung, dieses Irritationspotential begründet lag.

Die Problematisierung der Darstellbarkeit der Shoah gehört im Verbund mit den Themen Schuld und Aktualisierung zu den zentralen Referenzpunkten der bundesdeutschen Erinnerungskultur, die in unterschiedlicher Weise verwoben sind mit Adornos Kritischer Theorie. In ihnen räsoniert die immense Verstörung, die von der Desintegrationsdiagnose in Adornos Theorie für das bundesrepublikanische Identitätskonzept ausgegangen ist. So läßt sich die Geschichte der Vergangenheitsbewältigung als eine Geschichte der kontinuierlich wiederkehrenden Irritation des bundesrepublikanischen Selbstkonzeptes begreifen, in der Adornos Theorie, vermittelt über die Themen Schuld, Aktualisierung (Singularität, Instrumentalisierung) und Darstellbarkeit zu einer Art kollektiven ‚Über-Ichs' geworden ist. Wenngleich die beunruhigenden Dimensionen von Auschwitz keinesfalls vollständig invisibilisiert worden sind, so zeigt der steigende zeitliche Abstand zu den Verbrechen und die zunehmende massenmediale Verbreitung des Wissens über den Holocaust jedoch auch, daß sich im Übergang vom kommunikativen zum kollektiven Gedächtnis diese Selbstirritationen verlieren. Der Imperativ „Nie wieder Auschwitz" wird immer stärker von seinem Entstehungskontext gelöst und büßt jenseits der Kritischen Theorie Adornos seine verstörenden und beunruhigenden Dimensionen zugunsten einer identitätsstiftenden moralischen Botschaft ein. Der Frage nun, wie Erziehung als Medium dieses Selbstvergewisserungsprozesses an dieser Vereindeutigung von Auschwitz mitwirkt und welchen Einfluß Adornos Theorie auf die pädagogischen Verarbeitung des Nationalsozialismus hatte, soll im folgenden Kapitel nachgegangen werden.

Kapitel IV

Erziehung als Medium der bundesdeutschen Selbstvergewisserung

Erziehung und Vergangenheitsbewältigung: von der *Re-Education* zum pädagogischen Programm „Erziehung nach Auschwitz" [75]

Neben aller Verstörung, die der Nationalsozialismus hinterlassen hatte, und ungeachtet des Pessimismus und der Unsicherheit, die sich nicht zuletzt durch Adornos Vernunftkritik über die bundesdeutsche Erinnerungskultur gelegt hat, ist unübersehbar, daß sich die Bundesrepublik im Laufe ihrer Geschichte gerade durch die Auseinandersetzung mit der durch Schuld, Scham und Niederlage negativ besetzten NS-Vergangenheit als nationale Einheit restituiert hat. Daß die Vergemeinschaftung über einen negativen Traditionsbestand wie den Holocaust rückblickend durchaus als ‚erfolgreich' bezeichnet werden kann, scheint auch und vor allem das Resultat einer Pädagogisierung des Umgangs mit der NS-Geschichte, von der die Erinnerungskultur seit ihren Anfängen geprägt wurde. Der schwierige Blick in eine Zukunft, die durch die Negativität der jüngsten Geschichte verstellt war, ließ sich offensichtlich nur dadurch öffnen, indem man die prinzipielle Lern- und Läuterungsfähigkeit der als Kollektiv verstandenen deutschen Nachkriegsbevölkerung voraussetzte. Erst die Hoffnung, durch Lernen und Erziehung eine nachhaltige Veränderung der bisherigen Grundlagen des deutschen Nationalstaates herbeiführen zu können, wies ungeachtet allen Pessimismus eine Zukunftsperspektive, von der aus sich seine Restitution neu denken ließ. Es mag daher kaum erstaunen, daß in Deutschland schon vor der Gründung der Bundesrepublik Lehren aus der NS-Geschichte gezogen wurden, die auf eine

---

[75] Methodisch ist für den folgenden Teil des Kapitels anzumerken, daß die Rekonstruktion des bundesdeutschen Erinnerungskultur nicht mit dem Ziel antritt, die Pädagogisierung des Umgangs mit der NS-Vergangenheit im Sinne einer Fallstudie empirisch zu fundieren. Vielmehr handelt es sich um den Versuch, durch eine erziehungswissenschaftliche Re-Lektüre der bereits vorliegenden Arbeiten zum Thema, die zentrale Bedeutung von Erziehung als Medium der bundesdeutschen Selbstvergewisserung herauszuarbeiten. Zurückgegriffen wird hier vorzugsweise auf vorliegende Arbeiten im Bereich der historischen Bildungsforschung und der Geschichtswissenschaft, in denen die Durchsetzung pädagogischer Denkmuster im Umgang mit dem Holocaust trotz unterschiedlicher Bewertungen der jeweiligen Phasen deutscher Nachkriegsgeschichte zu einem unbestrittenen, aber sekundären, d. h. systematisch bisher kaum herausgearbeiteten, Forschungsbefund zählt.

Veränderung der institutionellen wie individuellen Bedingungen in Deutschland setzten, um die Grundlage für einen demokratischen Verfassungsstaat zu legen. Einerseits wurde von Seiten der Besatzungsmächten in der Westzone die Re-Demokratisierung und Entnazifizierung politischer Strukturen und Institutionen betrieben (Entmilitarisierung, Gewaltenteilung, Demokratisierung des Bildungssystems). Andererseits band man den Aufbau des demokratischen Verfassungsstaates an die individuellen Einstellung seiner Staatsbürger, die zu mündigen Demokraten erst noch umerzogen werden mußten.

Mit der pädagogischen Konstruktion, die sich nicht nur auf die Umorganisation des bundesdeutschen Bildungssystems bezog, sondern auch den Versuch einer *Re-Education*[76] der deutschen Bevölkerung einschloß, stand bereits unmittelbar nach dem Zweiten Weltkrieg eine Denkfigur im Zentrum der öffentlichen Diskussion, die auch den Umgang mit der NS-Geschichte in der späteren Bundesrepublik prägen sollte. Die Frage, wie man sich zukünftig gegen antidemokratische Tendenzen, wie gegen Faschismus, Rassismus und Antisemitismus zu immunisieren vermag, wurde auch und gerade nach 1945 stets mit dem Ruf nach Erziehung beantwortet. Der Rekurs auf Erziehung eröffnete einen vorsichtig optimistischen Blick in die Zukunft, durch den die Negativität der NS-Geschichte in eine für das Identitätskonzept der Bundesrepublik fassbare Form verwandelt werden konnte. Wie sich die über Erziehung verlaufende Selbstvergewisserung entwickelt hat und in welchem Maße die Pädagogisierung der Erinnerung zur Integration der NS-Geschichte in das nationale Selbstkonzept beigetragen hat, soll in diesem Kapitel zunächst historisch rekonstruiert und dann durch eine systematische Analyse der Funktion verdeutlicht werden, die Erziehung in dem sukzessiven Vereindeutigungsprozeß der historischen Ereignisses eingenommen hat.

Das Programm der Re-Education *und seine wissenschaftliche Begründung*

Rückblickend läßt sich die Idee der „Re-Education" als ein kühnes und gigantisches Sozialexperiment beschreiben, ein Experiment, in der die hohe Integrationserwartung an Erziehung, die das Selbstvergewisserungsbemühen der modernen Gesellschaft auszeichnet, eine bis dahin nicht gekannte Steigerung erfuhr. „Das Wagnis", faßt Henry Kellermann (1981, S. 88) diese Erziehungsaspiration zusammen, „eine ganze Nation ‚umzuerziehen', d. h. zu

---

76 Zur Re-Educationpolitk der westlichen Besatzungsmächte vgl. Bungenstab 1970; Fuchs/Pöschl 1986; Füssl 1994; Halbritter 1979; Heinemann 1981; 1999; Huelsz 1970; Mosberg 1991; Müller 1995; Pakschies 1984; Rupieper 1993; Schlander 1975, 1981; Schmidt/Fichter 1973; Schweitzer 1994, S. 100ff.; Tenorth 2000, S. 274ff.

einer moralischen und geistigen Katharsis zu bewegen, hat in der Geschichte, jedenfalls der Neuzeit, kaum seinesgleichen" (ebd.).[77]

Die wohl einflußreichste Grundlage zur wissenschaftlichen Begründung einer pädagogischen Bearbeitung des Faschismusproblems in Deutschland lieferte der Sozialphilosoph John Dewey mit seinen Vorlesungen über den deutschen Idealismus und seinem umfangreichen Entwurf über die Grundlagen demokratischer Erziehung.[78] Bereits 1915 hatte Dewey an der Universität von North-Carolina Vorlesungen über den Einfluß der deutschen idealistischen Philosophie auf das politische und kulturelle Leben in Deutschland gehalten und veröffentlicht. Angesichts der verheerenden Erfahrung des Zweiten Weltkrieges wurden die Vorlesungen im Jahre 1942 erneut aufgelegt und durch den Beitrag „The One-World of Hitler's National Socialism" ergänzt (vgl. Dewey 1942). Der Beitrag galt Dewey als Fortführung und Bestätigung seiner bisherigen Thesen über die deutsche Philosophie und ihr Verhältnis zur deutschen Politik. Dewey versuchte, den Nazismus mentalitätsgeschichtlich aus der klassischen deutschen Philosophie zu erklären. Insbesondere in der an absoluten Werten orientierten Philosophie Kants, Fichtes und Hegels und der darauf aufbauenden philosophischen Legitimation des Obrigkeits- und Führerstaates verortete Dewey die Wurzeln des Nationalsozialismus. Die den deutschen Idealismus durchziehende und prägende Hinwendung zum Wesen der Dinge und sein auf einem Apriori beruhendes Denken galten Dewey als Prinzipien, die über die Kanäle der Schulen, der Universitäten und der staatlichen Verwaltung in die Öffentlichkeit gelangt waren. Nach Dewey bildeten diese Prinzipen die Basis für die autoritären und hierarchischen Strukturen des deutschen Nationalstaates, die eine Entfaltung von demokratischer Kultur in Deutschland bisher unmöglich gemacht hatten.

Neben seiner mentalitätsgeschichtlichen Ursachendeutung des Faschismus lieferte Dewey mit seinem bereits 1916 veröffentlichten Werk „Demokratie und Erziehung" zudem eine Folie, auf der sich die demokratische Alternative zu den hierarchischen und autoritären Verhältnisse in Deutschland abbildete und die zugleich Anregungen zu deren Neu- und Umgestaltung bot.

---

77 Neben dieser erziehungsoptimistischen Interventionsstrategie lag mit den Überlegungen des damaligen amerikanischen Finanzministers Henry Morgenthau und des britischen Staatssekretärs Robert G. Vansittart auch eine pessimistische Interpretation vom deutschen Sonderweg vor. Die von einer unveränderbaren Disposition des deutschen Charakters ausgehende und eine Umerziehung für aussichtslos haltende Interpretation bildete für die politischen Entscheidungen im Umgang mit Deutschland aber keine ausschlaggebende Rolle (vgl. Albrecht u.a. 1999, S. 538; Füssl 1994, S. 76ff.; Kellermann 1981, S. 87).

78 Auch wenn der in der philosophischen Denktradition des Pragmatismus verwurzelte Dewey bezüglich der Behandlung Deutschlands nach 1945 nie konkrete Handlungsanweisungen formuliert hatte, betonen wirkungsgeschichtliche Analysen nachdrücklich den Einfluß Deweys auf die Besatzungs- und Re-Educationpolitik (vgl. Fuchs/Pöschl 1986, S. 29ff.; Huelsz 1970, S. 17ff.; Müller 1995, S. 114; Rupieper 1993, S. 117; Schlander 1975, S. 36ff., 1981, S. 45ff.).

Demokratie war für Dewey nicht nur eine Regierungsform, sondern vor allem eine flexible Lebensform, die es allen Bürgen ermöglichen sollte, sich in gleichem Maße an politischen Entscheidungsprozessen zu beteiligen (vgl. Dewey 1916, S. 121). Feste Ziele sah ein offenes und beweglich verfaßtes demokratisches Gemeinwesen nicht vor. Vielmehr sollten getroffene Entscheidungen sich immer aufs Neue in der Praxis bewähren und im Austausch zwischen Regierenden und Regierten stets korrigiert und neu ausgehandelt werden (vgl. ebd., S. 113ff.). Angesichts des auf Partnerschaft, Chancengleichheit und Selbstverantwortung beruhenden Konzepts blieben die Zugriffsmöglichkeiten des Staates auf den Einzelnen stark eingeschränkt. Vor allem Erziehung galt nicht dem Ziel der Disziplinierung oder der Verwirklichung eines idealistischen Bildungsideals, sondern war Teil eines gemeinschaftlichen Lebensentwurfs, dessen demokratische Prinzipien sich in freiem Austausch von Ideen und in offenen Diskussionen stets neu zu bewähren und herauszubilden hatten (vgl. ebd.).

Deweys Entwurf über die Grundlagen demokratischer Erziehung und seine mentalitätsgeschichtlichen Untersuchungen bildeten im Verbund mit neueren sozialpsychologischen und kulturanthropologischen Studien, die ähnlich wie Dewey von der Besonderheit des deutschen Nationalstaates und einem spezifischen deutschen Nationalcharakter ausgingen (vgl. Kap. III, S. 90ff.), den übergreifenden Legitimationsrahmen für die Demokratisierung Deutschlands. Eine Demokratisierung, die sich neben der Reform des Erziehungswesens vor allem auf die Umerziehung der deutschen Bevölkerung konzentrieren sollte, da sich mit der sozialpsychologischen Konstruktion der Ursachen des Nationalsozialismus die Vermutung nahelegen mußte, daß der deutschen Bevölkerung ein grundlegendes Verständnis für die Regeln eines demokratischen Rechtstaates fehlen würde. Verdichtet lag der amerikanischen Regierung die kulturpsychologische und psychoanalytische Problemdeutung der Situation in Deutschland in einem umfassenden wissenschaftlichen Bericht bereits vor Ende des Krieges, im Sommer 1944, vor. Verfasser des „Report of a Conference on Germany after the War"[79] war das „Joint Committee on Post-War Planning", das die berufsständischen Organisationen amerikanischer Psychiater und Psychologen eigens für den Zweck der wissenschaftlichen Begleitung der Nachkriegspolitik in Deutschland eingerichtet hatten (vgl. Mosberg 1991, S. 34, 157; Schmidt/Fichter 1973, S. 138f.).[80] Der

---

79 Es handelt sich hierbei um einen unveröffentlichten Bericht, der im Nationalarchiv in Washington in den Akten des Kriegsministeriums aufbewahrt wird. In Ausschnitten ist diese Bericht in Mosbergs Studie „REeducation. (sic!) Umerziehung und Lizenzpresse im Nachkriegsdeutschland" abgedruckt (vgl. Mosberg 1991, S. 171-181).
80 Der Bericht war nicht die einzige wissenschaftliche Stellungnahme zur bevorstehenden Deutschlandpolitik nach der Beendigung des Krieges. Mit dem „Memorandum on the Elimination of German Chauvinism", das die im amerikanischen Exil lebenden Mitglieder des Instituts für Sozialforschung in Frankfurt am Main bereits 1942 verfaßt hatten (vgl. Albrecht u.a. 1999, S. 119ff.), und der Stellungnahme einer Gruppe von deutschen Wissen-

Bericht, an dem prominente Kulturanthropologen, Soziologen und (Sozial-) Psychologen wie Kurt Lewin, Margarete Mead, Erik Erikson, Erich Fromm und Talcott Parsons beratend beteiligt waren, basierte auf einer pathologisierenden Diagnose des sogenannten deutschen Nationalcharakters. Als Resultat der spezifischen politischen und kulturellen Entwicklung in Deutschland galt dieser Charakter als ich-schwach, autoritätshörig und intolerant. Die diagnostizierte Neigung der Deutschen zu pathologischen psychischen Dispositionen wie Autoritarismus und Paranoia ließ den Verdacht zu, daß die deutsche Bevölkerung prädestiniert sei, zwischenmenschliche Beziehungen stets in den Kategorien von Herrschaft oder Unterwerfung zu denken, so daß auch mit dem Fehlen demokratischer Grundhaltungen gerechnet werden mußte. Die wirkungsvolle Verankerung dieser schädlichen Verhaltensdispositionen wurde bereits in der frühen Kindheit und hier insbesondere in der familiären Sozialisation vermutet. In ihr, so nahm man an, reproduzierten sich die für Deutschland spezifischen Obrigkeits- und Machtverhältnisse. Verhältnisse, die einen prägenden Einfluß auf die Charakterstruktur der nachwachsenden Generation einzunehmen vermochten und die sich über diese Charakterstrukturen generationenübergreifend fortschreiben würden (vgl. Mosberg 1991, S. 171ff.; Schmidt/Fichter 1973, S. 138ff.). In der Zusammenfassung des Abschlußberichtes empfiehlt das Kommitte schließlich ausdrücklich, auf den nationalen Charakter der Deutschen verändernd einzuwirken, um das historisch gewachsene Demokratiedefizit als Voraussetzung für eine friedvollere Zukunft zu verringern:

"Whatever measures we plan to take must be thought of in relation to the effect which they will have upon changing the German people. We must think of the Germans as people who have been trained for many generations to a way of life that simply will not work. It will not work because it is founded on primitive and infantile throw back in the thinking not only of leaders but of those who are led. We must realize, and so help them to realize, that what we call ‚democracy' is a system that does work, because, unlike the Germans way of life and the German outlook, it represents an emotionally mature product of experience, and so provides a setting in which a preferable form of character is developed. We must do the kinds of things that will cause the Germans to develop the democratic spirit of give-and-take – of discussion, mutual adjustment, co-operation among equals. This will not mean that we shall be imposing our own particular way of life upon the Germans. It will mean that we shall be helping to build attitudes that are essential to the continuance of a peaceful world" (zit. n. Mosberg 1991, S. 181).

Der Schlüssel zur nachhaltigen Durchsetzung eines demokratischen Wandels lag also einerseits in der Veränderung von subjektiven Einstellungen und der Verbesserung sozialen Verhaltens: Durch die Förderung von Diskussionsfähigkeit, partnerschaftlicher Kooperation und wechselseitiger Anerkennung

---

schaftlern aus dem schwedischen Exil (vgl. Füssl 1994, S. 91f.) lagen der amerikanischen Regierung weitere Analysen vor, in denen in ähnlicher Weise für eine umfassende Umerziehung der Deutschen plädiert wurde.

und Achtung sollte in der Summe der Boden für eine weitreichende und erfolgversprechende Demokratisierung geschaffen werden. Andererseits schien es notwendig, die hierarchischen und autoritären Erziehungsverhältnisse umzugestalten, um in und mit ihnen die Entfaltung demokratischer Ideen bei den folgenden Generationen zu ermöglichen. Die wissenschaftlich autorisierte Defizitbeschreibung der deutschen Verhältnisse mit ihrer sozial- und kulturpsychologischen Ursachenkonstruktion des Nationalsozialismus lieferte den westlichen Alliierten den Deutungsrahmen zur Beurteilung der Lage in Deutschland und mit ihm einen Bezugspunkt, von dem aus die nachhaltige pädagogische Bearbeitung des Faschismusproblems begründet werden konnte.

Exemplarisch für die pädagogisch-programmatische Umsetzung der Lehren, die aus der NS-Geschichte gezogen wurden, steht das pädagogische Programm ‚Re-Education'. Der Begriff entstammte der psychotherapeutischen Methode der Gruppendynamik, die ursprünglich zur Behandlung von neurotischem Verhalten und psychosomatischen Beschwerden entwickelt worden war (vgl. Bungenstab 1970, S. 21ff.; Schmidt/Fichter 1973, S. 135ff.; Schweitzer 1994, S. 102; Gerhardt 1999). Später wurde die Methode auch auf die Erwachsenenbildung übertragen und entwickelte sich durch die Mental-Health-Bewegung in den USA zu einem populären Trainingsprogramm für Lehrer, Ärzte, Manager und andere Berufsgruppen, um Kommunikationsstörungen, beispielsweise in Arbeitsprozessen, zu bearbeiten (vgl. Horn 1969, S. 278; Schmidt/Fichter 1973, S. 136f.). Mit der Übernahme des Begriffs ‚Re-Education' in das politische Programm der amerikanischen Besatzungsbehörden, wurde die Bedeutung des Begriffs wiederum modifiziert. Diesmal in Richtung eines Konzepts zur Vermittlung eines demokratischen Bewußtseins und demokratischer Verhaltensweisen. Im Mittelpunkt des Programms standen Maßnahmen, die in möglichst vielen gesellschaftlichen Bereichen ein Klima des partnerschaftlichen, kooperativen und toleranten Umgangs miteinander ermöglichen und auf den Prinzipien der Chancengleichheit und der Partizipation aufbauen sollten. Besondere Aufmerksamkeit erhielten dabei Maßnahmen zur Umerziehung der Jugend. Vermutet wurde, daß insbesondere die rigide Erziehungspraxis der Nationalsozialisten durch die Hitler-Jugend (HJ) und den Bund Deutscher Mädchen (BDM) sowie die in Deutschland traditionell autoritäre familiäre Erziehung das Verhalten und die Einstellung der Jugendlichen geprägt und nationalsozialistische Denkmuster und Sozialisationsdefekte befördert hatte (vgl. Füssl 1994, S. 101ff.). Neben einer weitreichenden Schulstrukturreform, der Entnazifizierung des Lehrpersonals und der Entfernung der NS-Ideologie aus den Lehrplänen und Schulbüchern war es vor allem ein differenziertes Jugenderziehungsprogramm, durch das die nachwachsende Generation demokratisch geschult und für einen friedlichen Wiederaufbau ihres eigenen Landes vorbereitet werden sollte. Zu diesen Maßnahmen zählte auch ein umfangreiches kulturelles Austauschprogramm zwischen Amerika und Deutschland. Über eine gezielt vermittelte Amerikaerfahrung und durch ein differenziertes Bildungsprogramm sollte der Austausch die beteiligten deutschen Teilnehmer in ihrer Demokratiefähigkeit fördern und von autoritären Denkstrukturen befreien. In der Summe zielte diese Ausbildung von Multiplikatoren darauf ab, die Demokratisierung des deutschen Staates im Ganzen zu fördern (vgl. Füssl 1994, S. 168ff.; Rupieper 1993, S. 390ff.).[81]

Die Beschäftigung mit der NS-Geschichte bildete im Rahmen dieser Programme zwar keinen unmittelbaren Vermittlungsinhalt, sie lieferte jedoch die Negativfolie, vor der sich die auf individuelle und kollektive Emanzipation abzielenden Umerziehungs- und Demokratisierungsanstrengungen legitimierten. Die erfolgreiche Umsetzung der Reformen blieb jedoch auf eine kooperative Zusammenarbeit mit den Verantwortlichen des neu entstehenden Erziehungs- und Bildungssystems angewiesen. Notwendig gewesen wäre vor allem ein Konsens über die kultur- und sozialpsychologische Ursachendeutung des Faschismus als Basis für die geplanten Reformen, die jedoch von der sich neu formierenden bundesdeutschen Nachkriegspädagogik nicht in allen Punkten geteilt wurde.

Die Geschichte des Nationalsozialismus und die deutsche Nachkriegspädagogik

Die Beschäftigung mit der NS-Geschichte im Erziehungssystem der Bundesrepublik stand entsprechend der öffentlichen Thematisierung der Verbrechen ganz im Zeichen des Beschweigens und der Umdeutung (vgl. Kap. III, S. 92ff.) Dem pädagogischen Establishments gehörten überwiegend Pädagogen an, die bereits in der Weimarer Republik an den Universitäten gelehrt hatten und die auch nach 1945 wieder an westdeutschen Hochschulen tätig wurden, insofern sie im Rahmen der Entnazifizierung nicht ihrer Funktion enthoben worden waren. Zu den wichtigsten Protagonisten der deutschen Nachkriegspädagogik zählten Wilhelm Flitner, Theodor Litt, Hermann Nohl, Eduard Spranger und Erich Weniger, die sich trotz unterschiedlicher Beurteilungen

---

81 Welchen Stellenwert die Umerziehungsanstrengung in der Re-Demokratisierungspolitik einnahmen, verdeutlichen neben den programmatischen Überlegungen, dem eingeleiteten Versuch einer Schul- und Bildungsreformen und einer Fülle anderer Bildungsmaßnahmen vor allem die beträchtliche Höhe der auf dieses Ziel bezogenen Ausgaben. Für Bildung, Kultur und Information wurde vom State Departement 1949/1950 in der Bundesrepublik Deutschland etwa die Hälfte des gesamten Weltbudgets ausgegeben (vgl. Rupieper 1993, S. 110). Auch die Ausgaben des Office of High Commissioner (U. S.), Germany (HICOG) belegen den Stellenwert, der Erziehung und Bildung bei der Bewältigung des Faschismus zugeschrieben wurde: Bei einem Gesamtbudget von 102 Millionen Dollar im Jahre 1952 wurden dem Public Affairs Programm 48 Millionen zugewiesen, wobei der größte Teil des Geldes wiederum für Erziehung und Bildung verausgabt wurde (vgl. ebd.).

der NS-Zeit darüber einig waren, den theoretischen wie praktischen Neuanfang nach dem Zweiten Weltkrieg durch den Anschluß und die Weiterführung der Geisteswissenschaftlichen Pädagogik, dem erziehungswissenschaftlichen Paradigma vor 1933, zu bewerkstelligen.[82] Im Mittelpunkt des erziehungswissenschaftlichen Selbstvergewisserungsbemühens stand auch hier weniger die Frage nach der Mitschuld oder der Kollaboration an der nationalsozialistischen Barbarei, sondern die Suche nach einer positiven Identität der eigenen Disziplin. Dies gelang in Übereinstimmung mit der offiziellen Geschichtspolitik dadurch, daß man „die Zeit der NS-Herrschaft als eine Art Unglücksfall" (Oelkers 1998, S. 220) betrachtete und sie aus den Kontinuitätslinien der deutschen Geschichte zu streichen versuchte. Die Tradition der Geisteswissenschaftlichen Pädagogik blieb so moralisch unbeschadet. Sie wurde nicht in den Zusammenhang mit der nationalsozialistischen Erziehung gebracht und ließ sich daher als Grundlage des theoretischen und praktischen Neuanfangs affirmativ fortschreiben.

Angesichts dieses Kontinuitätsbemühens verwundert es kaum, daß man auch im Kreise der Universitätspädagogik die westliche Faschismusinterpretation einschließlich der an sie anschließenden Umerziehungsmaßnahmen und Reformbemühungen kritisch bis ablehnend gegenüber stand.[83] Diese distanzierte Haltung schloß einerseits an den öffentlichen Umdeutungs- und Beschweigekonsens an. Andererseits war diese Skepsis aber auch der Tatsache geschuldet, daß die sozial- und kulturpsychologische Problemdiagnose der Alliierten auf wissenschaftstheoretischen Prämissen beruhte, die der geisteswissenschaftlich geprägten Nachkriegspädagogik in Deutschland nur wenig Anschlußpunkte bot. Zwar basierten auch die auf Wilhelm Dilthey zurückgehenden Grundlagen der Geisteswissenschaftlichen Pädagogik auf

---

82 Zur Verarbeitung des Nationalsozialismus innerhalb der Geisteswissenschaftlichen Pädagogik vgl. Dudek 1995, S. 95ff.; Keim 1996; Matthes 1998; Oelkers 1998, S. 220; Teschke 1999, S. 188ff.

83 Exemplarisch für die Abwehr der Strukturreformen steht die Auseinandersetzung über die geplante Abschaffung des für Deutschland spezifischen dreigliedrigen Schulsystems (Volksschule, Real- bzw. Mittelschule und Gymnasium). Die von den amerikanischen Besatzungsbehörde eigens zur Analyse des deutschen Bildungssystems eingesetzte „Zook-Kommission" befand, daß vor allem die hierarchische Struktur des Schulsystems und die fehlende Möglichkeit des gleichberechtigten Zugangs aller Bevölkerungsgruppen zu höheren Bildungseinrichtungen (Gymnasium und Universitäten) grundlegende demokratische Prinzipien vermissen ließ. Das dreigliedrige Schulsystem sollte schließlich durch ein Einheitsschulsystem ersetzt werden, das Chancengleichheit aller sozialer Klassen in der Bevölkerung ermöglichen und eine demokratische Organisation und Leitung erhalten sollte. Angesichts der integralen Bedeutung des dreigliedrigen Schulsystems für die deutsche Bildungstradition wurden die Reformbemühungen der West-Alliierten von deutscher Seite scharf attackiert, was schließlich zu einer Abwehr der Reform und in großen Teilen zu einer Wiederherstellung des Bildungswesens führte. Gemessen an den umfangreichen Intentionen der westlichen Siegermächte wird deshalb bis heute von einer versäumten qualitativen Neuordnung des Bildungssystems in der Bundesrepublik nach 1945 gesprochen (vgl. Tenorth 2000, S. 274ff.).

einem unhintergehbaren Wechselverhältnis von individuellem und gesellschaftlich-kollektivem Leben. Während die anglo-amerikanische Sozialpsychologie jedoch die Absicht verfolgte, das Verhältnis von Individuum und Gesellschaft *ideologiekritisch* zu durchleuchten, Fehlentwicklungen aufzudecken und diese schließlich im Dienste der gesellschaftlichen Verbesserung durch Erziehung zu beheben, faßte die Geisteswissenschaftliche Pädagogik dieses Verhältnis dagegen *affirmativ* als eine prinzipiell harmonische Beziehung zwischen den Individuen und ihren geschichtlich gewachsenen Lebensbedingungen. Nicht die Veränderung der Lebensverhältnisse, sondern ihre subjektive Aneignung, eine gelungene Vergesellschaftung und das Ziel sittlicher Bildung bestimmten den erziehungs- und bildungstheoretischen Begründungsrahmen der Geisteswissenschaftlichen Pädagogik.[84]

Neben der geringen Resonanz der alliierten Umerziehungsvorstellungen wurden auch die NS-Verbrechen im Gründerjahrzehnt der Bundesrepublik nicht nachhaltig in die Lehrpläne der deutschen Schulen oder in andere außerschulische Bildungsangebote aufgenommen.[85] Exemplarisch hierfür steht die bis in die fünfziger Jahre hinein ungelöste Debatte über die Neugestaltung des Geschichtsunterrichts, der zwei unterschiedliche Positionen zugrunde lagen. Ein Entwurf konzipierte den Geschichtsunterricht ausschließlich als unpolitische historische Kultur- und Menschenkunde, in dem der Nationalsozialismus nicht zum Unterrichtsinhalt gerechnet wurde. Der zweite, zeitgeschichtlich strukturierte Entwurf orientierte sich hingegen an staatsbürgerlich-politischen Erziehungszielen. Auch hier stand der Nationalsozialismus nicht unmittelbar auf dem Lehrplan, sondern diente lediglich als Beispiel einer verfehlten Entwicklung in Deutschland, die maßgeblich mit dem Machtmißbrauch Hitlers und seiner Helfer begründet wurde. Verankert werden sollte keine sozialpsychologisch inspirierte demokratische Erziehung nach anglo-amerikanischem Vorbild, wie sie das Konzept der *Re-Education* vorsah. Der Unterricht zielte vielmehr darauf ab, sich auf eine historische Vergewisserung des humanistischen und liberal-demokratischen Potentials der deutschen Geschichte vor 1933 zu besinnen. Durch die Anknüpfung an alte Traditionsbestände sollte der nachfolgenden Generation ein normativer Bezugsrahmen für den demokratischen Neuaufbau vermittelt werden. Ein Rahmen, der eine klare Abgrenzung zur jüngsten deutschen Vergangenheit gebot, zugleich aber auch einen positiven Bezug auf die Geschichte der eige-

---

84 Zu den wissenschaftlichen Grundlagen der Geisteswissenschaftlichen Pädagogik vgl. Herrmann 1983; Oelkers 1998, S. 220f.; Thiersch 1983; Tenorth 2000, S. 229ff. Ähnlich wie die Sozialpsychologie fand auch John Deweys Erziehungsdenken angesichts theoretischer wie ideologischer Vorbehalte keinen Eingang in die Denktradition der Geisteswissenschaftlichen Pädagogik (vgl. das Nachwort von Jürgen Oelkers in seiner Neuherausgabe von John Deweys „Demokratie und Erziehung", hier zitiert als Dewey 1916, S. 489ff.)

85 Zwar wurden die Schulbücher in der Nachkriegszeit weitestgehend von der NS-Ideologie befreit. Der Nationalsozialismus wurde selbst jedoch nicht zum Gegenstand kritische Auseinandersetzung gemacht (vgl. Bennack 1999).

nen Nation möglich machen sollte (vgl. Dudek 1995, S. 249ff.; Mayer 1982, S. 348ff.; Meyers 1979).
Bis zum Ende der fünfziger Jahre nahm die schulische und außerschulische Auseinandersetzung mit den Verbrechen, dem öffentlichen Beschweigen des Themas entsprechend, eine nur sehr geringe Rolle ein. In eigentümlicher Weise stand das deutsche Bemühen um Abgrenzung vom Nationalsozialismus der sozialpsychologischen Problemdiagnose der westlichen Besatzungsmächte gegenüber, das zunächst keinen Eingang in die Semantik der bundesrepublikanischen Selbstbeschreibung fand. Die Bewältigungsstrategien standen im Zeichen eines unmittelbaren Gegenwarts- und Zukunftsbezugs (Wiederaufbau), der durch eine affirmative Orientierung an historischen Traditionen vor 1933 legitimiert wurde. Vor dem Hintergrund dieser geschichtspolitischen Deutungsentscheidung, die NS-Geschichte aus der Kontinuität der deutschen Nationengeschichte zu verbannen, läßt sich auch die geringe Resonanz der NS-Geschichte im Erziehungssystem erklären. Sie wurde nicht zum Gegenstand öffentlicher Erziehung erklärt und fand als Vermittlungsinhalt daher auch kaum einen Eingang in pädagogisch-programmatische Konzepte.

Von der Geisteswissenschaftlichen Pädagogik zur Kritischen Erziehungswissenschaft

Erst im Gefolge der steigenden öffentlichen Beschäftigung mit der NS-Geschichte Ende der fünfziger/Anfang der sechziger Jahre rückte Erziehung als aufklärende und vermittelnde Instanz in das Blickfeld der geschichtspolitischen Aufmerksamkeit. In dem Maße, wie der Nationalsozialismus in den vielfältigen öffentlichen Kontroversen vor allem zur Verjährung der Verbrechen als Teil der eigenen Nationengeschichte reflektiert wurde und die Auseinandersetzung mit ihr immer enger an das nationale Selbstverständnis gekoppelt wurde, gewann sie auch als Bildungsinhalt für die nachkommenden Generationen an Bedeutung.
Einen entscheidenden Impuls für die nachhaltige Etablierung der NS-Geschichte als nationalen Bildungsinhalt lieferten die antisemitischen Parolen und Hackenkreuzschmierereien an der Kölner Synagoge im Dezember 1959, die eine weitreichende Diskussion über die moralische Verfassung der bundesdeutschen Bevölkerung auslöste (vgl. Kap. III, S. 98ff.). In der sowohl im Ausland als auch im Inland geführten Diskussion sah man die Ursachen für diese Ereignisse vorrangig in der unzureichenden Aufklärung der nachwachsenden Generation über die Verbrechen und führte diesen Mangel maßgeblich auf die bis dahin als ungenügend angesehene schulische Thematisierung der NS-Zeit zurück. In der Kritik standen sowohl die fehlende Professionalität des Lehrpersonals als auch die Schuladministration, die es in den

Augen der Kritiker bisher versäumt hatte, für eine nachhaltige Intensivierung der historisch-politischen Bildung in allen Schulformen zu sorgen. Die Konsequenz hieraus war ein beachtliches bildungspolitisches Bemühen im Bereich der Schule und der außerschulischen politischen Bildung. Neben einer Fülle von pädagogischen Buch- und Zeitschriftenbeiträgen und neuen Unterrichtsentwürfen kam es vor allem zu weitreichenden Lehrplanrevisionen und auf Beschluß der Kultusminister-Konferenz bereits im Februar 1960 zu der Entscheidung, die Behandlung des Nationalsozialismus im Geschichts- und Gemeinschaftsunterricht nicht nur verbindlich festzulegen, sondern zugleich an eine Demokratie- und Werteerziehung zu koppeln (vgl. Dudek 1995, S. 273f.). Ferner wurde der Defizitdiagnose durch eine Reform der Lehrerbildung Rechnung getragen. Dessen Kernanliegen war es, Grundlagen über die politischen und geschichtlichen Strukturen des zwanzigsten Jahrhunderts vor allem aber über die NS-Geschichte als verbindlicher Studieninhalt in die Lehramtsausbildung aufzunehmen (ebd.). Im Gefolge dieser Reformen stand die Vermittlung des Themas erstmals auch im Kontext einer Präventions- und Immunisierungsstrategie gegen antidemokratische und antisemitische Einstellungen. Dieser Zielsetzung entsprechend liest sich auch die Stellungnahme der Bundesregierung aus dem Jahre 1961 über „Erfahrungen aus der Beobachtung und Abwehr rechtsradikaler und antisemitischer Tendenzen", in der dem Einsatz von historisch-politischer Bildung ein wichtiger Bestandteil „zur Weckung und Festigung eines demokratischen Staatsbewußtseins und zur geistigen Bewältigung der nationalsozialistischen Vergangenheit" (zit. n. Dudek 1995, S. 277) zugeschrieben wurde.

In dem Maße, wie die NS-Geschichte näher ins Zentrum der bundesdeutschen Geschichtspolitik rückte und sich zu einem expliziten normativen Bezugspunkt des nationalen Selbstvergewisserungsbemühens entwickelte, wurde sie als Bestandteil der deutschen Nationengeschichte auch in den deutschen Lehrplänen verankert und zu einem Gegenstand staatsbürgerlicher Erziehung erklärt. Obwohl es zu einem quantitativen Anstieg der Beschäftigung mit der Zeit der eigenen jüngsten Vergangenheit in den Bildungseinrichtungen kam, bewegte sich die inhaltliche Stoßrichtung der Thematisierung jedoch noch in den Koordinaten der alten affirmativen geschichtspolitischen Wertfestsetzungen, also auch im Rahmen der Problemdeutung der Geisteswissenschaftlichen Pädagogik. Demgemäß ließ sich der deutsche Faschismus als katastrophales aber im Kern überwundenes Ereignis der deutschen Nationengeschichte vermitteln. Auch wenn aus den historischen Ereignissen für die Zukunft gelernt werden sollte, so bezog sich dieses Lernen nicht auf eine kritische Beschäftigung mit den Entstehungsbedingungen des Nationalsozialismus als Teil einer fatalen Entwicklung der eigenen Geschichte oder auf die Frage des Fortwirkens autoritärer, antidemokratischer Gesellschaftsstrukturen und Einstellungen in der Bundesrepublik. Im Einklang mit der geschichtspolitischen Deutungsentscheidung war man vielmehr darum bemüht, die demokratischen Grundhaltungen der nachwachsenden Generation durch einen affirmativen Rückbezug auf die demokratischen und humanistischen Quellen vor 1933 zu stärken. Erst mit der stärkeren öffentlichen Rezeption der Kritischen Theorie in den folgenden Jahren gewann Erziehung als Instrument zur Förderung einer wertbezogenen gesellschaftlichen Integration ihren kritischen, auf individuelle und kollektive Emanzipation abzielende Bedeutung. Mit ihrer sozialpsychologischen Deutung der deutschen Nachkriegssituation schloß die Kritische Theorie in vieler Hinsicht an die Problemdiagnose der Alliierten an und führte die zunächst von „außen" herangetragene und deshalb mit Skepsis in der deutschen Öffentlichkeit bedachte (Um-)Erziehungsvorschläge in der Gestalt eines eigenen, nationalen und von „innen" hervorgebrachten Selbstaufklärungsbemühens neu ein. Die These vom Nachleben des Faschismus in der Bundesrepublik, die Adorno 1959 in seinem Vortrag „Was bedeutet: Aufarbeitung der Vergangenheit" entfaltet hatte, beruhte maßgeblich auf der von ihm, gemeinsam mit Max Horkheimer von 1944-1949 im amerikanischen Exil durchgeführten empirischen „Studien zum Autoritären Charakter" (vgl. GS 9.1). Durch umfangreiche Einstellungsmessungen bei der amerikanischen Bevölkerung erhofften sich Adorno und Horkheimer Erkenntnisse über die Entstehungszusammenhänge autoritärer Charakterstrukturen, die nach Meinung der Autoren Vorurteile und Rassenhaß gegenüber Minderheiten begünstigen und mit verursachten. Ziel war es, auf der Basis der Ergebnisse Interventionsstrategien zu entwickeln, mittels derer rassistische Einstellungen revidiert und zukünftig vermieden werden sollten.[86] Die ausdrückliche Referenz auf das Subjekt und seine schädlichen Neigungen bedeutete nicht nur eine neue Perspektive in der Beurteilung des moralischen Zustands des deutschen Gemeinwesens. Gemeinsam mit dem sozialpsychologischen Deutungsangebot der Kritischen Theorie führte diese „Wendung aufs Subjekt" (GS 10.2, S. 571) auch eine die Ursachen des Nationalsozialismus individualisierende Deutung mit, die weitreichende pädagogische Anschlußpunkte lieferte. Mit dieser Ursachenkonstruktion ließen sich geschichtspolitisch brisante Ereignisse, wie etwa die antisemitischen Vorfälle in Köln, nicht nur als temporäre pädagogische Herausforderung deuten, sondern konnten und mußten als eine immer wieder neu zu bewerkstelligende pädagogische Daueraufgabe begriffen werden. Folglich bestärkten die Befunde über den autoritären Menschentyp die Autoren in der Forderung, gegen die latent existierende Gefahr des Faschismus einen „wahrhaft pädagogischen Gegenangriff" (Horkheimer 1950, S. 417) zu führen, der in Adornos Vortrag schließlich

---

86 Die in den fünfziger Jahren in Deutschland durchgeführte Studie „Gruppenexperiment" (1955) führte die im Exil begonnen Tradition der empirischen Sozialforschung fort und markierte zugleich den Anfangspunkt einer langen Kontinuität von Studien über den Bewußtseinszustand der deutschen Bevölkerung.

programmatisch expliziert wurde.[87] Adorno verbindet das Bemühen um eine „Aufarbeitung der Vergangenheit" wesentlich mit einer „Wendung aufs Subjekt", die sich auf die „Verstärkung von dessen Selbstbewußtsein und damit auch von dessen Selbst" (GS 10.2, S. 571) zu konzentrieren habe. In einer „Art von Schutzimpfung" (ebd.), so Adorno, habe man die Subjekte gegen faschistische Propaganda und Einstellungen zu immunisieren und in ihrer Selbstreflexion auf die eigene Anfälligkeit vor Verführung und Vorurteilsbildung zu stärken: „Ihnen (den Subjekten, W.M.) wären die Mechanismen bewußt zu machen, die in ihnen selbst das Rassenvorurteil verursachen" (ebd.). Die individualisierende Problemdeutung des Faschismus führt Adorno schließlich dazu, die Umsetzung eines solchen Programms, „das Problem des praktischen Vollzugs solcher subjektiven Aufklärung" (ebd.), gänzlich als Erziehungsproblem zu deuten, das folglich „wohl nur eine gemeinsame Anstrengung von Pädagogen und Psychologen lösen" (ebd.) könne.

Im Gefolge der steigenden Einflusses, den die Kritische Theorie auf die bundesrepublikanischen Erinnerungskultur einnahm, stellte auch die Erziehungswissenschaft ihr Theorieprogramm nachhaltig um. Die ideologiekritische Methode der Frankfurter Schule sprengte das bis dahin noch konkurrenzlos existierende Paradigma der *Geisteswissenschaftlichen Pädagogik* und überführte es in die Konzeption der *Kritischen Erziehungswissenschaft* (vgl. Keckeisen 1983, S. 123f.; Lenzen 1997a, S. 26; Tenorth 2000, S. 360ff.). Der methodologische Rahmen der Geisteswissenschaftlichen Pädagogik, die Hermeneutik, wurde aufgrund ihrer fehlenden praktischen Wirksamkeit und ihres angeblich affirmativen Wertbezugs in Frage gestellt. Vor allem wurde sie kritisiert, weil sie die Genese des Faschismus nicht nur nicht zu verhindern vermochte, sondern als Bestandteil der klassischen deutschen Philosophie an der Reproduktion autoritärer, antidemokratischer Traditionen mitgewirkt hatte und daher in den Verdacht der Mitschuld an der fatalen Entwicklung in Deutschland geriet (vgl. Oelkers 1998, S. 225). Die Rezeption der Kritischen Theorie in der Erziehungswissenschaft hatte daher einerseits den Stellenwert einer politisch-moralischen Aufarbeitung der Vergangenheit der eigenen Disziplin (vgl. Keckeisen, 1983, S. 124). Zum anderen wies die Kritische Theorie auch den Weg für einen Neuanfang jenseits der moralisch bedenklichen, weil affirmativen Theorieperspektive der Geisteswissenschaftlichen Pädagogik. Einen Neuanfang, bei dem Auschwitz kein Legitimationsproblem für die pädagogische Theorie bildete, wie für die Tradition der Geisteswissenschaftlichen Pädagogik, sondern im Gegenteil zu einem normativen Referenzpunkt für pädagogisches Handeln werden konnte. Gerade die Kritische Theorie bot der Pädagogik mit ihrer Sozialpsychologie Anschlußpunkte und eröffnete die Perspektive, Erziehung *mit* Auschwitz zu begründen und in den Dienst einer Gesellschaftsveränderung zu rücken, deren erklärtes

---

87 Zu den pädagogischen Implikationen der Studie vgl. Paffrath 1994, S. 59ff.

Ziel die Prävention gegen einen drohenden Rückfall in den Faschismus sein sollte. Mit der Integration zentraler Elemente der Kritischen Theorie in das Konzept der geisteswissenschaftlichen Pädagogik galt es, die Voraussetzungen für eine kritische Analyse und Veränderung der Erziehungsverhältnisse im Lande zu ermöglichen, um die bisher versäumte nachhaltige *Re-Education* der deutschen Bevölkerung mit dem Ziel einzulösen, die Bundesrepublik gegen antisemitische und rechtsradikale Tendenzen pädagogisch zu imprägnieren.

Flankiert wurde dieser Paradigmenwechsel in der Erziehungswissenschaft von der Aspiration der Bildungsreform, die im Verbund mit der sich wandelnden Geschichtspolitik, die Aufbruchsstimmung der sechziger und siebziger Jahre prägte. 1964 war es Georg Picht, der mit seiner programmatischen Schrift „Die deutsche Bildungskatastrophe" eine umfassende öffentliche Diskussion über die von ihm diagnostizierten Modernitätsrückstände des deutschen Bildungssystems im internationalen Vergleich anstieß. Die wirtschaftliche Entwicklung und die internationale Wettbewerbsfähigkeit der Bundesrepublik wurden im Rahmen dieser Debatte in einem grundsätzlichen Zusammenhang mit dem schlechten Bildungsstand der eigenen Bevölkerung diskutiert. Ungeachtet der inhaltlichen Differenzen über die programmatische Stoßrichtung der Reformen, beruhten alle Bemühungen auf der Übereinkunft, zur Steuerung des sozialen und ökonomischen Wandels vor allem auf die Expansion des Bildungswesens und damit auf die pädagogische Bearbeitung von sozialen Krisenerfahrungen zu setzen (vgl. Böhm 1994, S. 105f.; Meinberg 1988, S. 49f; Radtke 1996, S. 26ff.; Tenorth 2000, S. 293ff.).

Gemeinsam mit den Zielen der Bildungsreform markierte die durch die Kritische Theorie inspirierte erziehungswissenschaftliche Internalisierung sozialpsychologischer Denkmuster einen weiteren Schub der Pädagogisierung der Erinnerung. Begleitet vom Wandel des geschichtspolitischen Paradigmas von Affirmation zur Kritik führte der Erziehungsoptimismus der Bildungsreform auch zu einer stärkeren moralisch-pädagogischen Codierung des Umgangs mit der Geschichte des Nationalsozialismus, die nun gleichsam in ihrer Bedeutung als nationaler Bildungsinhalt aufgewertet wurde.

Auch die Geschichtsdidaktik änderte unter dem Eindruck der sukzessiven semantischen Verschiebung der Koordinaten des nationalen Selbstvergewisserungsbemühens ihr bisheriges Programm. Im Zuge der Curriculumrevision Ende der sechziger/Anfang der siebziger Jahre stellte sie ihr bisheriges Programm von einer reinen Stoffbezogenheit auf Lernzielorientierung um und etablierte den Geschichtsunterricht vor allem auch über die NS-Zeit als politischen, gesellschafts- und ideologiekritischen Unterricht (vgl. Ehmann 2000; Kuss 1995; Kuhn 1982). Der curriculare Anspruch auf Effizienz, Überprüfbarkeit und Transparenz von Lernzielen und Lernprozessen wurde von der Geschichtsdidaktik ebenso aufgegriffen wie die Forderung, sowohl Lerninhalte als auch Lernziele unmittelbar an Leitvorstellungen wie beispielsweise individuelle und kollektive Emanzipation zu knüpfen. Vor dem Hintergrund des moralisch konturierten Diktums ‚aus der Geschichte lernen' erwuchsen weitreichende pädagogisch-programmatische Ambitionen, die den Imperativ ‚Nie wieder Auschwitz' in einer zukunftsgewandten Moral- und Menschenrechtserziehung zu transformieren vermochten.

Erziehung im Schatten der „Dialektik der Aufklärung": Theodor W. Adorno als Kulturkritiker und Volkserzieher

Adornos Vortrag „Erziehung nach Auschwitz": Die Ikone westdeutscher Erziehungsbemühungen nach 1968

Die öffentliche Verbreitung der sozialpsychologischen Denkfigur wird wesentlich auf die massenmediale Präsenz des gesellschaftskritischen Wissenschaftsprogramms des Instituts für Sozialforschung zurückgeführt (vgl. Albrecht u. a 1999, S. 203ff.). Populär waren und sind vor allem Adornos Radiobeiträge im Hessischen Rundfunk, die er im Rahmen der Vortragsreihe ‚Bildungsfragen der Gegenwart' gehalten hatte. In Zusammenarbeit mit der Hauptabteilung ‚Bildung und Erziehung' im Hessischen Rundfunk entstand diese Vortragsreihe unter Leitung des damals verantwortlichen Redakteurs Gerd Kadelbach, an der sich Adorno von 1959 bis 1969 mit regelmäßigen Vorträgen und Gesprächen zu Fragen der Bildung und Erziehung beteiligte. Die Radiobeiträge waren Teil des umfangreichen Engagements des Instituts für Sozialforschung im Bereich der politischen Bildung und der bildungspolitischen Debatten der Nachkriegszeit insgesamt. Neben der Einrichtung des „Studienbüros für politische Bildung", der Organisation von Studienreisen, unter anderem in die USA, war es vor allem die aktive Beteiligung von Horkheimer und Adorno an Diskussionen zu Fragen der Lehrerbildung und der Demokratisierung der Schulstruktur, die den Kern des aktiven Beitrags des Institutes für Sozialforschung zur Förderung der politischen Bildung darstellten (vgl. Albrecht u.a. 1999; Demiroviç 1999; Paffrath 1994).

Als Schlüsseltext für die weitreichende Pädagogisierung der Geschichte des Nationalsozialismus und des Holocaust erwies sich neben dem bereits erwähnten Vortrag „Was bedeutet: Aufarbeitung der Vergangenheit" (1959)[88], sowie den Gesprächen „Erziehung zur Entbarbarisierung" (1968)

---

88 Der im Herbst 1959 vor dem Koordinationsrat für Christlich-Jüdische Zusammenarbeit gehaltene Vortrag wurde im Februar 1960 gesendet und stand am Anfang der bis 1969 andauernden Vortragsreihe. Die im folgenden erwähnten Gespräche und Vorträge wurden hingegen ausdrücklich für diese Sendungen konzipiert. Demgemäß verweisen die Jahres-

und „Erziehung zur Mündigkeit" (1969) vor allem der 1966 gehaltene Vortrag „Erziehung nach Auschwitz". In ihm formuliert Adorno seine berühmte Forderung „daß Auschwitz nicht noch einmal sei, ist die allererste an Erziehung" (GS 10.2, S. 674), die Generationen von Pädagogen nach 1968 in ihrem eigenen Selbstverständnis geprägt hat. In den pädagogischen Prämissen des Vortrags und vor allem in der Art und Weise seiner Rezeption läßt sich der pädagogische *common sense* westdeutscher Erziehungsbemühen im Umgang mit der NS-Geschichte nach 1968 exemplarisch rekonstruieren (vgl. Meseth 1999; 2000). Adornos Imperativ und mit ihm die zivilisatorische Katastrophe ‚Auschwitz' avancieren hier zum normativen Bezugspunkt einer Pädagogik, die mit nichts weniger in die Verantwortung genommen wird als mit der umfassenden Aufgabe, daß sich ein ‚zweites Auschwitz' nicht zu ereignen vermag. Obwohl Adorno einen auf Aufklärung setzenden Erziehungsoptimismus an vielen Stellen seiner soziologischen und philosophischen Texten für vermessen hielt, zeichnet sich sein Vortrag durch einen pädagogisch anschlußfähigen und an vielen Stellen auch explizit pädagogisch argumentierenden Duktus aus. Zwar klingt Adornos Skepsis gegenüber einem allzu naiven Erziehungsoptimismus an, die Einwände bleiben jedoch im Hintergrund und werden gleichsam pädagogisch relativiert: „Wenn im Zivilisationsprinzip selbst die Barbarei angelegt ist, dann hat es etwas Desperates, dagegen aufzubegehren", schreibt Adorno gleich zu Beginn seines Vortrags (GS 10.2, S. 674), um im Anschluß trotz dieser resignativen Einsicht erziehungsoptimistisch fortzufahren. „Da die Möglichkeit, die objektiven, nämlich gesellschaftlichen und politischen Voraussetzungen, die solche Ereignisse ausbrüten, zu verändern, heute aufs äußerste beschränkt ist, sind Versuche, der Wiederholung entgegenzuarbeiten, notwendig auf die subjektive Seite abgedrängt. Damit meine ich wesentlich auch die Psychologie der Menschen, die so etwas tun" (ebd., S. 675f.), betont Adorno und folgt damit der bereits in seinem Vortrag „Was bedeutet: Aufarbeitung der Vergangenheit" angeregten „Wendung aufs Subjekt". Man müsse, so Adorno weiter, „die Mechanismen erkennen, die die Menschen so machen, daß sie solcher Taten fähig werden, muß ihnen selbst diese Mechanismen aufzeigen und zu verhindern trachten, daß sie abermals so werden, indem man ein allgemeines Bewußtsein jener Mechanismen erweckt" (ebd., S. 676). Folglich sei „Erziehung (...) sinnvoll überhaupt nur als eine kritische Selbstreflexion" (ebd.). Adorno plädiert für die Stärkung der Widerstandskräfte im Subjekt. „Die einzig wahrhafte Kraft gegen das Prinzip von Auschwitz wäre Autonomie", so Adorno, „die Kraft zur Reflexion, zur Selbstbestimmung, zum Nicht-Mitmachen" (ebd., S. 679). Weit umfangreicher als in seinem Vortrag „Was bedeutet: Aufarbeitung der Vergangenheit" benennt Adorno sogar konkrete

---

zahlen auf das Jahr ihrer Ausstrahlung und nicht auf das ihrer späteren Veröffentlichung (vgl. Sende- und Drucknachweise in Adorno 1971, S. 148).

Aufgabenbereiche für Erziehung: „Spreche ich von der Erziehung nach Auschwitz, so meine ich zwei Bereiche: einmal Erziehung in der Kindheit, zumal der frühen; dann allgemeine Aufklärung, die ein geistiges, kulturelles und gesellschaftliches Klima schafft, das eine Wiederholung nicht zuläßt, ein Klima also, in dem die Motive, die zu dem Grauen geführt haben, einigermaßen bewußt werden" (ebd., S. 677).

In Adornos Vortrag wiederholen sich geradezu idealtypisch die Koordinaten des normativen Selbstvergewisserungsbemühens der modernen Gesellschaft, wenn angesichts einer Krisenerfahrung für Erziehung als Problemlösung plädiert und damit ihre Rolle als gesellschaftliches Integrationsmedium bestätigt wird. Auch wenn Adorno mit Erziehung keine umfassende Verbesserung der Verhältnisse verspricht, so liefert er doch einen ‚bescheidenen' Anhaltspunkt, wie dem Schlimmsten in einer ansonsten durch und durch „verwalteten Welt" entgegengearbeitet werden könne. Selbst mit konkreten Handlungsanweisungen spart Adorno nicht, wenn er darauf hinweist, „daß wahrscheinlich die Entbarbarisierung auf dem platten Land noch weniger als sonstwo gelungen ist" (ebd., S. 680), und auf der Basis dieser Defizitdiagnose fordert, „daß etwas wie mobile Erziehungsgruppen und -kolonnen von Freiwilligen gebildet werden, daß sie aufs Land fahren und in Diskussionen, Kursen und zusätzlichem Unterricht versuchen, die bedrohlichsten Lücken auszufüllen" (ebd.). Schließlich benennt Adorno auch Eckpunkte für eine Reform des politischen Unterrichts. Eine Reform, die bis heute in deutschen Schulen nachwirkt: „Aller politischer Unterricht endlich sollte zentriert sein darin, daß Auschwitz nicht sich wiederhole" (ebd., S. 690). Dazu müsse er, so Adornos Forderung, „in Soziologie sich verwandeln, also über das gesellschaftliche Kräftespiel belehren, daß hinter der Oberfläche der politischen Formen seinen Ort hat" (ebd.).

Im Verbund mit der konkreten Ziel- und Aufgabenstellung einer „Erziehung nach Auschwitz" eröffnete Adorno mit seiner „Wendung aufs Subjekt" der Auseinandersetzung mit der NS-Geschichte weitreichende Pädagogisierungschancen. Die pädagogische Rezeption des Vortrages zeigt, daß bis heute im Sinne der Maxime Adornos programmatisch-pädagogische Konzepte begründet werden, mit denen Menschen moralisch verbessert und zu Toleranz, Frieden und Humanität erzogen werden sollen (vgl. Meseth 2000). Die Verwendung des Topos Auschwitz in der pädagogischen Literatur hat dabei teilweise zu grotesken Verwendungsweisen von Adornos Vortrag geführt. Die Aufgabe der Tradierung der NS-Geschichte ist dabei zuweilen ganz aus dem Blickfeld geraten. Der Zivilisationsbruch wird aus seinem historischen Kontext gelöst, dient ausschließlich zur Legitimation pädagogischen Handelns und wird damit einseitig für diesen Zweck vereinnahmt. In dieser Verwendungsweise wird Adornos „Erziehung nach Auschwitz" umstandslos zu einer „Erziehung nach Mölln/Solingen" (Hilbig 1995), aus Adornos Imperativ ein „Fundamentalprinzip für jede künftige Pädagogik" (Pöggeler 1992) oder er wird gar umformuliert zur Formel „die Forderung, daß der nukleare Omnizid nie werde, ist die allererste an Erziehung" (Schreiner 1986). Das Gemeinsame dieser Form seiner Verwendung ist die stützende Funktion für die jeweilige Argumentation. Auschwitz oder ein an die Stelle von Auschwitz rückendes gesellschaftliches Problem – sei es nun die nukleare Bedrohung, der Rassismus oder der gefährdete Weltfrieden – wird durch den Gebrauch von Adornos Imperativ zu einem Bildungs- und Erziehungsproblem gemacht, um zu begründen, daß mit Erziehung auf dieses Problem reagiert werden müsse. Die selektive und theoretisch verkürzte pädagogische Verwendung von Adornos Imperativ bildete in dieser überspitzten Form zwar keinesfalls die Regel des pädagogischen Umgangs mit dem Nationalsozialismus. In ihr spiegelt sie jedoch das Kondensat eben jener Pädagogisierung der Erinnerungskultur, die nicht nur das pädagogische, sondern auch das bundesdeutsche Selbstverständnis bestimmt: Auschwitz wird zum Antipol des Guten, dessen Wiederkehr durch die Vermittlung von Wissen über die NS-Geschichte und das Einüben in demokratisches Handeln, Toleranz und Empathie entgegengearbeitet werden soll. Lernen aus Geschichte wird zur ultimativen Forderung „Nie wieder Auschwitz" und schließlich in den pädagogischen Auftrag einer „Erziehung nach Auschwitz" transformiert.

Adorno: Kulturkritiker und/oder Volkserzieher?!

Der öffentliche Erfolg der Schriften Theodor W. Adornos zu Erziehung und Bildung, vor allem aber der in diesen Vorträgen zur Geltung kommende Erziehungsoptimismus, ist angesichts der Kultur- und Vernunftkritik, für die Adornos Werk eigentlich steht, durchaus erstaunlich. Im Lichte seiner negativen und vertrackten Dialektik, die weder theoretisch noch moralisch Spielräume zu lassen schien, um positive Zukunftskonzepte oder gar Handlungsanweisungen zu formulieren, wie den destruktiven Tendenzen der instrumentellen Vernunft Einhalt zu gebieten sei, konstatiert etwa Thomas Assheuer (2003) anläßlich des 100. Geburtstags des Denkers: mit Adorno sei kein Staat zu machen; und eigentlich scheint der Befund nur konsequent, wäre da nicht der unübersehbare Erfolg desselben Adorno, den dieser mit seinen Arbeiten zu Erziehung und Bildung erfahren hat. Gemeint sind die Radiobeiträge im Hessischen Rundfunk – allen voran der Vortrag „Erziehung nach Auschwitz".

Der Befund, daß ganz offensichtlich und entgegen aller theoretischer Einsichten mit Adorno wenn nicht Staat, so doch Erziehung gemacht wurde, scheint zu befremden. Offensichtlich steht Adorno mit seiner Kulturkritik nicht nur für eine ständige Quelle der Beunruhigung des bundesdeutschen Selbstkonzepts, sondern ist vermittelt über seine Erziehungsschriften auch zu einem Bezugspunkt nationaler Sinnstiftung geworden. Wie aber läßt sich erklären, daß Adorno für eine „Erziehung nach Auschwitz" und überhaupt für Erziehung plädiert, wenn seine theoretischen Schriften doch deren Wirkungslosigkeit und Scheitern nahelegen müßten? Warum, so läßt sich weiter fragen, wurde und wird Erziehung als Teil der Kultur, die Auschwitz hervorgebracht hat, von ihm nicht im selben Maße zum Gegenstand der Kritik gemacht, wie dies für fast alle anderen gesellschaftlichen Bereiche, von der Politik über die Wirtschaft bis zur sogenannten Kulturindustrie, zu beobachten ist?

Der folgende Versuch, diese scheinbare Ambivalenz zu klären, folgt nicht der Absicht, den „praktisch pädagogischen Adorno gegen den schwarzen Kritiker" zu setzten.[89] Weder geht es darum, diese Ambivalenz als Reflexionsdefizit Adornos zu entlarven, noch sollen die Radiovorträge als Gelegenheitsarbeiten abgetan werden, die dem Institut für Sozialforschung lediglich zur eigenen öffentlichen Selbstdarstellung dienten. Vielmehr geht es um die theoretischen Gemeinsamkeiten seiner Texte, mithin um den Versuch, Adorno und die Kritische Theorie insgesamt als ein im Kern pädagogisches Projekt auszuweisen.

Adornos Kritische Theorie: ein pädagogisches Projekt

Es ist ein philosophischer *common sense,* daß in Adornos Werk, ungeachtet seiner tiefen Resignation, eine normative Perspektive eingeschrieben ist (vgl. Kap. II, S. 73ff.). Adornos Anforderungen an Moral sind zwar sperrig, aber unzweifelhaft vorhanden. Sie liegen in seiner negativen Moralphilosophie begründet, in der Abwendung von positiven Normen und der Hinwendung zu einem „nicht in Rationalität aufzulösende(n), naturhaft somatische(n) Moment" des Subjekts, wie es Gerhard Schweppenhäuser (1993, S. 109) formuliert. Während Adorno die Hoffnung auf eine Aufklärung verabschiedet, die auf einem affirmativen Gebrauch der Vernunft basiert, so hält er mit seiner Referenz auf das moralische Gefühl trotz allem an der Möglichkeit des Besseren durch den Erkenntnis- und Veränderungswillen des *modernen Subjekts* fest. Die Bezugspunkte Adornoscher Moral sind die moralischen Gefühle der Wut, der Trauer, der Scham und der Entrüstung. In der Unmittelbarkeit dieser Impulse sieht Adorno den letzten Rest an eigenwilligen Regungen des Subjekts verborgen, die noch nicht gänzlich von der ansonsten total verwalteten Welt überformt worden sind. In diesem Hoffnungsschimmer, der auch und vor allem in der Figur des „Nicht-Identischen" zum Ausdruck kommt, findet das utopische Potential der Kritischen Theorie Adornos seinen Ort. Dem „Nicht-Identischen" ist ein energetischer Möglichkeitsraum eingeschrieben, durch den das Bessere der Gesellschaft über den Fluchtpunkt des Subjekts

---

89 Auf die Gefahr einer solchen dichotomen Gegenüberstellung hat mich Andreas Gruschka in einem Kommentar zu meinem Dissertationsprojekt im Rahmen eines Forschungskolloquiums an der Johann Wolfgang Goethe-Universität Frankfurt am Main hingewiesen.

und damit eben auch über Erziehung gedacht werden kann. Zwar sieht Adorno die Gelegenheiten für ein Aufflackern des „Nicht-Identischen" lediglich in den Sphären der Kunst und der Philosophie gewahrt, weil er in ihnen Formen der gesellschaftlichen Praxis vermutet, die sich dem unmittelbaren Wirken der instrumentellen Vernunft in einzelnen Momenten noch zu entziehen vermögen, dennoch bedarf es einer Hinführung des Subjekts zu diesen Sphären, eine Instanz der Vermittlung. Erziehung wäre eine solche Instanz. Mit ihr eröffnet sich ein Möglichkeitsraum, in der die Zukunft als das Andere, vielleicht auch als das Bessere gedacht werden kann.

Im Lichte dieser Überlegung löst sich der auf den ersten Blick scheinbar nicht zu vereinbarende theoretische Widerspruch zwischen Adornos Radiovorträgen und seinen soziologischen und philosophischen Schriften auf. Seine vielzitierte „Wendung aufs Subjekt", wie er sie zuerst in seinem Vortrag „Was bedeutet: Aufarbeitung der Vergangenheit" einfordert, läßt sich gerade vor dem Hintergrund des utopischen Potentials des „Nicht-Identischen" erklären. Diese Potential verortet Adorno offensichtlich auch und vor allem im nicht restlos vergesellschafteten Subjekt. Folgt man dieser Lesart, so schließt Adorno an eine basale pädagogische Prämisse der Aufklärung an: an das Rousseausche Modell von der ersten ‚guten' Natur des Menschen und den deformierenden Kräften der Gesellschaft.[90] Ein Modell, das durch die Gegenüberstellung von Mensch und Gesellschaft, von Natur und Kultur, immer auch an der ‚Unverdorbenheit' des Menschen, zumal des Kindes festhalten kann. Nach Rousseau wird die erste Natur des Menschen zum Garanten des Guten, das durch die schützende Funktion einer ‚Negativen Erziehung' zur Entfaltung kommen soll. „Alles ist gut, wie es aus den Händen des Schöpfers kommt; alles entartet unter den Händen des Menschen", schreibt Rousseau 1762 in seinen bekannten Erziehungsschrift „Emil oder Über die Erziehung" (ebd., S. 9), um auf der Basis dieser anthropologischen Prämisse sein Konzept einer negativen Erziehung zu entfalten (vgl. Oelkers 2001, S. 39-48). Wenngleich Adorno mit einem bei Rousseau noch vorhandenen Fortschrittsoptimismus bricht, so ist seiner Erziehungsvorstellung nach Auschwitz auch die Absicht unterlegt, die Subjekte vor der Destruktivität der Gesellschaft zu schützen. Adorno hat Erziehung als „Erziehung zur Mündigkeit" (Adorno 1971), als „Erziehung zum Widerstand" (ebd., S. 145) oder zu einer Befähigung zum „Nicht-Mitmachen" (GS 10.2., S. 679) verstanden. Erziehung zielt auf eine Aufklärung der Subjekte über die fatalen gesellschaftlichen Verhältnisse und soll gleichsam gegen diese Verhältnisse wirken. Durch die Befähigung der nachwachsenden Generation zur Gesellschaftskritik – und das hieße

---

90 Die Überlegung, Adornos Erziehungsgedanken in den Kontext des Entwurf einer „Negativen Erziehung" von Jean-Jacques Rousseau zu stellen verdanke ich Matthias Proske, der diesen Gedanken in einem gemeinsam mit Frank-Olaf Radtke und mir durchgeführten Workshop zu Adornos „Erziehung zur Mündigkeit" auf der Theodor W. Adorno-Konferenz im September 2003 in Frankfurt am Main entwickelt hat.

auch und vor allem das Durchdringen der „Dialektik der Aufklärung" im Sinne der Erkenntnis, daß es kein „richtiges Leben im falschen gibt" (vgl. GS 4, S. 43) – markiert Erziehung eine Perspektive, durch die eine bessere Zukunft gedacht werden kann, ohne sie konkret entwerfen zu müssen; und an diesem Hoffnungsfaden, der sich im Kontext seiner „Wendung aufs Subjekt" nicht zerreißen läßt, ändert auch die vertrackte Dialektik der Vernunft nichts. Es bleibt zwar erwartbar, daß sich selbst seine bescheidenen Lernziele in verdinglichte Postulate verwandeln, daß also Halbbildung statt Bildung hervorgebracht wird, trotz allem bleibt bei Adorno Bildung als Positivwert dem pädagogischen Bemühen erhalten.

Folgt man dieser Perspektive, so wären die Radiobeiträge nicht das Resultat von Gelegenheitsarbeiten, die lediglich als Kompromiß des bildungspolitischen Engagements des Instituts für Sozialforschung im Hessischen Rundfunk, mithin also durch den kulturindustriellen Sog des Massenmediums Radio entstanden sind. Vielmehr wären sie theorieimmanent gedeckt und, wie F. Hartmut Paffrath (1994) schreibt, „dialektisch zu begreifen (...): als Versuch, aktiv einzugreifen, sowie als Ausdruck tiefster Resignation" (ebd., S. 15).

Zu den formalen und damit auch inhaltlichen Differenzen von Adornos Texten

Zu betonen ist, daß Adorno mit dieser Lesart seiner Schriften keinesfalls Naivität vorgeworfen wird. Es gilt als unbestritten, daß er sich im Klaren darüber war, daß er mit seinen Vorträgen Gefahr lief, den dialektischen Gehalt seiner Theorie zu verlieren. Er sah die Grenzen, die ihm mit der gewählten Form des Vortrags gesteckt waren, wenn er in der Vorbemerkung des Vortrags „Zur Bekämpfung des Antisemitismus heute" (1962) in der dritten Person des Autors betont, er sei „sich dessen bewußt, daß in seiner Art von Wirksamkeit gesprochenes und geschriebenes Wort noch weiter auseinander treten als heute wohl durchweg. Spräche er so, wie er um der Verbindlichkeit der sachlichen Darstellung willen schreiben muß, er bliebe unverständlich; nichts aber, was er spricht, kann dem gerecht werden, was er von einem Text zu verlangen hat (...). Wo ein Text genaue Belege zu geben hätte, bleiben dergleichen Vorträge notwendig bei der dogmatischen Behauptung von Resultaten stehen" (GS 20.1, S. 360). Im Schatten dieses Dilemmas war er stets darum bemüht, auf die begrenzte inhaltliche Aussagekraft seiner Vorträge hinzuweisen und zu betonen, daß er für die gedruckte Fassung solcher Vorträge keine Verantwortung übernehme. Vielmehr seien sie „lediglich als Erinnerungsstütze" und „bescheidene Anregungen" für jene zu verstehen, „welche bei seiner Improvisation zugegen waren und welche über die behandelten Fragen selbstverständlich weiterdenken möchten" (ebd.). Gerd Kadelbach weiß in einem Erfahrungsbericht über die Zusammenarbeit mit Adorno im Hessischen Rundfunk zu berichten, daß dieser seinen „Ausflügen ins

Funkhaus" (Kadelbach 1990, S. 52) immer kritisch gegenüber gestanden habe und „die Drucklegung seiner freigehaltenen Reden und Gespräche am liebsten nicht gestattet hätte" (ebd.).

Adorno setzte sich mit seiner Entscheidung, den sogenannten ‚Elfenbeinturm' und damit die Position des reflektierenden Intellektuellen zu verlassen, einem theoretisch wie moralischen Dilemma aus. Er wandte sich ausdrücklich der von ihm ansonsten kritisierten Kulturindustrie zu, der er sich in seinen philosophischen Texten bewußt zu entziehen versuchte. Sein eigenwilliger Sprachgebrauch war immer auch dem Bemühen geschuldet, sich dem begrifflichen und identifizierenden Denken zu entziehen und die fundamentale Beunruhigung, die von Auschwitz für das Denken der Moderne ausgeht, in die Repräsentationsform seiner Theorie einzulassen. Adorno will seine Leser diese Beunruhigung spüren lassen. Er ringt ihnen die Anstrengung ab, seine Texte Satz für Satz *nach*zudenken. Er konfrontiert den Leser mit den aporetischen Dimensionen seiner Dialektik und versperrt sich dagegen, die eigene Theorie resümierend darzustellen. In der thesenförmigen Vereinfachung seiner Theorie lag für Adorno bereits die Gefahr ihrer Verdinglichung (vgl. Wellmer 1993; Demmerling 1994, S. 117ff.).

Die Skepsis, die Adorno gegenüber der thesenförmigen Zusammenfassung seiner Überlegungen hegte, findet sich an vielen Stellen seines Werkes wieder. So schreibt Adorno beispielsweise im Oktober 1960 in den einleitenden Worten einer geplanten Radiodiskussion über seinen Text „Theorie der Halbbildung" (1959):

„Da wir jedoch nicht voraussetzen können, daß diese Publikationen Ihnen bekannt sind, möchte ich in aller Kürze ein paar Gedanken daraus wiedergeben; nicht etwa, wie man so sagt, den Vortrag selbst referieren. Die Möglichkeit des Resümees verantwortlich formulierter Dinge bezweifle ich. Was ich schreibe opponiert geradezu der Resümierbarkeit. Sie setzt die Trennung von Form der Darstellung und Inhalt voraus, die ich ungebrochen nicht anerkennen kann. Ließe der Text sich resümieren, so bedürfte es nicht des Textes, sondern das Resümierte wäre die Sache selbst" (GS 8, S. 574).

Es liegt auf der Hand, daß Adorno in seinen Radiovorträgen tendenziell resümierend argumentierte und dem Prinzip der Vereinfachung folgte. Einer Vereinfachung, in der die Trennung von Form und Inhalt der Darstellung von ihm offensichtlich in Kauf genommen wurde. Die Vorträge richteten sich zum Zweck der gesellschaftlichen Aufklärung an eine breite Öffentlichkeit. Sie waren im Vergleich zu Adornos komplexen und dichten soziologisch-philosophischen Texte allgemeinverständlich formuliert[91] und widersprachen

---

91 Vgl. hierzu insbesondere den veröffentlichten Brief Gerd Kadelbachs an Hans-Jochen Gamm, der mit dem Titel „Persönliche Begegnungen mit Theodor W. Adorno im Frankfurter Funkhaus" überschrieben ist. Kadelbach betont hinsichtlich Adornos Sprache an einer Stelle ausdrücklich: „Sein überaus geschliffener, nur schwer zugänglicher Sprachstil, wenn er schrieb, ließ sich im freigeführten Gespräch relativieren, sein an Fachausdrücken und Fremdwörtern überfrachteter ‚Jargon', den zu lesen für Kenner ein Genuß ganz besonderer

geradezu dem der eigenen Philosophie geschuldeten sprachlichen Anspruch seines Schaffens. Wenngleich er vor allem im Vortrag „Erziehung nach Auschwitz" die theoretischen Einsichten der „Dialektik der Aufklärung" nicht unerwähnt läßt, bleiben sie auf die Formulierungen von Gemeinplätzen reduziert.

Adorno war sich vor dem Hintergrund seiner resignativen Theorie im Klaren darüber, daß Sprache teil hat „an der Verdinglichung, der Trennung von Sache und Gedanken" (GS 11, S. 220) und daß seine Theorie in der Form eines Radiovortrages dem verdinglichenden Spiel der instrumentellen Vernunft ausgeliefert sein würde. Und obwohl er dies zu wissen schien, bleibt zu vermuten, daß er mit seinem verbliebenen Erziehungsoptimismus seinen öffentlichen Auftritten nicht nur resignativ begegnete, sondern sie dialektisch verstand: als notwendiges wie notwendig hoffnungsloses Aufklärungsbemühen, in dem er das letzte utopische Potential der Moderne aufgehoben sah.

Adorno und die Kritische Erziehungswissenschaft

Offensichtlich ist Adornos Theorie doch nicht so pessimistisch, wie sie öffentlich und auch akademisch oft verhandelt wird. Aufgrund ihres fehlenden konstruktiven Potentials hat nicht zuletzt Jürgen Habermas die „Dialektik der Aufklärung" als das „schwärzeste Buch" (Habermas 1985a, S. 130) Adornos und Horkheimers bezeichnet. Mit ihrem Pessimismus entzögen die Autoren selbst der Kritik – fast möchte man sagen: der ‚guten alten Ideologiekritik' – ihre theoretische Grundlage. Weil auch Kritik der Vernunft entspringt, bleibt sie verwickelt in die Dialektik der Aufklärung.

Auch die Erziehungswissenschaft hat sich von dieser vermeintlich aussichtslosen Perspektive Adornos beeindrucken lassen und die Versuche, Pädagogik mit der Kritischen Theorie Adornos zu begründen immer wieder als ein problematisches, ambivalentes oder gar destruktives Unterfangen bezeichnet, da der Theorie Adornos offensichtlich keine systematische pädagogische Bedeutung abzugewinnen ist.[92] Entgegen der geläufigen erziehungswissenschaftlichen Rezeption, nach der mit Adorno Erziehung nicht zu machen sei, liefert derselbe Adorno in der hier verfolgten Perspektive jedoch komplementär zu seiner Desintegrationsdiagnose in der „Dialektik der Aufklärung" mit dem Rückgriff auf das „Nicht-Identische im Subjekt, Erziehung immerhin einen Anknüpfungspunkt. Mehr noch: Auch wenn es seine Ver-

---

Art ist, ließ sich im Dialog, wo nötig interpretieren und auch für den Laien verstehbar machen" (Kadelbach 1990, S. 52f., vgl. auch das Vorwort von Gerd Kadelbach zu dem Band „Erziehung zur Mündigkeit" [Adorno 1971, S. 7ff.]).

92 Vgl. hierzu die Beiträge von Blankertz 1987; Keckeisen 1983; Kelle 1992; Oelkers 1990b; Peukert 1983; 1996; Ruhloff 1983; Schäfer 1996; Wellie 1991.

nunftkritik nahe gelegt hätte, wendet er seine Kritik nicht auf die Erziehung selbst. Systematisch – das sei wiederholt – hat sich Adorno der Praxis der Erziehung nicht zugewendet. In seinen Erziehungsschriften beließ er es dabei, Erziehungsziele, wie „Mündigkeit", „Autonomie" und „Widerstand" zu formulieren, ohne sich die erziehungswissenschaftlich eigentlich notwendige Frage zu stellen, *wie* die pädagogischen Zielsetzungen die Praxis der Erziehung erreichen? Ob und wenn ja wie, die guten Absichten von Erziehung in der pädagogischen Praxis, beispielsweise im Unterricht, von der instrumentellen Vernunft ihrerseits wieder verformt und möglicherweise in ihr Gegenteil verkehrt werden, blieb eine von Adorno systematisch nicht gestellte Frage.

Erst Andreas Gruschka (1988) wandte die von Adorno entfaltete Kritik an der instrumentellen Vernunft auf Erziehung selbst. In seinem Buch „Negative Pädagogik" bemüht sich Gruschka um eine negative Begründung der Pädagogik, die davon abzusehen habe, „ein positives Gebäude der Praxis zu errichten oder das in der Praxis vorgefundene in idealistischer Überhöhung zu rechtfertigen" (ebd., S. 11). Vielmehr gelte es, „sich auf die kritische Analyse der Objektivationen pädagogischer Praxis und Theorie" (ebd.) zu konzentrieren und diese gleichsam über ihre Täuschungen aufzuklären, was bislang aufgrund des versöhnenden und positiven Charakters der pädagogischen Theorie und Tradition verhindert worden sei (vgl. ebd.). Mit Gruschkas radikaler Wendung der Adornoschen Vernunftkritik auf die Erziehungspraxis wird jedoch eben diese Praxis moralisch prekär. Gruschka nimmt Erziehung den Glauben an die Realisierbarkeit ihrer guten Absicht. Die gute Absicht, hinter der Adornos Diagnose von der Doppelsinnigkeit der Vernunft bisher unbeobachtet bleiben konnte, wird entkleidet und damit ambivalent. Pädagogisches Handeln wird moralisch prekär, weil auch die beste Handlungsabsicht ihr Gegenteil bereits mitdenken müßte. Unschwer läßt sich annehmen, daß eine Vergegenwärtigung dieser Dialektik vor jeder Handlung unverzüglich zur Handlungsunfähigkeit führen würde, stünden alle Pädagogen doch vor dem moralischen Dilemma, die „Dialektik der Aufklärung" durch das eigene Handeln noch zu forcieren.

Erziehungswissenschaftlich stellt sich bei einem solchen ‚negativen' Begründungsversuch der Pädagogik daher die Frage, ob es sich hierbei überhaupt um Pädagogik oder um Gesellschaftskritik handelt? In diesem Zusammenhang hat Jürgen Oelkers in seiner Kritik an Gruschkas „Negativer Pädagogik" darauf verwiesen, daß sich Pädagogik vor dem Hintergrund ihrer Grundstruktur nicht negativ begründen lasse, da keine Pädagogik ohne eine Definition des Guten auskomme (vgl. Oelkers 1990b, S. 280). Oelkers macht ausdrücklich auf das Spannungsfeld zwischen pädagogischem Optimismus und der Adornoschen Vernunft- und Kulturkritik aufmerksam, wenn er in seiner Kritik an Gruschkas „Negativer Pädagogik" betont: „ADORNOS ‚negative Dialektik' mag ein theoretischer Endpunkt sein, aber mehr auch nicht.

Pädagogik entsteht daraus nicht, zumal nicht für die Praxis der Zukunft" (ebd., S. 282). Folgt man der Überlegung Oelkers', so nimmt Gruschkas Lesart der Adornoschen Theorie dem Medium Erziehung seine Leistungsfähigkeit. Aus Erziehung würde Gesellschaftskritik, in der die pädagogische Praxis als ein Ort erscheint, an dem die instrumentelle Vernunft unnachgiebig wirkt und an dem sich selbst die besten pädagogischen Absichten in ihr Gegenteil verkehren. Diese Spannung zwischen der prinzipiell optimistischen Denkfigur neuzeitlicher Pädagogik und der resignativen kultur- und vernunftkritischen Perspektive der Kritischen Theorie Adornos stellt die zentrale Konfliktlinie dar, die im Rahmen der erziehungswissenschaftlichen Debatte über das Verhältnis von Pädagogik und Kritischer Theorie immer wieder diskutiert wird.[93]

Entgegen der Skepsis, man könne Erziehung mit Adornos Theorie normativ fundieren, bleibt jedoch festzustellen, daß gerade Adorno dies tat. Er verzichtet in seinen Radiovorträgen darauf, seinen zwar schwachen, dennoch aber vorhandenen pädagogischen Optimismus durch eine zu radikale Kritik wieder zu brechen. Er umgeht es, Vernunftkritik und pädagogische Praxis unnachgiebig zusammenzuführen, er fragt nicht nach den Widersprüchen, Enttäuschungen und Widerständen einer Praxis, die vom Makel der instrumentellen Vernunft doch eigentlich durchzogen sein mußte. Adorno formuliert Erziehungsziele, ohne explizit die Unwahrscheinlichkeit ihrer Einlösung gerade unter Berücksichtigung der „Dialektik der Aufklärung" zur Sprache zu bringen. Er hält an der Wirksamkeitsannahme pädagogischen Handelns fest und bot den westdeutschen Erziehungsbemühungen gerade in den Umbruchszeiten der sechziger und siebziger Jahre einen greifbaren normativen Haltepunkt, der sich schließlich auch für die Selbstbeschreibung der Bundesrepublik bewährte.

Adornos Radiovorträge lieferten dem pädagogischen Establishment und der Öffentlichkeit insgesamt eine Perspektive auf Erziehung, die den Geist der Zeit zu treffen verstand. Seine ‚Autorität' machte ihn zu einem Repräsentant der Erziehung, die sich als kritische Erziehungswissenschaft in den ausgehenden sechziger Jahren formierte. Im Verbund mit Adornos Vorträgen trat die kritische Erziehungswissenschaft neben die Geisteswissenschaftliche Pädagogik, die sich in weiten Teilen moralisch diskreditiert hatte, da ihr als Teil der klassischen deutschen Philosophie zumindest in ideeller Hinsicht eine Mitschuld an den Verbrechen zugeschrieben wurde. Zudem war die Geisteswissenschaftliche Pädagogik nach dem Zweiten Weltkrieg darum bemüht, ihr Programm durch einen affirmativen Wertbezug auf die humanistischen und liberal-demokratischen Traditionen vor 1933 neu auszurichten, was ihr zusätzlich den Vorwurf einbrachte, die NS-Verbrechen aus den Kontinuitätslinien der deutschen Geschichte streichen zu wollen. Durch den Ver-

---

93 Vgl. die Literatur in Fußnote 92.

such, die deutschen Traditionsbestände vor 1933 als Bildungsinhalte für die Gegenwart zu rehabilitieren, setzte sie in ihrem Erziehungsprogramm auf eine im Kern doch gute deutsche Vergangenheit, die jedoch im Schatten von Auschwitz und durch die fundamentale Kritik am Projekt der Aufklärung ihre Legitimation eingebüßt hatte. In dieses moralische Vakuum trat mit der kritischen Erziehungswissenschaft eine Lesart von Erziehung, in der die Verbrechen zur Negativfolie für die Begründung eben jener „Erziehung nach Auschwitz" werden konnten, die das pädagogische Selbstverständnis nach 1968 normativ fundierte: Nicht mehr Affirmation und der Rückgriff auf alte Traditionen, sondern Erziehung im Zeichen von Emanzipation und Kritikfähigkeit lieferte den Bezugspunkt, über den sich die Bundesrepublik ihrer moralischen Einheit über das Medium Erziehung zu vergewissern vermochte. In dieser semantischen Umstellung von Affirmation auf Emanzipation stellte Erziehung einmal mehr ihre Leistungsfähigkeit unter Beweis. Gleichwohl Erziehung durch die „Dialektik der Aufklärung" in Frage gestellt wird, wird eben jene radikale Vernunftkritik im Zuge der pädagogischen Rezeption der Kritischen Theorie invisibilisiert. Gerade mit Adornos Radiovorträgen bot sich eine Möglichkeit, die Negativität der eigenen Nationengeschichte in den Blick zu nehmen, ohne sich dabei den resignativen Seiten der Adornoschen Kulturkritik stellen zu müssen.

Daß Adornos Vorträge nach 1968 zu Gründungstexten des pädagogischen Establishments und der kritischen Öffentlichkeit avancierten, mag man als Ironie der Theoriegeschichte Adornos lesen. Man könnte sich die Rezeption der Vorträge als eine Episode der Kulturindustrie erzählen, in der Adorno wider besseren Wissens zum Opfer der eigenen Theorie geworden ist. Vor dem Hintergrund der Frage nach der Leistungsfähigkeit von Erziehung als Medium der Kontingenzbewältigung läßt sich der Erfolg der Radiobeiträge hingegen als eine Form historischer Sinnstiftung begreifen, in und mit denen es der bundesdeutschen Gesellschaft gelang, einen Umgang mit den beunruhigenden Dimensionen von Auschwitz zu finden. Erst durch seine Pädagogisierung gewinnt der Holocaust eine anschlußfähige Form für das Selbstvergewisserungsbemühen der Bundesrepublik. Eine Form, in der die historischen Ereignisse sinnstiftend umgedeutet und zu einem Lerngegenstand für folgende Generationen geworden sind, der weniger die Aporien der Moderne als vielmehr eine moralische Botschaft lehrt, die es erlauben soll, in uneindeutigen Zeiten, eindeutige Entscheidungen zwischen Gut und Böse treffen zu können.

„Aus der Geschichte lernen': Erziehung nach Auschwitz und die nachfolgenden Generationen in der bundesdeutschen Erinnerungskultur

Gerade die Popularität, die Adornos Vortrag öffentlich erfahren hat, weist auf den beträchtlichen Einfluß hin, den pädagogische Semantiken auf die nationale Selbstbeschreibung der Bundesrepublik genommen haben. Die Forderung, aus der Geschichte zu lernen, hat sich in den vergangenen Jahren zu einer kollektiv geteilten Prämisse der bundesdeutschen Erinnerungskultur entwickelt. Kaum eine Gedenkveranstaltung kommt ohne den Verweis auf Erziehung oder die besondere Verantwortung aus, die nachfolgende Generationen angesichts des Holocaust zu tragen hätten. Zu der wichtigsten geschichtspolitischen Rede, in der nicht nur die nationale Erinnerungsverantwortung, sondern auch Forderung, aus der Geschichte zu lernen, hervorgehoben wird, zählt die '85er Ansprache des damaligen Bundespräsidenten Richard von Weizsäcker. Eindrücklich bestätigt Weizsäcker in seiner im Deutschen Bundestag gehaltenen Rede zum 40. Jahrestag der Beendigung des Zweiten Weltkrieges das über Geschichte verlaufende nationale Einheitsstreben, das unhintergehbar an die Tradierungsauftrag an die nachfolgenden Generationen gekoppelt wird:

> „Bei uns ist eine neue Generation in die politische Verantwortung hineingewachsen. Die Jungen sind nicht verantwortlich für das, was damals geschah. Aber sie sind verantwortlich für das, was in der Geschichte daraus wird. (...) Wir müssen den Jüngeren helfen zu verstehen, warum es lebenswichtig ist, die Erinnerung wachzuhalten. Wir wollen ihnen helfen, sich auf die geschichtliche Wahrheit nüchtern und ohne Einseitigkeit einzulassen, ohne Flucht in utopische Heilslehren, aber auch ohne moralische Überheblichkeit. Wir lernen aus unserer eigenen Geschichte, wozu der Mensch fähig ist. Deshalb dürfen wir uns nicht einbilden, wir seien nun als Menschen anders und besser geworden. Es gibt keine endgültig errungene moralische Vollkommenheit – für niemanden und kein Land! Wir haben als Menschen gelernt, wir bleiben als Menschen gefährdet. Aber wir haben die Kraft, Gefährdungen immer von neuem zu überwinden" (v. Weizsäcker zit. n. Gill/Steffani 1986, S. 191).

In der hier zur Sprache kommenden generationenübergreifenden Erinnerungsverantwortung hebt Weizsäckers nicht nur die nationale Bedeutung der Beschäftigung mit der NS-Geschichte hervor. Er bekräftigt auch die aufklärerischen Dimensionen dieser Erinnerung für die Gegenwart und Zukunft und unterstreicht die Möglichkeit und Notwendigkeit, aus dieser Geschichte zu lernen. Vor allem aber konturiert er das Verhältnis zwischen den Generationen als ein Verhältnis der Verantwortung, als ein Verhältnis des Lehrens und Lernens, in dem die ältere der neuen Generation helfend zur Seite steht. Helfend im Sinne der Notwendigkeit, die richtigen Lehren aus der Vergangenheit zu ziehen. Lehren, die keine bessere Gesellschaft mehr im Blick zu haben scheinen, keine „utopischen Heilslehren" mehr vermitteln möchten, sondern die dem ‚bescheidenen' Ziel dienen sollen, eine dauerhafte Reflexion auf die latente eigene Gefährdung vor ideologischer Verführung zu gewährleisten. Folglich werden diese Lehren als Mahnung an die folgenden Generationen formuliert, die sich vor der Verführungskraft politischer Demagogie zu schützen haben und die schließlich zu Toleranz und Mitmenschlichkeit aufgerufen werden:

> „Hitler hat stets damit gearbeitet, Vorurteile, Feindschaften und Haß zu schüren. Die Bitte an die jungen Menschen lautet: Lassen Sie sich nicht hineintreiben in Feindschaft und Haß gegen andere Menschen,
> gegen Russen oder Amerikaner,
> gegen Juden oder Türken,
> gegen Alternative oder Konservative,
> gegen Schwarz oder Weiß.
> Lernen Sie, miteinander zu leben, nicht gegeneinander" (ebd.).

In Weizsäckers Rede verdichtet sich beispielhaft der selbstverständliche Modus nationaler Sinnstiftung. Die Geschichte des eigenen Landes wird zu einem normativen Bezugspunkt kollektiver Selbstvergewisserung, aus der konkrete Lehren gezogen werden und die schließlich zum Zwecke der Integrität der eigenen Gemeinschaft an folgende Generationen vermittelt werden sollen. Weizsäcker benennt Erziehung zwar nicht ausdrücklich als konkretes Instrument dieser Tradierung, ihre Bedeutung bleibt aber durch die moralischen Codierung des Generationenverhältnisses stets präsent. Das Verhältnis der Generationen wird als Verhältnis der Differenz beschrieben, in der der älteren Generation der Auftrag auferlegt wird, das Wissen und die Werte der nationalen Gemeinschaft der jüngeren Generation zu vermitteln.

Dieser im Zeichen der historischen Aufklärung und der Toleranz stehende Erziehungs- und Bildungsauftrag, der spätestens mit Weizsäckers Rede zum geschichtspolitischen *common sense* gezählt werden kann, läßt sich beispielhaft an folgenden Reden illustrieren, die vom Bundestagspräsidenten Wolfgang Thierse (SPD) und dem damaligen Bundespräsidenten Roman Herzog (CDU) im Rahmen einer Gedenkstunde für die Opfer des Nationalsozialismus am 27. Januar 1999 vor dem Deutschen Bundestag gehalten wurden. In Thierses Rede heißt es:

> „Der 27. Januar ist für uns Deutsche Anlaß, öffentlich, aber auch jeweils persönlich zurückzublicken auf eine Phase unserer jüngeren Geschichte, auf ein Geschehen, das noch immer alle Vorstellungskraft sprengt. Gerade deshalb ist es unverzichtbar, im Erinnern zugleich die Aufgaben der Gegenwart und Zukunft ins Auge zu fassen. Theodor W. Adornos bekannte Feststellung, die erste Aufgabe an jede Erziehung sei, dafür Sorge zu tragen, daß sich Auschwitz niemals wiederholen könne, richtet sich in der Bürgergesellschaft an jeden einzelnen von uns. Deshalb ist dieser Gedenktag eine nachdrückliche Forderung zur Wachsamkeit. Die Erinnerung an das millionenfache Leid, das die nationalsozialistische Gewaltherrschaft mit ihrem menschenverachtenden Rassenwahn über Europa und andere Teile der Welt gebracht hat, verlangt, schon den Anfängen jeder Wiederholungsgefahr entgegenzutreten" (Thierse 1999, S. 1193).

Thierse konfirmiert mit seinen Formulierung „uns Deutsche" und „unserer Geschichte" nicht nur die partikulare moralische Bedeutung der NS-Verbrechen für die deutsche Wertegemeinschaft. Er bestätigt auch die gegenwarts- und zukunftsbezogene Verschränkung von Gedenken und Lernen, wenn die Erinnerung an die Verbrechen unmittelbar mit der „Forderung zur Wachsamkeit" verknüpft und an die moralische Handlungsaufforderung gebunden wird, „den Anfängen jeder Wiederholungsgefahr entgegenzutreten". Schließlich wird der offizielle Gedenktag und die daran gebundene Lernaufforderung durch den Verweis auf Adornos Imperativ explizit als eine Herausforderung von Erziehung begriffen.

Auch in der Rede Roman Herzogs (CDU) wird die Beschäftigung mit der Zeit des Nationalsozialismus ausdrücklich zu einer Aufgabe der Erziehung erklärt. Zwar warnt Herzog davor, daß das Thema „durch platte und leichtfertige Aktualisierungen zur Moraldidaktik" (Herzog 1999, S. 1197) werden könne, ohne dabei jedoch auf die Formulierung von Lernzielen zu verzichten. Wenngleich Herzog nicht ausdrücklich auf Adornos „Erziehung nach Auschwitz" verweist, so bestätigt er in seiner Argumentation doch die geläufigen pädagogischen Lernziele, die auch und vor allem aus Adornos Vortrag abgeleitet werden. Folglich geht es Herzog nicht nur aber auch „um die Vermittlung historischer Fakten" (ebd., S. 1197), sondern vor allem um die Fähigkeit zur kritischen Selbstbefragung: „Wer sich dieser Geschichte stellt", so Herzog, „der wird als moralisches Subjekt selbst in Frage gestellt, der muß sich doch einfach fragen: Wieso haben die Täter so gehandelt, wieso die Mitläufer? Wieso konnten sie sich nicht in ihre Opfer hineinfühlen? Wie funktioniert Verführung? Wie funktioniert Massensuggestion? Er wird auch um die Frage nicht herumkommen: Bin ich sicher, daß ich nicht mitgemacht hätte? Wäre nicht auch ich nur Zuschauer geblieben? Hätte nicht auch ich so furchtbare Angst gehabt, daß ich eben nicht widerstanden hätte?" (ebd.).

Herzogs eindringlicher Mahnung zur kritischen Selbstreflexion liest sich buchstäblich als pädagogischer Programmtext einer „Erziehung nach Auschwitz", in der pädagogische Denkmuster ununterscheidbar aufgehen im nationalen Selbstkonzept der Bundesrepublik Deutschland, verkörpert durch den Bundespräsidenten als höchstem Repräsentanten des Staates. Diese Verschmelzung von pädagogischen Semantiken mit denen der bundesdeutschen Selbstbeschreibung setzt sich auch im weiteren Verlauf der Rede Herzogs fort. Er rückt zunächst den Nationalsozialismus in den Stand einer unvergangenen Vergangenheit, der „nicht nur als abgeschlossener Lehrstoff einer endgültig vergangenen Geschichte behandelt" werden dürfe (ebd.), und bestätigt damit ausdrücklich den im Zuge des Historikerstreits errungenen Konsens, die NS-Verbrechen in ihrer Einzigartigkeit und Besonderheit für das Selbstverständnis der Bundesrepublik anzuerkennen, um unmittelbar danach einen konkreten Erziehungsauftrag anzuschließen: „Die Beschäftigung mit dieser Zeit", so Herzog, „geht (...) notwendigerweise mit der Erziehung zu

Gewissensbildung und Verantwortung einher" (ebd.). Lernziel einer solchen Erziehung „wäre nicht nur eine möglichst genaue Kenntnis dessen, was im Dritten Reich geschehen ist, sondern auch so etwas wie eine Einübung in Empathie, in das Sichhineinversetzen, das Hineinfühlen, und übrigens auch in Mißtrauen gegen die großen Vereinfacher" (ebd.). Herzog kombiniert emotionale und kognitive Elemente einer „Erziehung nach Auschwitz", die beide zu einem festen Bestandteil aktueller pädagogischer Programme gehören.[94] Ein Programm – das sei wiederholt –, das sich offensichtlich deckt mit der Form des über die NS-Geschichte und Erziehung verlaufenden bundesdeutschen Selbstvergewisserungsbemühens.

Von der Uneindeutigkeit zur Vereindeutigung: über die Leistungsfähigkeit des Mediums Erziehung

Die sinnfällige Pädagogisierung der Erinnerung, wie sie sich von der *Re-Education* über Adornos „Erziehung nach Auschwitz" bis in die zitierten Politikerreden abzeichnet, ist erziehungswissenschaftlich kaum überraschend, spiegelt sich in ihr doch ein selbstverständlicher Modus nationaler Sinnstiftung. Dieser Modus, der seine Bezugspunkte in der Geschichte des jeweiligen Landes und in der vermittelnden Funktion von Erziehung findet, ist folglich auch für den Umgang mit der NS-Geschichte in der Bundesrepublik erwartbar. Überraschend und zugleich beeindruckend liest sich der Erfolg des Mediums Erziehung jedoch dann, stellt man die fundamentale Kritik an den Errungenschaften der Aufklärung in Rechung, der sich nach Auschwitz auch Erziehung als ‚Kind der Aufklärung' zu stellen hätte. „Alle Kultur nach Auschwitz, samt der dringlichen Kritik daran, ist Müll" (GS 6, S. 359), heißt es in Theodor W. Adornos „Negativer Dialektik", und eigentlich hätte dieser resignative Befund auch die Grundfesten von Erziehung erschüttern müssen. Weit gefehlt! Obwohl oder gerade weil Auschwitz für das Denken der Moderne eine ungeheuerliche Irritation bedeutet, wurde Erziehung nach Auschwitz zu einem Sicherheitsanker in einer zutiefst beunruhigenden Welt. Im Schatten der Desintegrationserfahrung, die der Nationalsozialismus hinterlassen hatte, wurde Erziehung als gesellschaftliches Steuerungsmedium nicht verabschiedet, sondern im Gegenteil bestätigt und ausgeweitet. Die Komplementarität, die immer wieder zwischen gesellschaftlichen Desintegrationserfahrungen und dem Ruf nach Erziehung zu beobachten ist, bildet geradezu das *Movens* des Erfolges der neuzeitlichen Erziehung und läßt sich – wie gezeigt – bis in die kulturkritischen Schriften Theodor W. Adornos verfolgen.

---

94 Zu den pädagogisch-programmatischen Lernzielen einer „Erziehung nach Auschwitz" vgl. in diesem Kap. S. 168ff.

In der Logik von Aspiration, Enttäuschung und Reform sind Desintegrationserfahrungen die Deutungsmatrix, auf der Erziehung als Integrationsstrategie immer neu hervorgebracht werden kann (vgl. Oelkers 1996; 1998; Tenorth 2000). „Jede Erziehung", schreibt Jürgen Oelkers (1996), „setzt die Möglichkeit der *Verbesserung* voraus, eine Kausalität des Guten, die ständig reflexiv bestätigt werden muss, auch da, wo die Erfahrung die optimistischen Grundannahmen *nicht* bestätigt. Die Widerständigkeit stützt den pädagogischen Optimismus geradezu, soweit sie *nicht* mit Rückschlüssen auf die Kausalitätsannahmen der Erziehung – das wäre zu riskant – verbunden wird" (ebd., S. 44).[95] Daß diese optimistische Grundfigur pädagogischen Denkens auch für das Selbstverständnis der Bundesrepublik Deutschland nicht an Geltung verloren hat, wird durch die Pädagogisierung der Erinnerung eindrücklich bestätigt. Ungeachtet aller Erschütterung, die der Holocaust für das Selbstverständnis modernen Denkens bedeutet und vor allem ungeachtet der Aussichtslosigkeit, welche die Befunde der „Dialektik der Aufklärung" hinterlassen hatten, ließ sich mit Erziehung das ganz Andere und Bessere denken; selbst die Möglichkeit, mit Erziehung über die „Dialektik der Aufklärung" hinauszugreifen, sie zu überwinden durch das Potential des Neuen, das der nachwachsenden Generationen zugeschrieben wurde.

Letztlich läßt sich der Erfolg des Mediums Erziehung darin ermessen, daß mit ihm die von Auschwitz ausgehenden Beunruhigungen wirkungsvoll invisibilisiert werden konnten. Adornos Vernunftkritik, die als stetige Irritation des bundesdeutschen Selbstvergewisserungsbemühens ausgewiesen werden konnte (vgl. Kapitel III) und die in den facettenreichen Kontroversen um die Aktualisierung und Darstellbarkeit der NS-Verbrechen öffentlich nachwirkt, wird sowohl von Adorno selbst als auch von der Öffentlichkeit nicht mit dem gleichen Nachdruck auch auf Erziehung anwendet, wie dies für andere gesellschaftliche Bereiche der Fall gewesen ist.

Erziehung und die Aktualisierungsparadoxie des Holocaust

Exemplarisch läßt sich diese Invisibilisierung beobachten, wenn man sich anschaut, wie in der Debatte zur Vergangenheitsbewältigung das Verhältnis von Erziehung zur Aktualisierungsparadoxie des Holocaust bestimmt wird. Während nämlich um die Ausdeutung der Frage, was aus der NS-Geschichte zu lernen sei, einerseits gestritten wurde und gestritten wird, ist andererseits nicht zu übersehen, daß in den öffentlichen Kontroversen zu diesem Thema Erziehung als eine sinnfällige Lehre aus den Verbrechen kaum zu einem Gegenstand der Kritik gemacht wird.

---

95 Alle Hervorhebungen im Zitat sind dem Original entnommen.

Spätestens seit dem Historikerstreit in den achtziger Jahren gehört die Rede von der Unerklärbarkeit des Holocaust zu einem zentralen Topos des geschichtspolitischen Diskurses der Bundesrepublik. Der Historiker Dan Diner (1987) hat in diesem Zusammenhang vom „schwarzen Kasten des Erklärens" (ebd., S. 73) gesprochen und darauf hingewiesen, daß ein Verstehen der Verbrechen nur „ex negativo" (ebd.) zu bewerkstelligen sei: „Nur durch den ständigen Versuch, die Vergeblichkeit des Verstehens zu verstehen, kann ermessen werden, um welches Ereignis es sich bei diesem Zivilisationsbruch gehandelt haben könnte" (ebd.). In der normativen Setzung der Unerklärbarkeit des Holocaust und der damit verknüpften Singularitätsthese klingt die ungeheuerliche Erschütterung an, die die Massenvernichtung für das Denken der Moderne bedeutet. In den einschlägigen historischen und sozialwissenschaftlichen Studien markieren die Verbrechen eine Leerstelle, einen Bruch mit Geschichte, dem jede sinnstiftende Perspektive abhanden gekommen ist. Vor dem Hintergrund der Singularitätsthese bleiben eindeutige Erklärungen und Aktualisierungen daher immer auch dem Vorwurf ausgesetzt, die Verbrechen in ihrer Ausnahmeartigkeit und Beunruhigung zu relativieren und sie – politisch intendiert oder aus Naivität – als ein Menschheitsverbrechen unter vielen „in den Fluß der Geschichte" (ebd., S. 62) einzuordnen.

Blickt man nun auf die bundesdeutsche Erinnerungskultur, so wird deutlich, daß dieser Maßstab an Erziehung kaum angelegt wird, obwohl der pädagogische Umgang mit der NS-Geschichte implizit eine Konstruktion der Ursachen von Auschwitz mitführt. Pädagogisierungen verlegen die Ursachen von sozialen Problemen maßgeblich in die defizitären Dispositionen von Menschen, d. h. die Ursachen werden individualisiert und lassen sich so als Erziehungs- und Bildungsprobleme reformulieren. In der Wirkmächtigkeit dieser Deutungsfigur wird Erziehung als Medium des bundesrepublikanischen Selbstvergewisserungsbemühens konfirmiert, über das schließlich auch die von Auschwitz ausgehende Beunruhigung abgeschattet werden kann. Selbst Aktualisierungen, die soziale Problemlagen, wie z. B. Rechtsextremismus oder Rassismus, in den Kontext der historischen Ereignisse rücken, um Erziehung zu legitimieren, geraten daher kaum in den Verdacht, durch ihre offensichtliche Vereindeutigung einer relativierenden Verharmlosung der Verbrechen Vorschub zu leisten oder die Opfer der Verbrechen für pädagogische Zwecke zu instrumentalisieren. Im Verbund mit der Forderung „Wehret den Anfängen" bestätigen pädagogisierende Aktualisierungen nicht nur das kritische Geschichtsbild der Bundesrepublik; in ihnen spiegelt sich einmal mehr die Leistungsfähigkeit des Mediums Erziehung, über das sich die Bundesrepublik, allen Aporien und Einwänden zum Trotz, ihrer moralischen Einheit zumindest in ihrer Möglichkeit zu vergewissern vermag.

Pädagogische Vereindeutigungen

Besonders deutlich vollzieht sich die Vereindeutigung der NS-Geschichte in den pädagogischen Programmen zur Vermittlung der NS-Geschichte. In ihnen werden die öffentlichen Erwartungen an einen angemessenen Umgang mit der NS-Vergangenheit in eine pädagogische, d. h. vermittelbar didaktische Form transformiert. Pädagogische Programme zeichnen sich dadurch aus, daß sie normativ, d. h. in der Form von Absichten und Methoden *für* die pädagogische Praxis argumentieren und dabei spezifische Aneignungserwartungen in bezug auf die Adressaten von Erziehung mitführen (vgl. Paschen 1997; Proske 2001, S. 57ff.). Sie materialisieren sich in Unterrichtsentwürfen, Schulbüchern, Lehrplänen, Reflexionstexten oder in der Selbstdarstellung von außerschulischen Lernorten, wie z. B. in den Konzepten von Gedenkstätten. In diesem Sinne sind pädagogische Programme zur Vermittlung des Themas „Nationalsozialismus und Holocaust" als Konkretisierungen der pädagogisch-normativen Erwartung zu begreifen, die den bundesdeutschen Erinnerungsdiskurs prägt. In ihnen wird die Komplexität des geschichtlichen Gegenstandes zum Zwecke seiner Vermittelbarkeit didaktisch reduziert und gleichsam mit einer handhabbaren Lehre, einer klaren moralischen Botschaft versehen. „Die Erziehung möchte weitergeben, woran man sich halten kann", faßt Niklas Luhmann (2002, S. 133) „die normative Prätention" (ebd., S. 135) von Erziehung zusammen und weist damit zugleich auf den normativen Gehalt des pädagogisch konturierten Wissens hin. Es geht nicht um irgendein Wissen, sondern darum, „etwas Richtiges und im Leben Brauchbares zu unterrichten" (ebd.). Erziehung bedarf für ihr Vermittlungsbemühen damit in aller Regel validiertes Wissen, Wissen, das für Gewißheit und Wahrheit steht und in der sich die etablierten Generationen mit ihren Werten und Normen repräsentiert sehen. Als Bezugsquelle für dieses Wissen dient der Erziehung neben den offiziellen geschichtspolitischen Vorgaben vor allem wissenschaftliches Wissen. „Die Wissenschaft ist", so Luhmann, „die vielleicht wichtigste Ressource der Erziehung, denn die gute Absicht, richtig zu erziehen, kann sich am besten auf wahres Wissen stützen, und für die Wahrheit ist in der modernen Welt die Wissenschaft zuständig" (ebd., S. 132).

Die normative Stoßrichtung von Erziehung, ihre Intention, „etwas Richtiges und im Leben Brauchbares zu unterrichten" (Luhmann 2002, S. 135), trifft auch und gerade im Falle der Vermittlung der Geschichte des „Nationalsozialismus und Holocaust" auf einen historischen Gegenstand, dessen Erforschung mehr Fragen als Antworten erzeugt. Während die moralische Verurteilung der Verbrechen öffentlich uneingeschränkt gültig ist, konnte bis heute keine befriedigende Antwort auf die Frage nach den Ursachen der Verbrechen geliefert werden. Mit wachsendem zeitlichen Abstand zu den Verbrechen und einer immensen Forschungstätigkeit über die NS-Zeit sind die Antworten auf die Frage des ‚Warum?' keinesfalls eindeutiger geworden. Im Gegenteil: Obwohl das Wissen über die Entscheidungsprozesse und über den Ablauf der historischen Ereignisse immer umfassender wird, bleibt die Frage nach den Ursachen der nationalsozialistischen Verbrechen umstritten. Zu den prominentesten Beispielen dieser Aporie der Erklärbarkeit gilt die geschichtswissenschaftliche Kontroverse zwischen Intentionalisten und Funktionalisten. Beide Erklärungsstrategien werfen sich gegenseitig verharmlosende Exkulpationsabsichten vor, die sich in einem Fall als Pathologisierung der Täter, im anderen Fall als Pathologisierung der Zwecke äußern (vgl. Heinsohn 1995; Reemtsma 1998a; 2001b, S. 174f.). Folglich zeichnet sich die Erforschung der Ursachen durch eine eigentümliche Diskrepanz zwischen der Quantität des Detailwissens und einer angemessenen Erklärung der Verbrechen aus, die es verhindert, gesicherte Aussagen darüber zu treffen, was genau aus der NS-Geschichte zu lernen sei, d. h. wie sich zukünftig durch gezielte Entscheidungen Krieg, Leid und Völkermord wirkungsvoll verhindern lassen.[96]

Vor dem Hintergrund dieser uneindeutigen Forschungslage gerät Erziehung in den unhintergehbaren „Widerspruch zwischen Wahrheitsgehalt und Effektivität der Lehre" (Luhmann 2002, S. 133). Auf der einen Seite möchte Erziehung auch und gerade im Fall der Vermittlung des Wissens über die NS-Geschichte „weitergeben, woran man sich halten kann" (ebd.). Auf der anderen Seite stützt sie sich auf Resultate der Forschung, die ihrerseits „auf eine offene, gestaltungsfähige Zukunft mit mehr Problemen als Problemlösungen und mit einer überproportionalen Produktion von Nichtwissen (setzt)" (ebd.). Einerseits bildet Erziehung die gesellschaftliche Adresse, bei der Lernen aus Geschichte konkret werden soll. Andererseits kann sie im Fall des Themas „Nationalsozialismus und Holocaust" nicht auf gesichertes Wissen zurückgreifen, das eindeutige Hinweise geben würde, wie man in Zukunft strukturähnlichen Tendenzen in der Gesellschaft präventiv begegnen könne. Aus der Perspektive der Forschung bliebe Lernen aus Geschichte begrenzt auf die aporetische Einsicht, aus Geschichte sei nur zu lernen, daß man aus ihr nicht lernen könne. Dieser desillusionierende Befund durchkreuzt jedoch die normativen Stoßrichtung von Erziehung, die Antworten auf die ethische Frage geben möchte: Was soll ich tun?

Mit diesem grundlegenden „Problem in der Lehrbarkeit wissenschaftlichen Wissens" (ebd.), dem „Widerspruch zwischen Wahrheitsgehalt und Effektivität der Lehre" (ebd.), weist Luhmann auf die Tendenz von Erziehung hin, die Komplexität und Uneindeutigkeit des wissenschaftlichen Wissens zum Zwecke seiner Vermittlung vereindeutigen zu müssen. Zunächst ließe sich vermuten, daß alle wissenschaftlich tragfähigen Deutungen vom Erziehungssystem aufgegriffen und in eine vermittelbare Form gebracht werden, um sie nachfolgenden Generationen als gleich gültige Lesarten zu präsentiert. Dies hieße beispielsweise, die geschichtswissenschaftliche Kon-

---

96 Zur Aktualisierungsparadoxie vgl. ausführlich Kap. III S. 123ff.

troverse zwischen Intentionalisten und Funktionalisten zum Gegenstand der Vermittlung zu machen, mithin also die Aporie der Erklärbarkeit des Holocaust zu reflektieren. Berücksichtigt man hingegen den normativen Anspruch von Erziehung, zumal den einer „Erziehung nach Auschwitz", so wird der Rückgriff auf diese uneindeutige Bewertungslage prekär. Erziehung, die die Geschichte des Nationalsozialismus zum Gegenstand hat, möchte nicht nur kognitives Wissen vermitteln, sondern zielt immer auch darauf, die moralischen Einstellungen ihrer Adressaten zu verbessern. Es geht um die Vermittlung von Wissen, das eindeutige Anhaltspunkte für Entscheidungen im späteren Leben liefert und nicht um ein Wissen, das mehr Probleme als Problemlösungen schafft (vgl. Luhmann 2002, S, 133). Es ist daher zu erwarten, daß Erziehung bei der Ausgestaltung ihrer Lehrinhalte selektiv auf das Forschungswissen zurückgreift und vor allem Wissen auswählt, das am ehesten Antworten auf die normative Frage zu liefern vermag, was konkret aus der Geschichte zu lernen sei. Folglich wird es wahrscheinlich, daß den pädagogischen Vermittlungskonzepten Ursachenkonstruktionen des Holocaust unterlegt sind, die dem Prinzip der Individualisierung, d. h. einer eher intentionalistischen Lesart der Verbrechen folgen. Im Zentrum dieser Ursachendeutung steht das Argument, es habe direkte Beziehungen zwischen der NS-Ideologie, den politischen Entscheidungen sowie der Planung und Durchführung der Verbrechen gegeben. Mit der Annahme einer rückzuverfolgenden Verkettung von Ideologie, Entscheidung, Planung und Tat läßt sich die ausschlaggebende Rolle am Holocaust zum einen der Person Hitler zuschreiben. Zum anderen, und hier liegen die eigentlichen pädagogischen Anknüpfungspunkte, rücken mit dieser Kausalitätsvermutung die Entscheidungen, Handlungen und Motive jedes einzelnen Täters, Mitläufers und Zuschauers ins Blickfeld, da deren Handeln bzw. Nicht-Handeln das System der Gewalt unterstützt und andere Menschen zu Opfern gemacht hat. Das moralische Versagen der einzelnen Menschen wird zum neuralgischen Punkt der Frage, wie es zu den Verbrechen kommen konnte und wie sie gegebenenfalls hätten verhindert werden können. Pädagogisch gewendet bedeutet diese Ursachendeutung, daß sich Auschwitz in der Summe aus dem massenhaften moralischen Versagen der deutschen Bevölkerung erklären läßt und folglich als Erziehungs- und Bildungsproblem begriffen werden kann.

Unwahrscheinlicher wird hingegen der Rückgriff auf funktionalistische und/oder kulturpessimistische Lesarten des Holocaust, da in diesen die Ursachen nicht auf die einzelnen, bewußt getroffenen Entscheidungen von Menschen, sondern auf die destruktive Tendenz des Zivilisationsprozesses zurückgeführt werden. In dieser Lesart verkörpert der Holocaust den geradezu perfekten Vollzug der modernen bürokratischen Rationalisierung, den Vollzug einer zivilisatorischen Errungenschaft, deren eigentlich gute Absicht sich im Sinne der „Dialektik der Aufklärung" in ihr Gegenteil verkehrte. Folgt man der soziologischen Analyse Zygmut Baumans (1989), so bildete gerade die moderne Bürokratie als Garant für gesellschaftliche Ordnung und Fortschritt die Grundlage zur Durchführung der Massenvernichtung. Die Prinzipien der bürokratischen Rationalität, ihre Arbeitsteilung, ihre Routinen und ihre Zweckförmigkeit, ermöglichten es, Entscheidungen von ihren moralischen Konsequenzen zu trennen. Die beunruhigende Konsequenz dieser Ursachendeutung liegt schließlich in der Annahme, das es sich bei der Mehrzahl der an der Vollstreckung des Genozides beteiligten Menschen im klinischen Sinne nicht um pathologische Fälle handelte, sondern um ‚ganz normale' Menschen, die ihrer Arbeit nachgingen (vgl. ebd., S. 32ff.). Der Umstand, daß die bürokratischen Einzelhandlungen „keine ethische Dimension und daher auch nicht unmoralisch" gewesen seien (ebd., S. 32), bedeutet zugleich „daß es viele Handlungen gibt, für die niemand mit vollem Bewußtsein Verantwortung übernimmt" (ebd., S. 39). Gerade durch dieses „Auseinanderbrechen von individuellen ethischen Grundsätzen" – die bei vielen der Beteiligten durchaus vorhanden gewesen sein dürften – „und den sozialen Konsequenzen der Handlung" (ebd.) verliert das Argument einer individualisierenden Ursachendeutung an Gewicht. Wenngleich die Beteiligung des Einzelnen an den Verbrechen damit nichts von ihrer moralischen Verwerflichkeit verliert, liegt der Fokus dieser Erklärung eben nicht auf dem Subjekt und seinen Motiven und Pathologien, sondern auf den bürokratischen Mechanismen, in der Handeln unter moralisch indifferenten Bedingungen möglich werden konnte. Auch in dieser Lesart mögen Lehren aus der Geschichte zu ziehen sein. Da sich diese Lehren aber weniger auf die Forderung einer Veränderung der Menschen als auf eine Veränderung der gesellschaftlichen Bedingungen beziehen dürften, liefern sie ungleich weniger pädagogische Anschlußpunkte als Deutungen, die einer strikten Individualisierung der Ursachen folgen.

Exemplarisch läßt sich die pädagogische Festschreibung des Prinzips der Individualisierung an zwei elaborierten pädagogischen Programme illustrieren. Das erste Beispiel bildet das Konzept „Konfrontationen. Bausteine für die pädagogische Annäherung an Geschichte und Wirkung des Holocaust", das von der Pädagogischen Abteilung des Fritz Bauer Institutes in Frankfurt am Main entwickelt worden ist.[97] Beim zweiten Konzept handelt es sich um das Buch „Thema Holocaust. Ein Buch für die Schule" von Ido Abram und Matthias Heyl (1996), das sich in den vergangen Jahren als Kanontext in der

---

97 Die pädagogische Abteilung des Fritz Bauer Instituts gilt als einer der Orte in der Bundesrepublik Deutschland, an dem die aktuellsten Diskussionen über den pädagogischen Umgang mit der NS-Geschichte zusammengeführt werden. Dessen pädagogische Materialien – die vor allem für Multiplikatoren der pädagogischen Arbeit in Schule und außerschulischer Jugendarbeit entwickelt werden – können deshalb stellvertretend für die Selbstbeschreibung des pädagogischen Programms stehen. Das Konzept ist vor allem für den Einsatz in der Lehrerfortbildung bestimmt und nimmt explizit auf die Richtlinien der aktuellen Lehrpläne Bezug. Von „Konfrontationen" sind bislang die Bausteine „Identität" (Kößler/Mumme 2000), „Gruppe" (Giere/Kößler 2001), „Ausschluß" (Deckert-Peaceman u.a. 2003) erschienen.

pädagogischen Diskussion um die angemessenen Vermittlungsmethoden der NS-Geschichte etabliert hat. Beide Konzepte legen durch die Personalisierung von Geschichte eine individualisierende Ursachenkonstruktion der NS-Verbrechen nahe, die schließlich auch den methodisch-didaktischen Zugang zum Thema bestimmt. Im pädagogischen Programm „Konfrontationen" heißt es:

„Der Ausgangspunkt der Beschäftigung mit Geschichte ist in unserem Programm das Individuum. Dies bedeutet eine Betonung des Einzelnen als Gestalter der Geschichte. Nicht die Regierenden, nicht die anonymen Mächte der Wirtschaft allein bestimmen den Verlauf der politischen Geschichte. Die einzelnen Menschen in ihrem sozialen Zusammenhang haben in Abhängigkeit von den objektiven Bedingungen der jeweiligen Gesellschaft einen je persönlichen Einfluß auf den Verlauf der Geschichte" (Kößler 2000, S. 13).

Die zentrale Idee des handlungsmächtigen Subjektes bestimmt die Perspektive, die „Konfrontationen" sowohl für den Zugang zu Geschichte als auch zu Gegenwart wählt. „Konfrontationen" fokussiert Geschichten von einzelnen Menschen, um „die Möglichkeiten und Grenzen der individuellen Einflußnahme auf die politischen Entscheidungen oder auf die Lage der verfolgten Minderheit zu betrachten und zu reflektieren" (ebd.). Vor dem Hintergrund dieser Prämissen räumt das pädagogische Programm über die Vermittlung historischer Fakten hinaus gerade biographischen Zeugnissen und Erlebnisberichten wie videographierten Zeitzeugenberichten, Zeitzeugengesprächen oder auch biographischen Memoiren als Unterrichtsmedien eine besondere methodische Bedeutung ein. Diese Unterrichtsmedien werden als geeignete Mittel vorgestellt, um eine Geschichtsperspektive zum Ausdruck zu bringen, die der menschlichen Handlungsverantwortung in Entscheidungssituationen in Vergangenheit und Gegenwart Rechnung tragen soll.

In ähnlicher Weise stellt sich auch der pädagogisch-didaktisch Begründungshorizont des Buches von Ido Abram und Matthias Heyl dar:

„Uns erscheint es wichtig, die Auseinandersetzung nicht mit Auschwitz zu beginnen, sondern mit dem Weg, der dorthin führte. Auf diesem Weg fällten einzelne Menschen Entscheidungen, die für sie und ihre Umgebung Konsequenzen zeitigten. (...) Die Schüler sollen nachvollziehen und verstehen, wie Handlungsspielräume beschaffen waren. Sie müssen Kategorien zur Beurteilung damaliger und eigener moralischer Entscheidungen entwickeln und diese auf ihr eigenes Handeln beziehen können (...). Wir wollen den Prozeß, der Auschwitz voranging, für Schüler erkennbar machen und zugleich zeigen, daß es Menschen waren, die ihn planten, vorantrieben, ausführten, ihm zuschauten, sich ihm widersetzten oder in seinem Verlauf zu Opfern wurden" (vgl. ebd., S. 62f.).

Auch hier steht ein dezidiert handlungsorientierter Zugang zu den NS-Verbrechen im Zentrum der methodisch-didaktischen Überlegungen. Den Schülern soll die Diskriminierungs- und Vernichtungspolitik der Nationalsozialisten aus der Perspektive der Entscheidungs- und Handlungssituationen von Tätern, Mitläufern und Zuschauern vermittelt werden. Ziel ist es, den Adressaten verständlich zu machen, wie das Handeln der Täter bzw. das

Nicht-Handeln der Mitläufer und Zuschauer Menschen zu Opfern gemacht hat. Schließlich sollen die Entscheidungs- und Handlungssituationen der damaligen Akteure den Schülern als Deutungsmatrix zur Bildung eigener moralischer Urteile und für das eigene Handeln dienen.

Um die NS-Geschichte als eine Geschichte zu präsentieren, aus der konkrete Lehren gezogen werden können, wird das aporetische Wissen über die Ursachen der Verbrechen vereindeutigt. Weder die „Dialektik der Aufklärung", d. h. funktionalistische Ursachendeutungen, noch das Problem der Aktualisierung oder die erkenntnistheoretische ungeklärte Frage, ob überhaupt aus Geschichte zu lernen sei, bilden den Gegenstand der Vermittlung. In pädagogischen Programme verwandelt sich das Thema „Nationalsozialismus und Holocaust" in einen Lerngegenstand, der für folgende Generationen zur normativen Bezugsquelle für das eigene Entscheiden und Handeln werden soll.

Erziehung und die Darstellungsparadoxie des Holocaust

Die Vereindeutigung oder auch Entparadoxierung des „Widerspruchs zwischen Wahrheitsgehalt und Effektivität der Lehre" (Luhmann 2002, S. 133), die oben am Beispiel der uneindeutigen Bewertungslage des Wissens über die NS-Geschichte skizziert wurde, läßt sich für den besonderen Fall des Themas „Nationalsozialismus und Holocaust" auch auf die Frage der Darstellung und der Indienstnahme dieser Darstellung für den pädagogischen Zweck der Moralerziehung beziehen.

Das Bemühen, die NS-Verbrechen im kollektiven Gedächtnis zu verankern, wird seit den fünfziger Jahren vom Topos der Undarstellbarkeit des Holocaust begleitet (vgl. Kap. III, S. 122ff.). Im Zentrum dieser latenten Problematisierung der Darstellungsformen steht das Dilemma, daß sich jede Thematisierung der nationalsozialistischen Massenvernichtung dem Problem ausgesetzt sieht, das individuelle Schicksal und das *besondere* Leiden des Einzelnen unter die *allgemeinen* öffentlichen und verallgemeinernden Repräsentationsformen des Grauens zu subsumieren. Wenngleich die Rede von der Undarstellbarkeit im Übergang vom kommunikativen zum kollektiven Gedächtnis zunehmend an Bedeutung verliert, werden an die konkrete Gestaltung der Erinnerung, mithin an alle öffentlichen Repräsentationsformen des Holocaust, weiterhin hohe normative Erwartungen gestellt. In der gegenwärtigen Diskussion gilt der Konsens, daß die Thematisierung der Verbrechen aufgrund des Leidens der Opfer nicht rein kognitiv-wissenschaftlich erfolgen kann. Die Anerkennung der jeweils individuellen Einzelschicksale und die Unvorstellbarkeit der Verbrechen werden vielmehr an die Notwendigkeit gebunden, Darstellungsformen zu finden, die der affektiv-moralischen Dimension der Geschichte zumindest annäherungsweise gerecht zu werden versuchen. Bevorzugte Formen der Tradierung finden sich im Medium Kunst, in der Bewahrung und Ausgestaltung von ‚authentischen' Orten oder in der medialen Aufzeichnung von Zeitzeugenerinnerungen. Vor allem die Berichte von Holocaust-Überlebenden haben als ‚wahre' und ‚authentische' Zeugnisse des Grauens uneingeschränkte öffentliche Legitimität und entziehen sich aufgrund ihrer „Autorität des ‚Primären'" (Krankenhagen 2001, S. 11) der Darstellungskritik des Holocaust.

Auch und gerade öffentliche Erziehung steht vor der spannungsreichen Aufgabe, den Gegenstand einerseits vermitteln, ihn mithin darstellen zu *müssen* und andererseits den öffentlich kommunizierten Anforderungen an eine angemessene Darstellung der NS-Verbrechen gerecht zu werden. So wird auch in pädagogischen Programmen zum Thema der Anspruch reflektiert, der Widrigkeit des Gegenstandes gerecht zu werden. Kennzeichen dieser Programme ist, daß sie eine Repräsentationsform des Nationalsozialismus und Holocaust wählen, in der sowohl die Vermittlung historisch-kognitiven als auch moralisch-affektiven Wissens berücksichtigt wird. Angeregt wird beispielsweise der Besuch von Gedenkstätten, der Einsatz von Filmen, die Lektüre erzählender Literatur sowie das Gespräch mit Zeitzeugen.[98]

Das Evozieren von ‚Emotionen' als Mittel zur Steigerung pädagogischer Wirkungen

Der pädagogisch-programmatische Einschluß von Materialien, in denen die moralisch-affektiven Dimensionen der Massenverbrechen zum Ausdruck kommen sollen, läßt sich aber nicht nur als Bemühen deuten, dem Anspruch an eine angemessene Darstellung der Verbrechen gerecht zu werden. Der methodisch-didaktische Einsatz solcher Materialien dient immer auch dazu, den Lernprozeß zu intensivieren, um den Unterricht insgesamt effektiver zu gestalten. Im Hintergrund eines solchen Materialeinsatzes stehen die Intention, den Schüler tiefer greifend, nämlich emotional, zu erreichen. Ein wissenschaftsorientierter Unterricht wird deshalb als unzureichend betrachtet, weil er den zu bildenden Menschen nicht in seiner Ganzheitlichkeit, also kognitiv *und* emotional anspreche. Dem Einsatz von Materialien, in denen die moralisch-affektiven Dimensionen der Verbrechen zum Ausdruck kommen, wird eine höhere pädagogische Erfolgsaussicht eingeräumt, weil sie die in wissenschaftsorientierten Didaktiken ausgeschlossene emotionale Seite des Menschen in den Unterricht einzuschließen versuchen.

Die besondere Bedeutung, die der Kategorie „Emotion" für die Ausgestaltung von historischen Lernprozesse zugeschrieben wird, läßt sich in der

---

98 In den oben zitierten pädagogischen Programmen „Konfrontationen" des Fritz Bauer Instituts und des Buches „Thema Holocaust. Ein Buch für die Schule" von Abram/Heyl (1996) finden sich umfangreiche Beispiele für die vielfältigen Methoden und Materialien, die zur Vermittlung des Themas empfohlen werden.

Summe als Ergebnis geschichtsdidaktischer Reflexionen begreifen (vgl. Mütter/Uffelmann 1996; v. Borries 1996; Mütter 1999). Borries (1996) kann zeigen, daß die Frage der Emotionen und die affektive Gestaltung des Geschichtsunterrichts gerade in der frühen Nachkriegszeit zunächst vermieden wurden. Emotion und Affekt waren im Anschluß an die Erfahrung des Nationalsozialismus mit negativen Attributen, wie Indoktrination und Verführung belegt, da mit ihnen das Evozieren von Gefühlen wie Stolz, Bewunderung, Heroismus oder Vaterlandsliebe assoziiert wurden. Eine affirmative und zudem emotional unterfütterte Bindung an die deutsche Nation hatte sich im Gefolge der sich verändernden Erziehungsvorstellungen nach 1945 als pädagogisches Ziel moralisch diskreditiert. Bis in die 1970er Jahre wurde „die Ausklammerung der Emotionen ausdrücklich gerechtfertig", stellt Borries (ebd., S. 73) mit Verweis auf einschlägige geschichtsdidaktische Beiträge fest. Nicht zuletzt standen diese Emotionen für die destruktiven Dispositionen der deutschen Bevölkerung, die mit zu den Grundlagen des Erfolges der Nationalsozialisten gezählt wurden, und die durch Erziehung eingedämmt werden sollten. Beeinflußt von der Curriculumrevision der sechziger und siebziger Jahre und von dem sich verändernden und zunehmend im Zeichen der „Aufarbeitung der Vergangenheit" stehenden gesellschaftspolitischen Klima änderte sich jedoch die Perspektive auf die Kategorie „Emotion". Bezogen auf historisches Lernen wurden Emotionen nicht mehr nur mit der affirmativen und ungebrochenen Identifikation der eigenen Nation assoziiert. Vielmehr rückten im Zeichen der Formel „Betroffenheit" Empfindungen wie Trauer, Wut, aber auch Scham und Schuld ins Blickfeld der geschichtsdidaktischen Reflexionen, an die sich auch und gerade die erwünschten Lernziele einer „Erziehung nach Auschwitz" koppeln ließen, wie Toleranz, Empathie oder Mündigkeit. Das Evozieren dieser Empfindungen avancierte zur notwendigen Grundlage für einen Reflexionsprozeß auf die eigenen Wertvorstellungen. „Die erwünschte Moral", resümiert Borries die Bedeutungsverschiebung von Emotionen für historisches Lernen, „verliert ihre ethnozentrische Enge und Absolutheit; sie wird universalistisch und selbstkritisch; nicht Stolz, sondern Toleranz bildet das Grundmuster; Begeisterung wird durch Distanzierung und Selbstreflexion ersetzt" (ebd., S. 76). Emotionales Lernen bedeutet demnach nicht, bei den augenblicklichen Gefühlen zu verharren. Vielmehr wird gerade die kritische Auseinandersetzung mit den eigenen Gefühlen als Grundlage für eine nachhaltige Entwicklung moralischer Haltungen begriffen. Diese im Kern psychologisch-therapeutisch inspirierte Form der Bewußtseinsveränderung, die aus dem Geiste der kritisch-emanzipatorischen Pädagogik der siebziger Jahre entstanden ist, bildet einen „neuen Schub von ‚Aufklärungs-Optimismus'" (ebd., S. 76), der seinen Niederschlag auch und vor allem in den programmatischen Überlegungen einer „Erziehung nach Auschwitz" findet.

Rückt man diese pädagogische und geschichtsdidaktische Neu-Bewertung der Kategorie „Emotion" in den Kontext der theoretischen Grundlagen der bundesdeutschen Erinnerungskultur, so erinnert diese an die Aufwertung des Affekts und der moralischen Gefühle in Theodor W. Adornos negativer Moralphilosophie (vgl. Kap. II, S. 73ff.). Adorno, der sich angesichts der Verwicklung der Vernunft in die „Dialektik der Aufklärung" gegen ein positives Moralkonzept im Sinne eines verbindlichen Wertekanons verwehrte, setzte auf die von ihm als unmittelbar begriffenen moralischen Gefühle, wie Wut, Trauer, Scham und Entrüstung, die den Blick auf das Leiden anderer begleiten. Auf diesen, „nicht in Rationalität aufzulösende(n), naturhaft somatische(n) Moment" (Schweppenhäuser 1993, S. 109), gründet Adornos dialektisch gebrochene Hoffung auf die Aufklärung und damit auf den Erkenntniswillen des Subjektes, dem ungeachtet des Verblendungszusammenhangs der instrumentellen Vernunft das utopisches Potential das „Nicht-Identische" eingeschrieben bleibt. Die pädagogische Indienstnahme der Kategorie „Emotion" als Mittel zur Wirkungssteigerung der Ziele einer „Erziehung nach Auschwitz" läßt sich auch als Wirkungsgeschichte der negativen Moralphilosophie Adornos begreifen. Seine Dialektik wird einseitig aufgelöst und pädagogisch vereindeutigt. Auch wenn Adorno dem authentischen Gefühl der Entrüstung und der Solidarität mit dem Leiden anderer eine läuternde und emanzipatorische Bedeutung zuschreibt, so will er dieses Moment von Authentizität nicht in ein positives Moralprogramm überführt sehen. Diese Hoffnung auf Authentizität, auf das „Nicht-Identische" im Subjekt ist nach Adorno notwenig, wie notwendig illusionär, weil es ohne eine kognitive Überformung kaum zu denken ist. Es korrespondiert in kurzen Momenten mit der läuternden Kraft der Kunst und der Philosophie, blitzt auf, mag ohne Wirkung bleiben für die Linderung des Leids der anderen und ist moralisch dennoch unabdingbar. Versuche hingegen, diese Momente des „Nicht-Identischen" in feste moralische Prinzipien zu gießen oder sie gar instrumentell im Anderen erzeugen zu wollen, wären im Sinne Adornos bereits vom Makel der instrumentellen Vernunft infiziert. „Wahr sind die Sätze als Impuls, wenn gemeldet wird, irgendwo sei gefoltert worden", schreibt Adorno in der „Negativen Dialektik" (GS 6, S. 281). An diese Adornosche Wahrheit hält sich auch das pädagogische Programm „Erziehung nach Auschwitz", wenn es die Erweckung dieses Impulses zu eine pädagogischen Ziel erklärt. Es muß aber über dieses Bemühen, über das Bemühen, den Imperativ „Nie wieder", programmatisch zu übersetzten, die Dialektik des Adornoschen Denkens verdecken, die Adorno in der Folge ebenso zur Wahrheit erklärt: „Sie (die Sätze als Impuls, W.M.) dürfen sich nicht rationalisieren; als abstraktes Prinzip gerieten sie sogleich in die schlechte Unendlichkeit ihrer Ableitung und Gültigkeit (...). Der Impuls, die nackte physische Angst und das Gefühl der Solidarität mit den (...) quälbaren Körpern, der dem moralischen Verhalten immanent ist, würde durchs Bestreben rücksichtsloser Rationalisierung verleugnet" (ebd.).

Vor dem Hintergrund der normativen Grundstruktur von Erziehung ist es kaum verwunderlich, daß sich Erziehung dem Dilemma zwischen „Wahrheitsgehalt und Effektivität der Lehre" (Luhmann 2002, S. 133) auch im Falle der Adornoschen Moral nicht zu entziehen vermag. Erziehung kann es nicht ausreichen, das Wissen über die NS-Geschichte in der abstrakten Form der Kunst zu präsentieren oder sich in der ethischen Forderung eines zweckfreien Gedenkens zu verlieren. „Erziehung möchte weitergeben, woran man sich halten kann" (ebd.) und bringt auch den Holocaust notwendig in eine vermittelbare, mithin also darstellbare Form. Mehr noch: „Vernichtung und Nationalsozialismus" werden, wie Micha Brumlik betont, immer auch „als Mittel zum Zweck der Zivilisierung betrachtet" (1995a, S. 110), zumal dann, wenn sich Erziehung der Erfüllung ihres öffentlich überantworteten Auftrages widmet und nachfolgenden Generationen durch die Vermittlung der NS-Geschichte zu Toleranz, Empathie oder Mündigkeit erziehen möchte. Und gerade dieser Konsens, nicht nur den Holocaust, sondern auch Erziehung als Mittel zum Zweck der Zivilisierung zu betrachten, macht folgendes deutlich: Erziehung sieht sich im Lichte der ihr zugeschriebenen Bedeutung für die moralische Integration der Gesellschaft allen Anforderungen an einen angemessenen Umgang mit der NS-Geschichte enthoben. Weder wird die umfassende Erziehungspraxis vor dem Hintergrund des Darstellungs-, des Erklärungs- oder des Instrumentalisierungsproblems öffentlich kritisiert, noch bilden diese Probleme ein eigenständiges Irritationspotential für die pädagogische Reflexion einer „Erziehung nach Auschwitz". Erziehung darf vereindeutigen, darf auch und gerade den Holocaust darstellen, darf ihn instrumentalisieren, wenn es dem Ziel der Zivilisierung nachfolgender Generationen dient. In diesem Sinne verweist gerade die pädagogische „Nicht-Thematisierung" der Aporien im Umgang mit der NS-Geschichte einmal mehr auf die Leistungsfähigkeit von Erziehung als Medium der gesellschaftlichen Selbstvergewisserung hin. In und mit Erziehung werden die beunruhigenden Dimensionen der nationalsozialistischen Vernichtungspolitik *invisibilisiert* und verwandeln sich in eine moralische Botschaft, an die man sich halten kann und halten soll.

Erziehung versus Gedenken

Die herausragende Bedeutung, die dem Medium Erziehung im Rahmen des nationalen Selbstvergewisserungsbemühens zugeschrieben wird, zeigt sich schließlich auch darin, daß die pädagogisierte Diskussion zur Vergangenheitsbewältigung relativ unbeeindruckt bleibt von der akademischen Diskussion um eine „Ethik des Gedenkens", wie sie im Anschluß an Walter Benjamins „Geschichtsphilosophische Thesen" (1940) geführt wird (vgl. Kap. I, S. 46ff.; Kap. III. S. 120ff.). Im Zentrum der Debatte steht die Frage, ob nicht Aktualisierungen, wie sie auch in pädagogischen Programmen zur Toleranz-, Friedens- und Menschenrechtserziehung existieren, Gefahr laufen, einer Instrumentalisierung der Opfer der nationalsozialistischen Verbrechen Vorschub zu leisten. Der Erziehungswissenschaftler Helmut Peukert hat diese Skepsis gegenüber der engen und selbstverständlichen Verschränkung von Erziehung und Gedenken folgendermaßen zum Ausdruck gebracht:

> „Wer heute die in ihrer Wirkungsgeschichte fast zur Formel erstarrte Wendung ‚Erziehung nach Auschwitz' oder überhaupt die Wendung ‚...nach Auschwitz' gebraucht, gerät unter den Verdacht, auf Kosten der Opfer eines ungeheuerlichen Vorgangs Relevanz für das eigene Tun oder die eigenen Überlegungen erschleichen zu wollen. Die Opfer können sich nicht mehr dagegen wehren, instrumentalisiert zu werden" (Peukert 1996, S. 127f.).

Am gründlichsten hat sich Micha Brumlik mit dieser erinnerungspraktischen Tendenz auseinandergesetzt, in der das Gedenken der Opfer unmittelbar an eine historische Lernaufforderung gekoppelt wird. Wenngleich Brumlik die pädagogische Umklammerung des Gedenkens einerseits kritisiert, verweist er andererseits auch auf die unauflösliche Spannung, die der Erinnerungskultur mit diesen beiden Modi historischer Sinnstiftung auferlegt ist. Brumlik schlägt vor, eine gegenwartsbezogene Pädagogik im Sinne des Imperativs „Nie wieder" strikt von einem zweckfreien Gedenken an die Opfer zu trennen (vgl. Brumlik, 1995a). Im Anschluß an kultur- und ritualtheoretische Überlegungen begreift Brumlik die Erinnerung an die Opfer als „symbolisch liturgisches Gedenken" (ebd., S. 93), das sich von Erziehung strikt unterscheidet. Gedenken gilt zunächst nicht als pädagogisches Arrangement, sondern wird als kulturelle Praxis mit eigenem Wert begriffen, die gerade nicht darauf abzielt, Personen zu verändern oder Wissen zu vermitteln. Vielmehr wird Gedenken als ein spezifisches kollektives Ritual verstanden, durch das ein für bedeutsam gehaltenes historisches Ereignis in den Stand des kollektiven Gedächtnisses gehoben werden soll. In regelmäßig wiederkehrenden, fest vorgeschriebenen symbolischen Handlungen dienen diese Rituale der Erzeugung und Bewahrung kollektiver Identität und markieren einen affektiven Modus des Vergangenheitsbezugs, der den kognitiv-geschichtswissenschaftlichen Zugang zur Vergangenheit ergänzt (vgl. Brumlik 1995a, S. 93ff.; 1995b; 1992; Schatzker 1995). Gedenken in dieser Konzeption steht nicht im Dienste gegenwärtiger Zwecke und darf daher auch nicht als pädagogisches oder gar therapeutisches Arrangement mißverstanden werden. Vielmehr sei es „sich selbst Grund genug und nicht interessiert, nur deshalb zu erinnern oder zu trauern, damit sich in Zukunft ein weiteres Auschwitz nicht mehr ereigne" (Brumlik 1992, S. 210).

Vor dem Hintergrund dieser Schwierigkeiten, eine Erziehung nach Auschwitz zu begründen, unterscheidet Brumlik schließlich zwei Aufgaben, die aus der NS-Geschichte für Erziehung erwachsen. Zum einen verfolgt er im Anschluß an Adornos Vortrag „Erziehung nach Auschwitz" die Idee einer „staatsbürgerlichen Bildung", die mit dem Ziel, Toleranz und Sensibilität zu vermitteln, auf die Gegenwart bezogen sein müsse (vgl. Brumlik 1995a, S. 91) und die von ihm auch als eine Menschenrechtserziehung reformuliert worden ist (vgl. Brumlik 2000). Zum anderen fordert Brumlik eine „Unterweisung ins Eingedenken" (Brumlik 1995a, S. 110). Ziel dieser Unterweisung sei es, den Rahmen für solche ritualisierten Formen des Gedenkens zu schaffen und den Adressaten dieser Unterweisung gleichsam die Bedeutung und Notwendigkeit des zweckfreien Gedenkens zu vermitteln. Beispielsweise hätte der Besuch in einer Gedenkstätte „keinen anderen Zweck, als in Erfahrung zu bringen, wie es dort gewesen ist" (ebd., S. 111). Ein Gedenkstättenbesuch hingegen, der in den Kontext einer zukunftsbezogenen Menschenrechts- und Moralerziehung gerückt würde, müsse sich gleichsam wieder die Frage stellen, ob nicht „das Andenken der Opfer in einer peinlichen Weise verschlissen und vernutzt wird" (ebd.).

Brumlik entfaltet mit seiner Zweiteilung eine für die Pädagogik widersprüchliche Situation. Zum einen hält er an einer der Gegenwart verpflichteten staatsbürgerlichen Erziehung fest und bestätigt damit den Modus Lernen aus Geschichte als integralen Bestandteil historischer Sinnstiftung. Zugleich verweist er durch die Forderung nach einem zweckfreien Gedenken auf den instrumentalisierenden Charakter einer Erziehung nach Auschwitz, da diese aufgrund ihres unumgänglichen Bezugs zur Gegenwart und Vergangenheit „Vernichtung und Nationalsozialismus" immer auch „als Mittel zum Zweck der Zivilisierung betrachtet" werde (ebd., S. 110).

Obwohl Gedenken theoretisch als kulturelle Praxis jenseits pädagogischer Absichten verstanden werden kann, kommt man aber offensichtlich in der öffentlichen Erinnerungspraxis nicht ohne das vermittelnde Medium Pädagogik aus: Die Fähigkeit zum Gedenken setzt zum einen Wissen darüber voraus, aus welchen Gründen den Toten gedacht werden soll, d. h. welches Leid ihnen widerfahren ist und warum sie zu den Mitgliedern der Erinnerungsgemeinschaft gezählt werden. Zudem setzt Gedenken immer bereits Wissen darüber voraus, wie gedacht werden soll, d. h. in welcher Weise sich Gedenkrituale vollziehen. Demgemäß erfüllt die vermittelnde Funktion von Erziehung die integrale Aufgabe, die Relevanz des erinnernden Ereignisses begreiflich zu machen. Wenn die gesellschaftlich geteilte Bedeutung des Gedenkens für die Erinnerungsgemeinschaft nicht aus dem Blick geraten soll, so scheint der vermittelnde und vereindeutigende Modus von Erziehung unabdingbar. Der ideal gedachte Entwurf eines zweckfreien Gedenkens läßt sich daher nur theoretisch formulieren und aufrechterhalten. In der pädagogischen Praxis hingegen fallen historische Aufklärung und liturgisches Gedenken zu Gunsten des ersten Ziels, nämlich einer staatsbürgerlichen Erziehung in eins.

Exemplarisch läßt sich diese Verschränkung von Gedenken und Lernen an der pädagogischen Wende in der Diskussion um das Berliner Holocaust-Mahnmal rekonstruieren. Mit ihr gelangte die knapp zehnjährige Debatte über die Form und den Inhalt der offiziellen Kommemoration der Bundesrepublik Deutschland an ein (vorläufiges) Ende. Durch die 1999 getroffene Entscheidung des Deutschen Bundestages zum Bau des „Denkmals für die ermordeten Juden Europas" wurde die NS-Geschichte als negativer Bezugspunkt nationaler Identitätsstiftung in das kollektive Gedächtnis der Bundesrepublik überführt und der offizielle Staatsauftrag unterstrichen, das Ereignis und seine moralische Botschaft an folgende Generationen zu tradieren. In und mit dieser geschichtspolitischen Deutungsentscheidung wurde zugleich auch die Bedeutung von Erziehung als gesellschaftliches Integrations- und Vermittlungsmedium perpetuiert. Der Vorschlag des damaligen Ministers für Kultur Michael Naumann, das Denkmal um einen didaktisch-pädagogischen Ergänzungsbau, den sogenannten „Ort der Information" zu erweitern, beeinflußte den Beschluß über den Bau entscheidend.[99] Das zunächst ausdrücklich ästhetisch konzeptualisierte Mahnmal wurde durch eine Bildungsstätte ergänzt, mithin also zu einem Lernort erklärt. Nicht zuletzt läßt sich diese Umwandlung auch als Bemühen begreifen, das abstrakte und für plurale Deutungen offene Kunstwerk hinsichtlich seiner moralischen Botschaft pädagogisch zu vereindeutigen, um die Gefahr von Mißverständnissen und Fehldeutungen zu vermeiden (vgl. Haug 2001). Diese Furcht vor dem Verlust der normativen Botschaft der NS-Geschichte spiegelt sich auch in der seit den achtziger Jahren zu beobachtenden konzeptionellen Veränderung der Gedenkstätten wider, die gleichfalls zu *Lernorten* umdefiniert wurden.[100] In pädagogischen Handreichungen zur Arbeit in und mit Gedenkstätten (Neirich 2000) wird sogar von einer „Gefahr der Erstarrung des Gedenkens" (ebd., S. 22) gesprochen. Kritisiert werden die „herkömmlichen Mahnmale mit ihrer indirekten Sprache und einer überkommenen Symbolik", als aber auch die „Formen des ritualisierten Gedenkens" (ebd.), da sie Erkenntnisprozesse teilweise verhindert hätten. Die Umwandlung der Gedenkstätten zu Lernorten wird hingegen ausdrücklich begrüßt. Mit ihr habe sich die starre Form des Gedenkens zu Gunsten eines pädagogischen Arrangements verschoben, die nun als „kontinuierlicher historisch-politischer Lernprozeß" (ebd.) verstanden werden könne. Gedenkstätten, so eine zusammenfassende Bemerkung, fungierten daher

---

99 Vgl. hierzu die Alternativkonzepte Michal Naumanns, die dieser nach dem Regierungswechsel im Herbst 1998 vorgelegt hatte (Naumann 1998a; b; 1999). Zur Rekonstruktion der pädagogischen Wende in der Mahnmalsdebatte vgl. Haug 2001.

100 Angela Genger (1995) hat darauf hingewiesen, das die Bezeichnung ‚Lernort' seit den achtziger Jahren existiert. „Seit 1980 entstanden in der damaligen Bundesrepublik Gedenkstätten eigenen Typs, die, ausgehend von der Geschichte des Ortes, den Nationalsozialismus unter der Perspektive von Verfolgung und Widerstand dokumentierten, neuere Ergebnisse und Methoden der Geschichtswissenschaft aufnahmen und sich explizit als ‚Lernorte' definierten" (ebd., S. 49).

heute „als Ort des Gedenkens und Mahnens als Ort des Informierens und Aufklärens" (ebd.). Aus der hier zitierten Perspektive des pädagogischen Establishments löst sich die von Brumlik eingeforderte und kulturtheoretisch begründete Autonomie des Gedenkens vollends auf. Sie wird in ihre akademischen Grenzen verwiesen und durch die vereindeutigenden Modi des ‚Informierens' und ‚Aufklärens' verdeckt, mithin überführt in das wohlmeinende Programm einer kritisch-emanzipatorischen Pädagogik.

Das Verschwimmen der Grenzen zwischen Pädagogik und Gedenken läßt sich schließlich als erfolgreiche Durchsetzung des Mediums Erziehung begreifen, über das sich die bundesrepublikanische Gesellschaft ihrer moralischen Einheit zu vergewissern versucht: Sichergestellt werden soll, daß auch die nachwachsende Generation den Imperativ „Nie wieder" als kategorialen Wertebezug verinnerlicht und als nationalen Grundkonsens anerkennt. In der pädagogischen Verengung der Aneignungsmöglichkeiten zugunsten der eindeutigen moralischen Botschaft spiegelt sich exemplarisch die normative Verschränkung von Nation, Geschichte und Erziehung wider, die das Selbstvergewisserungsbemühen der modernen Gesellschaft nachhaltig geprägt hat: Die normative Integration des nationalen Kollektivs wird über den Fluchtpunkt Geschichte gedacht und unmittelbar an den Vermittlungsanspruch und die Wirkungsbehauptungen von Erziehung gebunden.

Im Zusammenspiel der beiden Medien Geschichte und Erziehung wird deutlich, wie sich im Übergang vom kommunikativen zum kollektiven Gedächtnis eine zunehmende Vereindeutigung der historischen Ereignisse, eine „Umdeutung von Auschwitz zu einem sinnhaften Ereignis" (Krankenhagen 2001, S. 168) beobachten läßt. An dieser retrospektiven Umdeutung von Auschwitz wirkt Erziehung als Medium des nationalen Selbstvergewisserungsbemühens nachhaltig mit und wird, wie im folgenden Kapitel zu zeigen sein wird, vom einsetzenden Generationenwechsel wirkungsvoll flankiert.

Kapitel V

Irritationen der bundesdeutschen Erinnerungskultur: Generationendifferenz und Migration

Die Geschichte des Nationalsozialismus und des Holocaust zwischen den Generationen

1973 schreibt Sebastian Haffner über den Umgang mit dem Nationalsozialismus: „Die Frage nach Hitler ist in Deutschland eine Generationenfrage. Für die Jüngeren ist sie nicht die Frage ihres Verhältnisses zu Hitler, sondern höchstens eine Frage ihres Verhältnisses zu ihren Eltern; allenfalls die Frage: ‚Wie konntet ihr?' Niemals die Frage: ‚Wie konnte ich?'" (Haffner 1973, S. 100). Bei seinem Hinweis hatte Haffner vor knapp dreißig Jahren noch zwei Generationen im Blick, nämlich die der Täter, Mitläufer und Zuschauer des Nationalsozialismus und deren Kinder. Mit den beiden anklagenden bzw. selbstanklagenden Fragen unterstreicht Haffner die moralische Spannung, unter der die Beschäftigung mit den NS-Verbrechen innerhalb dieser Generationenkonstellation stand. Die lange Jahre kontrovers verhandelten Fragen nach persönlicher und kollektiver Schuld, nach historischer Verantwortung und nationaler Bedeutung der NS-Verbrechen, haben sich zu einem relativ einheitlichen Geschichtsbild verdichtet. Ein Geschichtsbild, das ungeachtet aller Differenzen im einzelnen getragen wird von der moralischen Botschaft „Nie wieder". Diese Botschaft war und ist für diese Generationen zumeist noch an die *unmittelbare*, nämlich biographische Erfahrung des Krieges gekoppelt und Ausdruck für eine tiefe existentielle Verunsicherung, die der Zweite Weltkrieg und die millionenfache Vernichtung von Menschen emotional wie intellektuell bei den Zeitzeugen des Krieges hinterlassen haben.

Zu den beiden ersten Generationen sind inzwischen eine dritte und eine vierte Generation gekommen, für die diese unmittelbare Kriegserfahrung und die familiäre Auseinandersetzung über die mögliche Täterschaft der Eltern nicht mehr gilt. Obwohl die NS-Geschichte im Übergang vom kommunikativen zum kollektiven Gedächtnis ihre intellektuelle Verunsicherung für das Denken der Moderne nicht verloren hat, so verliert sie mit zeitlichem Abstand ihre emotionale Dringlichkeit. Für nachfolgende Generationen ist die NS-Geschichte ein historisches Thema, das ihnen in einer immer schon vermittelten Weise begegnet: durch das Narrativ in der eigenen Familie, durch die Schule, durch Literatur oder durch ihre mediale Präsenz in Film und Fernsehen. Der Imperativ „Nie wieder", der für die ersten beiden Generationen noch Ausdruck für eine existentielle Krisenerfahrung ist und sich mit moralischen Gefühlen wie Wut, Schuld, Scham und Entrüstung verbindet, begegnet folgenden Generationen bereits als abstrakte moralische Botschaft, als kollektiv geteilte Maxime der bundesdeutschen Erinnerungskultur, zu der sie sich selbst noch mal ins Verhältnis setzen können.

Haffners Bemerkung, die Frage nach Hitler sei in Deutschland eine Generationenfrage, scheint so einsichtig wie provozierend. Einsichtig deshalb, weil angesichts der anthropologischen Grundtatsache von Natalität und Mortalität und der damit verknüpften kontinuierlichen personellen Erneuerung der nationalen Gemeinschaft immer neue Zugänge zu den akkumulierten politischen, kulturellen und sozialen Beständen einer Nation, also auch zu historischen Ereignissen erzeugt werden. Jeder Generationenwechsel vollzieht sich als dialektisches Verhältnis von Kontinuität und Neubeginn, in dem das Vorhandene fortgeschrieben, transformiert oder vergessen werden kann (vgl. Mannheim 1928). Auch die Veränderung der Motive für eine Beschäftigung mit der NS-Geschichte ist daher unwiderruflich an den wachsenden zeitlichen Abstand zu den Verbrechen und damit strukturell an das Phänomen Generation gebunden. Provozierend wird Haffners Bemerkung dann, wenn mit dem Generationenwechsel erkennbar wird, daß die Bezüge zur NS-Geschichte von seiten der nachwachsenden Generation deutliche Differenzen zum offiziellen Geschichtsbild der Bundesrepublik aufweisen. Verschärft wird diese Provokation zusätzlich, wenn die Erwachsenen dieses Geschichtsbild unmittelbar als eigene Errungenschaft begreifen, wie dies offensichtlich im Falle der sogenannten 68er-Generation der Fall ist.

Angesicht der hohen identifikatorischen Bedeutung, die dieses Geschichtsbild für eine große Zahl der bundesrepublikanischen Bevölkerung einnimmt, erstaunt es dann auch kaum, daß gerade empirische Studien, die mangelndes Wissen und defizitäre moralische Haltungen bei Jugendlichen diagnostizieren, öffentlich dramatisiert und als Menetekel für die moralische Desintegration der nationalen Gemeinschaft begriffen werden. Beredtes Beispiel für die Irritationen, die Studien über das Geschichtsbewußtsein nachkommender Generationen in der Öffentlichkeit auslösen können, ist die breite Resonanz auf die vielzitierte Boßmann-Studie aus dem Jahre 1977. „Wir sind in Gefahr, ein geschichtsloses Land zu werden", wird der damalige Bundespräsident Scheel im Zusammenhang mit der Studie im *Spiegel* (1977, S. 44) zitiert, in der Dieter Boßmann (1977) rund 3000 Schülerinnen aufgefordert hatte, einen Aufsatz zum Thema „Was ich über Adolf Hitler gehört habe..." zu schreiben. Nach Aussage Boßmanns galt die Studie dem Interesse, „32 Jahre nach Beendigung des NS-Regimes eine Art Bestandsaufnahme des Wissens von Schülern zu versuchen mit dem Ziel, Impulse für die politischzeitgeschichtliche Unterrichtung der Schüler zu liefern" (ebd., S. 17). Der Befund, nach dem die Inhalte der Schüleraufsätze zumeist in einem eklatanten Mißverhältnis zum aktuellen Forschungsstand standen und nach Ansicht Boßmanns eine eindeutige moralische Verurteilung der NS-Verbrechen vermissen ließen, veranlaßte ihn und die Öffentlichkeit schließlich dazu, nicht nur die Leistungen des bisherigen Erziehungsbemühens in Frage zu stellen und pädagogische Reformen zu fordern, sondern auch auf die Bedrohung der demokratischen Kultur der Bundesrepublik hinzuweisen, die aus diesen moralischen Defiziten bei der nachwachsenden Generation erwachsen könne. „Die Situation des Geschichtsunterrichts" sei „bedenklich", so Scheels Befürchtung im *Spiegel*, denn die Jugend würde „den Sinn dieses freiheitlichen Staates" nicht mehr begreifen (Der Spiegel 1977, S. 44). Die wiederkehrende öffentliche Dramatisierung solcher Befunde macht deutlich, daß die pädagogische Sorge über das Nichtwissen und die moralische Indifferenz der nachwachsenden Generationen offenbar in einem komplementären Verhältnis zu der pädagogischen Aspiration steht, die sich an bundesdeutsche Erinnerungskultur heftet. In dieser Komplementarität zwischen den Defizitdiagnosen und dem Ruf nach mehr und besserer Erziehung spiegelt sich der Modus des nationalen Selbstvergewisserungsbemühens, der den Umgang mit der NS-Geschichte in der Bundesrepublik Deutschland seit ihren Anfängen bestimmt.

Die hier gemeinte normative Verschränkung von Nation, Geschichte und Erziehung bildet sich besonders deutlich in dem symbolischen Wert ab, den die Kategorie ,Generation' in dem über die Geschichte des Nationalsozialismus verlaufenden nationalen Selbstvergewisserungsbemühen einnimmt. Vieles spricht dafür, daß sich der vergemeinschaftende Rekurs auf das Verhältnis zwischen den Generationen geradezu als Schlüssel für das Verständnis des bundesdeutschen Selbstvergewisserungsbemühens erweist.[101] So wird die Geschichte der BRD nicht nur als Nationengeschichte, sondern gleichsam als Generationengeschichte gedacht, die mit der Nullstellung zum Kriegsende ihren Ausgang nimmt. Zum Urheber dieser Geschichte werden die Menschen erklärt, die den Krieg erlebt haben, ihrem Alter nach als Täter, Mitläufer und Zuschauer in Frage kommen und von denen zugleich der politische und kulturelle Wiederaufbau ausging. Mit der Setzung dieser ersten Generation wird das Kollektiv und seine Abstammungsgeschichte gebildet, an der sich nachfolgende Generationen abzuarbeiten hätten. Den ,schicksalhaften' Bezugspunkt dieser Abstammungsgeschichte bildet – wie im dritten Kapitel bereits ausführlich gezeigt – die Frage der Schuld, die sich, so formuliert es Michael Kohlstruck, zu einem „archimedischen Punkt" (Kohlstruck 1997, S. 39) der bundesdeutschen Vergangenheitsbewältigung verfestigt habe. Eine Frage mit identitätsstiftendem Charakter, die nicht nur als individuelles Problem der Täter, sondern als kollektives Problem der Deutschen Eingang in den öffentlichen Erinnerungsdiskurs gefunden hat und in der Rede von der Schicksals-,

---

101 Zur einheitsstiftenden Funktion des Generationenkonzepts vgl. Schneider 2002.

Verantwortungs- oder Haftungsgemeinschaft generationenübergreifend ausgedehnt wurde (vgl. Lepsius 1989, S. 261).[102]

Bereits ein kursorischer Überblick über die einschlägige Forschungsliteratur zur deutschen Vergangenheitsbewältigung läßt erkennen, daß zu der Frage nach den generationsspezifischen Differenzen im Umgang mit der NS-Geschichte eine Fülle von soziologischen und psychologischen Arbeiten vorliegen. Systematisch lassen sich zwei eng miteinander verschränkte Zugänge zum Thema unterscheiden. Ein historisch-soziologischer Zugang beschreibt auf einer Makroebene den Strukturwandel der bundesrepublikanischen Erinnerungsgeschichte. Den verschiedenen historischen Phasen der Bundesrepublik werden bestimmte Generationsgestalten zugeordnet, wie beispielsweise die „Flakhelfergeneration" (Bude 1987), die „68er-Generation" (Bude 1995) oder die „89er-Generation" (Leggewie 1995), die jeweils einen speziellen Thematisierungstyp der NS-Vergangenheit repräsentieren sollen. Empirisch fundiert und ergänzt wird dieser makrosoziologische Zugang durch psychologische und soziologische Arbeiten, die auf einer Mikroebene die generationsspezifischen Verarbeitungsmodi der NS-Geschichte aus folgenden Perspektiven rekonstruieren: Ausgehend von der geläufigen genealogischen Generationeneinteilung zwischen den Akteuren, d. h. den Tätern, Zuschauern und Mitläufern des Nationalsozialismus, deren Kindern und Enkeln, beschäftigen sich psychoanalytische Arbeiten mit den seelischen Folgen der Verarbeitung des Nationalsozialismus (vgl. Bergmann/Jucovy/Kerstenberg 1995; Bar-On 1993; Eckstaedt 1989; Bohleber 1998). Untersuchungen der Biographieforschung und der *Oral History* analysieren Tradierungsformen der NS-Geschichte zwischen den Generationen (vgl. Hauer 1994; Rosenthal 1997; Welzer u.a. 1997; 2002) und schließlich liegen qualitative und quantitative Studien über das Geschichtsbewußtsein der Deutschen im allgemeinen (Lutz 2000) und der dritten und vierten Generation im besonderen (vgl. v. Borries 1995; Kohlstruck 1997; Silbermann/Stoffels 2000; Brusten/Beiner/Winkelmann 1991; Pütz 1999) vor.

---

102 In der engen Verschränkung von Generationengeschichte und nationalem Identitätskonzept verdichtet sich einmal mehr der folgenreichste Modus moderner Vergemeinschaftung. Ein Modus, der über die Nationengeschichte eine partikulare Moral für die Mitglieder des Gemeinwesens begründet und damit zwangsläufig Ausschließungsphänomene erzeugt. Diese Ausschließung gilt zum einen für Migranten, d. h. für Nicht-Staatsangehörige bzw. Staatsangehörige nicht-deutscher Herkunft, die in der Logik einer solchen Abstammungsgemeinschaft nicht Teil des deutschen Kollektivs sein würden (vgl. dieses Kap. S. 213ff.). Zum anderen gilt dies aber auch für die jüdischen deutschen Opfer des Holocaust und ihrer Nachkommen. Gerade in der quasi natürlichen Rückbindung der Mitgliedschaftsbedingung zur deutschen Schicksalsgemeinschaft, die durch den Verweis auf die Generationenfolge perpetuiert wird und in der Bundesrepublik gänzlich auf die Täter und ihre Nachkommen bezogen wird, rücken eben die jüdischen deutschen Opfer und ihre Nachkommen aus dem Blickfeld des bundesrepublikanischen Vergemeinschaftungsmuster (vgl. Kap. III, S. 107ff.)

Diese Fülle macht deutlich, welche Bedeutung dem Generationenverhältnis für ein tiefer greifendes Verständnis der deutschen Erinnerungsgeschichte zugeschrieben wird. Die generationstheoretischen Ordnungsversuche und mit ihnen das wissenschaftlich erzeugte Wissen über die generationsspezifischen Differenzen im Umgang mit der NS-Geschichte bilden jedoch nicht nur eine begrifflich-semantische Ressource zur wissenschaftlichen Analyse der bundesdeutschen Erinnerungskultur. Im Gefolge der zunehmenden Popularität, die dem Phänomen Generation zur Selbstbeschreibung und -verortung sozialer Gruppen in Gestalt immer neuer Generationsetikette wie „Generation Golf" (Illies 2000), „Generation Berlin" (Bude 2001) oder „Generation Ally" (Kullmann 2002) zukommt, hat dieses Wissen auch in die bundesdeutsche Erinnerungskultur Eingang gefunden. Die wissenschaftlichen Befunde über die generationsspezifischen Differenzen im Umgang mit der NS-Geschichte sind in den Bereich der kollektiv geteilten Deutungen über die eigene Nationengeschichte abgesunken und haben sich dabei offensichtlich zu einer Quelle der Sinnstiftung entwickelt, über die sich die Bundesrepublik ihres Umgangs mit der NS-Geschichte vergewissert.[103]

‚Generation': Von der sozialwissenschaftlichen Ordnungs- und Analysekategorie zum Medium nationaler Selbstvergewisserung

In der aktuellen Forschungsdiskussion über den Wandel der deutschen Erinnerungsgeschichte herrscht Konsens darüber, daß der veränderte Umgang mit der NS-Geschichte weit mehr mit dem zeitlichen Abstand zu den Ereignissen und demzufolge mit generationellem Wandel zusammenhängt als etwa mit neu entdeckten Archivalien oder neuen historischen Befunden (vgl. Hettlinger 2000, S. 361). Der Erklärungswert, der dem Phänomen Generation zur Unterscheidung und Begründung von Differenzen im Umgang mit der NS-Geschichte zugeschrieben wird, reicht so weit, daß der als generationsspezifisch markierte Wandel der Erinnerungsgeschichte auch als Generator für den sozialen und geschichtspolitischen Wandel in der Bundesrepublik insgesamt betrachtet wird. Deutlich wird diese Verschränkung von Generationen- und Nationengeschichte betrachtet man die Bedeutung, die der sogenannten 68er-Generation für die Veränderung des gesellschaftspolitischen Klimas in der Bundesrepublik zugedacht wird. Nicht zuletzt gilt die maßgeblich von dieser

---

[103] Offensichtlich ist der Anstieg des sozialwissenschaftlichen Interesses am Generationenthema komplementär gebaut zur öffentlichen Popularität, die der Kategorie Generation als Medium der persönlichen Selbstverortung zugeschrieben wird. Das Verschwimmen der Grenzen von der sozialwissenschaftlichen und der populärwissenschaftlichen Beschäftigung mit dem Generationenthema macht deutlich, daß sich die Kategorie Generation im Verbund mit der Kategorie Nation zu einem tauglichen Medium der Kontingenzbewältigung nicht nur für einzelne Gruppen, sondern auch und vor allem für die Bundesrepublik insgesamt entwickelt hat.

Generation forcierte ‚Aufarbeitung der Vergangenheit' als Initiation für das umfassende kulturelle, soziale und politische Veränderungsbestreben in den sechziger und siebziger Jahren (vgl. Kap. III, S. 98ff.).
Hinter diesem Bemühen, den Wandel der deutsche Erinnerungsgeschichte „durch das Nadelöhr des intergenerationellen Transfers hindurch" zu vollziehen (Matthes 1985, S. 364), steht die sozialwissenschaftlich kontrovers diskutierte und bisher theoretisch wie empirisch nicht im Detail geklärte Frage, ob und wenn ja, wie sich sozialer Wandel als generationelles Phänomen erklären und belegen läßt.[104] Hans Jaeger (1977) hat in seiner historisch-systematischen Vergewisserung über die Geschichte der wissenschaftlichen Beschäftigung mit dem Generationenthema zwei Erklärungsmuster zur Beantwortung dieser Frage unterschieden. Zum einen verweist er auf die „Pulsschlag-Hypothese", die vor allem aus der französischen Denktradition des Positivismus Mitte des neunzehnten Jahrhunderts hervorgegangen ist. Ihr liegt ein Generationenverständnis zugrunde, das strikt an die Abfolge von Nachkommenschaft und damit an das auch alltagssprachlich gängige generationelle Ordnungsschema von Kindern, Eltern und Großeltern gekoppelt ist. Nach ihr wird sozialer Wandel aus der regelmäßigen biologisch-generativen Erneuerung des Personals einer Kollektivs erklärt, die sich in einem circa dreißigjährigen Intervall relativ gleichförmig wiederholt (vgl. ebd., S. 431f.). Zum anderen hebt Jaeger die „Prägungs-Hypothese" hervor, deren theoretische Wurzeln in der Geisteswissenschaftlichen Tradition und hier besonders bei Wilhelm Dilthey verortet werden. Sie geht von der Annahme aus, daß die Eindrücke von markanten historischen Ereignissen und gesellschaftspolitischen Konstellationen während der Jugendphase zu spezifischen mentalitätsähnlichen Prägungen bei den Mitgliedern verwandter Jahrgänge führen, aus der sich schließlich eine historische Generation bildet (vgl. ebd., S. 432ff.). Mit dem Konzept der historischen Generation wird es möglich, sozialen Wandel quer zu der kontinuierlichen biologisch-generativen Erneuerung eines Kollektivs zu denken. Generationen konstituierten sich als Erlebnis- und Erinnerungsgemeinschaft und stehen in einem kontinuierlichen Austausch zu anderen Generationen. Dieser Austausch zwischen den Generationen kann sich sowohl als Generationenkonflikt und in Brüchen als auch ohne größere öffentliche Resonanz vollziehen. Entscheidend sind folglich nicht die Rhythmen der sexuellen Reproduktion, sondern die Prägkräfte historisch relevanter Ereignisse, die sozialen Wandel mal in schnelleren mal in langsameren Perioden hervorbringen.

---

104 Zu den methodologischen und methodischen Schwierigkeiten eines solchen Forschungsbemühens vgl. zuletzt Oevermann 2001, S. 103ff.

Das Generationenmodell Karl Mannheims

Während der „Pulsschlag-Hypothese" wissenschaftlich kaum noch Aufmerksamkeit geschenkt wird, ist der Diskussion um den historisch-soziologischen Generationenbegriff bis heute die „Prägungs-Hypothese" unterlegt, die insbesondere durch den klassischen Aufsatz Karl Mannheims über „Das Problem der Generationen" (1928) repräsentiert wird (vgl. Jaeger 1977, S. 441). Der Aufsatz dient vor allem der deutschen Soziologie als Vorlage, um historisch-soziale Gruppierungen nach ihren kollektiven Lebenshaltungen, Lebensgefühlen und Handlungsnormen zu unterscheiden. Mannheim löst das Phänomen Generation aus seinem biologisch-generativen Begründungszusammenhang und erweitert es um eine kultursoziologische Perspektive. Nach Mannheim handelt es sich bei Generationen um mentalitätsähnliche Gruppen von ungefähr Gleichaltrigen, die durch die „Partizipation an (...) gemeinsamen Schicksalen" (ebd., S. 309) ähnliche und schließlich generationsbildende Verarbeitungsmodi der „historisch-aktuellen Problematik" (ebd. 311) ausgebildet haben. Das Generationenkonzept Mannheims fußt auf den Überlegungen des Kunsthistorikers Wilhelm Pinder (1926), der in seiner Theorie von der „Ungleichzeitigkeit des Gleichzeitigen" die unterschiedliche Wahrnehmung historischer Ereignisse von gleichzeitig lebenden Angehörigen verschiedener Jahrgänge betont hatte: „Jeder lebt mit Gleichaltrigen und Verschiedenaltrigen in einer Fülle gleichzeitiger Möglichkeiten. Für jeden ist die gleiche Zeit eine andere Zeit, nämlich ein anderes Zeitalter seiner selbst, das er nur mit Gleichaltrigen teilt" (zit. n. Mannheim 1928, S. 164). Pinders Annahme, daß man die Gesellschaft als Einheit einer Vielzahl generationsspezifischer, sich überlagernder Lebensauffassungen und Lebensstilen begreifen müsse, führt Mannheim schließlich zur Entwicklung einer Heuristik, um die innere Homogenität der jeweiligen Generation, ihre Identität, qualitativ bestimmen zu können. Die Bildung einer Generation ist nach Mannheim zunächst keine logische Folge der sexuellen Reproduktion, sondern ein historisch kontingenter Vorgang, der wissenschaftlich erst dann beobachtbar wird, wenn die Mitglieder verwandter Geburtsjahrgänge sich in ähnlicher Weise von einem gesellschaftlichen Ereignis geprägt sehen und sich als „Schicksalsgemeinschaft" (ebd., S. 313) definieren. Um den Weg von dieser losen Bindung zwischen den Mitgliedern verwandter Jahrgänge zu einer festen Bindung im Sinne einer Generation analytisch fassen zu können, unterscheidet Mannheim drei Generationsformen: die Generationslagerung, den Generationszusammenhang und die Generationseinheit.

Mit der *Generationslagerung* lassen sich zunächst die formalen Kriterien einer Generation bestimmen. Damit sind zum einen verwandte Geburtsjahrgänge (Kohorten) gemeint. Zum anderen sind es die ‚objektiven' Lebensbedingungen und -umstände, unter denen die Kohortenmitglieder aufwachsen und die ihre politische Sozialisation – nach Mannheim die Zeit zwischen dem 17. und 25. Lebensjahr – prägen. Hierzu zählen soziale und politische Kollektivereignisse, in denen die Hemmungen und die Chancen des Lebens eingelagert sind, die von den Betroffenen sowohl passiv ertragen als aber auch aktiv genutzt werden können (vgl. ebd., S. 309). Erst wenn das Potential dieser spezifischen historischen Konstellation von den Mitgliedern einer Kohorte als „gemeinsames Schicksal" (ebd.) artikuliert und als prägend für das eigene Leben beschrieben wird, läßt sich jedoch im Sinne Mannheims von der Bildung eines *Generationszusammenhangs* und folglich von der Bildung einer Generation sprechen: „Von einem Generationszusammenhang werden wir also nur dann reden, wenn reale soziale und geistige Gehalte gerade in jenem Gebiete des Aufgelockerten und werdenden Neuen eine reale Verbindung zwischen den in derselben Generationslagerung befindlichen Individuen stiften" (ebd., S. 310). Entscheidend ist für Mannheim damit nicht die ‚objektive' Zugehörigkeit zu einer Kohorte, sondern das subjektive Gefühl von Zugehörigkeit zu einer Erlebnis- und „Schicksalsgemeinschaft" (ebd., S. 313), die den inneren Zusammenhang einer Generation bildet. Wenn schließlich innerhalb dieses Generationszusammenhangs Gruppen dieselbe historisch-soziale Lage verschieden verarbeiten, kommt es zur Bildung von *Generationseinheiten*. Die historisch gleiche Ausgangslage muß also keineswegs zu gleichen Einstellungs- und Handlungsmustern führen. Sie stellt lediglich den einheitlichen Identifikations- und Bezugspunkt für ganz unterschiedliche Verarbeitungsstrategien der jeweils Beteiligten dar. Heinz Bude hat darauf hingewiesen, daß Mannheim mit dieser Binnendifferenzierung innerhalb des Generationszusammenhangs eine „zentrale Schwierigkeit für das Verständnis einer Generationsgestalt aufgeworfen" (Bude 1987, S. 37) habe, da innerhalb einer Generation „verschiedene Bezugsgruppen koexistieren, die unterschiedliche Lehren aus dem gezogen haben, was ihnen widerfahren ist" (ebd.). Demgemäß läßt sich der Generationszusammenhang als Einheit von differierenden Generationseinheiten beschreiben. Diese Einheiten sind zwar aus demselben sozialen Erlebnishorizont hervorgegangen, lassen sich zugleich aber nicht auf beispielsweise eine einheitliche Ideologie reduzieren. Jede Generation „gründet auf sozialisierend wirkenden Deutungsbedürfnissen, die sich in vielfältigen, möglicherweise sich widersprechenden Auffassungen und Überzeugungen artikulieren können" (ebd., S. 38). Die Bedeutung der historisch-sozialen Lage führt bei den Angehörigen eines Generationszusammenhangs zwar zu einem kollektiven Krisen- und Problembewußtsein, ohne daß damit gleichsam eine kollektive „Problemlösungsgemeinschaft" (Jaeger 1977, S. 444) begründet liegt. Ob das Kriegsende 1945 als Befreiung oder als Niederlage empfunden, die Adenauer-Ära als Restauration oder als Neuanfang, der Fall der Mauer im November 1989 als Freiheitsgewinn, als nationale Erhebung oder aber als deutsch-nationale Hybris erlebt wurde, hängt damit ganz offensichtlich von der jeweiligen Generationseinheit, d. h. von den konkreten sozialen Beziehungen und vom Konformitätsdruck der jeweiligen *peer-group* ab.

Das Generationenmodell Mannheims hat sich im Zuge des steigenden sozialwissenschaftlichen Interesses am Thema Generation seit Anfang der achtziger Jahre[105] zu einem Instrument der soziologischen bzw. sozialisationshistorischen Forschung weiterentwickelt. Hier dient es vor allem dazu, Nationengeschichte als Generationengeschichte zu beschreiben, um darüber neue Erkenntnisse über Ursachen und Dynamik sozialen Wandels zu erhalten. Exemplarisch für dieses Bemühen steht die Arbeit von Helmut Fogt (1982) über die politischen Generationen des zwanzigsten Jahrhunderts. Fogt entwickelt nicht nur ein „Systemmodell" zur Analyse politischer Generationen (vgl. ebd., S. 102ff.). Er rekonstruiert zudem relevante Generationszusammenhänge in Deutschland für die Zeit von 1914-1971 (vgl. ebd., S. 126ff.) und liefert auf der Basis seiner Heuristik einen Erklärungsansatz für die Entstehungszusammenhänge der Protestbewegung in den 1960er Jahren und den damit verknüpften sozialen Wandel (vgl. ebd., S. 137ff.). Neben Fogt sind es vor allem Helmut Fend (1988) und Walter Jaide (1988), die sich darum bemüht haben, Generationsgestalten hinsichtlich der Abfolge von Jugendgenerationen zu bestimmen und die generationstypischen Differenzen der jeweiligen historisch relevanten Erfahrungs- und Erlebnishorizonte herauszuarbeiten.

Es bleibt zu betonen, daß es sich beim historisch-soziologischen Generationenbegriff zunächst um einen rein analytischen Begriff handelt, mit dessen Hilfe die Mitglieder einer Gemeinschaft – wie bei Fogt, Fend und Jaide geschehen – objektiv kategorisiert werden können. Die Frage, ob und wenn ja, wie die so zu einer Generation *an sich* kategorisierten Menschen auch eine Generation *für sich*[106] darstellen und ein Generationsbewußtsein ausgebildet haben, ob also die Kategorie ‚Generation' als Ressource zur Selbstbeschreibung und -verortung von diesen Menschen in Anspruch genommen wird, läßt sich vom Standpunkt einer theoretischen Bestimmung der Generationslagerung, des Generationszusammenhangs und möglicher Generationseinheiten zuverlässig nicht und wenn überhaupt nur empirisch beantworten. Und auch mit einer qualitativen empirischen Fundierung eines Generationenzusammenhangs durch die Befragung einzelner Kohortenmitglieder bleibt es aus methodologischen Gründen prekär, auf der Grundlage solcher Ergebnisse komplette Altersgruppen unter ein Generationenetikett zu subsumieren und identische Haltungen und einheitliches Verhalten der Kohortenmitglieder allgemein zu behaupten (vgl. Liebau 1997b; Uhle 1996).

---

105 Für die Soziologie vgl. zuletzt die Veröffentlichung von Kohli/Szydlik 2000; für die Erziehungswissenschaft vgl. Kramer/Helsper/Busse 2001.
106 Die Unterscheidung zwischen der Generation „an sich" und „für sich" lehnt sich an die Unterscheidung von Karl Marx an, die dieser im Zusammenhang mit dem „Klassenbegriff" verwendet hat, um in ähnlicher Absicht zwischen einer Fremd- und einer Selbsteinordnung von Menschen zu einer bestimmen Klasse zu unterscheiden (vgl. Berger 1989, S. 332ff.).

Generationen und Vergangenheitsbewältigung

Ungeachtet des theoretischen Problems, ganze Kohorten subsumtionslogisch mit bestimmten Mentalitäten zu assoziieren, ist nicht zu übersehen, daß sich pauschale Generationsetikettierungen gerade bezogen auf die bundesdeutsche Erinnerungsgeschichte öffentlich durchgesetzt haben. Das zumeist sozialwissenschaftlich erzeugte Wissen über die generationsspezifische Verarbeitung des Nationalsozialismus hat sich in den Fundus des kollektiv geteilten Wissens über die Geschichte der Bundesrepublik abgesenkt und ist gleichsam zu einem Sinnspender der Mitglieder des Kollektivs geworden. Aus Fremdzuschreibungen sind Selbstbeschreibungen geworden. Auf diese Verschmelzung von Fremdzuschreibungen und Selbstbeschreibungen hat Bude am Beispiel der nachträglichen ‚Erfindung' des Mythos von 1968 hingewiesen, wenn er betont, daß die Studentenbewegung von 1968 in Westdeutschland lediglich auf eine mobilisierbare Masse von ungefähr 10.000 Leuten zurückgreifen konnte (vgl. Bude 1995, S. 42), die sich ihrerseits wieder aus unterschiedlichen Interessengruppen zusammensetzte. Die von dieser Minderheit genutzte historische Gelegenheit zum gesellschaftspolitischen Protest lieferte die Stimmung und den Stoff für die später sogenannte 68er-Generation, zu der sich in den achtziger und neunziger Jahren in einem Prozeß der „retrospektiven Vermehrung" (ebd., S. 41) immer mehr der damals circa 17- bis 30-Jährigen zugerechnet haben.

In den einschlägigen sozialwissenschaftlichen Beiträgen zur bundesrepublikanischen Vergangenheitsbewältigung werden mit den historischen Wendezeiten 1945, 1968 und 1989 drei Phasen der Erinnerungsgeschichte unterschieden. In Anlehnung an das Mannheimsche Generationenmodell bilden diese Phasen zugleich den Deutungsrahmen zur Bestimmung unterschiedlicher Generationszusammenhänge, für deren Mitglieder relativ einheitliche Verarbeitungsmodi der Geschichte des Nationalsozialismus und Holocaust angenommen werden. Die besondere Bedeutung dieser Generationeneinteilung liegt darin, daß die angenommene mentale Prägung der jeweiligen Generationenmitglieder nicht nur aus der spezifischen historischen Plazierung der Mitglieder gewonnen wird, wie es das Generationenmodell Mannheims vorsieht. Die mentale Prägung der jeweiligen Generationen wird zugleich auch über ihr jeweiliges Verhältnis zur NS-Geschichte – genauer zur Schuldfrage – bestimmt (vgl. Kohlstruck 1997; Hettling 2000). Dieses Bemühen gründet auf der Annahme, daß die NS-Geschichte nicht nur bei Tätern, Mitläufern und Zuschauern des NS-Systems Erfahrungen von Schuld und Scham ausgelöst haben, sondern daß diese Erfahrungen intergenerationell tradiert werden, mithin also auch Spuren bei Nachkommen hinterlassen haben und immer noch hinterlassen (vgl. Assmann/Frevert 1999, S. 112). Den historischen Ereignissen wird damit eine generationsübergreifende sozialisatorische Wirkung auch und vor allem bei den nach 1945 Geborenen zugeschrieben, wobei sich diese Wirkung nicht unmittelbar auf die Erfahrungen der historischen Ereignisse, sondern auf die vielschichtigen psychologischen Nachwirkungen bezieht. In der Logik dieser generationstheoretisch begründeten Einheitskonstruktion, erhält die NS-Geschichte in der bundesdeutschen Erinnerungskultur den Status einer unvergangenen Vergangenheit, zu der sich nachfolgende Generationen nicht nur ins Verhältnis setzen müssen, sondern durch die sie über die Kette der Generationen bis heute geprägt zu werden scheinen.

In der Folge werden entlang der einschlägigen Untersuchungen von Heinz Bude (1987; 1995) zunächst die zentralen Merkmale der Generationszusammenhänge der sogenannten 45er- und 68er-Generation sowie deren Thematisierungsformen der NS-Geschichte skizziert[107], bevor im Anschluß ausführlicher auf die Vergangenheitsbezüge der sogenannten 89-Generation eingegangen wird.

Die 45er-Generation

Der 45er-Generation werden alle Mitglieder der Jahrgänge vor 1930 zugerechnet, da für sie die Täter- und Mittäterschaft an den NS-Verbrechen konkret in Frage kommt. Für sie war der Nationalsozialismus nicht nur Teil ihrer Lebensgeschichte. Als Erwachsene bildeten sie den Personenkreis der Akteure des Nationalsozialismus und waren durch Akzeptanz oder Teilhabe in die Verbrechen eingebunden. Dies gilt *erstens* für die um 1900 geborenen Jahrgänge, deren politischer Sozialisationshorizont die Weimarer Republik war. Angesichts ihres Alters bildeten diese Jahrgänge zwar nicht die „Trägergeneration der nationalsozialistischen Bewegung" (Bude 1992, S. 83). Für die Mehrzahl der Mitglieder dieser Jahrgänge wird jedoch konstatiert, daß sie im Schatten des Scheiterns der Weimarer Republik dem Nationalsozialismus kaum etwas entgegenzusetzen hatten und sich nach 1933 relativ widerstandslos in das NS-System einfügten (vgl. ebd., S. 84). *Zweitens* gilt die Zugehörigkeit zur 45er-Generation für die Jahrgänge von 1910 bis 1925, der eigentlichen Kriegsgeneration des Zweiten Weltkriegs. Sie bildeten den aktiven Bestandteil der Wehrmacht und gehörten zu den Adressaten und Trägern des

---

107 Zweifelsohne zählt Heinz Bude mit seinen qualitativen Studien über die „Lebenskonstruktionen sozialer Aufsteiger aus der Flakhelfer-Generation" (1987) und die 68er-Generation (1995) nicht nur zu den Pionieren des Unterfangens, die bundesrepublikanische Erinnerungsgeschichte mit generationstheoretischen Mitteln zu durchleuchten. Mit seinen Studien hat Bude auch das Generationenkonzept Mannheims empirisch zur Anwendung gebracht. In seinen Untersuchungen unterscheidet er zwei Generationszusammenhänge, denen aufgrund ihrer unterschiedlichen Umgangsweisen mit der NS-Geschichte eine prägende Rolle für die Genese der politischen Kultur im Nachkriegsdeutschland zugeschrieben wird. Die Leistung Budes besteht vor allem darin, nicht nur die Generationszusammenhänge und -einheiten der relevanten Jahrgänge akribisch auszuleuchten, sondern anhand von lebensgeschichtlichen Interviews die empirische Rückbindung der politischen und sozialen Ereignisse an die konkrete Selbstbeschreibung von Generationsmitgliedern zu suchen.

nationalsozialistischen Systems. Die Zeit um 1933 war für sie die Phase ihrer politischen Sozialisation. Sie erlebten den Nationalsozialismus als soziale Bewegung, die konkrete und zukunftsweisende Antworten auf die politische, ökonomische und kulturelle Krise der Weimarer Republik zu geben schien und die den Resonanzboden für das Gestaltungs- und Veränderungsbedürfnis der nachwachsenden Jugendgeneration darstellte. *Drittens* schließlich werden der 45-Generation auch die von Helmut Schelsky bereits 1957 als „Skeptische Generation" gekennzeichneten Jahrgänge von 1926 bis 1930 zugerechnet, die während ihrer Kindheit und Jugend bereits mit der institutionalisierten Bewegung des Nationalsozialismus, d. h. mit der Hitler-Jugend und dem BDM in einen selbstverständlichen Kontakt traten bzw. treten mußten. Oft auch in der Rolle als Flakhelfer waren viele männliche Mitglieder dieser Jahrgänge noch in Kriegshandlungen verwickelt und als ‚letzte Helden des Führers' mit der NS-Ideologie identifiziert. Zugleich erlebten sie aber auch den „Zusammensturz des Grandiositätssystem, in dem sie aufgewachsen waren" (Bude 1987, S. 41) und das sie in einer Mischung aus Stolz und bereits einsetzender Skepsis zumindest mit äußerem Engagement unterstützt hatten. Die ernüchternde Einsicht in die Falschheit des NS-Idealismus, aber auch die Scham, daß sowohl sie als auch die eigenen Väter an den NS-Verbrechen beteiligt waren, gelten den Autoren Schelsky und Bude als prägende Lebenserfahrungen der „Skeptischen Generation". Der aus dieser Erfahrung erwachsene Zweifel an weltanschaulichen und politischen Idealen sowie die pragmatische und politisch zurückhaltende Lebenseinstellung begreift Bude als Kristallisationspunkt jener Haltung, die sowohl den öffentlichen Umgang mit der NS-Vergangenheit als auch die politische Kultur während der frühen Nachkriegszeit bestimmt habe (vgl. Bude 1987; 1992; 1998). Auch wenn die Mitglieder dieser Jahrgänge nicht unmittelbar zur neuen Führungselite gehörten, avancierten sie im Schatten der Weimarer Generation – die, insofern sie nicht von der Entnazifizierung der Alliierten betroffen waren, die Regie für den politischen Neuanfang übernahm – zum Establishment der sich nach dem Krieg restituierenden nationalen Gemeinschaft. Auch deshalb wird den Lebensentwürfen der „Skeptischen Generation" ein gewichtiger Einfluß auf den öffentlichen Umgang mit der NS-Vergangenheit zugeschrieben. Der „Konkretismus ihres Wirklichkeitsbezugs" und der „Privatismus ihres Sozialverhaltens", so Bude (1987, S. 43), konfirmierte das kulturelle Klima der unmittelbaren Nachkriegszeit. Demnach konzentrierte sich die „Skeptische Generation" im Verbund mit der Weimarer- und der Kriegsgeneration auf die Ausgestaltung des Privatlebens und des beruflichen Fortkommens. Im Zentrum des Engagements stand vorzugsweise die zukunftgewandte Aufgabe des Wiederaufbaus, während die Auseinandersetzung mit der jüngsten Vergangenheit innerhalb der Familie, aber auch in der Öffentlichkeit vermieden wurde (vgl. ebd. 41ff.).

Auch wenn die in der 45er-Generation zusammengefaßten Jahrgänge im Mannheimschen Sinne auf unterschiedliche Generationszusammenhänge und -einheiten verweisen und die Erfahrungen und Prägungen mit und durch Nationalsozialismus und Holocaust äußerst heterogen waren, gilt es in der einschlägigen soziologischen und psychologischen Forschung als unbestritten, daß die reale und potentielle Beteiligung dieser Jahrgänge an den NS-Verbrechen nach 1945 einen vergemeinschaftenden Erlebniszusammenhang bildete (vgl. Kohlstruck 1997, 81f.). Nur für sie gilt, daß sie im Sinne der von Jaspers ausgearbeiteten Schuldfrage politisch, strafrechtlich oder moralisch schuldig sein können. Insofern war die allgemeine Schulddiskussion nach 1945 für diese Jahrgänge immer auch von dem Vorwurf der individuellen Schuld überlagert. Die Frage nach der Täter- und Mittäterschaft hatte einen konkreten und existentiellen Bezug zur eigenen Lebensgeschichte, wurde jedoch sowohl innerhalb der Familien als auch in der Öffentlichkeit in aller Regel nicht thematisiert (vgl. Hettling 2000, S. 367; Kohlstruck 1997, S. 81f.). Wie im dritten Kapitel bereits ausführlich referiert, etablierte sich das Beschweigen der schuldhaften und beschämenden Beteiligung an den Verbrechen, die Abwehr der Kollektivschuldthese und die Selbststilisierung der Deutschen als Opfer als die dominierende Form des privaten und öffentlichen Umgangs mit der Geschichte des Nationalsozialismus und des Holocaust, über die sich die frühe Bundesrepublik ihres Status als Schicksalsgemeinschaft folgenreich zu vergewissern vermochte (vgl. Frei 1996, S. 304; Dubiel 1999, S. 71).

Die 68er-Generation

Während die Zugehörigkeit zur 45er-Generation noch relativ einheitlich über die Geburtsjahrgänge bestimmt wird, gilt dieses Zuordnungskriterium ab der zweiten Generation nur noch bedingt. Zur Bestimmung der 68er-Generation wählt Bude im Anschluß an das Mannheimsche Prägungsmodell der Jugendphase die Jahrgänge 1938 bis 1948 (vgl. Bude 1995), also alle Jahrgänge, die 1968 zwischen zwanzig und dreißig Jahren alt waren. Die politische Sozialisation dieser Jahrgänge vollzog sich im zunehmend gesellschaftskritischen Klima der Studentenbewegung, die gleichsam für das zentrale Bezugsereignis dieses Generationenzusammenhangs steht. Für sie lag der Zweite Weltkrieg entweder schon außerhalb der eigenen Biographie oder aber sie erlebten ihn als Kind. Anders als die Angehörigen der 45er-Generation waren sie jedoch in jedem Fall zu jung, um als Täter oder Mitläufer des Nationalsozialismus in Frage zu kommen. Im Gegensatz zu Bude schreibt Michael Kohlstruck (1997) der politischen wie kulturellen Umbruchphase der ausgehenden sechziger Jahre lediglich eine sekundäre Bedeutung bei der Bildung dieser Generation zu. Kohlstruck begreift vielmehr die altersbedingte Unmöglichkeit, als potentielle Täter identifiziert zu werden, als primäres Zuordnungskriterium dieser Generation. Demnach gehören alle nach 1930 geborenen Jahrgänge zu dieser zweiten Generation, da sie aufgrund ihres Alters kaum als Mitläufer und Zuschauer und schon gar nicht als Täter, sondern lediglich noch als deren Kinder in Frage kommen.

Unabhängig von der potentiellen Prägekraft der kulturellen Umbruchphase gilt für die Mitglieder der Jahrgänge ab 1930 in jedem Fall, daß für sie die Dopplung von individueller Schuldfähigkeit und kollektiver Schuldzuschreibung fehlt. Dennoch wird mit Verweis auf psychoanalytische Arbeiten betont, daß die Kinder der Täter vielfach emotional in der Schuld- und Schamerfahrung der Eltern verhaftet geblieben seien (vgl. Bergmann/Jucovy/Kerstenberg 1995; Bar-On 1993; Bohleber 1998; Eckstaedt 1989). Aus psychoanalytischer Perspektive stellt die Schuldfrage die Mitglieder der 68er-Generation vor eine besonders prekäre Situation. Weniger die Frage der eigenen Schuld als vielmehr der Umgang mit der Schuld der Eltern – vor allem der eigenen Väter – wird hier als besonderes Strukturmerkmal des Bezugs zur NS-Geschichte hervorgehoben. Demnach machte es die nachweisliche oder potentielle Täterschaft der Väter kaum möglich, sich uneingeschränkt mit dem ansonsten vielleicht sogar als liebevoll und fürsorglich erlebten Vater zu identifizieren.[108] Die widersprüchliche Einheit von ‚Täterschaft' und ‚Elternschaft' erzeugte ein identifikatorisches Dilemma, das sich nicht nach einer Seite auflösen ließ. Vom Standpunkt der Taten hätte die Verstrickung des Vaters in die Verbrechen in vielen Fällen seine Verabscheuung notwendig gemacht. Folgt man den psychoanalytischen Deutungen, so hätte diese Abwendung vom Vater jedoch die Zerstörung des eigentlich geliebten Objektes bedeutet und wurde daher vielfach vermieden. Das Kaschieren oder Relativieren der schuldhaften Verstrickung der Väter wurde zugleich aber auch als eine sekundäre Komplizenschaft erlebt, was vielfach die Übernahme bzw. Fortschreibung der von Jaspers beschriebenen symbolisch nicht zu sühnenden moralischen Schuld bedeutete (vgl. Kap. III, S. 86ff.).

Angesichts dieser identifikatorischen Ambivalenzen in der Sozialisation der ‚Täterkinder' gilt deren historisches Aufklärungsbemühen keinesfalls als gradliniger Protest gegen die Elterngeneration, wie er im Mythos von '68 häufig stilisiert wird. Während in der Öffentlichkeit der kollektive Schuldvorwurf an die eigenen Eltern abstrakt kommuniziert wurde und schließlich den vielzitierten Generationenkonflikt heraufbeschwor, fand eine konkrete Auseinandersetzung über die eigene Täterschaft der Eltern innerhalb der Familie kaum statt (vgl. Rosenthal 1997). Die konkrete Nachfrage nach einer möglichen Täterschaft hätte nicht selten bedeutet, eben jenen Tätern wieder

---

108 Daß sich diese identifikatorische Ambivalenz nicht nur bei Nachkommen aus ausgewiesener Nazitäterfamilien, sondern auch bei den Kindern von Mitläufern nachweisen läßt, zeigt Nadine Hauers Studie „Die Mitläufer – oder die Unfähigkeit zu fragen" (1994).

zu begegnen, deren schreckliche Kontur durch die zunehmende öffentliche Auseinandersetzung mit dem Nationalsozialismus – die nicht zuletzt durch das eigene Bemühen um historische Aufklärung forciert wurde – immer klarer hervortrat. Die in der Öffentlichkeit deutlich markierte Grenze zwischen Tätern und Täterkindern, zwischen Schuld und Nicht-Schuld, läßt sich daher für den familiären Umgang kaum bestätigen. Hier zeigen die einschlägigen Studien, daß die zweite Generation in ihrem Protest weniger durch eine klare Abgrenzung zu ihren Eltern motiviert wurde als vielmehr durch die Übernahme der nach dem Krieg unverarbeitet gebliebenen moralischen Schuld der Eltern (vgl. Bude 1995, S. 35). Angesichts dieser „mißlungenen Ent-Identifizierung" (ebd.) begreift Bude die Jugendrevolte der 68er nur vordergründig als Rebellion gegen die eigenen Eltern. Im Hintergrund lag die von den Eltern unerledigte und von den Kindern schließlich übernommene „Interpretationsaufgabe" (ebd., S. 33), sich mit den eigenen Taten und vor allem mit dem Leid der Opfer auseinanderzusetzen. Die Unfähigkeit – und angesichts der traumatischen Dimensionen vielleicht auch die Unmöglichkeit der Eltern – mit dem belastenden Wissen fertig zu werden, moralisch oder sogar tatsächlich schuldig geworden zu sein, nötigte die Kinder dazu, die Geschichte ihrer Eltern zu ihrer eigenen Geschichte zu machen. „In Umkehrung des Gesetzes der Sozialisation", so Bude, „mußte das Kind (...) die stellvertretende Deutung der Probleme seiner Eltern übernehmen" (ebd.). Dieser spezifische Identifizierungsprozeß, der auch als „Ineinanderrückung (Telescoping) der Generationen" (Faimberg 1987) gefaßt wird, gilt als Beleg dafür, daß die Frage der Schuld nicht nur für die erste, sondern auch für die zweite Generation mit Fragen der eigenen Existenz und der persönlichen Identität verbunden wurde und verbunden wird.[109] Das im Gefolge der kulturellen Transformationen der sechziger Jahre möglich gewordene öffentliche Ausagieren des übertragenen und übernommenen Schuldgefühls wird bezogen auf den Wandel der Erinnerungsgeschichte daher nicht nur als Bruch mit dem kommunikativen Schweigen der Täter-, Mitläufer- und Zuschauergeneration begriffen. Die Identifizierung mit der Schuld der Eltern wird zugleich auch als eine Kontinuität zwischen der ersten und zweiten Generation beschrieben. Eine Kontinuität, der bezüglich des öffentlichen Umgangs mit der NS-Geschichte eine zentrale Bedeutung beigemessen wird. Auch wenn die öffentliche Thematisierung der Verbrechen ab den sechziger Jahren immer konfliktreicher wurde und das Thema Schuld zusehends in das der Verantwortung überführt

---

109 Dieses Ineinanderrücken der Generationen bestätigt auch Gabriele Rosenthal in ihrer empirischen Studie „Der Holocaust im Leben von drei Generationen" (1997). Die qualitativ angelegte Untersuchung über die intergenerationellen Formen der Tradierung des Nationalsozialismus zeigt, daß Angehörige der zweiten Generation sich im innerfamiliären Dialog schützend vor die eigenen Eltern stellen, um zu weitreichende Nachfragen über die mögliche Beteiligung an den Verbrechen von seiten der Enkelgeneration zu vermeiden (vgl. ebd., S. 18ff.; vgl. 2000, S. 176).

wurde, wird gerade dem subjektiven Schuldgefühl der 68er-Generation eine zentrale Rolle für die Ausgestaltung der bundesdeutschen Erinnerungskultur beigemessen. Die Schuldfrage änderte damit zwar ihre kommunikative Form, verlor aber freilich nicht ihre einheitsstiftende Bindekraft. Im Gegenteil: Durch die Offenlegung der Schuld wurde, wie Lepsius betont, „der Schuldbegriff (...) über die ursächliche Mitwirkung auf die kollektive Mithaftung und zur besonderen deutschen Verpflichtung auch in der Generationenfolge ausgedehnt" (Lepsius 1989, S. 261). Nicht zuletzt aufgrund des angenommenen Zusammenhangs zwischen der Prägung der 68er-Generation durch die Schuldfrage und den Formen der offiziellen Vergangenheitsbewältigung wird dem Phänomen der Generation eine besondere Bedeutung für das Selbstverständnis der Bundesrepublik zugeschrieben. Ein Selbstverständnis, das relativ unstrittig als Resultat der Generationenkonstellation zwischen Tätern und Täterkindern gedeutet wird. Es scheint folglich evident, daß die Frage einer partikularen ‚Schuld der Deutschen' im Verbund mit der moralischen Botschaft ‚Nie wieder' den semantischen Rahmen der öffentlichen Tradierungs- und Erinnerungsformen bildet, der auch und vor allem für folgenden Generationen den zentralen Bezugspunkt ihrer Auseinandersetzung mit der NS-Geschichte darstellt.

Die 89er-Generation

Die Ordnungskategorie ‚89er-Generation' verweist zunächst auf das historische Datum der deutschen Wiedervereinigung und markiert eine Zäsur, die für die Mitglieder dieses Generationszusammenhangs als prägendes Bezugsereignis in Anspruch genommen wird. Ausgehend von dieser Zäsur hat Claus Leggewie in seinem Generationenportrait „die 89er" (1995) den Versuch unternommen, aus der Potentialität der Generationslagerung nicht nur auf einen relativ einheitlichen Generationszusammenhang, sondern gleichsam auf die Einstellungen der Mitglieder einer ganzen Kohorte zu schließen. In losem Bezug zum Mannheimschen Prägungsmodell rechnet Leggewie alle zum Zeitpunkt der Deutschen Einheit 13- bis 30-Jährigen diesem Generationenzusammenhang zu (die Jahrgänge von 1959-1976). In seiner empirisch kaum fundierten Studie entwirft Leggewie in strikter Abgrenzung zum Deutungs- und Erfahrungshintergrund der 68er-Generation eine Generation, die aufgrund der politischen Zäsur von 1989 aus dem Schatten der Nachkriegszeit herausgetreten und in den Kontext einer neuen Zeitrechung gerückt sei (vgl. ebd. 42ff.). Ausgehend von der deutschen Einheit als zentralem Bezugsereignis der 89-Generation, bestimmt Leggewie einen Generationszusammenhang, der aus den öffentlich kommunizierten Krisenerfahrungen und Konfliktthemen der achtziger und neunziger Jahre gewonnen wird. Hierzu gehören beispielsweise der Umgang mit ökonomisch-ökologischen Modernisierungsrisiken, die Pluralitätserfahrungen als Folge zunehmender Migration oder die Anerkennungskämpfe zwischen männlichen und weiblichen Lebensentwürfen, die pauschal als gemeinsame Herausforderung, gleichsam als Aufgabenkatalog dieser Generation, angenommen werden. Mit Verweis auf die gängigen soziologischen Modernisierungsbeschreibungen von ‚Individualisierung' bis zur ‚Pluralisierung von Lebenslagen' charakterisiert Leggewie die „89er" als eine Generation, die jenseits von Weltverbesserungsaspiration und dogmatischer Gesellschaftskritik den Weg einer pragmatischen Lebensgestaltung gehe: „Die großen Integrationsmaschinen, die den Kanon der gesellschaftlichen Normen von ‚Generation zu Generation' weiterreichen, sind passé. Und die Jugend von heute ist rar und reich, weniger androzentrisch als androgyn, stärker multikulturell – und immer auch das Gegenteil davon" (ebd., S. 100f.). Ebenso pauschal wie die Einschätzung der Lebenseinstellung der Generationsmitglieder fallen schließlich auch die Vermutungen über deren Umgang mit der NS-Geschichte aus. Nicht die Frage nach einem übergreifenden Wertesystem und die Negativität der Geschichte des zwanzigsten Jahrhunderts stünden im Zentrum des Interesses einer Auseinandersetzung mit Nationalsozialismus und Holocaust (vgl. ebd., S. 177). Vielmehr sei es die Bewunderung des „heimlichen Helden" (ebd., S. 176) – Leggewie nennt hier als prominentestes Beispiel Oskar Schindler –, der die Beschäftigung mit der NS-Geschichte präge. Das öffentliche Gedenken an die Opfer der Verbrechen oder die Kontroversen über einen angemessenen Umgang mit der NS-Vergangenheit habe für die „89er" eher akademische Bedeutung. Im Mittelpunkt stehe vielmehr das praktische Interesse, aus der NS-Geschichte alltagstaugliche Handlungsoptionen zu erhalten, die nicht zugleich Teil eines vorgeschriebenen Tugendkatalogs seien. Hier, so Leggewie, biete eine Person „wie Schindler – in seiner ganzen Zweifelhaftigkeit und Ambiguität" (ebd., S. 178) ein Vorbild, das nicht zuletzt widerlege „daß man in ‚bösen' Zuständen nicht ‚gut handeln'" könne (ebd., S. 177).

Obgleich Leggewies Entwurf von der sogenannten „89er" als pauschaler Etikettierungsversuch kritisiert und in das Reich des Feuilletons und der Populärwissenschaft verabschiedet wurde (vgl. Uhle 1996), so verweist gerade die öffentliche Resonanz dieses Generationenetiketts auf die besondere Bedeutung, welche die Kategorie Generation als Medium der nationalen Selbstbeschreibung eingenommen hat. Im Lichte solider sozialwissenschaftlicher Forschung mag der hypothetische Entwurf eines Wir-Gefühls der Generationsmitglieder unzulänglich sein, zumal dann, wenn es angesichts der zunehmenden Individualisierung und Pluralisierung von Lebenslagen eher unwahrscheinlich erscheint, von einem Zusammengehörigkeitsgefühl und einheitlichen Problemdeutungen und -lösungen auszugehen oder gar einheitliche Bewältigungsmuster für die verschiedenen kollektiven und persönlichen Herausforderungen anzunehmen.[110] Offensichtlich liefert aber gerade die hypothetische inhaltliche Besetzung des Generationszusammenhangs eine allgemein anerkennungsfähige Beschreibung der Bundesrepublik, in der die Komplexität der sozialen Realität in Gestalt der unübersehbaren Fülle von Lebensentwürfen der jüngeren Generation reduziert und in eine handhabbare Form gebracht wird.

Eine besondere Anziehung für die Gemeinsamkeitsunterstellung der 89er-Generation bildet – wie bereits bei der 45er- und 68er-Generation – die NS-Geschichte als eine partikulare Herausforderung für alle Deutschen. Anders als bei den ersten beiden Generationsgestalten steht jedoch nicht die eher passiv erfahrene generationenübergreifende Prägung durch die Schuldfrage im Mittelpunkt des öffentlichen Interesses. Wichtiger erscheint vielmehr, ob die Nachgeborenen gemäß des offiziellen Geschichtsbildes angemessen mit dem nationalen Erbe der Bundesrepublik umzugehen wissen. Im Zentrum dieser Erwartungen steht die Hoffung, daß auch die Nachgeborenen die historischen Ereignisse als Verbrechen gegen die Menschlichkeit moralisch verurteilen und gerade diesen Teil der deutschen Geschichte als besondere (Lern)-Herausforderung begreifen. Über diese besondere Verhältnisbestimmung zur NS-Geschichte wird die 89er-Generation in den Kreis der partikularen deutschen Erinnerungsgemeinschaft eingeordnet. Demnach gehören alle zur 89er-Generation, die als Enkel der Täter geboren sind und damit strukturell in einem anderen Verhältnis zur Schuldfrage stehen, als ihre Großeltern und Eltern. Diese genealogische Generationeneinteilung hat zur Folge, daß auch besonders frühe Jahrgänge – in besonderen Fällen bereits schon Jahrgänge der fünfziger Jahre – der 89er-Generation zugerechnet werden können, wenn deren Eltern nach 1930 geboren sind, mithin als Kinder von Tätern, Mitläufern und Zuschauern in Frage kommen. Aus der Perspektive des historisch-

---

110 Eckart Liebau hat in diesem Zusammenhang zu bedenken gegeben, daß „die Entstandardisierung bzw. Biographisierung der Lebensläufe, das soziale Ende der Normalbiographie, die wachsende Kontingenzerfahrung, die tendenzielle Verflüssigung von Habitus-Formen zugunsten von Patchwork-Identitäten (...) auch die Konstitution von Generationszusammenhängen und insbesondere Generationseinheiten in Frage (stellen)" (Liebau 1997b, S. 24). Ähnlich kritisch sieht Reinhard Uhle (1996) die Verwendung eines einheitlichen Prägungsgedankens zur Unterscheidung von Ost- und Westjugendlichen, die nicht selten zu der These einer in Ost und West gespaltenen 89er-Generation führe (vgl. ebd., S. 81ff.). Vor allem die Entgegensetzung von einer „östliche(n) Wertesozialisation als mögliche Bedrohung der Qualität einer civil society" (ebd., S. 82) und der westlichen Modernisierung als Grundlage einer zivilen Gesellschaft weist Uhle als pauschalen und empirisch nicht fundierten Ordnungsversuch zurück. Mit Verweis auf eine Vielzahl von Vergleichuntersuchungen macht er vielmehr auf die ambivalenten und uneindeutigen Befunde von Unterschieden und Gemeinsamkeiten zwischen den Befragten in Ost und West aufmerksam. Ohne die Differenzen zwischen den Sozialisationsbedingungen in der DDR und Westdeutschland zu negieren, betont Uhle den subsumtionslogischen Charakter solcher Thesen, die, ähnlich wie Leggewie, umstandslos von einer theoretischen Skizze möglicher Differenzen auf ihre reale Existenz in den Köpfen der Jugendlichen schließen.

soziologischen Generationenbegriffs müßten diese Jahrgänge jedoch eher dem Erfahrungszusammenhang der 68er-Generation zugerechnet werden.[111]

Ungeachtet der großen Zeitspanne zwischen den relevanten Jahrgängen und den damit verknüpften unterschiedlichen Bedingungen des Aufwachsens gilt für die Angehörigen der Enkelgeneration in jedem Fall, daß die Einheit von Lebenslauf und NS-Geschichte gänzlich zerbrochen ist. Ohne Ausnahme verbinden sie mit dem Nationalsozialismus keine persönlichen Erfahrungen mehr. Sie sind daher auf vermittelte Zugänge (Erzählungen, Dokumente, Museen, mediale Repräsentationen) zur NS-Zeit angewiesen und haben objektiv nicht das Problem einer persönlichen Schuld. Zudem gilt für sie, daß sie sich nicht mehr mit einer potentiellen Täterschaft ihrer Eltern auseinandersetzen müssen. Sie sind dadurch zwar aus dem Kreis einer möglichen „identifikatorischen Gefangennahme" (Bude 1995, S. 33) von der Schuld der Täter herausgetreten, stehen angesichts der Betroffenheit der eigenen Eltern und der schulischen wie medialen Präsenz der NS-Geschichte vor einem Thematisierungszwang, der allein schon aus Gründen der Unterscheidung zu den Eltern und den sozial erwünschten Redeweisen andere, reflexiverer Formen der Aneignung des Gegenstandes und der Schuldfrage erwartbar werden läßt (vgl. Bude 1998, S. 82f).

Das Geschichtsbewußtsein der 89er-Generation als ‚Gradmesser' für die moralische (Des-)Integration der Bundesrepublik

Mit der besonderen Bedeutung, die der NS-Geschichte für das bundesrepublikanische Selbstvergewisserungsbemühen zugeschrieben wird, läßt sich unschwer erklären, daß gerade im Übergang vom kommunikativen zum kollektiven Gedächtnis das öffentliche Interesse am Geschichtsbewußtsein der nachwachsenden Generation eher zu- als abnimmt. Im stetigen Versuch, die Werthaltungen und den Wissensstand über die NS-Geschichte zu erforschen, spiegelt sich der symbolische Versuch der Bundesrepublik, sich ihrer moralischen Integrität zu vergewissern. Es scheint daher kein Zufall, daß gerade in den letzen Jahren viele empirische Studien entstanden sind, die das Geschichtsbewußtsein der nachwachsenden Generation zur Geschichte des Nationalsozialismus und des Holocaust untersucht haben. Vor allem sind es quantitative Studien, die durch großflächige Befragungen Wissen über das

---

111 Umgekehrt gilt dies auch für die Jahrgänge, die zum Zeitpunkt der Deutschen Einheit noch Kinder waren, zugleich aber als Enkel eines Mitglieds der 45er-Generation geboren sind. Die dadurch entstehenden Übergangs- und Überlappungsverhältnisse zwischen 68er- und 89er-Generation stehen aber nicht etwa im Widerspruch zu der hier vorgestellten und allgemein anerkannten Generationeneinteilung der deutschen Erinnerungsgeschichte. Sie verweisen vielmehr auf die Kontinuierlichkeit der Generationenfolge und die damit verknüpften komplexen Mischungsverhältnisse zwischen den hier analytisch getrennten Generationskonstellationen.

Geschichtsbewußtsein der nachwachsenden Generation erzeugen und die in der Öffentlichkeit immer wieder für Irritationen sorgen. Ungeachtet der vielfach geäußerten Kritik an den Erhebungsmethoden und den Zweifeln an der Aussagekraft der Befunde (vgl. in diesem Kap. S. 200ff.), bilden die Ergebnisse solcher Studien obwohl oder gerade weil sie in hohem Maße auf Verallgemeinerung, Vereinfachung und Dramatisierung setzen, den Bezugspunkt für öffentliche Debatten über den moralischen Zustand der nachwachsenden Generation und damit der nationalen Gemeinschaft insgesamt.

Den jüngsten Versuch, den Vergangenheitsbezug dieser Kohorten in der Bundesrepublik Deutschland anhand von Befragungen und Einstellungsmessungen zu erforschen, bildet die Studie von Alphons Silbermann und Manfred Stoffers (2000). Die Studie hat die Öffentlichkeit mit der These aufgeschreckt, daß das Wissen und die Erinnerung an den Holocaust in dramatischer Weise am Schwinden sei: „Jeder fünfte Jugendliche im Alter von 14 bis 17 Jahren wußte nicht ‚wer oder was' Auschwitz ist oder war. In der Gesamtheit der Befragten ab 14 Jahren hatten 4,3 Prozent noch nie etwas von Auschwitz gehört. Hochgerechnet auf die altersgleiche Bevölkerung der Bundesrepublik Deutschland sind dies rund drei Millionen Menschen" (ebd., S. 21). Die „Ehrlichkeit der Antwortenden" vorausgesetzt, schließen die Autoren daraus, daß sich deren Kenntnisstand „in der Nähe des Nullpunktes bewegt" (vgl. S. 47).

Der Verdacht klingt alarmierend. Wie aber sehen der Befund und der Weg seiner Erzeugung wirklich aus? Insgesamt wurden im Mai 1997 2197 Personen aller Altersstufen im gesamten Bundesgebiet anhand eines standardisierten Fragebogens zum Thema Nationalsozialismus und Holocaust interviewt (vgl. ebd., S. 26). Gefragt wurde weder nach detailgenauen Hintergründen über die nationalsozialistische Herrschaft noch nach der moralischen Einstellung der Befragten zur NS-Geschichte. Man beschränkte sich darauf „herauszufinden, inwieweit Kenntnisse über Orte, Zeit und Umstände der Naziverbrechen und die entsprechenden Begriffe spontan aus den Wissensbeständen der Bevölkerung abrufbar" (ebd., S. 46) seien. Zudem wurde nicht die gesamte Stichprobe von 2197 Befragten ausgewertet, sondern lediglich die Antworten der Altersgruppe der 14- bis 50-Jährigen, für die lediglich 1280 Interviews vorlagen. Ein Blick auf die von den Autoren vorgegebene Binnendifferenzierung der Alterseinteilung macht deutlich, daß der Anteil der Befragten mit abnehmendem Alter auf eine Stichprobengröße von unter 100 fällt. Für die Altersgruppe der 31- bis 40-Jährigen lagen 402, für die 21- bis 30-Jährigen 346, für die 18- bis 20-Jährigen bereits nur noch 108 und für die 14- bis 17-Jährigen lediglich noch 88 Interviews vor. Vor dem Hintergrund dieser Datenbasis löst die dramatisierende Darstellung des Befundes von 4,3 ‚Nichtwissern' im Alter ab 14 Jahren Skepsis gegenüber dem Forschungsdesign und seinen Auswertungsmethoden aus, zumal dann, wenn man berücksichtigt, daß die Autoren ihren Befund auf die Gesamtbevölkerung der Bundesrepublik hochrechnen. Implizit gehen die Autoren damit von einer Grundgesamtheit von ca. 70 Millionen Menschen aus, wenn sie auf der Grundlage ihrer Stichprobe (n = 2197) und ihrem Negativbefund (4,3 Prozent) auf 3 Millionen Menschen schließen, die auf die Frage „Wissen Sie, wer oder was Auschwitz ist?" die vorgegebenen Antwortmöglichkeit: „nein, weiß ich nicht" gewählt hatten (vgl. ebd., S. 204).[112]

Angesichts dieser geringen Stichprobengröße vor allem bei den jungen Jahrgängen wurde die Repräsentativität der Studie bereits ernsthaft bezweifelt (vgl. v. Borries 2002). In einer exemplarischen Reinterpretation der erhobenen Daten kommt Borries zu dem Schluß, daß das Wissen über Nationalsozialismus und Holocaust entgegen der Ansicht von Silbermann und Stoffers keinesfalls bedrohlich abgesunken sei, sondern sich im Gegenteil auf einem relativ hohem Niveau befinde (vgl. ebd., S. 14f.). Als Gründe dieser Differenz führt Borries die ungewöhnliche Auswertungsmethode an, die nicht von der Masse der Befragten, sondern von den Antworten der Residualgruppe ausgehe (vgl. S. 15). Der Focus richte sich nicht auf die überwiegend positiven Aussagen der überwältigenden Mehrheit der Befragten, sondern auf die defizitären Antworten einer Minderheit, aus denen schließlich die dramatisierende These der Studie gewonnen werde. Dreht man die Auswertungsperspektive um, kommt man zu dem Ergebnis, daß nicht bloß 4,3 Prozent der Befragten *nicht* um Auschwitz wissen, sondern daß 95,7 Prozent die Massenvernichtung der europäischen Juden erinnern. Borries hat in diesem Zusammenhang betont, daß man die Methode der Befragung und das Geschichtsbewußtsein der Bevölkerung überfordere, wenn man eine hundertprozentige Bestätigung der Frage erwarte oder gar verlange. Vielmehr zeige sich in diesem Anspruch „selbst eine autoritäre, ja fast schon totalitäre Verhaltensweise" da, so Borries weiter, „historische Einsicht, politischer Sinneswandel – ja religiöse Bekehrung – (...) nicht angeordnet und nicht erzwungen werden" (ebd., S. 15) könnten.

Angesichts der harschen Kritik an der Auswertungsmethode von Silbermann und Stoffers ist es nicht verwunderlich, daß Borries die Auswertungsperspektive in seiner eigenen Studie (1995)[113] umkehrt. Bei einem Blick auf Borries' Untersuchung über das Geschichtsbewußtsein Jugendlicher fällt auf, daß sich die erhobenen Zahlen zwar kaum von denen der Silbermann-Stoffers-Studie unterscheiden, daß sie aber anders bewertet werden. Borries

---

112 In Zahlen bedeutet dieser Repräsentationsrückschluß, daß von 2197 Befragten (0,0031 Prozent) auf ca. 70 Millionen (100 Prozent) Menschen zurückgeschlossen wird.
113 Es handelt sich hier um die einzige repräsentative Studie, die zum Geschichtsbewußtsein Jugendlicher vorliegt. Befragt wurden im Jahr 1992 fast 6.500 Schüler der 6., 9. und 12. Klassenstufen aller Schulformen in den neuen Bundesländern sowie in Bayern, Baden-Württemberg und Nordrhein-Westfalen. Die Befunde der Studie, die sich auf das Geschichtsbewußtsein zu Nationalsozialismus und Holocaust beziehen, wurden in einigen Aufsätzen sehr viel ausführlicher vorgestellt als in der Gesamtdarstellung der Untersuchung aus dem Jahre 1995. Hier S. 72ff.; ausführlich vgl. v. Borries 1993, 2002.

Messungen ergeben, daß 40 Prozent der Befragten der sechsten Klasse Nationalsozialismus mit der Vernichtung der europäischen Juden assoziieren und moralisch verurteilen. Dieser Anteil wächst bis zur zwölften Klasse auf knapp 80 Prozent an. Umgekehrt sind es in der sechsten Klasse fast 20, in der zwölften nur noch 2 Prozent, die nichts mit dem Nationalsozialismus assoziieren (vgl. v. Borries 2002; S. 16). Ähnlich wie bei seiner Kritik an der Studie von Silbermann und Stoffers folgert Borries aus den Daten nicht etwa einen Mangel an Wissen über die nationalsozialistischen Verbrechen und ihre moralische Verurteilung. Quantitativ seien dies „eigentlich recht befriedigende Quoten" (ebd., S. 16). Zu bedenken sei vielmehr, daß es sich bei den Antworten der Schüler um eine „stark erlernte Ablehnung" (ebd.) der NS-Verbrechen handele. „Die Lernenden eignen sich mit steigender Klassenstufe und höherem Bildungsanspruch (...) die gültigen Meinungen ihrer Gesellschaft mehr oder weniger perfekt an. Sie folgen ‚sozial erwünschten Antworten' und ‚politischer Korrektheit'. Und dazu gehört auch eine Kenntnisnahme der Massenverbrechen des NS und eine Zurückhaltung seiner angeblichen Leistungen und Faszinationspotentiale" (ebd., S. 17). Mit anderen Worten: Was die Befragten über Nationalsozialismus und Holocaust ‚wirklich' denken, bleibt den Forschern verschlossen. Beobachtbar ist lediglich, ob die Befragten über öffentlich geteiltes Vorwissen zum Thema ‚Nationalsozialismus und Holocaust' verfügen. Für Forschungsvorhaben, deren Ziel es ist, Einstellungen und Bewußtsein zu erforschen, scheint dies ein eher ernüchternder Befund.

Über Einstellungsmessungen und ihren Objektivitätsgehalt

Die unterschiedliche Bewertung der tendenziell gleichen quantitativen Befunde macht deutlich, daß die vermeintlich ‚harten' Fakten empirischer Erhebungen keine ‚objektiven' Ergebnisse liefern. Die Differenzen weisen vielmehr darauf hin, daß die Erzeugung der Daten und vor allem deren Auswertung an theoretische Vorentscheidungen und vorgängige Werturteile der Forscher gebunden sind. Sowohl die Einsicht in die relative Beliebigkeit der Dateninterpretation als auch der Verweis auf die Relativität der Aussagekraft von Einstellungsmessungen, auf die Borries hinweist, wenn er betont, daß zwischen authentischen und sozial erwünschten Antworten kaum zu unterscheiden sei, markieren grundlegende Probleme des Objektivitätsanspruchs von Befragungen und Einstellungsmessungen. Diese methodologischen und methodischen Probleme werden seit dem ‚Positivismusstreit' Ende der sechziger/Anfang der siebziger Jahre in der empirischen Sozialforschung immer wieder neu diskutiert. Hartwig Berger hat in seiner grundlegenden Arbeit „Untersuchungsmethode und soziale Wirklichkeit" (1974), die vor allem von Vertretern der Kritischen Theorie erhobenen erkenntnistheoretischen Einwände gegen die Möglichkeit, soziale Wirklichkeit ‚objektiv' erfassen zu können, aufgegriffen und ihre Bedeutung für die empirische Forschungspraxis herausgearbeitet.[114]

Zu den zentralen Einschränkungen des Objektivitätsgehaltes von Befragungen und Einstellungsmessungen zählt Berger den hohen Formalisierungsgrad quantitativer Erhebungsverfahren, durch den die Auswertung der Fragebögen erleichtert und eine Vergleichbarkeit der Daten ermöglicht werden soll. Um dies zu gewährleisten, müssen die Fragebögen erstens einem einheitlichen Sprachschema folgen. Zweitens müssen die Fragen und die auf sie bezogenen möglichen Antworten bereits vorfixiert werden. Die Befragten werden aufgefordert, sich zu einem Thema zu äußern, das durch die Auswahl, die Anordnung und die Formulierung der Fragen und Antworten von den Forschern bereits in einer bestimmten Weise geordnet wurde. Angaben und Meinungen zum Thema, die jenseits des vorgegebenen Frage-Antwort-Rasters liegen, bleiben daher unbeobachtet bzw. gehen zumeist als negativer Befund in die Auswertung ein. „Da das Meßsystem eine bestimmte Ordnung aufsetzt, trifft es Entscheidungen über die erfaßbare Struktur des Untersuchungsfeldes und markiert so alle der aufgesetzten Ordnung nicht subsumierbaren Beobachtungen als Fehler bzw. Irrtümer" (ebd., S. 100). Da die möglichen Antworten bereits bekannt, d. h. hypothetisch entwickelt worden sind, lassen sich die Befunde lediglich unter den im Forschungsdesign bereits angelegten Kategorien auswerten. Entscheidend ist damit, daß der theoretische Horizont des Designs nicht überschritten werden kann. Gegenstand und Methode stehen in einem Wechselverhältnis, so daß die Befunde lediglich ins Schema des bereits Erkannten und Bekannten eingeordnet werden können. Dies gilt in besonderem Maße für das semantische Repertoire des Forschungsdesigns, in dem sich die sozial gültigen Verständigungsformen der Öffentlichkeit im Umgang mit dem Befragungsthema spiegeln bzw. spiegeln müssen. Im Frage-Antwort-Raster der Studie muß das Thema in den eingespielten umgangssprachlichen Redeweisen aufbereitet werden, um Verständigungsschwierigkeiten nach Möglichkeit auszuschließen. Einstellungsuntersuchungen können daher in der Regel nur Wissen erfassen, das innerhalb der allgemeinen Verkehrssprache zirkuliert und artikulierbar ist. Demgemäß muß bei den Befragten vorausgesetzt werden, daß sie die Sprachregelungen und die verwendete Terminologie des Fragebogens beherrschen und die gestellten

---

114 Das erkenntnistheoretische Basisproblem sozialwissenschaftlicher Forschung geht auf den ‚linguistic turn', die sogenannte sprachphilosophische Wende in der Philosophie zurück, die vor allem in den Kultur- und Sozialwissenschaften die Frage nach den Möglichkeiten und Grenzen einer ‚objektiven' Erschließung von sozialer Wirklichkeit neu aufgeworfen hat. Im Zentrum der Überlegungen steht die These, daß der Gegenstandsbereich der Soziologie immer schon durch die Forschungsfrage und das Forschungsdesign sprachlich vorstrukturiert wird. Aussagen über die Wirklichkeit sind daher an die jeweils getroffenen sozialwissenschaftlichen Vorentscheidungen gebunden und müssen aus erkenntnistheoretischen Gründen daher relativ bleiben (vgl. Berger 1974; Hitzler/Honer 1997).

Fragen in der von den Forschern gemeinten Weise verstehen und beantworten können. Genau genommen sprechen die Befragten nicht selbst. Vielmehr werden ihre Antworten vom inhaltlich und sprachlich prädisponierten Frage-Antwort-Raster synchronisiert.

Standardisierte Untersuchungen geben demzufolge keine neue Perspektive auf den Befragungsgegenstand frei, sondern reproduzieren lediglich den *common sense*. Entweder positiv, wenn die Fragen im Sinne der gültigen Meinung des öffentlichen Diskurses konfirmiert werden. Oder aber negativ, wenn Antworten angekreuzt werden, die dem vorgängigen Konsens des Themas widersprechen. Wo die Gründe des Antwortverhaltens liegen, bleibt jedoch in jedem Fall unbeleuchtet. Konfirmieren die Befragten den vorgängigen Konsens, heißt dies nicht, daß es sich um deren ‚tatsächliche' Einstellungen handelt. Im besten Fall läßt sich aus einer positiven Antwort schließen, daß die Befragten über thematisches Wissen verfügen und in der Lage sind, im sozial erwünschten Modus über den Gegenstand der Untersuchung Auskunft zu geben. Konfirmieren die Befragten den Konsens nicht, so läßt sich auch hier nicht erschließen, ob es sich um ‚authentisches' Nichtwissen, fehlende Antwortalternativen, ungenügendes Sprachverständnis oder um die provokative Ablehnung einer sozial erwünschten Antwort handelt.

Ein beredtes Beispiel für den normativen Zwang vorfixierter Fragebögen ist die Sprachregelung der Studie von Silbermann und Stoffers. Borries hat darauf hingewiesen, daß mit dem Begriff ‚Auschwitz' eine eher veraltete Terminologie zur Beschreibung der nationalsozialistischen Verbrechen verwendet werde. Es sei daher davon auszugehen, daß der Begriff und seine Bedeutung den noch nicht Dreißigjährigen unter den Befragte keineswegs so geläufig sein dürfte, wie der Begriff Holocaust, da sich dieser seit den achtziger Jahren – nicht zuletzt durch die Ausstrahlung des Films „Holocaust" im Jahre 1979 – als Symbol für die Verbrechen durchgesetzt habe. Wenn aus Gründen des Nicht-Verstehens, fehlender Antwortalternativen oder aber schlicht aufgrund einer provozierenden Verweigerungshaltung der Befragten keine oder eine negative Antwort gegeben wird, so wird dies bei der Auswertung kaum auf die Unangemessenheit des Fragebogens oder die Befragungssituation, sondern auf defizitäre Einstellungen der Untersuchten zurückgeführt.[115]

Methodisch ähnlich problematisch sind auch Befragungen, die nicht nur Faktenwissen und moralische Bewertung, sondern unter dem Stichwort „emotionale Betroffenheit" (Brusten/Winkelmann 1994, S. 469f.) auch Ge-

---

115 Daß ein ironisch-distanzierter Umgang mit solchen Befragungen gerade bei Jugendlichen nicht selten vorkommen mag, scheint nur allzu plausibel, stellt man in Rechnung, daß Einstellungsuntersuchungen als ein Werk von Erwachsenen wahrgenommen werden können, was dazu führen kann, daß die Heranwachsenden gerade aus diesem Grund, solche Befragungen ablehnen oder „auf die Schippe" nehmen, um sich von der Elterngeneration und weniger vom Thema der Befragung abzugrenzen.

fühle von Schuld und Scham bei den Probanden zu messen beanspruchen. Michael Kohlstruck hat darauf hingewiesen, daß sich der Terminus der „Betroffenheit" von den siebziger Jahren bis heute zu einer öffentlich anerkannten Formel „emotionale(r) und symbolische(r) Selbstdarstellung" (Kohlstruck 1998, S. 98) verdichtet hat, wenn die moralische Verurteilung und der Schrecken über das Grauen von Auschwitz zum Ausdruck gebracht werden soll. Die Rede von der ‚Betroffenheit' steht für die Möglichkeit der Nachkommen der Täter, generalisiert über die emotionale Anteilnahme an einem Ereignis zu reden, zu dem sie räumlich wie zeitlich keinen persönlichen Bezug mehr haben. Die Gefühlsäußerung „steht dabei in einem krassen Mißverhältnis zu den Möglichkeiten eines realen Einwirkens auf die inkriminierten Ereignisse und überdehnt den glaubwürdigen Bereich primärer Empathie" (ebd.). Doch gerade in der Formelhaftigkeit dieser emotionalisierten Haltungsbekundung findet der Konsens über die moralische Verurteilung von Nationalsozialismus und Holocaust eine sprachlich generalisierte Form, in der sich die Bundesbürger ihre gemeinsam geteilte Ablehnung der Verbrechen öffentlich zu vergewissern vermögen. Wenn dann bei einer Befragung unter Studenten 86 Prozent die Aussage bestätigen, „wenn der Holocaust zur Sprache kommt, fühle ich Betroffenheit" (Brusten/Winkelmann 1994, S. 470), sagt dies schließlich wenig über deren ‚tatsächlichen' emotionalen Zustand und deren Empathiefähigkeit. Viel jedoch über die Popularität und Präsenz des Terminus Betroffenheit in der öffentlichen Erinnerungsdiskussion und über die Kompetenz der Befragten, sich sprachlich hinreichend an ihm zu beteiligen. Ähnliches gilt auch für den Begriff der Schuld, der ebenfalls zum geläufigen Vokabular der nationalen Selbstverständigung über den Umgang mit der NS-Geschichte zählt (vgl. Kap. III, S. 84ff.). Aus der Bekundung von 28,8 Prozent der befragten Studenten, daß sie, wenn der Holocaust zur Sprache kommt, Schuld fühlen, läßt sich nur schwerlich Genaues über deren Verhältnis zur NS-Geschichte schließen. Es bleibt unklar, ob die Antworten auf einem ‚authentischen' Schuldgefühl basieren, ob es um eine diffuse Bestätigung des *common sense* oder aber um den strategischen Einsatz von sozial erwünschten Antworten handelt.

Ingesamt machen die methodenkritischen Einwände deutlich, daß standardisierte Befragungen und Einstellungsmessungen prinzipiell vor dem Problem stehen, die Komplexität des Befragungsgegenstandes als auch das Antwortverhalten zu reduzieren und zu vereindeutigen. Aus sozialwissenschaftlicher Perspektive liefern die Befunde solcher Befragungen kein Wissen, das wissenschaftlich anschlußfähig wäre, mithin als erkenntnissteigernd zu begreifen ist. Wissenschaftsintern dienen Befragungen dieses Formats lediglich als Gegenstand, um sich der Unzulänglichkeit der verwendeten methodischen Verfahren zu vergewissern. Unstrittig bleibt jedoch, daß solche Befragungen relativ eindeutige Aussagen über die Einstellungen der befragten Gruppe machen und gerade aufgrund ihres vereindeutigenden Charakters Eingang in den öffentlichen Erinnerungsdiskurs finden, wo sie nicht selten die Grundlage für öffentliche Dramatisierungen bilden.

Von Einstellungsmessungen zur Ausdeutung erwartbarer Geschichtsbezüge

Im Gegensatz zu den quantitativen Studien, die angesichts der großen Anzahl der Befragten Personen tendenziell eine Generalisierung ihrer Befunde im Blick haben, rücken die wenigen qualitativen Studien zu den Vergangenheitsbezügen der dritten und vierten Generation (vgl. Kohlstruck 1997; Pütz 1999) die vielschichtigen und zuweilen uneindeutigen Thematisierungsformen der NS-Vergangenheit in den Vordergrund. Gefragt wird nicht, *was* die Befragten über die NS-Vergangenheit wissen, sondern *wie* sie sich ins Verhältnis zur NS-Geschichte setzen und auf *welches* Wissen sie zur Beschreibung ihrer Selbstverortung zurückgreifen. Im Zentrum der Interpretation der zumeist narrativen Interviews steht nicht der Anspruch, das Bewußtsein der Befragten auszuleuchten und Messungen über die Quantität und Qualität des Wissensstandes oder die moralischen Haltungen vorzunehmen. Die Rekonstruktion der einzelnen Fälle zielt vielmehr darauf ab, allgemeine Aussagen über die soziale Praxis des Umgangs mit der NS-Geschichte zu treffen. Ausgelotet werden Strukturähnlichkeiten zwischen den verschiedenen Thematisierungen, die schließlich zu Thematisierungstypen zusammengefaßt werden. Diese Thematisierungstypen bilden das Kondensat der rekonstruierten Fälle und stecken den erwartbaren Deutungsrahmen ab, in dem sich die Bezüge zur NS-Geschichte bewegen. Weder lassen sich mit diesen Typen allgemeine Aussagen über die befragte Altersgruppe oder die Quantität ihres Auftretens machen noch ist es erwartbar, daß sich diese Typen struktur*gleich* bei anderen Mitgliedern der befragten Altersgruppe wiederholen. Erwartbar ist vielmehr, daß diese Typen andernorts hybride Mischformen bilden, die immer auf einen ganz spezifischen Einzelfall, eine einzigartige Biographie verweisen. Die Ausdeutung solcher Thematisierungstypen ermöglicht es, wahrscheinlichere von unwahrscheinlicheren Thematisierungen zu unterscheiden, ohne dabei die jeweils spezifische Form des Vergangenheitsbezugs bereits vorher, d. h. subsumtionslogisch festzulegen.

Welche Typen des Vergangenheitsbezugs bei den Mitgliedern der 89er-Generation entstehen können, soll in der Folge exemplarisch anhand der Studie von Michael Kohlstruck „Zwischen Erinnerung und Geschichte. Der Nationalsozialismus und die jungen Deutschen" (1997) gezeigt werden. Kohlstruck entwickelt an acht Fallanalysen drei Thematisierungstypen sowie verschiedene Varianten dieser Typen.[116]

---

116 Die materielle Basis der Untersuchung bilden 28 Interviews, die sequenzanalytisch und in Anlehnung an das Interpretationsverfahren der Objektiven Hermeneutik ausgewertet wer-

Die NS-Geschichte als ein persönliches Problem – Thematisierungen im Zeichen des partikular-kritischen und des affirmativ-konservativen Geschichtsbildes

Der erste Typ zeichnet sich durch eine hohe affektiv-moralische Bezugnahme zur NS-Geschichte aus. Der Nationalsozialismus wird als persönliches Problem thematisiert und explizit mit Fragen der kollektiven Zugehörigkeit verknüpft. Kohlstruck unterscheidet eine kritische und eine affirmative Variante dieses Typs.

In der *kritischen Variante* wird die Auseinandersetzung mit der NS-Geschichte in Fortschreibung der Forderung einer ‚Aufarbeitung der Vergangenheit' zur persönlichen Aufgabe gemacht. Die emotionale Bedeutung des Themas zeigt sich einerseits in der Sensibilität und Empathie, die den Opfern der Verbrechen entgegengebracht wird. Andererseits wird sie dadurch markiert, daß die Beschäftigung mit den Entstehungszusammenhängen weniger mit historischen Fakten als mit der sozialpsychologischen Frage nach den Einstellungen und Motiven der Täter, Mitläufer und Zuschauer des NS-Systems verknüpft wird. Durch den Anspruch des emphatischen Nachempfindens der historischen Situation wird eine besondere Nähe zwischen der eigenen Person und den Akteuren der NS-Geschichte hergestellt, die zugleich als dauerhafte Belastung kommuniziert wird. Im Anschluß an die sozialpsychologische Diagnose vom Fortwirken faschistoider Einstellungen und Strukturen wird eine Kontinuität zwischen dem Nationalsozialismus und der Bundesrepublik hergestellt, die den Bezug zur NS-Geschichte zur unauflöslichen Spannung werden läßt. Diese Spannung zeigt sich darin, daß die NS-Geschichte als zentraler Bezugspunkt der eigenen Nationengeschichte einerseits anerkannt und Zugehörigkeit zum Kollektiv der Täter hergestellt wird. Zugleich wird aber andererseits auch auf die Negativität der eigenen Nationengeschichte und die damit verknüpfte Selbstverpflichtung hingewiesen, sich von der eigenen Nation und ihrer Geschichte moralisch zu distanzieren. Nationale Identität wird dadurch zu einer notwendigen und zugleich problematischen Kategorie, da eine ungebrochene Identifikation mit dem eigenen Land als prekär beschrieben wird. Der Vergangenheitsbezug dieser Variante verhält sich weitestgehend konform zum bundesrepublikanischen Geschichtsbild und übernimmt ohne merkliche Differenz die moralische Thematisierungsrichtung der 68er-Generation. Auch wenn die Schuldfrage – anders als bei den Täterkindern – nicht mehr als existentielles Problem markiert wird, spielt sie, wie die Ambivalenz von Zugehörigkeitsgefühl und moralischer Distanzierung zeigt, im Bemühen um die eigene nationale Selbstveror-

---

den. Bei der Auswahl der Interviewpartner wird als entscheidendes Kriterium das Alter der Eltern angegeben, die nach 1930 geboren sein müssen, damit die Probanden mit Blick auf die Schuldfrage zur dritten Generation gerechnet werden können (vgl. ebd. 93ff.).

tung und Identitätsfindung auch weiterhin eine Rolle (vgl. ebd., S. 103-126 und S. 264-266).

Im Gegensatz zur *kritischen* zeichnet sich die *affirmative Variante* dieses Thematisierungstyps durch das Bedürfnis nach einem positiven und ungebrochenen Bezug zur eigenen Nation aus. Auch hier bildet die Negativität der eigenen Nationengeschichte eine Irritationsquelle für das eigene Selbstverständnis. Der Nation wird eine wichtige Orientierungsfunktion bei der Suche nach der eigene Identität zugeschrieben, die der Bundesrepublik angesichts der Geschichte des Nationalsozialismus und Holocaust jedoch abhanden gekommen sei. Die fehlende positive Identifikationsmöglichkeit mit der eigenen Nationengeschichte äußert sich in einer distanzierten und emotionslosen Haltung zu den NS-Verbrechen. Affektiv besetzt wird hingegen die Wirkungsgeschichte des Nationalsozialismus und des Holocaust. Vor allem die öffentlich kontrovers diskutierte Kontinuitätsthese zwischen dem Nationalsozialismus und der Bundesrepublik wird kritisiert und für die Diskreditierung eines positive Nationalgefühls verantwortlich gemacht. Zur Rehabilitation der eigenen Nationengeschichte wird schließlich auf Aspekte der NS-Geschichte zurückgegriffen, die für die Relativierung eines kollektiven Schuldzusammenhangs geeignet scheinen, wie beispielsweise das Attentat auf Hitler am 20. Juli 1944. An die Stelle des Gedenkens der Opfer des nationalsozialistischen Terrors rückt die Wahrnehmung, daß man als Nachkomme der Täter in ungerechtfertigter Weise selbst unter der eigenen Nationengeschichte zu leiden habe, da man der Möglichkeit eines positiven Bezugs zur eigenen Geschichte beraubt worden sei.[117] Obwohl ein individueller Schuldzusammenhang objektiv nicht mehr gegeben ist, verschmelzen in diesem Vergangenheitsbezug individuelle und kollektive Identitätswünsche zu einer Form, in der die Schuldfrage als Problem der nationalen Selbstverortung ausdrücklich thematisch bleibt (vgl. ebd., S. 126-144 und S. 264-266).

Die NS-Geschichte als Medium der ethischen Selbstverortung

Auch im Kontext dieses Vergangenheitsbezugs bildet die NS-Geschichte einen Bezugspunkt, über den sich die Befragten ihrer eigenen nationalen Zugehörigkeit vergewissern. Sehr viel stärker als beim ersten Thematisierungstyp wird die NS-Geschichte jedoch zudem zu einem Thema, an dem praktische Orientierungsfragen ausgelotet werden. Kohlstruck unterscheidet auch hier zwei Varianten.

Im Mittelpunkt einer *biographischen Variante* steht die Differenzerfahrung zwischen der innerfamiliären und der öffentlichen Thematisierung der

---

[117] Hier wäre auch eine radikalere Form dieser Variante denkbar, die bei Kohlstruck nicht vorkommt. Möglich wäre auch eine ausdrücklich revisionistische Bezugnahme zur NS-Geschichte, wie man sie im Milieu des Rechtsextremismus und des Neonazismus findet (vgl. Inowlocki 2000).

NS-Geschichte in den Massenmedien und der Schule. Die öffentlich kommunizierten Dimensionen der NS-Verbrechen und ihre eindeutige moralische Verurteilung konvergieren mit den Schwierigkeiten, das Thema auch innerhalb der eigenen Familie in seiner ganzen Tragweite thematisieren zu können. Das Wissen um die mögliche oder tatsächliche Verwicklung der eigenen Großeltern in die Verbrechen und das oftmals noch praktizierte Beschweigen des Themas innerhalb der eigenen Familie wird als irritierende Erfahrung beschrieben. Retrospektiv wird dieser Divergenz zwischen familiärem Tabu und öffentlicher Präsenz eine besondere Bedeutung für den eigenen Individuierungs- und Bildungsprozeß beigemessen, da sie als Auslöser für Absetzungs- und Ablösungsprozesse von der Familie erlebt wird. Ähnlich wie bei den Mitgliedern der 68er-Generation legt sich das Thema „Nationalsozialismus und Holocaust" angesichts seiner moralischen Implikationen über die Dynamik der Adoleszenz. Anders jedoch als bei der 68er-Generation vollzieht sich dieser Prozeß nicht in Gestalt einer „identifikatorischen Gefangennahme" (Bude 1995, S. 33) von der emotionalen Last der Eltern, sondern als manifester Akt der Empörung über die Verbrechen und vor allem über die tabuisierende Form des Umgangs mit diesem Thema in der eigenen Familie. Die Variante des biographischen Bezugs zeichnet sich dadurch aus, daß die Befragten die Verbrechen des Nationalsozialismus ausdrücklich moralisch verurteilen und sie als Negativfolie für ihre eigenen Wertvorstellungen, wie beispielsweise Toleranz, Meinungsfreiheit und Demokratie, betrachten. Zugleich wird die Zuschreibung von Schuld, die aus der Zugehörigkeit zur Bundesrepublik Deutschland abgeleitet wird, ebenso abgelehnt, wie eine eindeutig positive Identifikation mit der deutschen Nation. Die NS-Geschichte wird zum Medium der Selbstvergewisserung für die ethisch-moralischen Standpunkte des eigenen Lebensentwurfs, ohne daß dabei eine besondere Verantwortung für die eigene Rolle als deutscher Staatsbürger thematisiert würde. Zwar wird die Verschränkung von Staatszugehörigkeit und moralisch-politischer Schuld- und Verantwortungszuschreibung als spezifisches deutsches Problem erkannt. Angesichts der zeitlichen Distanz zu den Verbrechen wird diese Verschränkung für die eigene Person jedoch nicht mehr akzeptiert. Die Beschäftigung mit der NS-Geschichte führt zwar zur eindeutigen moralischen Verurteilung der Verbrechen. Die daraus abgeleiteten Werte verweisen jedoch auf eine universalistische Lesart des Umgangs mit dem Thema „Nationalsozialismus und Holocaust", an die keine partikulare moralische Herausforderung für deutsche der dritten Generation geknüpft wird. Im Gegenteil: aus dem Wissen über die von Deutschland ausgegangenen und von Deutschen ausgeführten Verbrechen folgt eine reduzierte nationale Selbstidentifikation, in der eine grundlegende Skepsis gegenüber allen Formen von kollektiver Zugehörigkeit mitschwingt. Signifikant ist zudem, daß die Auseinandersetzung mit der NS-Geschichte weniger darin besteht, sich konkret mit den Verbrechen und seinen Opfern oder mit möglichen Ursachen des Nationalsozialismus zu beschäftigen. Den Bezugspunkt bildet immer seine Wirkungsgeschichte. Entweder werden die verschiedenen Formen der Vergangenheitsbewältigung in Familie und Öffentlichkeit zum Gegenstand der Auseinandersetzung gemacht. Oder aber das eigne Verhältnis zur bundesdeutschen Erinnerungskultur wird thematisiert, wenn das offizielle Geschichtsbild durch den Verweis auf die moralische Verurteilung der Verbrechen einerseits konfirmiert und durch die Zurückweisung kollektiver Schuld- und Verantwortungszuschreibungen andererseits abgelehnt wird (vgl. ebd., S. 144-182 und S. 266ff.)

Auch die zweite Variante zeichnet sich dadurch aus, daß der Gegenstand „Nationalsozialismus und Holocaust" lediglich über seine Wirkungsgeschichte, nicht jedoch über die historischen Ereignisse selbst erschlossen wird. Auch ein kollektiver Schuldzusammenhang wird abgelehnt. Anders als bei der biographischen Variante wird der nationale Konsens über die moralische Verurteilung der NS-Verbrechen jedoch nicht zu einem normativen Bezugspunkt für eigene positive Wertbezüge. Wenngleich die NS-Verbrechen moralisch verurteilt werden, werden sie nicht als eigene politische Herausforderung begriffen, sondern stehen vielmehr für ein negatives Bild von Geschichte, von der immer das Schlimmste zu erwarten ist und aus der man lediglich lernen könne, daß Lernen aus ihr unmöglich sei. Das offizielle Geschichtsbild der Bundesrepublik wird distanziert beobachtet und die normative Stoßrichtung der Vergangenheitsbewältigung wird als Fall der Ideologisierung von Politik und Gesellschaft begriffen. In diesem Zusammenhang wird auch die Singularitätsthese von Auschwitz kritisiert und dafür plädiert, die historischen Ereignisse mit anderen Menschheitsverbrechen zu vergleichen. Diese Tendenz der ‚Normalisierung' steht jedoch weniger im Kontext eines revisionistischen Ansatzes. Vielmehr spiegelt sich in dieser Haltung die Skepsis gegenüber allen Formen nationaler Vergemeinschaftung und gegenüber dem Politischen insgesamt, an dessen Stelle ein ausgeprägter Privatismus und eine materielle und individualistische Grundorientierung rücken. Staat und Öffentlichkeit werden weniger als Identifikationspunkte denn als Bedrohungen für die eigene Lebensgestaltung betrachtet. Die Beschäftigung mit der NS-Geschichte und ihren wertbesetzten öffentlichen Bewältigungsversuchen hat damit durchaus orientierungsstiftenden Charakter. Sie führt jedoch weder zu einem identifikatorischen Bezug zur eigenen Nation noch zu einer expliziten universalistischen ethischen Grundhaltung. Die offiziellen geschichtspolitischen Intentionen der Bundesrepublik werden vielmehr in ihr Gegenteil verkehrt. Sie bilden den Ausgangspunkt sowohl für eine distanzierte Haltung gegenüber den Formen nationaler Vergemeinschaftung als auch für eine skeptische Beurteilung des geschichtsoptimistischen kritischen Geschichtsbildes. Folglich wird der politisch wie ethisch überlagerten öffentlichen Beschäftigung mit der NS-Vergangenheit ein eher gleichgültiger Rückzug ins Private entgegengesetzt (vgl. ebd., S. 202-223 und S. 268ff.).

Die NS-Geschichte als Lerngegenstand

Beim dritten Typ handelt es sich schließlich um einen Vergangenheitsbezug, der entsprechend des offiziellen Geschichtsbildes sowohl die Verurteilung der Verbrechen als auch die daran geknüpfte Forderung teilt, aus dieser Phase der deutschen Geschichte sei für die Zukunft zu lernen. Die NS-Geschichte wird ausdrücklich zu einem Lerngegenstand erklärt, aus dem handlungsorientiertes Wissen zur Bewältigung gegenwärtiger und zukünftiger sozialer Probleme abgeleitet werden kann und soll. Kohlstruck rekonstruiert auch hier zwei Varianten dieses Typs, die er hinsichtlich ihres Geschichtsverständnisses, ihres historischen Lernmodells und ihres Verhältnisses zur eigenen nationalen Identität unterscheidet.

In der *ersten Variante* stellt der Nationalsozialismus und der Holocaust ein isoliertes und abgeschlossenes historisches Ereignis dar, das nicht mehr in die Gegenwart hineinragt. Auf der Basis eines geschichtsoptimistischen Lernmodells wird angenommen, daß aus der gesicherten Position der Gegenwart Wissen über die Ursachen der Verbrechen erzeugt und präventiv gegen strukturgleiche gesellschaftliche Entwicklungen eingesetzt werden kann. Im Rahmen dieses abstrakten Lernbegriffs wird die NS-Geschichte nicht in den Kontext der partikularen deutschen Nationengeschichte gerückt, sondern als grundsätzlich wiederholbares Menschheitsproblem behandelt. Die Ursachen von Krieg und Vernichtung werden nicht kulturalisiert und in der deutschen Mentalität gesucht, sondern funktionalistisch als Resultate einer spezifischen politischen, ökonomischen und sozialen Konstellation der historischen Zeit gedeutet. Angesichts dieser universalistischen Perspektive auf die NS-Geschichte werden kollektive Zuweisungen von Schuld und Verantwortung zurückgewiesen und allenfalls als Problem der unmittelbar in die Verbrechen verwickelten Täter-, Mitläufer- und Zuschauergeneration begriffen (vgl. ebd., S. 223-247 und S. 270f.).

In der *zweiten Variante* hingegen wird der Holocaust als Teil der eigenen Nationengeschichte anerkannt und über die Täter-, Mitläufer- und Zuschauergeneration hinaus mit Fragen der Verantwortung, nicht aber mit Fragen der Schuld belegt. Im Gegensatz zum universalistischen Lernprogramm der ersten Variante bildet die NS-Geschichte in dieser zweiten Variante einen besonderen Lerngegenstand für das Kollektivsubjekt Deutschland und seine Mitglieder. Im Sinne der Maxime „Nie wieder" bedeutet, aus der Geschichte zu lernen, einen aufmerksamen und kritischen Blick auf die gegenwärtige gesellschaftspolitische Entwicklung, um antidemokratischen Tendenzen im eigenen Land als auch im Ausland möglichst früh erkennen und entgegentreten zu können. Zugleich wird unter historischem Lernen aber auch verstanden, die eigene Geschichte – sowohl die negativen als auch die positiven historischen Phasen – in das eigene kollektive und individuelle Identitätskonzept zu integrieren. Da die NS-Vergangenheit nicht als persönliches Problem der Schuld begriffen wird, weist auch diese Variante eine universalistische Stoßrichtung aus. Dies wird deutlich, wenn mit Verweis auf Menschenrechtsverletzungen in anderen Ländern der Anspruch erhoben wird, gerade aus der besonderen Verantwortung heraus Kritik formulieren zu können, ohne dabei aufgrund der moralischen Hypothek der NS-Geschichte vom Ausland in die Schranken verwiesen zu werden (vgl. ebd., S. 247-236 und S. 270f.).

Zusammenfassung – Generationsspezifische Differenzen im Umgang mit der NS-Geschichte

Blickt man auf das Verhältnis, in das sich Enkelgeneration der Täter, Mitläufer, und Zuschauer zur NS-Geschichte setzen, so lassen sich mindestens fünf Merkmale der oben rekonstruierten Thematisierungsformen festhalten. (1) Die Befragten wissen sehr genau um die Bedeutung des Themas für die Generation ihrer Eltern und Großeltern. Die Ergebnisse der Studien lassen zwar kaum detaillierte Aussagen über das Faktenwissen der nachfolgenden Generation zum Thema zu, dennoch wird deutlich, daß die Generation der Enkel in hohem Maße über die öffentliche Sensibilität des Themas informiert ist. Dies gilt nicht nur für die moralische Verurteilung der historischen Ereignisse als Verbrechen gegen die Menschlichkeit, die moralische Botschaft „Nie wieder" und die daran gekoppelte Forderung, aus der Geschichte sei zu lernen, sondern auch und vor allem für die partikulare Bedeutung, welche die NS-Geschichte für das Selbstverständnis der BRD hat. (2) Die Beschäftigung mit der NS-Geschichte erfolgt maßgeblich über ihre Wirkungsgeschichte, mithin über die kollektiv geteilten Wertfestsetzungen, die sich als moralische Botschaft im kollektiven Gedächtnis der Bundesrepublik eingelagert haben. Die zentralen Bezugsquellen des Wissens sind dabei neben der Schule die mediale Inszenierung von Geschichte in Film und Fernsehen, öffentliche Kontroversen und die Familie. Vor allem die Differenz zwischen dem offiziellen Geschichtsbild und dem Narrativ der eigenen Familie (Beschweigen, Verharmlosung) wird als Irritation erlebt, die als Anlaß und Auslöser beschrieben wird, sich vom eigenen Elternhaus zu emanzipieren und einen eigenen Standpunkt zum Thema zu suchen. Der innerhalb der Familie erfahrene Umgang mit den Verbrechen wird durchaus als Problem reflektiert, in den Gesprächen mit Großeltern oder der Eltern jedoch nicht offen angesprochen und als Konflikt ausgetragen. Im Zentrum steht weniger das Bedürfnis, die Eltern und Großeltern moralisch zu verurteilen als vielmehr das Bemühen, in Abgrenzung zum familialen Narrativ einen eigenen moralischen Standpunkt zu entwickeln.[118] M. Rainer Lepsius hat auf diese Tendenz bereits 1988 hin-

---

118 Diese Befund bestätigt auch die Studie von Harald Welzer u.a. (2002) über die intergenerationellen Tradierungsformen der NS-Geschichte in der Familie. Die Autoren können zeigen, daß die NS-Verbrechen von den Enkeln der Erlebnisgeneration zwar moralisch verurteilt, die Eltern und Großeltern dabei jedoch von Kritik verschont und zu „Helden des all-

gewiesen, wenn er schreibt, daß mit dem Generationenwechsel die Relevanz der NS-Verbrechen „immer weniger in der Diskriminierung von Personen, sondern in der Bekräftigung von Wertvorstellungen" liegen werde (Lepsius 1989, S. 263). (3) Die moralischen Gefühle, von denen die öffentlichen Kontroversen von der Goldhagen-Debatte über die Diskussion um Wehrmachtsausstellung bis zum Streit zwischen Martin Walser und Ignatz Bubis noch getragen wurden, liegen für die Enkelgeneration schon jenseits der eigenen Erfahrungsmöglichkeit. Offensichtlich haben sich die Befragten von persönlichen und kollektiven Schuldzuschreibungen weitgehend gelöst. Angesichts des zeitlichen Abstandes zu den Verbrechen und ihres schwindenden familiären Konfliktpotentials hat die Beschäftigung mit den historischen Ereignissen in der Enkelgeneration ihre existentielle Dringlichkeit verloren, was unweigerlich zu einem strukturell neuen Verhältnis zur NS-Geschichte zu führen scheint. (4) Neu an diesem Verhältnis ist nicht nur, daß die Verbrechen ihre existentielle und emotionale Verunsicherung verloren haben, die sie für die Zeitzeugen der Verbrechen zweifelsohne noch hatten. Auch die intellektuelle Verunsicherung, die von der millionenfachen Vernichtung von Menschen nach 1945 ausgegangen war, scheint sich in die Nischen der akademischen Debatten – aus denen diese Irritation auch vor allem im Zeichen der „Dialektik der Aufklärung" gekommen waren – zurückzuziehen. Fragen der Darstellbarkeit, der Singularität und der Vergleichbarkeit der Verbrechen, die immer auch Gegenstand der öffentlichen Debatten waren, bilden für die Befragten kaum mehr einen Gegenstand der Reflexion auf Auschwitz. Der Bezug zur NS-Geschichte ist vielmehr durch eine ethische Universalisierung geprägt, die sich auch und vor allem durch die Forderung des Vergleichs der NS-Verbrechen mit aktuellen Konflikten äußert. Diese Universalisierung läßt sich in zwei Richtungen interpretieren. Zum einen als ganz konkrete Lehre aus der Geschichte, immer und überall, wo strukturähnliche Ereignisse wie der Holocaust vermutet werden, mit Verweis auf eben jenen vor einem Rückfall zu warnen. Hier wird die moralische Botschaft in die Nähe des dichotomen Musters von ‚Gut und Böse' gerückt, das es erlaubt, dem negativen und verstörenden Ereignis konkretes Orientierungs- und Handlungswissen für die Gegenwart abzuringen. Zum anderen läßt sich die Tendenz zur Universalisierung aber auch als eine Strategie der ‚Normalisierung' der eigenen Nationengeschichte begreifen, um die sich die nachwachsende Generation im Interesse ihres eigenen Selbstverständnisses als deutscher Staatsbürger zu bemühen

---

täglichen Widerstands" stilisiert werden. Mit diesem Befund einer „kumulativen Heroisierung" weist Welzer u.a auf eine grundlegende Differenz zwischen dem familialen und dem öffentlich kommunizierten Geschichtsbild hin. Ob jedoch die „kumulative Heroisierung" als „Kollateralschaden der Geschichtsaufklärung" zu deuten ist, wie Welzer (2004) es tut, oder aber gerade als Erfolg einer Erinnerungspädagogik, die zur Identifikation mit den Opfern auffordert und den Widerstand zum Vorbild erhebt, ist eine offene Frage. Dann könnte man die Geschichtsverfertigung der Jugendlichen und jungen Erwachsene auch als Bewältigung einer kognitiven Dissonanz interpretieren.

scheinen, womit das fünfte und letzte Strukturmerkmal angedeutet wäre: Das Verhältnis zur eigenen Nationengeschichte. (5) Die Studie Kohlstrucks hat gezeigt, daß sich die Angehörigen der dritten Generation unterschiedlich ins Verhältnis zu den Wertbezügen des offiziellen Geschichtsbildes setzen, die entweder übernommen, abgelehnt oder auf unterschiedlichste Weise modifiziert werden. Sieht man einmal von der revisionistischen Bezugnahme auf die NS-Geschichte ab, so wird deutlich, daß die moralische Verurteilung der Verbrechen im Anschluß an das offizielle Geschichtsbild zwar allgemein anerkannt wird, daß den Verbrechen für die Bildung individueller und kollektiver Identität aber keine selbstverständliche Bedeutung mehr beigemessen werden kann. Lediglich in der kritischen und affirmativen Variante des ersten Thematisierungstyps, in der die Auseinandersetzung mit der NS-Geschichte aus jeweils unterschiedlichen Motiven zu einem persönlichen Problem gemacht wird, werden die historischen Ereignisse ausdrücklich als Herausforderung bzw. als Problem des eigenen nationalen Selbstverständnisses kommuniziert. Alle weiteren Thematisierungstypen gehen in unterschiedlicher Weise kritisch mit der partikularen Verantwortungszuschreibung um und wenden die moralische Botschaft von Auschwitz universell. Entweder resignativ in Form eines negativen Geschichtsbildes, in dem der Holocaust nur eines unter vielen Menschheitsverbrechen darstellt. Oder aber in einer facettenreichen Reinterpreration der Maxime ‚aus der Geschichte lernen'. Die enge partikulare und moralische Wertfestsetzung der NS-Geschichte als Konsens der deutschen Nachkriegszeit wird damit an entscheidender Stelle gebrochen, wenn eine vergangenheitspolitische Begründung des Selbstverständnisses der Bundesrepublik abgelehnt wird.

Die Geschichte des Nationalsozialismus und des Holocaust in der deutschen Einwanderungsgesellschaft

Mit dem Einschluß der NS-Geschichte in das nationale Identitätskonzept der Bundesrepublik wird jedoch nicht nur die generationsbedingte Differenz im Umgang mit dem Holocaust zu einer Quelle der Irritation für das nationale Selbstvergewisserungsbemühen. Nicht nur durch die Generationenfolge, sondern auch durch Migration trifft die allgemeine vergangenheitspolitische Erwartung, aus Geschichte sei zu lernen, auf eine demographische Veränderung, die plurale Umgangsformen in der Auseinandersetzung mit der NS-Geschichte immer wahrscheinlicher werden läßt. Gerade durch das Faktum der Einwanderung werden unterschiedliche, national oder ethnisch geprägte Bezüge zur NS-Geschichte eingeführt, die in der bundesdeutschen Erinnerungskultur nicht selbstverständlich repräsentiert werden. Der Einschluß der NS-Geschichte in das nationale Identitätskonzept der Bundesrepublik erzeugt dadurch – wie jede Form nationaler Geschichtspolitik – Ausschließungsphänomene. Wenn man Auschwitz zum negativen Bezugspunkt nationaler Sinnstiftung macht und darüber Integration zu begründen versucht, wird die Adressierung von Nicht-Staatsangehörigen bzw. Staatsangehörigen nichtdeutscher Herkunft im Kontext der Erinnerungspolitik problematisch. Es bleibt unklar, ob die Geschichte des Nationalsozialismus in der bundesdeutschen Einwanderungsgesellschaft zu einem Bezugspunkt nationaler Identität gemacht werden kann, „ohne daß dabei die deutsche Abstammungsgemeinschaft beschworen wird?" (Georgi 2000, S. 142). Die Konstruktion einer erinnernden Schicksalsgemeinschaft steht dann immer auch in der Gefahr, solche Abstammungslogiken und damit die Ausschließung der Hinzukommenden zu perpetuieren. Gleichzeitig wird durch dieses nationale Identitätskonzept den Hinzugekommenen die Möglichkeit eröffnet, sich selbst aus der erinnernden Auseinandersetzung mit dem Holocaust auszuschließen und diesen zum Gegenstand der Abgrenzung zur Mehrheitsgesellschaft zu machen. Die nationale Erinnerungskultur eröffnet Einwanderern immer auch die Möglichkeit, die NS-Geschichte als relevanten zugehörigkeitsstiftenden Bezugspunkt abzulehnen und damit auch die universalistische Lesart der Verbrechen im Sinne einer „Schuld des Denkens" zu verneinen oder sie erst gar nicht als eine Option in die Auseinandersetzung mit den Verbrechen einzubeziehen.

Geschichtsbezüge von Migranten

Zur Frage, wie sich Migranten zur NS-Geschichte ins Verhältnis setzen, liegt mit Viola Georgis Studie über „Geschichtsbilder junger Migranten in Deutschland" (2003) lediglich eine qualitative Studie vor. Methodologisch und methodisch folgt Georgi einem qualitativen Auswertungsverfahren und entwickelt vor dem Hintergrund der Einzelfallanalysen narrativer Interviews vier verschiedene Thematisierungstypen:

Die Thematisierung der NS-Geschichte im Zeichen der Identifikation mit der historischen Bezugsgruppe der Opfer

Dieser erste Thematisierungstyp zeichnet sich durch eine starke affektive Beschäftigung mit der historischen Bezugsgruppe der Opfer der nationalsozialistischen Vernichtungspolitik aus. Die Identifikation mit dem Schicksal der Opfer verbindet sich dabei mit der Reflexion des eigenen sozialen Status als Mitglied einer Minderheit in der Bundesrepublik sowie mit eigenen Diskriminierungserfahrungen. Im Zentrum dieses Thematisierungstyps steht die Bildung einer Analogie zwischen der Diskriminierungspolitik der Nationalsozialisten und den gegenwärtigen ausländerfeindlichen Tendenzen in Deutschland. Vor allem das Schicksal der jüdischen Minderheit während der NS-Zeit wird im Zuge dieser Vergleiche zu einem Bezugspunkt der Thematisierung gemacht, um auf den eigenen sozialen Status hinzuweisen. Nicht nur die fehlende politische und rechtliche Anerkennung der Juden damals und der Migranten heute findet Erwähnung. Auch wird die Befürchtung geäußert, man könne – ähnlich wie die jüdischen Minderheit in der Vergangenheit – für aktuelle Mißstände, wie zum Beispiel die Arbeitslosigkeit, verantwortlich gemacht werden. Die Analogiebildung beschränkt sich jedoch nicht nur darauf, Strukturgleichheiten zwischen der Gegenwart und der Vergangenheit zu vermuten, sondern gleichsam Kontinuitäten zwischen dem nationalsozialistischen Deutschland und der Bundesrepublik herzustellen. Vor dem Hintergrund dieser Kontinuitätsannahme wird das Verhältnis vor allem zu den älteren Deutschen, die als Täter, Mitläufer und Zuschauer des Nationalsozialismus in Frage kommen, als kritisch und distanziert beschrieben. Wenngleich der jüngeren Generation, mithin der eigenen *peer-group,* eine solche Gesinnungskontinuität sowie eine historische Schuld abgesprochen wird, bleibt der Verweis auf die Skepsis und das Mißtrauen, im Falle unmittelbarer rassistischer Bedrohung oder struktureller und politischer Diskriminierung mit Solidarität und Hilfe von seiten der deutschen Bevölkerung rechnen zu können. Der Bezug zum Thema erhält die Funktion, die eigene Minderheitenposition zu perpetuieren und sich zugleich von der Mehrheitsgesellschaft abzugrenzen. Die Geschichte des Nationalsozialismus und des Holocaust wird zur Orientierungs- und Deutungsmatrix sowohl für die eigene soziale Selbstverortung als auch für die eigenen moralischen Haltungen. Die Frage nach der eigenen Zugehörigkeit zur Bundesrepublik rückt dabei eng zusammen mit der Reflexion auf moralische Kategorien wie Solidarität, Integration und sozialer und politischer Anerkennung, die der Mehrheitsgesellschaft abverlangt, zugleich aber auch als eigene Wertbezüge ausgewiesen werden (vgl. Georgi 2003, S. 300f.).

Die Thematisierung der NS-Geschichte im Zeichen der Beschäftigung mit der historischen Bezugsgruppe der Täter, Mitläufer und Zuschauer

Auch dieser Thematisierungstyp rückt die Frage der Zugehörigkeit zur Bundesrepublik ins Zentrum der Auseinandersetzung mit der NS-Geschichte. Die Shoah wird hier jedoch nicht zum Bezugspunkt der Abgrenzung zur deutschen Bevölkerung. Im Gegenteil: Über das Bekenntnis, sich für die Geschichte des Nationalsozialismus und Holocaust zu interessieren, sowie den Verweis, sich bereits mit ihr beschäftigt zu haben, wird die Bereitschaft zur Integration in die deutsche Gemeinschaft artikuliert. Die besondere Bedeutung, die der Auseinandersetzung mit der NS-Geschichte in der Schule und Öffentlichkeit zugeschrieben wird, wird nicht nur als Teil des bundesrepublikanischen Selbstverständnisses erkannt. Als (Neu-)Mitglied wird gleichsam der Wille bekundet, die „negative Erbschaft" (Jean Améry) der Bundesrepublik mit dem Ziel antreten zu wollen, dadurch als ‚vollwertiges' Mitglied des deutschen Kollektivs Anerkennung zu finden. Zugleich führt das Bemühen um Aufnahme in die deutsche Erinnerungsgemeinschaft aber auch dazu, den selbstgewählten Eintritt in das Kollektiv der Täter, Mitläufer und Zuschauer vor sich selbst zu rechtfertigen. Hierfür gewinnt die Auseinandersetzung mit deren Motiven und den Sichtweisen besondere Bedeutung. Auf der einen Seite wird das Interesse bekundet, zu verstehen, wie es zu diesen Verbrechen kommen konnte und warum die deutsche Bevölkerung diese nicht zu verhindern versuchte, sondern sich im Gegenteil durch Duldung oder aktive Beteiligung an der Massenvernichtung von Menschen beteiligte. Diese Perspektive führt auf der anderen Seite aber nicht zu einer pauschalen moralischen Verurteilung der damaligen deutschen Bevölkerung. Im Zentrum steht vielmehr der Versuch, die Situation der Bevölkerung zu verstehen und nachträglich zu rechtfertigen. Auffällig bei diesen Rechtfertigungsversuchen ist der Rückgriff auf gängige Diskursfragmente des affirmativ-konservativen Narrativs, wenn auf das vermeintliche Nichtwissen der Bevölkerung über die Massenvernichtung, auf den eigenen Opferstatus der Deutschen oder gar auf die sogenannten ‚guten Seiten' des Nationalsozialismus, wie etwa die Bekämpfung der Arbeitslosigkeit, hingewiesen wird. Eine ähnliche Strategie der Rechtfertigung läßt sich mithin beobachten, wenn von seiten der Befragten betont wird, dem schlechten Ruf Deutschlands im Ausland entgegenzuarbeiten. Dies geschieht meist dadurch, die NS-Geschichte mit Verweis auf andere Menschenrechtsverbrechen zu relativieren, um die Bundesrepublik als ‚normale' Nation zu rehabilitieren. Offensichtlich dienen diese Strategien „letztlich auch dazu", so Georgis (2003, S. 303) Interpretation, „die Gesellschaft, in der man lebt und zu der man gehören möchte, von den ihr anhaftenden negativen nationalen Stereotypen zu befreien" (ebd.). Die Ambivalenz, sich in Deutschland einem Täterkollektiv anzuschließen, wird schließlich dadurch verdeckt, indem man sich mit den jungen Deutschen identifiziert, sich quasi als Enkelgeneration der Täter versteht. Die eigene *peer-group* wird weder als schuldig noch als verantwortlich für die Verbrechen begriffen, ihnen wird aber dennoch abverlangt, aus der Geschichte zu lernen und Verantwortung dafür zu übernehmen, damit sich solche Verbrechen nicht wiederholen (vgl. ebd., S. 301ff.).[119]

Die NS- Geschichte als Folie, die ‚eigene' ethnischen Gemeinschaft zu thematisieren

Im Rahmen dieses Thematisierungstyps steht die Beschäftigung mit der Geschichte des Nationalsozialismus ganz im Zeichen des selbstvergewissernden Bezuges zur ‚eigenen' ethnischen oder religiösen Gemeinschaft. Das kollek-

---

119 Dieser Thematisierungstyp gilt auch, aber nicht nur für Migrantenjugendliche, die durch die Scheidung ihrer Eltern und deren Wiederheirat mit einem Deutschen oder einer Deutschen in bi-kulturellen Familien aufgewachsen sind und in denen es zu quasi-familiären Kontakten auch zu Zeitzeugen der Kriegsgeneration gekommen ist.

tivgeschichtliche Narrativ wird unmittelbar in den Zusammenhang mit den NS-Verbrechen gebracht, weil mit dem Holocaust Themen wie Krieg, Gewalt, Vertreibung und Mord verbunden werden, die sich auch als prägende Themen der eigenen Gemeinschaft und der eigenen Familie erweisen. Das historische Schicksal des eigenen Kollektivs wird zu einem Schicksal mit bindendem und identitätsstiftendem Charakter, so daß sich Fragen der Zugehörigkeit zu anderen Gemeinschaften zu erübrigen scheinen. Demgemäß rückt auch die Frage der Zugehörigkeit zur Bundesrepublik in den Hintergrund. Sie wird weder positiv als Integrationsmöglichkeit gestellt noch negativ thematisiert, um auf den eigenen Minderheitenstatus zu verweisen.

Innerhalb dieses Thematisierungstyps unterscheidet Georgi schließlich eine Variante, in der die Geschichte des Nationalsozialismus nicht nur zu einem Medium wird, um sich der Zugehörigkeit zur eigenen religiösen oder ethnischen Gemeinschaft zu vergewissern, sondern in der sie auch verwendet wird, um in dramatisierender Weise auf die Situation und das Leid der eigenen Gruppe hinzuweisen. Die NS-Verbrechen und mit ihr die Opfer der nationalsozialistischen Massenvernichtung werden von den Migrantenjugendlichen ausschließlich als „Projektionsfläche für die Abbildung ihrer eigenen Geschichte" (ebd., S. 305) genutzt, um der Verfolgungs- und Leidensgeschichte der eigenen Familie und der eigenen ethnischen Gruppe in der deutschen Öffentlichkeit Gehör zu verschaffen. Bei dieser, von Georgi als „Instrumentalisierung der NS-Geschichte und des Holocaust" (ebd., S. 304) bezeichneten Thematisierungsvariante, nimmt vor allem das offensichtlich vorhandene Wissen um die besondere Bedeutung der NS-Geschichte für das Selbstverständnis der Bundesrepublik eine entscheidende Rolle ein. Die öffentliche Aufmerksamkeit, die dem Thema in der Bundesrepublik zukommt, wird als Zugriffsfläche für die Thematisierung der eigenen Geschichte genutzt. Im Hintergrund dieser Instrumentalisierung steht offenbar die Annahme, daß sich das Interesse der deutschen Bevölkerung an einer anderen als der eigenen Geschichte dann besonders gut wecken läßt, wenn sie in den Kontext des Holocaust gerückt wird und unmittelbar das Selbstverständnis der deutschen Bevölkerung zu treffen vermag (vgl. 303ff.).

Die Thematisierung der NS-Geschichte als universelles Problem der Menschheit

Dieser letzte Thematisierungstyp zeichnet sich schließlich dadurch aus, daß weder die genannten historischen Bezugsgruppen der Shoah – die der Opfer und die der Täter, Mitläufer und Zuschauer – noch die eigene ethnische oder religiöse Gemeinschaft einen identifikatorischen Referenzrahmen der Auseinandersetzung mit der NS-Geschichte bilden. Im Zentrum steht vielmehr die universelle Kategorie der Menschheit, zu der sich die Befragten zählen. Der Holocaust wird zu einem Menschheitsproblem erklärt, das prinzipiell wiederholbar ist, eben weil es von Menschen geplant und durchgeführt wurde. Gemäß der formulierten Wiederholungsgefahr wird die Beschäftigung mit der NS-Geschichte ganz in den Kontext der Forderung gestellt, aus Geschichte sei zu lernen. Gefragt wird nach den Entstehungsbedingungen des Holocaust und den Motiven der Täter, Mitläufer und Zuschauer. Ziel ist es, Handlungswissen zur Verhinderung solcher Verbrechen zu erhalten. Im Zeichen des Prinzips der Wiederholungsgefahr und der damit verknüpften Selbstbeschreibung, sich als Mensch für die Gegenwart und die Zukunft der Menschheit verantwortlich zu fühlen, werden die historischen Ereignisse nicht selten mit aktuellen Geschehnissen verglichen, die auf strukturähnliche Probleme, wie Krieg, Verfolgung und Massentötungen, verweisen. Der Holocaust wird in den Lauf der Menschheitsgeschichte eingeordnet und als ein besonders schlimmes unter den vielen auch aktuellen Verbrechen gegen die Menschheit begriffen (vgl. ebd., S. 305ff.).

Zusammenfassung – Plurale Geschichtsbezüge im Spannungsfeld von moralischem Universalismus und nationaler Identitätspolitik

Sebastian Haffners These, daß die Frage nach Hitler in Deutschland eine Generationenfrage sei, scheint sich mit den Befunden über die möglichen Thematisierungsformen heutiger Jugendliche zu bestätigen: Im Verbund mit dem Generationenwechsel zeichnet sich im Übergang vom kommunikativen zum kollektiven Gedächtnis ein Bedeutungswandel in der inhaltlichen Beschäftigung mit dem Holocaust ab. Ein Wandel, der zum einen anzeigt, daß der Holocaust sukzessive in ein sinnhaftes Ereignis umgedeutet wird und der zweitens zeigt, daß die existentielle Verunsicherung, die von den NS-Geschichte für die Generation der Zeitzeugen und ihrer Kinder ausgeht, an Bedeutung verliert. Zwar wissen heutige Jugendliche um die moralische Bedeutung, die dem Thema öffentlich zugeschrieben wird. Ihr Wissen und die Sensibilität für die Besonderheiten der NS-Geschichte muß jedoch nicht heißen, daß sie über detailliertes Faktenwissen verfügen oder moralisch gefestigte Haltungen zum Thema verinnerlicht hätten. In den Thematisierungsformen spiegelt sich ein reflexiver Umgang mit den historischen Ereignissen, von denen selbst kaum mehr eine emotionale oder intellektuelle Beunruhigung auszugehen scheint. Die öffentlich geführten Debatten über Schuld, Darstellbarkeit und Singularität haben für die nachwachsenden Generationen offensichtlich nur noch akademische Bedeutung. Diese Debatten stehen für ein Verhältnis, in das sich die erste und zweite Generation zur NS-Geschichte gesetzt hat, von dem folgende Generationen aber weitestgehend unbeeindruckt bleiben. Nicht mehr die Negativität der NS-Geschichte, ihre Aporien für das Denken der

Moderne oder die Gefühle von Wut, Trauer, Schuld und Scham stehen im Zentrum der Auseinandersetzung. Vielmehr ist es die aus diesen Kontroversen erwachsene moralische Botschaft „Nie wieder" und die partikulare Bedeutung für das Selbstverständnis der Bundesrepublik, die den Anknüpfungspunkt für die nachwachsende Generation bildet. Ihr Zugriff auf die NS-Geschichte erfolgt über ihre Wirkungsgeschichte. Für sie ist Auschwitz kein Lebensthema, sondern ein Thema unter vielen, das aus unterschiedlichsten Gründen Interessen wecken kann, wobei dieses Interesse angesichts des zeitlichen Abstandes zu den Verbrechen nicht mehr selbstverständlich ist.

Vor dem Hintergrund der öffentlich dominierenden Thematisierungsformen – der Betonung der moralische Botschaft „Nie wieder" sowie der besonderen Bedeutung der NS-Geschichte für das Identitätskonzept der Bundesrepublik Deutschland – scheint es kaum zu verwundern, daß sich die Vergangenheitsbezüge der Jugendlichen vor allem in den Bedeutungsfeldern der Moral und der kollektiver Zugehörigkeit bewegen. Bezogen auf das Bedeutungsfeld Moral zeigen die empirischen Befunde, daß die NS-Geschichte vornehmlich mit Fragen des moralisch richtigen und falschen Handelns belegt wird. Aus der Geschichte zu lernen wird als möglich und nötig erachtet und gleichsam als zentrale Botschaft der NS-Verbrechen betont. Damit gewinnt das Thema „Nationalsozialismus und Holocaust" sowohl für die Nachkommen der zweiten Generation als auch für junge Migranten einen Bezugspunkt zur Verortung eigener ethischer Haltungen. Zugleich bildete das Thema kaum mehr den Gegenstand für beunruhigende kulturkritische Reflexionen, in denen immer auch Ratlosigkeit und Resignation über die sozialen und politischen Verhältnisse mitschwingen würden. Ungeachtet der akademisch begründeten Aporien, die von Auschwitz für das Denken der Moderne ausgehen, hat sich die NS-Geschichte bei den nachfolgenden Generationen als ein Thema etabliert, an dem sich relativ eindeutig die beruhigende Frage von ‚Gut und Böse' bzw. von besserem und schlechterem Handeln beantworten läßt.

Ähnlich präsent wie die Frage der Moral ist schließlich auch die der Zugehörigkeit, die in den verschiedensten Facetten thematisch wird. Wie die Interviews mit den ‚ethnischen' Deutschen gezeigt haben, dominiert hier eine universalistische Wendung der partikularen geschichtspolitischen Deutungsentscheidung. Gerade in der reflexiven Auseinandersetzung mit dem Identitätskonzept der Bundesrepublik Deutschland räsoniert das besondere Verhältnis, das vor allem die zweite Generation der ‚Täterkinder' zum Nationalsozialismus und Holocaust eingegangen ist. Die Absetzbewegungen der Enkelgeneration läßt sich sowohl als Resultat eines spezifischen Generationenkonfliktes deuten als auch als Versuch lesen, das Verhältnis zur eigenen Nation zu normalisieren, um einer zu engen, zumal negativen Festlegung auf die NS-Geschichte zu entkommen. Während der Versuch einer solchen Universalisierung von Auschwitz durch die erste und zweite Generation bis heute kaum ohne den Verdacht auskommt, die eigene historische Verantwortung relativieren zu wollen, öffnet sich mit der dritten und vierten Generation in der Bundesrepublik das Feld für eine universalistische Lesart ohne moralische Bedenken. Angesichts des zeitlichen Abstandes zu den historischen Ereignissen scheint die Komplementarität zwischen einer Universalisierung der Verbrechen und dem Vorwurf der Relativierung zusehends in den Hintergrund zu rücken, zumal dann, wenn diese Universalisierung an die moralische Botschaft „Nie wieder!" gekoppelt bleibt und ein explizit revisionistischer Bezug auf die NS-Geschichte ausbleibt. Auch die empirischen Befunde über die Geschichtsbezüge von Migranten verdeutlichen, daß die NS-Geschichte nicht selten genutzt wird, um die eigene Zugehörigkeit zur Bundesrepublik zu thematisieren. Wie die Thematisierungstypen zeigen, kann die NS-Geschichte sowohl als Gegenstand genutzt werden, um sich von der deutschen Mehrheitsgesellschaft abzugrenzen und um den eigenen Minderheitenstatus zu betonen. Die NS-Geschichte kann aber auch als Orientierungspunkt in Erscheinung treten, über den das eigene Integrationsbemühen artikuliert wird, wenn darauf verwiesen wird, das historische Erbe „Auschwitz" als ein gemeinsames zu begreifen. Schließlich läßt sich auch zeigen, daß die NS-Geschichte verwendet werden kann, um auf das Schicksal der eigenen ethnischen oder nationalen Gemeinschaft aufmerksam zu machen.

In der Summe weisen die Thematisierungsformen der Jugendlichen in der Bundesrepublik Deutschland darauf hin, daß sich im Übergang vom kommunikativen zum kollektiven Gedächtnis neue Bedeutungsfelder des Themas eröffnen. Diese Bedeutungsfelder mögen auf der einen Seite das Selbstverständnis der Bundesrepublik Deutschland irritieren, etwa dann, wenn die über das Thema Schuld und Verantwortung gebildete nationale Verantwortungsgemeinschaft durch eine immer stärker universalistisch geprägte Perspektive auf die Shoah ihre Bedeutung zu verlieren scheint. Oder aber, wenn im Kontext von Einwanderung die Erinnerung an die NS-Verbrechen Gefahr zu laufen droht, politisiert zu werden und dabei zu einem Spielball für Integrationsfragen werden kann, in der dann weniger das Gedenken der Opfer als vielmehr aktuelle Problemlagen wie beispielsweise Fragen der gesellschaftlichen Teilhabe und Anerkennung von Migranten im Vordergrund stehen können. Auf der anderen Seite lassen sich die Geschichtsbezüge der Befragten vielfach auch als Bestätigung des geschichtspolitischen Konsens lesen, so zum Beispiel, wenn für einen moralischen Universalismus im Umgang mit der NS-Geschichte plädiert wird und sich und anderen auferlegt wird, aus der NS-Geschichte zu lernen, um Ähnliches in Zukunft zu verhindern. Der Befund, daß ein großer Anteil der Befragten die Verbrechen moralisch verurteilt und die politisch-moralische Botschaften „Nie wieder Auschwitz" teilt, verdeutlicht die Selbstverständlichkeit, mit der die nachkommenden Generationen die normativen Grundpfeiler der pädagogisierten Erinnerungskultur zumindest im Rahmen von Befragungen konfirmieren. Freilich ist damit nicht gesagt, daß die Befragten die Wertbezüge verinnerlicht hätten, deutlich wird jedoch, daß sie in hohem Maße über die geschichtspolitische Bedeutung und moralische Verurteilung der NS-Verbrechen informiert sind. Wenngleich man darüber streiten kann, ob dieser Befund als Erfolg einer „Erziehung nach Auschwitz" zu deuten wäre, so belegt er doch, daß die Pädagogisierung der Erinnerungskultur auch in den Selbstbeschreibungen der nachwachsenden Generation räsoniert.[120] Daß nun die intellektuelle Beunruhigung, die von Auschwitz für das Denken der Moderne ausgeht, kaum mehr einen Bezugspunkt in der Auseinandersetzung mit der NS-Geschichte spielt – gerade bei der nachwachsenden Generation –, mag kaum verwundern, weil diese negativen, nur dialektisch zu fassenden Dimensionen der Shoah mittels eben dieser Pädagogisierung bereits zu einer relativ eindeutigen moralischen Botschaft verwandelt worden sind, die ihrerseits den Bezugsrahmen bildet, über den sich kommende Generationen dem Thema nähern.

---

[120] Die belegt auch unsere empirische Studie über die Vermittlung der NS-Geschichte im Geschichtsunterricht (vgl. Meseth/Proske/Radtke 2004b). Offensichtlich verfügen die Schüler in einem nicht zu unterschätzenden Maße über familial und medial, aber auch schulisch geprägtes Vorwissen, mit dem sie sich der Besonderheit des Themas, seiner gesellschaftlichen Bedeutsamkeit und den ritualisierten Formen des Erinnerns und Gedenkens nähern. Die Befunde unserer Studie deuten darauf hin, daß das Maß an reflexivem Wissen der Schüler nicht gering einzuschätzen ist, auch dann, wenn es in weniger reflektierten oder gar in pädagogisch unerwünschten Formen zum Ausdruck kommt. Die Schüler wissen offenbar nicht nur um die moralische Bedeutung der NS-Geschichte, sie wissen auch, was man von ihnen erwartet, wenn dieses Thema im Unterricht behandelt wird.

Resümee

Zwischen Irritation und Vereindeutigung: Erziehung und die Kritische Theorie Adornos in der bundesdeutschen Erinnerungskultur

In dem hier vorgelegten Versuch, die Rolle der Erziehung in der bundesdeutschen Erinnerungskultur theoretisch neu auszumessen, sollte deutlich geworden sein, in welch starkem Maße die Restitution des deutschen Nationalstaates und die Integration der durch Schuld, Scham und Niederlage negativ besetzten nationalen Geschichte in das Identitätskonzept der Bundesrepublik durch die kontinuierliche Pädagogisierung der Erinnerung ermöglicht und getragen wurde. Rückblickend läßt sich der beharrliche Rekurs auf das aufklärende und läuternde Potential von Erziehung als wirkungsvolle Bewältigungsstrategie der gleichsam paradoxen Herausforderung begreifen, den negativen Fluchtpunkt der deutschen Geschichte zumindest der Möglichkeit nach in Einklang mit einer positiven Identitätsbildung zu bringen. Die als immerwährende Gefahr diskutierte mentale wie institutionelle Kontinuität zwischen dem Nationalsozialismus und der Bundesrepublik und die an sie geknüpfte Furcht vor dem Aufflammen eines nicht gänzlich getilgten Antisemitismus, aber auch die verstörenden Dimensionen, die Auschwitz für das Denken der Moderne bedeutet, finden durch den selbstvergewissernden Bezug auf Erziehung eine Form der Bearbeitung, in der die von der NS-Geschichte ausgehenden Beunruhigungen wirksam abgeschattet werden. Die durch die Erfahrungen von Auschwitz negativ besetzte Zukunft wandelt sich vermittels des pädagogischen Optimismus in eine Perspektive, in der die Hoffung obsiegt, die selbstzerstörenden Tendenzen der Moderne, wenn nicht überwinden, so doch pädagogisch domestizieren zu können.

Überraschend an der pädagogisch angetriebenen Vergangenheitsbewältigung ist die zentrale und zugleich ambivalente Rolle, die Adornos Kritische Theorie im nationalen Selbstverständigungsbemühen der Bundesrepublik gespielt hat. Sie wirkte verunsichernd, verstörend und resignierend, zugleich aber auch stabilisierend, beruhigend und identitätsstiftend für das bundesdeutsche Selbstverständnis. Sie verhinderte eine positive historische Sinnbildung, weil sie der bundesdeutschen Öffentlichkeit das Selbstzerstörungspotential und die Auswegslosigkeit der modernen Zivilisation unnachgiebig vor Augen führte und weil sie anstelle eines klaren Bruchs zwischen dem „Dritten Reich" und der Bundesrepublik die mentalen und institutionellen Kontinuitäten beider Staaten hervorhob und damit die Bundesrepublik latent in der Gefahr sah, in antisemitische und totalitäre Verhältnisse zurückzufallen. Sie war aber nicht nur eine Irritationsquelle für die historische Selbstvergewisserung der Bundesrepublik, sondern lieferte auch theoretische Anschlußpunkte, die es geschichtspolitisch überhaupt erst ermöglichten, sich jenseits eines affirmativen Identitätsansinnens neu zu positionieren. Mit dem Imperativ „Nie Wieder" und der unmißverständlichen Verurteilung der NS-Verbrechen bildete Adornos Kritische Theorie eine normative Perspektive, durch die sich die Bundesrepublik von einem affirmativen Geschichtsbild lösen konnte ohne dabei ihre Haltepunkte als nationale Einheit zu verlieren. Die selbstkritische Auseinandersetzung mit der NS-Geschichte und das spätestens mit der '85er Rede v. Weisäckers zum geschichtspolitischen Konsens gehörende Bekenntnis der Bundesrepublik zu einer dauerhaften partikularen Erinnerungsverantwortung sind auch das Resultat der Wirkung der Kritischen Theorie auf die bundesdeutsche Erinnerungskultur. Die kulturkritische Perspektive Adornos bildet heute – wenn auch nicht in linearer Ableitung – den normativen Rahmen für einen angemessenen Umgang mit der NS-Geschichte, an dem die öffentliche Thematisierung nochmals moralisch gemessen wird. Exemplifizieren lässt sich diese latente moralische Selbstüberprüfung an jenen drei Themen, die ich in meiner Arbeit als neuralgische Punkte der bundesdeutschen Erinnerungskultur bezeichnet habe. Es handelt sich erstens um das Thema Schuld, zweitens um das Thema Aktualisierung, an dem Fragen der Singularität und Vergleichbarkeit der NS-Verbrechen verhandelt werden, und drittens um das Thema der Darstellbarkeit, an dem um die angemessene Repräsentation der Verbrechen und um angemessene Erinnerungsformen gestritten wird. Über diese neuralgischen Punkte vergewissert sich die Bundesrepublik Deutschland auch und vor allem in den öffentlichen Kontroversen immer wieder der besonderen Bedeutung dieser Geschichte für das eigene nationale Selbstverständnis. Die Rede von der (Un-)Darstellbarkeit und der öffentliche Gebrauch der Singularitätsthese sowie des Instrumentalisierungsvorwurfes fungieren als Wächter über die Einhaltung der geschichtspolitischen Koordinaten der Bundesrepublik. Sie belegen alle öffentlichen Äußerungen mit Kritik, die sich nicht eindeutig zur moralischen Verurteilung der NS-Verbrechen bekennen und die die besondere Bedeutung der NS-Geschichte für das bundesrepublikanische Selbstverständnis relativieren oder gar negieren.[121] In diesem Sinne hat sich die Bundesrepublik als lernfähig erwiesen. Sie hat sich von der Kritischen Theorie Adornos irritieren lassen. Teile der Theorie, wie fragmentarisch auch immer, sind in das bundesdeutsche Selbstkonzept eingeflossen und haben es mit ermöglicht, die Massenverbrechen als ein historisches Ereignis im kollektiven Gedächtnis zu veran-

---

121 Welche Bedeutung diese Form der Selbstvergewisserung besitzt zeigt sich exemplarisch in der Kontroverse um die Rede des Bundestagsabgeordneten Martin Hohmann (CDU), der angesichts seiner als antisemitisch kritisierten Äußerungen zunächst aus der CDU/CSU-Fraktion des Bundestages und schließlich auch aus der eigenen Partei ausgeschlossen wurde.

kern, das immanent Kritik an seiner Verwendung einfordert. An der Irritation, die Adornos Theorie in der bundesdeutsche Erinnerungskultur ausgelöst hat, wird deutlich, das die beunruhigenden Dimensionen der NS-Verbrechen, die Adorno immer reflektiert wissen wollte und die den optimistischen Denkhorizont der Moderne radikal in Frage stellen, zwar nicht gänzlich verdeckt, dennoch aber entscheidend abgeschwächt worden sind.

Mit wachsendem zeitlichen Abstand zu den NS-Verbrechen und im Übergang vom kommunikativen zum kollektiven Gedächtnis zeigt sich, daß sich auch die in der Erinnerungskultur eingelagerte kulturkritische Reflexion auf Auschwitz verliert und die Beunruhigung marginalisiert wird, die Auschwitz für das Denken der Moderne bedeutet. In geschichts- und erinnerungspolitischen Diskussion findet der Imperativ „Nie wieder Auschwitz" Verwendung, ohne daß dabei sein aporetischer Begründungszusammenhang in Adornos Kritischer Theorie sichtbar würde. Der Imperativ hat sich so zu einem globalen, universalistischen Wert entwickelt (vgl. Levy/Sznaider 2001). Dieser Vereindeutigungsprozeß läßt sich am Zusammenspiel dreier eng miteinander verschränkten Faktoren zeigen:

- Durch die zu beobachtende *Medialisierung* in den populären Darstellungen, wie beispielsweise in der Fernsehserie *Holocaust* oder dem Film *Schindlers Liste*, verwandeln sich die historischen Ereignisse in eine moralisch-universalistische Erzählung, in der sich die Forderung „Nie wieder" zu einer pädagogischen Botschaft an die nachwachsenden Generationen verfestigt hat.
- Vor dem Hintergrund demographischen Wandels (Generationenfolge und Einwanderung) zeichnet sich ein Bedeutungswandel in der inhaltlichen Beschäftigung mit dem Holocaust ab. Dieser Wandel zeigt an, daß die existentielle und intellektuelle Verunsicherung, die von der NS-Geschichte für die Generation der Zeitzeugen und ihrer Kinder ausgeht, für die nachwachsenden Generationen an Bedeutung verliert. Die öffentlich geführten Debatten über Schuld, Darstellbarkeit und Singularität haben für heutige Jugendliche zunehmend nur noch akademische Bedeutung. Nicht mehr die Negativität der NS-Geschichte, ihre Aporien für das Denken der Moderne oder die Gefühle von Wut, Trauer, Schuld und Scham stehen im Zentrum der Auseinandersetzung. Vielmehr ist es die aus diesen Kontroversen hervorgegangene pädagogisch-moralische Botschaft „Nie wieder", die den Anknüpfungspunkt für die nachwachsende Generation bildet und die ihnen als didaktisch aufbereiteter Lerngegenstand in der Schule, als private Erzählung in der Familie und massenmedial inszeniert im Kino oder im Fernsehen begegnet.
- Vor allem aber vollzieht sich diese Vereindeutigung von Auschwitz durch den Rückgriff auf pädagogische Semantiken. Dabei läßt sich zeigen, daß gerade Adornos Schriften zu Erziehung und Bildung eine besondere Rolle bei der Pädagogisierung der Erinnerung einnehmen: Ador-

no liefert mit seiner Vernunft- und Kulturkritik offensichtlich nicht nur einen ambivalenten und das bundesdeutsche Selbstkonzept irritierenden, sondern auch einen stabilisierenden und beruhigenden erinnerungspolitischen Bezugsrahmen. Vor allem Adornos 1966 gehaltener Vortrag „Erziehung nach Auschwitz" und seine berühmte Forderung, „daß Auschwitz nicht noch einmal sei, ist die allererste an Erziehung", haben nicht nur Generationen von Pädagogen nach 1968 in ihrem Selbstverständnis geprägt. Die Forderung ist auch zu einem normativen Referenzpunkt kollektiver Sinnstiftung in der Bundesrepublik Deutschland geworden. Ergänzt um die Formel „Lernen aus Geschichte" gehört sie zu einem konstitutiven Bestandteil des politisch-öffentlichen Redens über die nationalsozialistische Vergangenheit und fungiert nicht selten als moralische Letztbegründung für pädagogische Programme zur Stärkung von Tugenden wie Toleranz und Zivilcourage. Im Lichte der Hoffnung, man könne und solle aus Geschichte lernen, wird die negative und verstörende Geschichte in einen Lerngegenstand für gegenwärtige und zukünftige Generationen transformiert. Gerade durch diese Pädagogisierung der Erinnerung ist es der bundesrepublikanischen Gesellschaft ungeachtet aller Irritationen gelungen, die beunruhigenden Dimensionen des Holocaust weitgehend zu invisibilisieren.

Wie läßt sich die diagnostizierte Pädagogisierung der Erinnerungskultur deuten? Es läge nahe, diesen Prozeß mittels jener Theorie zu beobachten, die den öffentlichen Umgang mit der NS-Geschichte in nicht geringem Maße mitbestimmt hat. Mit der hier gemeinten ideologiekritischen Methode der Frankfurter Schule wäre die pädagogische Vereindeutung des Holocaust wohl als Banalisierung, Instrumentalisierung oder Trivialisierung der historischen Ereignisse zu kritisieren. Angesichts des beachtlichen Anteils, den die Kritischen Theorie Adornos durch ihre pädagogischen Beiträge an diesem Vereindeutungsprozeß trägt, wäre die Wirkungsgeschichte der Kritischen Theorie wahrscheinlich als Episode der Kulturindustrie zu erzählen, die man ihrerseits wieder kritisch zu durchleuchten hätte.

Da die Reichweite und das Aufhellungsvermögen jeder Theorie begrenzt sind, weil sie immer auch im Schatten ihrer eigenen methodischen und methodologischen Vorentscheidungen operieren, erschien es mir ertragreicher, die bundesdeutsche Erinnerungsgeschichte mit einer anderen Theorie als der zu beobachten, die das nationale Selbstverständnis mit geprägt hat. Es ging mir folglich nicht darum, die bisherige geschichtspolitische Verarbeitung zu kritisieren und dabei Adornos theoretischen Anspruch in entlarvender Absicht auf sein faktisches Wirken zu wenden. Vor dem Hintergrund des differenztheoretischen Analyseschemas ging es vielmehr darum, die verschlungenen und ambivalenten Wege freizulegen, über die Adornos Kritische Theorie Eingang in das bundesdeutsche Selbstkonzept erhalten hat und dabei in ganz erstaunlicher Weise sowohl kontingenzerzeugend (durch die „Dialektik der

Aufklärung") als auch kontingenzbegrenzend (durch die „Erziehung nach Auschwitz") gewirkt hat.

Mit dem Befund, daß die Kritische Theorie einen nicht unerheblichen Einfluß auf das bundesdeutsche Selbstkonzept genommen hat, stellt sich die grundsätzliche Frage nach der Rolle und Funktion soziologischer Analysen für die symbolische Herstellung gesellschaftlicher Einheit. Gerade weil Adornos Kritische Theorie sinnstiftendend auf das bundesdeutsche Selbstkonzept gewirkt hat, läge der Schluß nahe, daß soziologische Theorien gleichsam die Quelle sind, aus der die Gesellschaft ihre Normativität zu schöpfen vermag. Daß dies so sein kann, soll an dieser Stelle nicht bestritten werden. Aus differenztheoretischer Perspektive soll jedoch auch und gerade am Beispiel der Wirkungsgeschichte der Kritischen Theorie gezeigt werden, daß der selbstvergewissernde Rückgriff auf soziologische Analysen nicht notwendig, sondern historisch kontingent ist. Wie dies zu verstehen ist, soll in den abschließenden Überlegungen dargelegt werden.

Soziologie als Sinnspender der Gesellschaft?

Jürgen Habermas hat in seinen Überlegungen über „Die Krise des Wohlfahrtsstaates und die Erschöpfung utopischer Energien" (1985b) konstatiert, daß die Erwartungen an „Wissenschaft, Technik und Planung als verheißungsvolle und unbeirrbare Instrumente einer vernünftigen Kontrolle von Natur und Gesellschaft (...) durch massive Evidenzen erschüttert worden" seien (ebd., S. 144). Evidenzen, in denen die „dysfunktionalen Nebenfolgen" (ebd.) des Fortschritts zum Ausdruck kämen und in denen sich abzuzeichnen scheine, daß die moderne Gesellschaft ihre „utopischen Energien aufgezehrt" (ebd., S. 143) habe. „Die Zukunft", so Habermas, „ist negativ besetzt" (ebd.). Obwohl er die zwiespältigen und destruktiven Folgen des modernen Denkens nicht relativiert und geschmälert sehen möchte, warnt Habermas die Soziologie dennoch vor allzu resignativen Diagnosen, da diese „den letzten Funken von Utopie und von Vertrauen der westlichen Kultur in sich selbst ersticken" (ebd., S. 144) müssen. Er warnt vor Diagnosen, in denen die Zukunft unabänderlich negativ gezeichnet wird und in denen gesellschaftliche Krisen nicht als vorübergehendes Zwischenspiel, sondern – wie vor allem in Horkheimers und Adornos „Dialektik der Aufklärung" vorgetragen – als Ausdruck für die unumstößliche Entwicklung der modernen Gesellschaften gelesen werden. „Wenn die utopischen Oasen austrocknen", so Habermas' Befürchtung, „breitet sich eine Wüste von Banalität und Ratlosigkeit aus" (ebd., S. 161). In seinem Szenario der möglichen Folgen eines solchen Sinnverlustes schwingt die Idee mit, daß die moderne Gesellschaft gerade angesichts der vielfachen Katastrophen des zwanzigsten Jahrhunderts eines utopischen Moments und einer normativen Perspektive bedarf, um die Möglichkeit des Besseren im Blick zu halten.

In einem differenztheoretischen Blick auf Habermas' Diagnose fällt auf, daß in ihr zwei Referenzen gesellschaftlicher Selbstbeschreibung verschwimmen: Die Referenz einer im Funktionssystem Wissenschaft angesiedelten soziologischen Analyse und die einer normativen und Identität stiftenden Beschreibung, durch die sich die Gesellschaft ihrer eigenen Einheit vergewissern könnte. Damit rückt Habermas die soziologische Gesellschaftsanalyse in ein normatives Abhängigkeitsverhältnis zu den Formen gesellschaftlicher Sinnstiftung und überantwortet der Soziologie die Aufgabe, Orientierungswissen *für* die Gesellschaft zu erzeugen. André Kieserling (1999) hat bezüglich des Habermasschen Soziologieverständnisses darauf hingewiesen, daß dieser die Soziologie als Reflexionstheorie einer differenzierten Gesamtgesellschaft verstanden habe. Das wäre eine Theorie, die von einem exklusiven Ort außerhalb der Gesellschaft den Zustand der Gesellschaft reflektieren und zugleich Wissen bereitstellen möchte, aus dem die Gesellschaft ihre Normativität zu schöpfen vermag.

Folgt man dem Differenzierungsmodell Niklas Luhmanns, so zeichnet sich die moderne Gesellschaft angesichts ihrer funktionalen Differenzierung jedoch gerade dadurch aus, daß ihr ein privilegierter identitätsstiftender Ort abhanden gekommen ist, daß sie, wie Luhmann es formuliert, „ohne Spitze und ohne Zentrum (operiert)" (Luhmann 1997, S. 803). Ein Grund für diese polykontexturale Verfassung der modernen Gesellschaft liegt nach Luhmann darin, daß die verschiedenen gesellschaftlichen Teilsysteme systemspezifische Selbstbeschreibungen generieren. Selbstbeschreibungen, über die sich die Teilsysteme einerseits ihrer je besonderen Einheit vergewissern und die andererseits eine jeweils eigene Beschreibung der Gesamtgesellschaft bereitstellen. In diesen Beschreibungen wird die Gesellschaft den jeweiligen Referenzen der Teilsysteme entsprechend nach ökonomischen, rechtlichen, pädagogischen, theologischen, medizinischen, ästhetischen oder wissenschaftlichen Gesichtspunkten konzeptualisiert, die eine konkurrenzfreie Repräsentation von gesellschaftlicher Einheit unmöglich werden lassen. Den semantischen Rahmen für diese teilsystemspezifischen Selbstbeschreibungen liefern nach Luhmann die Reflexionstheorien der jeweiligen Systeme. Demzufolge bildet die Theologie die Reflexionstheorie des Religionssystems, die Wissenschaftstheorie die Reflexionstheorie des Wissenschaftssystems, die Pädagogik die Reflexionstheorie des Erziehungssystems usw. Im Gegensatz zu den Teilsystemen verfügt die Gesellschaft im Ganzen hingegen nicht über eine spezifische Reflexionstheorie, sondern greift für ihre Selbstbeschreibung auf den gesamten „semantischen Apparat" (Luhmann 1980, S. 19) zurück, in dem sowohl die Semantiken der Reflexionstheorien als auch historisch bewährte Ideen über die Einheit der Gesellschaft eingelagert sind.[122]

Folglich schöpft die Gesellschaft ihre Normativität nicht notwendig aus der ihr von Habermas angesonnenen Reflexionstheorie Soziologie, sondern aus den gesellschaftlich zirkulierenden Semantiken im Ganzen, die in unterschiedlicher Weise zu Medien der Selbstvergewisserung werden können, um das jeweils drängende Kontingenz- und Krisenbewußtsein zu bewältigen. Der sinnstiftende Rückgriff auf normative soziologische Entwürfe im besonderen und auf wissenschaftliche Analysen im allgemeinen bleibt damit zwar möglich, ist zugleich aber nicht notwendig. Ferner wäre im Sinne der Luhmannschen Theorie von einem solchen Rückgriff nicht zu erwarten, daß die normativen Vorgaben wissenschaftlich begründeter Moralprogramme im Modus des Transfers, sondern daß sie selektiv im Modus der Transformation Eingang in das jeweilige gesamtgesellschaftliche Identitätskonzept finden. Beispielhaft zeigt sich diese Transformation am Einschluß der aporetischen Position des Denkens von Theodor W. Adorno. Obwohl Adornos Dialektik eine Paralyse für jede gesellschaftliche Praxis außer für die der Wissenschaft und der Kunst bedeuten muß (vgl. Kap. II), läßt sich mit den Befunden dieser Arbeit zeigen, daß mit Adorno – wenngleich nicht in linearer Ableitung und vielleicht auch nicht in seinem Sinne – ein normatives Fundament für die bundesdeutsche Selbstbeschreibung gelegt wurde. Ein Fundament, das es der Bundesrepublik ermöglicht hat, *nach* Auschwitz und zugleich *über* Auschwitz ein relativ stabiles und zugleich äußerst reflexives Selbstverständnis zu entwickeln.

Folgt man dieser systemtheoretischen Beschreibung, so wird zweierlei sichtbar: Zum einen, daß die „utopischen Oasen" selbst bei den pessimistischsten soziologischen Diagnosen nicht „austrocknen", weil die Gesellschaft nach ihren eigenen Erfordernissen für die Reduktion von Kontingenz und Einheitsstiftung sorgt und selbst Adornos resignative Position in eine handhabbare Form nationaler Sinnstiftung zu transformieren vermag. Zum anderen zeigt gerade die Wirkungsgeschichte der Kritischen Theorie Adornos, daß auch und vor allem die normativen soziologischen „Moralbegründungsethik(en)" (Luhmann 1997, S. 797), zu denen nach Luhmann sowohl Adornos Kritische Theorie als auch Habermas' Diskursethik zu zählen sind (vgl. ebd. sowie S. 1115f.), durchaus öffentlich Resonanz erzeugen. Eine Resonanz, die – wie im Falle der Theorie Adornos gezeigt werden konnte – die Lernfähigkeit der Gesellschaft herausfordern kann, aber nicht muß, und die sich wissenschaftlich vor allem nicht planen läßt.

Im Gegensatz zur kritischen Soziologie zeichnet sich Luhmanns Verständnis von Soziologie dadurch aus, daß ihr keine exklusive Rolle als nor-

---

122 Zur Theorie gesellschaftlicher Selbstbeschreibungen in Luhmanns „Die Gesellschaft der Gesellschaft" vgl. Kneer 2003.

matives Korrektiv für die Gesamtgesellschaft zugeschrieben wird. Folgt man Luhmanns Entwurf von einer polykontextural verfaßten Gesellschaft, so produzieren soziologische Analysen gesellschaftliche Selbstbeschreibungen in der Referenz des Wissenschaftssystems. Sie bilden folglich eine Selbstbeschreibung unter vielen und haben ihrerseits einen blinden Fleck. Auch „ihre Beschreibung ist", so Luhmann, „infolgedessen nicht notwendig, sondern kontingent" (ebd., S. 1222). In Abgrenzung zur kritischen Soziologie plädiert Luhmann für ein Reflexivwerden soziologischer Selbstbeschreibungen (vgl. S. 1109ff.). Er plädiert dafür, die Kontingenz der Beobachtung in die eigene Beobachtung einzuschließen, um folglich die eigene Beobachtung als eine *Beobachtung* beobachten zu können, die, wie Georg Kneer (2003) es formuliert, „selbst an bestimmte Unterscheidungen gebunden ist, die sie im Moment ihrer Aktualisierung gerade *nicht* (Herv. i. Orig.) sehen kann" (ebd. S. 329). Luhmann (1997) konzeptualisiert die soziologische Beschreibung der Gesellschaft als „Angebot einer Beschreibung der Gesellschaft in der Gesellschaft" (ebd., S. 1128), die darum weiß, daß sie nicht von einem absoluten Standpunkt, sondern lediglich in ihren Systemgrenzen operiert. Soziologische Analysen diesen Formats liefern der Gesellschaft Reflexionswissen über sich selbst, Wissen das keine Auskunft darüber gibt, wie die Gesellschaft sein soll, sondern wie sie im Lichte der differenztheoretischen Vorentscheidungen zu deuten wäre.

Vor dem Hintergrund des Luhmannschen Theoriehorizontes zeigen die Befunde zu den Formen der bundesrepublikanischen Selbstvergewisserung, daß Theodor W. Adornos Kritische Theorie ungeachtet ihrer pessimistischen und aporetischen Position eine nachhaltige Wirkung im nationalen Selbstkonzept der Bundesrepublik Deutschland erzeugt hat. Eine Wirkung, in der die Selektivität zum Ausdruck kommt, mit der die Gesellschaft zur Formulierung ihrer Einheit auf soziologische Analysen zurückgreift. Adornos Radiovorträge lieferten dem pädagogischen Establishment und der Öffentlichkeit in den sechziger und siebziger Jahren eine Perspektive, die den Geist der Zeit auf doppelte Weise zu treffen verstand. Adornos Vorträge wiederholen pointiert die öffentlich bereits etablierte Denkfigur der Moderne, nach der die normative Integration der Gesellschaft maßgeblich durch Erziehung zu bewerkstelligen sei. Zudem boten die Evidenz des Imperativs „Nie Wieder" und die unmißverständliche Verurteilung der NS-Verbrechen in Adornos Theorie eine normative Perspektive, die es der Bundesrepublik Deutschland ermöglichte, sich auch und gerade jenseits eines affirmativen Identitätsansinnens als nationale Einheit zu beschreiben. Diese spezifische Anschlußfähigkeit bestimmter Teile der Adornoschen Theorie an das bundesdeutsche Selbstvergewisserungsbemühen ließ es zu, daß Adorno unter Absehung seiner resignativen Einsichten zu einem Bezugspunkt des nationalen Identitätskonzepts werden konnte.

Diese sukzessive Umdeutung von Auschwitz zu einem Lerngegenstand für nachfolgende Generationen, angetrieben auch und vor allem durch Adornos Schriften zu Erziehung und Bildung, läßt sich jenseits des Vorwurfs der Trivialisierung und Instrumentalisierung als eine Form der gesellschaftlichen Selbstvergewisserung begreifen, in der sich die Leistungsfähigkeit von Erziehung und Geschichte als gesellschaftliche Integrationsmedien exemplarisch spiegelt. Sieht man von einer kulturkritischen und geschichtspessimistischen Deutungen im Anschluß an die Shoah ab, so gewinnt die NS-Geschichte über das Medium Erziehung und flankiert von der Medialisierung des Holocaust und des Generationenwechsels eine öffentlich anschlußfähige Form, durch die die Kontingenz- und Krisenerfahrungen der modernen Gesellschaft reduziert werden und ein nicht gänzlich pessimistischer Blick in die Zukunft eröffnet wird. Dieser Befund verdeutlicht, daß der Bezug zur Geschichte in der modernen Gesellschaft offensichtlich nur als optimistischer Zukunftsentwurf zu denken ist. Vergangenheitsbezüge brauchen folglich zukunftsfähige Formen, brauchen Botschaften, die erzählen, an was man sich in der Gegenwart und der Zukunft halten kann. Weisen Vergangenheitsbezüge diesen positiven und Gewißheit versprechenden Blick in die Zukunft nicht auf, so steht zu vermuten, daß sie sich als einheitsstiftendes Narrativ kaum wirkungsvoll im kollektiven Gedächtnis halten können.

Literatur

Abram, I./Heyl, M. (1996): Thema Holocaust. Ein Buch für die Schule. Reinbek b. Hamburg.
Adorno, T. W. (1971): Erziehung zur Mündigkeit. Vorträge und Gespräche mit Hellmut Becker 1959-1969, hg. von G. Kadelbach. Frankfurt a.M.
Adorno, T. W. (GS) (1998): Gesammelte Schriften. Hg. von Rolf Tiedemann. Lizenzausgabe für die Wissenschaftliche Buchgesellschaft. Darmstadt (Taschenbuchausgabe) (GS 3: Dialektik der Aufklärung. Philosophische Fragmente; GS 4: Minima Moralia. Reflexionen aus dem beschädigten Leben; GS 6: Negative Dialektik. Jargon der Eigentlichkeit; GS 7: Ästhetische Theorie; GS 8: Soziologische Schriften I; GS 9.1: Soziologische Schriften II. Erste Hälfte; GS 10.1: Kulturkritik und Gesellschaft I. Prismen – Ohne Leitbild; GS 10.2: Kulturkritik und Gesellschaft II, Eingriffe – Stichworte – Anhang; GS 11: Noten zur Literatur; GS 20.1: Vermischte Schriften I).
Alavi, B. (1998): Geschichtsunterricht in der multiethnischen Gesellschaft. Eine fachdidaktische Studie zur Modifikation des Geschichtsunterrichts aufgrund migrationsbedingter Veränderungen. Frankfurt a.M.
Albrecht, C./Behrmann, G./Bock, M./Homann, H./Tenbruck, F. (1999): Die intellektuelle Gründung der Bundesrepublik. Eine Wirkungsgeschichte der Frankfurter Schule. Frankfurt a.M./New York 2000.
Alexander, J. C. (1993): Soziale Differenzierung und kulturellerl Wandel. Essays zur neofunktionalen Gesellschaftstheorie. Frankfurt a.M.
Améry, J. (1977): Jenseits von Schuld und Sühne. Bewältigungsversuche eines Überwältigten. Stuttgart.
Anderson, B. (1983): Die Erfindung der Nation. Zur Karriere eines folgenreichen Konzepts. Frankfurt a.M./New York 1993.
Apitzsch, U. (2000): Ein deutsches Gewissen. Oder: Wie Martin Walser mißverstanden wurde. Betrachtungen nach einem Jahr der Kontroverse. In: Fechler/Kößler/Lieberz-Groß 2000, a.a.O., S. 31-46.
Arendt, H. (1958a): Vita activa oder Vom tätigen Leben. München/Zürich 1997.
Arendt, H. (1958b): Die Krise der Erziehung. Bremen.
Arendt, H./Jaspers, K. (1993): Briefwechsel 1926-1969. München/Zürich.
Assheuer, T. (2003): Der wahre Konservative. Seine Negativität hat viele erschreckt. Mit Adorno ließ sich kein Staat machen. Heute überzeugt gerade seine Kritik am verordneten Optimismus. In: Die Zeit vom 4.9.2003, S. 47.
Assmann, A./Frevert, U. (1999): Geschichtsvergessenheit – Geschichtsversessenheit. Vom Umgang mit deutschen Vergangenheiten nach 1945. Stuttgart.
Assmann, J. (1988): Kollektives Gedächtnis und kulturelle Identität. In: ders./Hölscher, T. (Hg.): Kultur und Gedächtnis. Frankfurt a.M., S. 9-19.
Assmann, J. (1992): Das kulturelle Gedächtnis. Schrift, Erinnerung und politische Identität in frühen Hochkulturen. München 2000.
Assmann, J. (2001): Verständigung über Geschichte und Repräsentation von Vergangenheit im Alten Orient. In: Welzer 2001, a.a.O., S. 63-87.

Auer, D (1998): Daß die Naturbefangenheit nicht das letzte Wort behalte. Fortschritt, Vernunft und Aufklärung. In: Auer/Bonacker/Müller-Doohm 1998, a.a.O., S. 21-40.

Auer, D./Bonacker, T./Müller-Doohm, S. (Hg) (1998): Die Gesellschaftstheorie Adornos. Themen und Grundbegriffe. Darmstadt.

Barlog-Scholz, R. (1994): Historisches Wissen über die nationalsozialistischen Konzentrationslager bei deutschen Jugendlichen. Empirische Grundlage einer Gedenkstättenpädagogik. Frankfurt a.M.

Bar-On, D. (1993): Die Last des Schweigens. Gespräche mit Kindern von Nazi-Tätern. Frankfurt a.M./New York.

Bauman, Z. (1989): Dialektik der Ordnung. Die Moderne und der Holocaust. Hamburg 2002.

Bauman, Z. (1991): Moderne und Ambivalenz. Das Ende der Eindeutigkeit. Hamburg 1992.

Beck, U. (Hg.) (1998) Perspektiven der Weltgesellschaft. Frankfurt a.M.

Beck, U./Bonß, W./Lau, C. (2001): Theorie reflexiver Modernisierung – Fragestellungen, Hypothesen, Forschungsprogramme. In: Beck, U./Bonß, W. (Hg.): Die Modernisierung der Moderne. Frankfurt a.M., S. 11-59.

Becker, F./Reinhard-Becker, E. (2001): Systemtheorie. Eine Einführung für die Geschichts- und Kulturwissenschaften. Frankfurt a.M./New York.

Benhabib, S. (1992): Kritik, Norm und Utopie. Die normativen Grundlagen der Kritischen Theorie. Frankfurt a.M.

Benjamin, W. (1940): Über den Begriff der Geschichte. In: ders: Gesammelte Schriften I/2, hg. von R. Tiedemann und H. Schweppenhäuser. 2. Auflage. Frankfurt a.M. 1978, S. 691-704.

Bennack, J. (1999): Volksschulbücher der Nachkriegszeit zwischen Erneuerung und Restauration. In: Heinemann 1999, a.a.O., S. 1-15.

Benz, W. (1995): Zum Umgang mit nationalsozialistischer Vergangenheit in der Bundesrepublik. In: Danyel 1995, a.a.O., S. 47-61.

Berg, N. (1996): ‚Auschwitz' und die Geschichtswissenschaft. Überlegungen zu Kontroversen der letzten Jahre. In: Berg/Jochimsen/Stiegler 1996, a.a.O., S. S. 31-52.

Berg, N./Jochimsen, J./Stiegler, B. (Hg.) (1996): Shoah. Formen der Erinnerung. Geschichte, Philosophie, Literatur, Kunst. München.

Berger, G. (1989): „Klasse". In: Endruweit, G./Trommsdorff, G. (Hg.): Wörterbuch der Soziologie. Stuttgart, S. 332-337.

Berger, H. (1974): Untersuchungsmethode und soziale Wirklichkeit. Frankfurt/M.

Bergmann, K. (1997): Geschichte in der didaktischen Reflexion. Kapiteleinführung. In: Bergmann u.a.1997, a.a.O., S. 245-254.

Bergmann, K. (2000): Multiperspektivität. Geschichte selber Denken. Schwalbach/Ts.

Bergmann, K./Fröhlich, K./Kuhn, A./Rüsen, J./Schneider, G. (Hg.) (1997) Handbuch der Geschichtsdidaktik. 5. überarbeitete Auflage. Seelze-Velber.

Bergmann, K./Schneider, G. (Hg.) (1982): Gesellschaft – Staat – Geschichtsunterricht. Beiträge zu einer Geschichte der Geschichtsdidaktik und des Geschichtsunterrichts von 1500-1980. Düsseldorf.

Bergmann, M. S./Jucovy, M. E./Kestenberg, J. S. (Hg.) (1995): Kinder der Opfer – Kinder der Täter. Psychoanalyse und Holocaust. Frankfurt a.M.
Bergmann, W. (1994): Der externalisierte Mensch. Zur Funktion des ‚Menschen' für die Gesellschaft. In: Fuchs/Göbel 1994, a.a.O., S. 92-109.
Bergmann, W. (1997): Antisemitismus in öffentlichen Konflikten. Kollektives Lernen in der politischen Kultur der Bundesrepublik 1949-1989. Frankfurt a.M.
Bergmann, W. (1998): Kommunikationslatenz und Vergangenheitsbewältigung. In: König/Kohlstruck/Wöll 1998, a.a.O., S. 393-408.
Bergmann, W./Erb, R./Lichtblau, A. (Hg.) (1995): Schwieriges Erbe. Der Umgang mit dem Nationalsozialismus und dem Antisemitismus in Österreich, der DDR und der Bundesrepublik Deutschland. Frankfurt a.M./New York.
Bialas, W. (1996): Die Shoah in der Geschichtsphilosophie der Postmoderne. In: Berg/Jochimsen/Stiegler 1996, a.a.O., S. 107-121.
Blankertz, S. (1987): Die affirmative Dialektik der negativen Pädagogik. Bruchstücke zur Wiederherstellung der Kritik. In: Paffrath 1987, a.a.O., S. 40-53.
Bödeker, H. E. (1994): Die Entstehung des modernen historischen Denkens als sozialhistorischer Prozeß. Ein Essay. In: Küttler/Rüsen/Schulin 1994, a.a.O., S. 295-319.
Bohleber, W. (1998): Transgenerationelles Trauma, Identifizierung und Geschichtsbewußtsein. In: Rüsen, J./Straub, J. (Hg.): Die dunkle Spur der Vergangenheit. Psychoanalytische Zugänge zum Geschichtsbewußtsein. Erinnerung, Geschichte, Identität 2. Frankfurt a.M., S. 256-274.
Böhm, W. (1994): Wörterbuch der Pädagogik. 14. Auflage. Stuttgart.
Borries, B. v. (1980): Unkenntnis des Nationalsozialismus – Versagen des Geschichtsunterrichts? Bemerkungen zu alten und neuen empirischen Studien. In: Geschichtsdidaktik 5 (1980) 2, S. 109-126.
Borries, B. v. (1993): Vorstellungen zum Nationalsozialismus und Einstellungen zum Rechtsextremismus bei ost- und westdeutschen Jugendlichen. Einige empirische Hinweise von 1990, 1991 und 1992. In: Zeitschrift der Internationale Schulbuchforschung 15 (1993) 2/3. Thema Fremdenfeindlichkeit, S. 139-166.
Borries, B. v. (1995): Das Geschichtsbewußtsein Jugendlicher. Eine repräsentative Untersuchung über Vergangenheitsdeutungen, Gegenwartswahrnehmungen und Zukunftserwartungen von Schülerinnen und Schülern in Ost- und Westdeutschland. Weinheim/München.
Borries, B. v. (1996): Von gesinnungsbildenden Erlebnissen zur Kultivierung der Affekte? Über Ziele und Wirkungen von Geschichtslernen in Deutschland. In: Mütter/Uffelmann 1996, a.a.O., S. 67-92.
Borries, B. v. (1997): Geschichtsbewußtsein – Empirie. In: Bergmann u.a. 1997, a.a.O., S. 45-51.
Borries, B. v. (2002): Forschungen über die Einstellungen Jugendlicher zum Holocaust. Empirische Befunde und sozialpsychologische Bedingungen. In: Kammerer/Prölß-Kammerer 2002, a.a.O., S. 14-36.
Boschki, R./Konrad, F.-M. (Hg.) (1997): Ist die Vergangenheit noch ein Argument? Aspekte einer Erziehung nach Auschwitz. Tübingen.
Boßmann, D. (Hg.) (1977): „Was ich über Adolf Hitler gehört habe...". Folgen eines Tabus: Auszüge aus Schüler-Aufsätzen von heute. Frankfurt a.M.

Brezinka, W. (1971). Von der Pädagogik zur Erziehungswissenschaft. Eine Einführung in die Metatheorie der Erziehung. Weinheim/Berlin/Basel.

Brink, B. van den (1997): Gesellschaftstheorie und Übertreibungskunst. Für eine alternative Lesart der ‚Dialektik der Aufklärung'. In: Neue Rundschau 108 (1997) 1, S. 37-59.

Brinkmann, A./Ehmann, A./Milton, S./Rathenow, H./Wyrwoll, R. (Hg.) (2000): Lernen aus der Geschichte. Projekte zu Nationalsozialismus und Holocaust in Schule und Jugendarbeit. Bonn.

Broszat, M. (1988): Nach Hitler. Der schwierige Umgang mit unserer Geschichte. München.

Brumlik, M. (1992): Trauerrituale und politische Kultur nach der Shoah in der Bundesrepublik. In: Loewy 1992, a.a.O., S. 191-212.

Brumlik, M. (1995a): Gerechtigkeit zwischen den Generationen. Berlin.

Brumlik, M. (1995b): Gedenken in Deutschland. In: Platt/Dabag 1995, a a.O., S. 115-130.

Brumlik, M. (2000): Erziehung nach „Auschwitz" und Pädagogik der Menschenrechte. Eine Problemanzeige. In: Fechler/Kößler/Lieberz-Groß 2000, a.a.O., S. 47-58.

Brumlik, M. (2001): Der innere Feind. Ist die Kultur der Erinnerung eine traumatische Kultur? In: Frankfurter Rundschau v. 10.4. 2001, S. 17.

Brumlik, M. (2002): Auf Kosten unbeteiligter Dritter. Warten auf ein ausstehendes Wort – denn die Äußerung Roland Kochs ist Hohn in den Ohren der Juden. In: Frankfurter Rundschau vom 16.12.2002, S. 13.

Brunner, O. (1968): Abendländisches Geschichtsdenken. In: ders. Neue Wege der Verfassungs- und Sozialgeschichte. 2. Auflage. Göttingen, S. 26-63.

Brusten, M./Beiner, F./Winkelmann, B. (1991): The relevance of the Holocaust for current Perspektives of German Youth. In: Brendler, K./Rexilius, G. (Hg.): Drei Generationen im Schatten der NS-Vergangenheit. Wuppertaler sozialwissenschaftliche Studien Bd. 4. Wuppertal.

Brusten, M./Winkelmann, B. (1994): Wie denken deutsche Studenten in „West" und „Ost" nach der Wiedervereinigung über den Holocaust?. Erste empirische Ergebnisse zu den Auswirkungen unterschiedlicher „politischer Sozialisation" und „parteipolitischer Grundorientierung". In: Tel Aviver Jahrbuch für deutsche Geschichte, Bd. 23, Nationalsozialismus aus heutiger Perspektive, hg. v. D. Diner und F. Stern, S. 461-486.

Bude, H. (1987): Deutsche Karrieren. Lebenskonstruktionen sozialer Aufsteiger aus der Flakhelfer-Generation. Frankfurt a.M.

Bude, H. (1992): Bilanz der Nachfolge. Die Bundesrepublik und der Nationalsozialismus. Frankfurt a.M.

Bude, H. (1995): Das Altern einer Generation. Die Jahrgänge 1938-1948. Frankfurt a.M.

Bude, H. (1998): Die Erinnerung der Generationen. In: König/Kohlsruck/Wöll 1998, a.a.O., S. 75-85.

Bude, H. (2000): Die biographische Relevanz der Generation. In: Kohli/Szydlik 2000, a.a.O., S. 19-35.

Bude, H. (2001): Generation Berlin. Berlin.

Bungenstab, K.-E. (1970): Umerziehung zur Demokratie? Re-Education-Politik im Bildungswesen der US-Zone 1945-1949. Düsseldorf.
Cullen, M.S. (Hg.) (1999): Das Holocaust-Mahnmal. Dokumentation einer Debatte. Zürich.
Danyel, J. (Hg.) (1995): Die geteilte Vergangenheit. Zum Umgang mit Nationalsozialismus und Widerstand in beiden deutschen Staaten. Berlin.
Deckert-Peaceman, H. (2002): Holocaust als Thema für Grundschulkinder? Ethnographische Feldforschung zur Holocaust Education am Beispiel einer Fallstudie aus dem amerikanischen Grundschulunterricht und ihre Relevanz für die Grundschulpädagogik in Deutschland. Frankfurt a.M. u.a.
Deckert-Peaceman, H./George, U./Mumme, P. (2003): Konfrontationen. Bausteine für die pädagogische Annäherung an Geschichte und Wirkung des Holocaust. Heft 3: Ausschluß. Herausgegeben vom Fritz-Bauer-Institut, Frankfurt a.M.
Demiroviç, A. (1999): Der nonkonformistische Intellektuelle. Die Entwicklung der Kritischen Theorie zur Frankfurter Schule. Frankfurt a.M.
Demmerling. C. (1994): Sprache und Verdinglichung. Wittgenstein, Adorno und das Projekt einer kritischen Theorie. Frankfurt a.M.
Der Spiegel (1977): „Hitler kam von ganz alleine an die Macht". Jg. 31, Nr. 34, S. 38-60.
Deutscher Bundestag – 165. Sitzung. Bonn, Donnerstag, den 27. September 1951, S. 6697-6698.
Dewey, J. (1916): Demokratie und Erziehung. Eine Einleitung in die philosophische Pädagogik. Hg. und mit einem Nachwort v. Jürgen Oelkers. Weinheim/Basel 2000.
Dewey, J. (1942): Deutsche Philosophie und deutsche Politik. Hg. und mit einer Einführung versehen v. Axel Honneth. Berlin/Wien 2000.
Diner, D. (1987): Zwischen Aporie und Apologie. Über Grenzen der Historisierbarkeit des Nationalsozialismus. In: ders: (Hg.): Ist der Nationalsozialismus Geschichte? Zu Historisierung und Historikerstreit. Frankfurt a.M.
Diner, D. (1999): Über Schulddiskurse und andere Narrative. Epistemologisches zum Holocaust. In: Koch, G. (Hg): Bruchlinien. Tendenzen der Holocaustforschung. Köln u.a., S. 61-84.
Diner, D. (Hg.) (1988): Zivilisationsbruch. Denken nach Auschwitz. Frankfurt a.M.
Dubiel, H. (1994): Der Streit um die Erbschaft der kritischen Theorie. In: ders.: Ungewißheit und Risiko. Frankfurt a.M., S. 230-247.
Dubiel, H. (1999): Niemand ist frei von der Geschichte. Die nationalsozialistische Herrschaft in den Debatten des Deutschen Bundestages. München/Wien.
Dudek, P. (1995): „Der Rückblick auf die Vergangenheit wird sich nicht vermeiden lassen". Zur pädagogischen Verarbeitung des Nationalsozialismus in Deutschland (1945-1990). Opladen.
Durkheim, E. (1893): Über soziale Arbeitsteilung. Studie über die Organisation höherer Gesellschaften. Frankfurt a.M. 1996.
Ecarius, J. (Hg.) (1998): Was will die jüngere mit der älteren Generation? Generationenbeziehungen in der Erziehungswissenschaft. Opladen.
Eckstaedt, A. (1989): Nationalsozialismus in der ‚Zweiten Generation'. Psychoanalyse von Hörigkeitsverhältnissen. Frankfurt a.M.

Ehmann, A. (2000): Auseinandersetzung mit Nationalsozialismus und Holocaust in der historisch-politischen Bildung. Wo stehen wir – was bleibt – was ändert sich? In: Fechler/Kößler/Lieberz-Groß 2000, a.a.O., S. 175-192.

Ehmann, A./Kaiser, W./Lutz, T./Rathenow, H.-F./Stein, C. v (Hg.) (1995): Praxis der Gedenkstättenpädagogik. Opladen.

Eickelpasch, R./Nassehi, A. (Hg.) (1996): Utopie und Moderne. Frankfurt a.M.

Faimberg, H. (1987): Die Ineinanderrückung (Telescoping) der Generationen. Zur Genealogie gewisser Identifizierungen In: Jahrbuch für Psychoanalyse 20 (1987), S. 114-142.

Fechler, B./Kößler, G./Lieberz-Groß, T. (Hg.) (2000): „Erziehung nach Auschwitz" in der multikulturellen Gesellschaft. Pädagogische und soziologische Annäherungen. Weinheim/München.

Fend, H. (1980): Theorie der Schule. München u.a.

Fend, H. (1988): Sozialgeschichte des Aufwachsens. Bedingungen des Aufwachsens und Jugendgestalten im 20. Jahrhundert. Frankfurt a.M.

Fischer, C./Anton, H. (1992): Auswirkungen der Besuche von Gedenkstätten auf Schülerinnen und Schüler. Breitenau – Hadamar – Buchenwald. Berichte über 40 Explorationen in Hessen und Thüringen. Niedernhausen.

Fogt, H. (1982): Politische Generationen. Empirische Bedeutung und theoretisches Modell. Opladen.

Förster, J. (1998): Kunst als Statthalter der Utopie. Zum Verhältnis von Versöhnung und Unversöhnlichkeit. In: Auer/Bonacker/Müller-Doohm 1998, a.a.O., S. 81-94.

Frei, N. (1996): Vergangenheitspolitik. Die Anfänge der Bundesrepublik und die NS-Vergangenheit. München.

Frei, N. (1997): Von deutscher Erfindungskraft oder: Die Kollektivschuldthese in der Nachkriegszeit. In: Rechtshistorisches Journal. Jg. 16 (1997), S. 621-634.

Fritz-Bauer-Institut (Hg.) (1996): Auschwitz: Geschichte, Rezeption, Wirkung. Frankfurt a.M./New York.

Fuchs, E./Pingel, F./Radkau, V. (Hg.) (2002): Holocaust und Nationalsozialismus. Wien.

Fuchs, H.-W./Pöschl, K.-P. (1986): Reform oder Restauration? Eine vergleichende Analyse der schulpolitischen Konzepte und Maßnahmen der Besatzungsmächte 1945-1949. München.

Fuchs, P. (1991): Vaterland, Patriotismus und Moral. Zur Semantik gesellschaftlicher Einheit. In: Zeitschrift für Soziologie 20 (1991) 2, S. 89-103.

Fuchs, P. (1992): Die Erreichbarkeit der Gesellschaft. Zur Konstruktion und Imagination gesellschaftlicher Einheit. Frankfurt a.M.

Fuchs, P. (1994): Der Mensch – das Medium der Gesellschaft?. In: ders./Göbel 1994, a.a.O., S. S. 15-39.

Fuchs, P./Göbel, A. (Hg.) (1994): Der Mensch – das Medium der Gesellschaft? Frankfurt a.M.

Führ, C./Furck, C.-L. (Hg.) (1998): Handbuch der deutschen Bildungsgeschichte. Bd. VI. 1945 bis zur Gegenwart. Erster Teilband, Bundesrepublik Deutschland. München.

Füssl, K.-H. (1994): Die Umerziehung der Deutschen. Jugend und Schule unter den Siegermächten des Zweiten Weltkrieges 1945-1955. Paderborn u.a.

Gareis, S./Vultejus, M. v. (1987): Lernort Dachau? Eine empirische Einstellungsuntersuchung bei Besuchern der KZ-Gedenkstätte Dachau. Berlin.

Gerhardt, U. (1999): Re-Education als Demokratisierung der Gesellschaft Deutschlands durch das amerikanische Besatzungsregime. In: Leviathan 27 (1999) 3, S. 355-385.

Genger, A. (1995): Lernen, Erinnern, Gedenken. Erfahrungen aus der Gedenkstättenarbeit. In: Ehmann u.a. 1995, a.a.O., S. 48-54.

Georgi, V. (2000): Wem gehört deutsche Geschichte? Bikulturelle Jugendliche und die Geschichte des Nationalsozialismus. In: Fechler/Kößler/Lieberz-Groß 2000, a.a.O., S. 141-162.

Georgi, V. (2003): Entliehene Erinnerung. Geschichtsbilder junger Migranten in Deutschland. Hamburg.

Giere, J./Kößler, G. (2001): Konfrontationen. Bausteine für die pädagogische Annäherung an Geschichte und Wirkung des Holocaust. Heft 2: Gruppe. Herausgegeben vom Fritz-Bauer-Institut, Frankfurt a.M.

Gill, U./Steffani, W. (Hg.) (1986): Eine Rede und ihre Wirkung. Die Rede des Bundespräsidenten Richard von Weizsäcker vom 8. Mai 1985 anläßlich des 40. Jahrestages der Beendigung des Zweiten Weltkrieges. Betroffene nehmen Stellung. Berlin.

Giordano, R. (1987): Die zweite Schuld oder Von der Last Deutscher zu sein. Hamburg.

Gosewinkel, D. (1998): Untertanschaft, Staatsbürgerschaft, Nationalität. Konzepte der Zugehörigkeit im Zeitalter des Nationalstaats: Anmerkungen zur Begriffsgeschichte in Deutschland, Frankreich, England und den USA. In: Berliner Journal für Soziologie 8 (1998) 4, S. 507-522.

Götz, A./Helbing, S./Moosbauer, C./Simmert, C. (2000): Die „Dritte Generation" und die deutsche Erinnerungsarbeit. In: Frankfurter Rundschau vom 4. 7. 2000, S. 7.

Grillmeyer, S./Ackermann, Z. (Hg.) (2002): Erinnern für die Zukunft. Die nationalsozialistische Vergangenheit als Lernfeld der politischen Jugendbildung. Schwalbach/Ts.

Gross, R./Konitzer, W. (1999): Geschichte und Ethik. Zum Fortwirken der nationalistischen Moral. In: Mittelweg 36, 8 (1999) 4, S. 44-75.

Gruppenexperiment (1955): Ein Studienbericht. Bearbeitet von Friedrich Pollock. Mit einem Geleitwort von Franz Böhm. Frankfurt a.M. 1963.

Gruschka, A. (1988): Negative Pädagogik. Einführung in die Pädagogik mit kritischer Theorie. Wezlar.

Günter, M. (2002) (Hg.): Überleben Schreiben. Zur Autobiographik der Shoah. Unter Mitarbeit v. H. Kluge. Würzburg.

Habermas, J. (1981a): Theorie des kommunikativen Handelns. Bd. 1, Handlungsrationalität und gesellschaftliche Rationalisierung. Frankfurt a.M. 1995.

Habermas, J. (1981b): Theorie des kommunikativen Handelns. Bd. 2, Zur Kritik der funktionalistischen Vernunft. Frankfurt a.M. 1995.

Habermas, J. (1984): Vorstudien und Ergänzungen zur Theorie des kommunikativen Handelns. Frankfurt a.M. 1995.

Habermas, J. (1985a): Der philosophische Diskurs der Moderne. Zwölf Vorlesungen. Frankfurt a.M. 1988.

Habermas, J. (1985b): Die Krise des Wohlfahrtsstaates und die Erschöpfung utopischer Energien. In: ders: Die Neue Unübersichtlichkeit. Kleine politische Schriften V. Frankfurt a.M., S. 141-163.
Habermas, J. (1986a): Eine Art Schadensabwicklung. Die apologetischen Tendenzen in der deutschen Zeitgeschichtsschreibung. In: Die Zeit vom 11. Juli 1986, zugleich in und zitiert nach: Historikerstreit 1987, a.a.O., S. 62-76.
Habermas, J. (1986b): Vom öffentlichen Gebrauch der Historie. Das offizielle Selbstverständnis der Bundesrepublik bricht auf. In: Die Zeit vom 7. November 1986, zugleich in und zitiert nach: Historikerstreit 1987, a.a.O., S. 243-255.
Habermas, J. (1987): Geschichtsbewußtsein und posttraditionale Identität. Die Westorientierung der Bundesrepublik. In: ders. 1990, a.a.O., S. 159-179.
Habermas, J. (1989): Volkssouveränität als Verfahren. Ein normativer Begriff der Öffentlichkeit. In: ders. 1990, a.a.O., S. 180-212.
Habermas, J. (1990): Die Moderne – ein unvollendetes Projekt. Philosophischpolitische Aufsätze 1977-1990. Leipzig.
Habermas, J. (1994): Aus der Geschichte lernen? In: Sinn und Form. Beiträge zur Literatur 46 (1994) 2, S. 184-189.
Haffner, S. (1973): Die Deutschen und Hitler (Nachwort). In: Kempowski, W. (Hg.) (1973): Haben Sie Hitler gesehen? Deutsche Antworten. München, S. 99-118.
Hahn, A. (1996): Dialektik der Aufklärung Revisited. In: Miller, A./Soeffner, H.-G. (Hg): Modernität und Barbarei. Soziologische Zeitdiagnose am Ende des 20. Jahrhunderts. Frankfurt a.M., S. 156-174.
Halbritter, M. (1979): Schulreformpolitik in der britischen Zone von 1945 bis 1949. Weinheim/Basel.
Halbwachs, M. (1925): Das Gedächtnis und seine sozialen Bedingungen. Frankfurt a.M. 1985.
Harnischfeger, A. (1972): Die Veränderung politischer Einstellungen durch Unterricht. Ein Experiment zur Beeinflussung der Nationenbezogenheit. Studien und Berichte 26, Max-Planck-Institut für Bildungsforschung. Berlin.
Hauer, N. (1994): Die Mitläufer – Oder die Unfähigkeit zu fragen. Auswirkungen des Nationalsozialismus auf die Demokratie von heute. Opladen.
Haug, V. (2001): Wie aus dem Denkmal ein Lernort wird. Pädagogische Aspekte der Debatte über das „Denkmal für die ermordeten Juden Europas" (1989-1999). (Unveröffentlichte Diplomarbeit des Fachbereichs Erziehungswissenschaften der Johann Wolfgang Goethe Universität Frankfurt).
Heimrod, U./Schlusche, G./Seferens, H. (Hg.) (1999): Die Debatte um das ‚Denkmal für die ermordeten Juden Europas'. Der Denkmalstreit – das Denkmal? Eine Dokumentation. Berlin.
Heinemann, M. (Hg.) (1981): Umerziehung und Wiederaufbau. Die Bildungspolitik der Besatzungsmächte in Deutschland und Österreich. Stuttgart.
Heinemann, M. (Hg.) (1999): Zwischen Restauration und Innovation. Bildungsreform in Ost und West nach 1945. Köln u.a.
Heinsohn, G. (1995): Warum Auschwitz? Hitlers Plan und die Ratlosigkeit der Nachwelt. Reinbek b. Hamburg.
Heitmeyer, W. (1994): Das Desintegrations-Theorem. Ein Erklärungsansatz zu fremdenfeindlich motivierter, rechtsextremistischer Gewalt und zur Lähmung gesell-

schaftlicher Institutionen. In: ders. (Hg.): Das Gewalt-Dilemma. Gesellschaftliche Reaktionen auf fremdenfeindliche Gewalt und Rechtsextremismus. Frankfurt a.M., S. 29-72.
Heitmeyer, W. (2002): Deutsche Zustände. Ein jährlicher Report – Folge 1. Frankfurt a.M.
Heitmeyer, W./Müller, J./Schröder, H. (1997): Verlockender Fundamentalismus. Türkische Jugendliche in Deutschland. Frankfurt a.M.
Helsper, W. (1996): Pädagogisches Handeln in den Antinomien der Moderne. In: Krüger/Helsper 1996, a.a.O., S. 16-34.
Herf, J. (1998): Zweierlei Erinnerung. Die NS-Vergangenheit im geteilten Deutschland. Berlin.
Herrmann, U. (1983): Erziehung und Bildung in der Tradition Geisteswissenschaftlicher Pädagogik. In: Lenzen/Mollenhauer 1983, a.a.O., S. 25-41.
Herrmann, U. (1986): Die Pädagogisierung des Kinder- und Jugendlebens in Deutschland seit dem ausgehenden 18. Jahrhundert. In: Martin, J./Nitschke, A. (Hg.): Zur Sozialgeschichte der Kindheit. Freiburg/München, S. 661-683.
Herrmann, U. (1992): Perfektibilität und Bildung: Funktion und Leistung von Kontingenzformeln der Anthropologie, Kulturkritik und Fortschrittsorientierung in den reflexiven Selbstbegründungen der Pädagogik des 18. Jahrhunderts. In: Hoffmann, D./Langewand, A./Niemeyer, C. (Hg.): Begründungsformen der Pädagogik in der ‚Moderne'. Weinheim, S. 79-100.
Herzog, R. (1999): Rede im Deutschen Bundestag am 27. Januar 1999 zum Tag des Gedenkens an die Opfer des Nationalsozialismus. In: Stenographischer Bericht des Deutschen Bundestages 1999, S. 1195-1198.
Herzog, W. (2002): Zeitgemäße Erziehung. Die Konstruktion pädagogischer Wirklichkeit. Weilerswist.
Hettling, M. (2000): Die Historisierung der Erinnerung – Westdeutsche Rezeptionen der nationalsozialistischen Vergangenheit. In: Zuckermann 2000, a.a.O., S. 357-378.
Heyl, M. (1997): Erziehung nach Auschwitz. Eine Bestandsaufnahme. Deutschland, Niederlande, Israel, USA. Hamburg.
Heyting, Frieda (1999): Erziehung zum Zusammenleben. In: Neue Sammlung 39 (1999) 1, S. 3-18.
Hilberg, R. (1992): Täter, Opfer, Zuschauer. Die Vernichtung der Juden 1933-1945. Frankfurt a.M.
Hilbig, N. (1995): Mit Adorno Schule machen. Beiträge zu einer Pädagogik mit Kritischer Theorie. Bad Heilbrunn.
Himmelstein, K./Keim, W. (Hg.) (1996): Die Schärfung des Blicks. Pädagogik nach dem Holocaust. Frankfurt a.M./New York.
Historikerstreit (1987). Die Dokumentation der Kontroverse um die Einzigartigkeit der nationalsozialistischen Judenvernichtung. München/Zürich 1995.
Hitzler, R./Honer, A. (1997): Sozialwissenschaftliche Hermeneutik. Eine Einführung. Opladen.
Hoffmann, D. (Hg.) (1996): Bilanz der Paradigmendiskussion in der Erziehungswissenschaft. Leistungen, Defizite, Grenzen. 2. Auflage. Weinheim.
Hoffmann, E. (1955): Pädagogischer Humanismus. Stuttgart/Zürich.

Hollstein, O. /Meseth, W./Müller-Mahnkopp, C./Proske, M./Radtke, F.-O. (2002): Nationalsozialismus im Geschichtsunterricht. Beobachtungen unterrichtlicher Kommunikation. Bericht zu einer Pilotstudie. Reihe: Frankfurter Beiträge zur Erziehungswissenschaft. Forschungsberichte 3. Frankfurt a.M.

Honneth, A. (1994): Desintegration. Bruchstücke einer soziologischen Zeitdiagnose. Frankfurt a.M.

Horkheimer, M. (1936): Autorität und Familie. In: ders.: Gesammelte Schriften Bd. 3. Hg. v. Alfred Schmidt. Frankfurt a.M. 1988, S. 336-420.

Horkheimer, M. (1937): Traditionelle und kritische Theorie. In: ders.: Gesammelte Schriften Bd. 4. Hg. v. Alfred Schmidt. Frankfurt a.M. 1988, S. 162-216.

Horkheimer, M. (1950): Vorwort zu The Authoritarian Personality. In: ders.: Gesammelte Schriften Bd. 5. Hg. v. Gunzelin Schmidt Noerr. Frankfurt a.M. 1987, S. 415-420.

Horn, K. (1969): Politische und methodologische Aspekte gruppendynamischer Verfahren. In: Das Argument, Heft 50/3, S. 261-283.

Huelsz, I. (1970): Schulpolitik in Bayern. Zwischen Demokratisierung und Restauration in den Jahren 1945-1950. Hamburg.

Illies, F. (2000): Generation Golf. Eine Inspektion. Berlin.

Inowlocki, L. (2000): Sich in die Geschichte hineinreden. Biographische Fallanalysen rechtsextremer Gruppenzugehörigkeit. Frankfurt a.M.

Institut für Film und Bild in Wissenschaft und Unterricht (Hg.) (1976): AV Beiheft/Diareihe. KZ Dachau, Grünwald.

Jaeger, H. (1977): Generationen in der Geschichte. Überlegungen zu einer umstrittenen Konzeption. In: Geschichte und Gesellschaft 3 (1977), S. 429-452.

Jahrbuch für Pädagogik (1995): Auschwitz und die Pädagogik. (Red. Kurt Beutler und Ulrich Wiegmann). Frankfurt a.M. u.a.

Jaide, W. (1988): Generationen eines Jahrhunderts. Wechsel der Jugendgenerationen im Jahrhunderttrend. Zur Sozialgeschichte der Jugend in Deutschland 1871-1985. Opladen.

Jaspers, K. (1946): Die Schuldfrage. Heidelberg.

Jeismann, K.-E. (1980): „Geschichtsbewußtsein". Überlegungen zur zentralen Kategorie eines neuen Ansatzes der Geschichtsdidaktik. In: ders.: (1985): Geschichte als Horizont der Gegenwart. Über den Zusammenhang von Vergangenheitsdeutung, Gegenwartsverständnis und Zukunftsperspektive, hg. von W. Jacobmeyer und E. Kosthorst. Paderborn, S. 43-71.

Jeismann, K.-E. (1997): Geschichtsbewußtsein – Theorie. In: Bergmann u.a. 1997, a.a.O., S. 42-44.

Jeismann, K.-E./Kosthorst, E. /Schäfer, B./Schlöder, B./Teppe, K./Wasna, M (Hg.) (1987): Die Teilung Deutschlands als Problem des Geschichtsbewußtseins. Eine empirische Untersuchungen über Wirkungen von Geschichtsunterricht auf historische Vorstellungen und politische Urteile. Paderborn u.a.

Kade, J. (1997): Vermittelbar/nicht-vermittelbar: Vermitteln: Aneignen. Im Prozeß der Systembildung des Pädagogischen. In: Lenzen, D./Luhmann, N. (Hg.) (1997): Bildung und Weiterbildung im Erziehungssystem. Lebenslauf und Humanontogenese als Medium und Form. Frankfurt a.M., S. 30-70.

Kade, J. (1999): System, Protest und Reflexion. Gesellschaftliche Referenzen und theoretischer Status der Erziehungswissenschaft/Erwachsenenbildung. In: Zeitschrift für Erziehungswissenschaft 2 (1999) 4, S. 527-544.

Kade, J. (2003a): Erziehung als pädagogische Kommunikation. In: Lenzen, D. (Hg.) (2003): Irritationen des Erziehungssystems. Pädagogische Resonanzen auf Niklas Luhmann. Frankfurt a.M.

Kade, J. (2003b): Wissen – Umgang mit Wissen – Nichtwissen. Über die Zukunft pädagogischer Kommunikation. In: Gogolin, I./Tippelt, R. (Hg.): Innovation durch Bildung. Beiträge zum 18. Kongress der Deutschen Gesellschaft für Erziehungswissenschaft Opladen, S. 89-108.

Kadelbach, G. (1990): Persönliche Begegnungen mit Theodor W. Adorno im Frankfurter Funkhaus. In: Zubke, F. (Hg.): Politische Pädagogik. Beiträge zur Humanisierung der Gesellschaft. Weinheim, S. 49-56.

Kammerer, B./Prölß-Kammerer (Hg.) (2002): recht extrem.de. Auseinandersetzung mit Nationalsozialismus und Rechtsextremismus – Konzepte und Projekte der politischen und historischen Bildung. Nürnberg.

Kant, I. (1803): Über Pädagogik, hg. von D.F.T. Rink. In: Kant, I.: Werke in sechs Bänden, Bd. VI, hg. von W. Weischedel. Darmstadt 1966, S. 695-761.

Keckeisen, W. (1983): Kritische Erziehungswissenschaft. In: Lenzen/Mollenhauer 1983, a.a.O., S. 117-138.

Keilbach, J. (1999): Fernseh-Geschichte. Holocaust und Nationalsozialismus im amerikanischen und im bundesdeutschen Fernsehen In: Domansky, E./Welzer, H. (Hg.): Eine offene Geschichte. Zur kommunikativen Tradierung der nationalsozialistischen Vergangenheit. Tübingen, S. 118-144.

Keim, W. (1996): Deutsche Pädagogik und NS-Vergangenheit – Relativierung und Befangenheit. In: Himmelstein/Keim 1996, a.a.O., S. 45-61.

Kelle, H. (1992): Erziehungswissenschaft und Kritische Theorie. Zur Entwicklungs- und Rezeptionsgeschichte. Pfaffenweiler.

Kellermann, H. (1981): Von Re-Education zu Re-orientation. Das amerikanische Reorientierungsprogramm im Nachkriegsdeutschland. In: Heinemann 1981, a.a.O., S. 86-102.

Kiesel, D./Kößler, G./Nickolai, W./Wittmeier, M. (Hg.) (1997): Pädagogik der Erinnerung. Didaktische Aspekte der Gedenkstättenarbeit. Frankfurt a.M.

Kieserling, A. (1999): Zwischen Soziologie und Philosophie: Jürgen Habermas zum Siebzigsten. In: Soziale Systeme 5 (1999) 2, S. 239-250.

Kirsch, J.-H. (2001): Trauer und historische Erinnerung in der Berliner Republik. Überlegungen aus Anlaß der Mahnmaldebatte. In: Liebsch/Rüsen 2001, a.a.O., S. 339-374.

Klingenstein, G. (1988): Über Herkunft und Verwendung des Wortes „Vergangenheitsbewältigung". In: Geschichte und Gegenwart 7 (1988) 4, S. 301-312.

Klose, D. (1991): Zur Diagnostik von Bedingungen historischen Lernens in verschiedenen Entwicklungsstufen und einige curriculare Schlußfolgerungen. In: Süssmuth, H. (Hg.): Geschichtsunterricht im vereinten Deutschland, Bd. 1, Baden-Baden, S. 169-210.

Klose, D. (1994): Die Entwicklung von Sinnbildungsniveaus historischen Lernens bei elf- bis zwölfjährigen Kindern. In: Borries, B. v./Pandel, H.-J. (Hg.): Zur Genese historischer Denkformen. Qualitativ und quantitativ-empirische Zugänge. Pfaffenweiler, S. 47-98.

Klose, D. (1997): Geschichtsbewußtsein – Ontogenese. In: Bergmann u.a. 1997, a.a.O., S. 51-56.

Kneer, G. (2003): Reflexive Beobachtung zweiter Ordnung. Zur Modernisierung gesellschaftlicher Selbstbeschreibungen. In: Giegel, H.-J./Schimank, U. (Hg.) (2003): Beobachter der Moderne. Beiträge zu Niklas Luhmanns ‚Die Gesellschaft der Gesellschaft'. Frankfurt a.M., S. 301-332.

Kneer, G./Nassehi, A. (1997): Niklas Luhmanns Theorie sozialer Systeme. Eine Einführung. 3. unveränderte Auflage. München.

Knigge, V. (1988): „Triviales" Geschichtsbewußtsein und verstehender Geschichtsunterricht. Mit einem Geleitwort von Host Rumpf. Pfaffenweiler.

Kohli, M./Szydlik, M. (Hg.) (2000): Generationen in Familie und Gesellschaft. Opladen.

Kohlmann, U. (1996): Selbstreflexion der Ethik. Historisch-systematische Bezugspunkte der Moralphilosophie Adornos. In: Zeitschrift für kritische Theorie 2 (1996) 2, S. 87-108.

Kohlstruck, M. (1997): Zwischen Erinnerung und Geschichte. Der Nationalsozialismus und die jungen Deutschen. Veröffentlicht vom Zentrum für Antisemitismusforschung der Technischen Universität Berlin, Reihe: Dokumente, Texte, Materialien. Bd. 22. Berlin.

Kohlstruck, M. (1998): Zwischen Geschichte und Mythologisierung. Zum Strukturwandel der Vergangenheitsbewältigung. In: König/Kohlstruck/Wöll 1998, a.a.O., S. 86-108.

König, H. (1998): Von der Diktatur zur Demokratie oder Was ist Vergangenheitsbewältigung. In: König/Kohlstruck/Wöll 1998, a.a.O., S. 371-392.

König, H./Kohlstruck, M./Wöll, A. (Hg.) (1998): Vergangenheitsbewältigung am Ende des zwanzigsten Jahrhunderts. Leviathan Zeitschrift für Sozialwissenschaft Sonderheft 18/1998. Opladen/Wiesbaden.

König, H.-D. (2001): Das Zerreden von Auschwitz in der Schule. Tiefenhermeneutische Rekonstruktion einer Schulstunde und eines narrativen Interviews mit einer 68er Lehrerin. In: Zeitschrift für qualitative Bildungs-, Beratungs- und Sozialforschung 2001, Heft 2, S. 289-317.

Köppen, M./Scherpe, K. R. (Hg.) (1997): Bilder des Holocaust. Literatur – Film – Bildende Kunst. Köln u.a.

Körber, A. (Hg.) (2001): Interkulturelles Geschichtslernen. Geschichtsunterricht unter den Bedingungen von Einwanderung und Globalisierung. Konzeptionelle Überlegungen und praktische Ansätze. Münster u.a.

Koselleck, R. (1975): „Geschichte, Historie". In: Brunner, O./Conze, W./Koselleck, R. (Hg.): Geschichtliche Grundbegriffe. Historisches Lexikon zur politisch-sozialen Sprache in Deutschland, Bd. 2. Stuttgart, S. 593-717.

Koselleck, R. (1979): Vergangene Zukunft. Zur Semantik geschichtlicher Zeiten. Frankfurt a.M. 1995.

Kößler, G. (2000): Didaktische und methodische Grundlagen. In: Kößler/Mumme 2000, a.a.O., S. 5-15.

Kößler, G./Mumme, P. (2000): Konfrontationen. Bausteine für die pädagogische Annäherung an Geschichte und Wirkung des Holocaust. Heft 1: Identität. Herausgegeben vom Fritz-Bauer-Institut, Frankfurt a.M.
Kramer, R.-T./Helsper, W./Busse, S. (Hg.) (2001): Pädagogische Generationsbeziehungen. Jugendliche im Spannungsfeld von Schule und Familie. Opladen.
Kramer, S. (1999): Auschwitz im Widerstreit. Zur Darstellung der Shoah in Film, Philosophie und Literatur. Wiesbaden.
Krankenhagen, S. (2001): Auschwitz darstellen. Ästhetische Positionen zwischen Adorno, Spielberg und Walser. Köln u.a.
Krüger, H.-H./Helsper, W. (Hg.) (1996): Einführung in Grundbegriffe und Grundfragen der Erziehungswissenschaft. 2. durchgesehene Auflage. Opladen.
Kuhn, A. (1982): Geschichtsdidaktik seit 1968. Zur Entstehungsgeschichte einer schwierigen wissenschaftlichen Disziplin. In: Bergmann/Schneider 1982, a.a.O., S. 415-443.
Kullmann, K. (2002): Generation Ally. Warum es heute so kompliziert ist, eine Frau zu sein. Frankfurt a.M.
Kuss, H. (1995): Geschichtsdidaktik und Geschichtsunterricht in der Bundesrepublik (1945/49-1990). Eine Bilanz, Teil II. In: Geschichte in Wissenschaft und Unterricht 46 (1995) 1, S. 3-15.
Küttler, W./Rüsen, J./Schulin, E. (Hg.) (1994): Geschichtsdiskurs, Bd. 2. Anfänge modernen historischen Denkens. Frankfurt a.M.
Küttler, W./Rüsen, J./Schulin, E. (Hg.) (1997): Geschichtsdiskurs, Bd. 3. Die Epoche der Historisierung. Frankfurt a.M.
Leggewie, C. (1995): Die 89er. Portrait einer Generation. Hamburg.
Leibniz, G. W. (1720): Monadologie. Stuttgart 1990.
Lenzen, D. (1997a): Erziehungswissenschaft – Pädagogik. Geschichte – Konzepte – Fachrichtungen. In: ders. 1997b, a.a.O., S. 11-41.
Lenzen, D. (1997b): Erziehungswissenschaft. Ein Grundkurs. 3. Auflage. Reinbek b. Hamburg.
Lenzen, D./Mollenhauer, K. (Hg.) (1983): Enzyklopädie Erziehungswissenschaft. Bd. 1. Stuttgart.
Lepsius, M. R. (1989): Das Erbe des Nationalismus und die politische Kultur der Nachfolgestaaten des „Großdeutschen Reiches" In: Haller, M./Hoffmann-Nowotny, H.-J./Zapf, W. (Hg.): Kultur und Gesellschaft. Verhandlungen des 24. Deutschen Soziologentags, des 11. Österreichischen Soziologentags und des 8. Kongresses der Schweizerischen Gesellschaft für Soziologie in Zürich 1988. Frankfurt a.M./New York, S. 247-264.
Lessing, T. (1916): Geschichte als Sinngebung des Sinnlosen. Hamburg 1962.
Levy, D./Sznaider, N. (2001): Erinnerung im globalen Zeitalter: Der Holocaust. Frankfurt a M.
Lewin, K. (1943): Der Sonderfall Deutschland. In: ders.: Die Lösung sozialer Konflikte. Bad Nauheim 1953, S. 74-91.
Liebau, E. (1997b): Generation – ein aktuelles Problem? In: ders. 1997a, S. 15-39.
Liebau, E. (Hg.) (1997a): Das Generationenverhältnis. Über das Zusammenleben in Familie und Gesellschaft. Weinheim/München.

Liebsch, B./Rüsen, J. (Hg.) (2001): Trauer und Geschichte. Beiträge zur Geschichtskultur Bd. 22. Köln u.a.
Loewy, H. (Hg.) (1992): Holocaust: Die Grenzen des Verstehens. Eine Debatte über die Besetzung der Geschichte. Reinbek b. Hamburg.
Lübbe, H. (1983): Der Nationalsozialismus im deutschen Nachkriegsbewußtsein. In: Historische Zeitschrift. Bd. 236, S. 579-599.
Lüders, C./Kade, J./Hornstein, W. (1996): Entgrenzung des Pädagogischen. In: Krüger/Helsper 1996, a.a.O., S. 207-215.
Luhmann, N. (1980): Gesellschaftsstruktur und Semantik. Studien zur Wissenssoziologie der modernen Gesellschaft, Bd. 1. Frankfurt a.M. 1998.
Luhmann, N. (1981): Grundwerte als Zivilreligion. Zur wissenschaftlichen Karriere eines Themas. In: ders.: Soziologische Aufklärung, Bd. 3. Soziales System, Gesellschaft, Organisation Opladen, S. 293-308.
Luhmann, N. (1984): Soziale Systeme. Grundriß einer allgemeinen Theorie. Frankfurt a.M. 1993.
Luhmann, N. (1987a): Die Unterscheidung von Staat und Gesellschaft. In: ders.: Soziologische Aufklärung, Bd. 4. Beiträge zur funktionalen Differenzierung der Gesellschaft. Opladen, S. 67-73.
Luhmann, N. (1987b): Codierung und Programmierung. Bildung und Selektion im Erziehungssystem. In: ders.: Soziologische Aufklärung, Bd. 4. Beiträge zur funktionalen Differenzierung der Gesellschaft. Opladen, S. 182-201.
Luhmann, N. (1989): Ethik als Reflexionstheorie der Moral. In: ders.: Gesellschaftsstruktur und Semantik. Studien zur Wissenssoziologie der modernen Gesellschaft, Bd. 3. Frankfurt a.M. 1993, S. 358-447.
Luhmann, N. (1990a): Die Wissenschaft der Gesellschaft. Frankfurt a.M. 1998.
Luhmann, N. (1990b): Paradigmen lost: Über die ethische Reflexion der Moral. Rede von Niklas Luhmann anläßlich der Verleihung des Hegel-Preises 1989. Frankfurt a.M.
Luhmann, N. (1992): Beobachtungen der Moderne. Opladen.
Luhmann, N. (1996): Takt und Zensur im Erziehungssystem. In: Luhmann/Schorr 1996, a.a.O., S. 279-294.
Luhmann, N. (1997): Die Gesellschaft der Gesellschaft. Frankfurt a.M. 1998.
Luhmann, N. (2002): Das Erziehungssystem der Gesellschaft. Frankfurt a.M.
Luhmann, N./Schorr, K.-E. (1979a): Reflexionsprobleme im Erziehungssystem. Frankfurt a.M. 1988.
Luhmann, N./Schorr, K.-E. (1979b): Das Technologiedefizit der Erziehung und die Pädagogik. In: Zeitschrift für Pädagogik 25 (1979) 3, S. 345-365.
Luhmann, N./Schorr, K.-E. (Hg.) (1982): Zwischen Technologie und Selbstreferenz. Fragen an die Pädagogik. Frankfurt a.M.
Luhmann, N./Schorr, K.-E. (Hg.) (1986): Zwischen Intransparenz und Verstehen. Fragen an die Pädagogik. Frankfurt a.M.
Luhmann, N./Schorr, K.-E. (Hg.) (1990): Zwischen Anfang und Ende. Fragen an die Pädagogik. Frankfurt a.M.
Luhmann, N./Schorr, K.-E. (Hg.) (1992): Zwischen Absicht und Person. Fragen an die Pädagogik. Frankfurt a.M.

Luhmann, N./Schorr, K.-E. (Hg.) (1996): Zwischen System und Umwelt. Fragen an die Pädagogik. Frankfurt a.M.
Lutz, F. P. (2000): Das Geschichtsbewußtsein der Deutschen. Grundlagen der politischen Kultur in Ost und West. Köln u.a.
Mannheim, Karl (1928): Das Problem der Generationen. In: Kölner Vierteljahreshefte für Soziologie 7, S. 157- 185; 309-330.
Margalit, A. (2000): Ethik der Erinnerung. Max Horkheimer Vorlesungen. Frankfurt a.M.
Märthesheimer, P./Frenzel, I. (Hg.) (1979): Im Kreuzfeuer: Der Fernsehfilm ‚Holocaust' – Eine Nation ist betroffen. Frankfurt a.M.
Matthes, E. (1998): Geisteswissenschaftliche Pädagogik nach der NS-Zeit. Politische und pädagogische Verarbeitungsversuche. Bad Heilbrunn/Obb.
Matthes, J. (1985): Karl Mannheims „Das Problem der Generationen", neu gelesen. Generationen-„Gruppen" oder „gesellschaftliche Regelung von Zeitlichkeit"? In: Zeitschrift für Soziologie 14 (1985) 5, S. 363-372.
Mayer, U. (1982): Geschichtsdidaktik und Geschichtsunterricht in der Nachkriegszeit (1945-1953). In: Bergmann/Schneider 1982, a.a.O., S. 349-380.
Meinberg, E. (1988): Das Menschenbild der modernen Erziehungswissenschaft. Darmstadt.
Meseth, W. (1999): Theodor W. Adornos "Erziehung nach Auschwitz". Ambivalenzen in der pädagogischen Rezeptions- und Verwendungsgeschichte. (Unveröffentlichte Diplomarbeit des Fachbereichs Erziehungswissenschaften der Johann Wolfgang Goethe Universität Frankfurt a.M.).
Meseth, W. (2000): Theodor W. Adornos „Erziehung nach Auschwitz". Ein pädagogisches Programm und seine Wirkung. In: Fechler/Kößler/Lieberz-Groß 2000, a.a.O., S. 19-30.
Meseth, W./Proske, M./Radtke, F.-O. (Hg.) (2004): Schule und Nationalsozialismus. Anspruch und Grenzen des Geschichtsunterrichts. Frankfurt a. M.
Meseth, W./Proske, M./Radtke, F.-O. (2004a): Einleitung: Schule und Nationalsozialismus. Anspruch und Grenzen des Geschichtsunterrichts. In: dies. 2004, a.a.O., S. 9-30.
Meseth, W./Proske, M./Radtke, F.-O. (2004b): Nationalsozialismus und Holocaust im Geschichtsunterricht. Erste empirische Befunde und theoretische Schlussfolgerungen. In: dies. 2004, a.a.O., S. 95-146.
Métraux, A. (2000): Die Darstellbarkeit der Shoah – Zum Antagonismus zwischen Erinnern und geschichtswissenschaftlicher Rekonstruktion. In: Zuckermann 2000, a.a.O., S. 283-292.
Metz, J. B. (1997): Zwischen Erinnern und Vergessen. Die Shoah im Zeitalter der kulturellen Amnesie. In: ders.: Zum Begriff der neuen Politischen Theologie 1967-1997. Mainz, S. 149-155.
Meyers, P. (1979): Didaktische Aspekte zur Behandlung des Nationalsozialismus in Schule und Erwachsenenbildung. In: Meyers/Riesenberger 1979, a.a.O., S. 8-34.
Meyers, P./Riesenberger, D. (Hg.) (1979): Der Nationalsozialismus in der historisch-politischen Bildung. Göttingen.
Mitscherlich, A./Mitscherlich, M. (1967): Die Unfähigkeit zu trauern. Grundlagen kollektiven Verhaltens. München.

Mosberg, H. (1991): *RE*education. Umerziehung und Lizenzpresse im Nachkriegsdeutschland. München.
Moysich, J./Heyl, M. (Hg.) (1998): Der Holocaust. Ein Thema für Kindergarten und Grundschule. Hamburg.
Müller, W. (1995): Schulpolitik in Bayern im Spannungsfeld von Kultusbürokratie und Besatzungsmacht 1945-1949. München.
Müller-Doohm, S. (1996): Die Soziologie Theodor W. Adornos. Eine Einführung. Frankfurt a.M.
Münch, R. (1991): Dialektik der Kommunikationsgesellschaft. Frankfurt a.M.
Mütter, B. (1999): Emotionen und historisches Lernen. In: Geschichte in Wissenschaft und Unterricht 50 (1999) 5/6, S. 340-355.
Mütter, B./Uffelmann, U. (Hg.) (1996): Emotionen und historisches Lernen. Forschung – Vermittlung – Rezeption. Hannover.
Nassehi, A. (1996): Keine Zeit für Utopien. Über das Verschwinden utopischer Gehalte aus modernen Zeitsemantiken. In: Eickelpasch/Nassehi 1996, a.a.O., S. 242-287.
Nassehi, A. (1999): Differenzierungsfolgen. Beiträge zur Soziologie der Moderne. Opladen/Wiesbaden.
Nassehi, A. (2003): Geschlossenheit und Offenheit. Studien zur Theorie der modernen Gesellschaft. Frankfurt/M.
Nassehi, A./Saake, I. (2002): Kontingenz: Methodisch verhindert oder beobachtet? Ein Beitrag zur Methodologie der qualitativen Sozialforschung. In: Zeitschrift für Soziologie, 31. Jg, S. 66-86.
Naumann, M. (1998a): Erklärung zum Holocaust-Denkmal (Auszug). Pressekonferenz in Bonn am 14.12.1998. In: Heimrod u.a. 1999, a.a.O., S. 1181-1183.
Naumann, M. (1998b): Ein Museum kann auch ein Mahnmal sein. Interview mit Michael Naumann. In: Der Tagesspiegel vom 10.12.1998, zugleich in und zitiert nach: Heimrod u.a. 1999, a.a.O., S. 1188-1190.
Naumann, M. (1999): Haus der Erinnerung und Holocaust Mahnmal in Berlin. In: Heimrod u.a. 1999, a.a.O., S. 1201-1202.
Negt, O. (1995): Achtundsechzig. Politische Intellektuelle und Macht. Göttingen
Neirich, U. (2000): Erinnern heißt wachsam bleiben – Pädagogische Arbeit in und mit NS-Gedenkstätten. Mühlheim a.d. Ruhr.
Nietzsche, F. (1873): Vom Nutzen und Nachteil der Historie für das Leben. Stuttgart 1994.
Novick, P. (2001): Nach dem Holocaust. Der Umgang mit dem Massenmord. Stuttgart/München.
Oelkers, J. (1990a): *Vollendung*: Theologische Spuren im pädagogischen Denken. In: Luhmann/Schorr 1990, a.a.O., S. 24-72.
Oelkers, J. (1990b): Buchbesprechung. Andreas Gruschka: Negative Pädagogik. In: Zeitschrift für Pädagogik 36 (1990) 2, S. 279-283.
Oelkers, J. (1991): Theorie der Erziehung. Ein vernachlässigtes Thema (Einleitung zum Schwerpunkt). In: Zeitschrift für Pädagogik 37 (1991) 1, S. 14-18.
Oelkers, J. (1992): Seele und Demiurg: Zur historischen Genesis pädagogischer Wirkungsannahmen. In: Luhmann/Schorr 1992, a.a.O., S. 11-57.

Oelkers, J. (1993): Topoi der Sorge. Beobachtung zur öffentlichen Verwendung pädagogischen Wissens. In: ders./Tenorth 1993, a.a.O., S. 213-231.
Oelkers, J. (1996): Reformpädagogik. Eine kritische Dogmengeschichte. 3. vollständig bearbeitet und erweiterte Auflage. Weinheim/München.
Oelkers, J. (1997): Öffentlichkeit und Bildung: Zur historischen Genesis eines europäischen Konzepts. In: Braun, K.-H./Krüger, H.-H. (Hg.): Pädagogische Zukunftsentwürfe. Festschrift zum siebzigsten Geburtstag von Wolfgang Klafki. Opladen, S. 29-49.
Oelkers, J. (1998): Pädagogische Reform und Wandel der Erziehungswissenschaft. In: Führ/Furck 1998, a.a.O., S. 217-243.
Oelkers, J. (2001): Einführung in die Theorie der Erziehung. Weinheim/Basel.
Oelkers, J./Tenorth, H.-E. (Hg.) (1993): Pädagogisches Wissen. Weinheim/Basel.
Oevermann, U. (1996): Theoretische Skizze einer revidierten Theorie professionalisierten Handelns. In: Combe, A./Helsper, W. (Hg.) (1996): Pädagogische Professionalität. Untersuchungen zum Typus pädagogischen Handelns. Frankfurt a.M., S. 70-182.
Oevermann, U. (1997): Über das implizite Modell ästhetischer Erfahrung und künstlerischen Handelns in der Episode von Odysseus Vorbeifahrt an den Sirenen – Zugleich eine vernachlässigte Strukturbedingung in Horkheimers und Adornos „Dialektik der Aufklärung". (Unveröffentlichtes Manuskript).
Oevermann, U. (2001): Die Soziologie der Generationenbeziehungen und der historischen Generationen aus strukturalistischer Sicht und ihre Bedeutung für die Schulpädagogik. In: Kramer/Helsper/Busse 2001, a.a.O., S. 78-128.
Paffrath, H. F. (1994): Die Wendung aufs Subjekt. Pädagogische Perspektiven im Werk Theodor W. Adornos. 2. Auflage. Weinheim.
Paffrath, H. F. (Hg.) (1987): Kritische Theorie und Pädagogik der Gegenwart. Aspekte und Perspektiven der Auseinandersetzung. Weinheim.
Pakschies, G. (1984): Umerziehung in der Britischen Zone 1945-1949. 2. durchges. Auflage. Köln/Wien.
Papcke, S. (1983): Gibt es eine kulturelle Identität der Deutschen. In: Weidenfeld, W. (Hg.): Die Identität der Deutschen. Schriftenreihe der Bundeszentrale für politische Bildung. Bd. 200. Bonn, S. 248-273.
Parsons, T. (1975): Gesellschaften. Evolutionäre und komparative Perspektiven. Frankfurt a.M.
Paschen, H. (1988): Das Hänschen Argument. Zur Analyse und Evaluation pädagogischen Argumentierens. Wien u.a.
Paschen, H. (1997): Pädagogiken. Zur Systematik pädagogischer Differenz. Weinheim.
Perels, J. (1998): Die Zerstörung von Erinnerung als Herrschaftstechnik. Adornos Analysen zur Blockierung der Aufarbeitung der NS-Vergangenheit. In: König/Kohlstruck/Wöll 1998, a.a.O., S. 53-68.
Peukert, H. (1976): Wissenschaftstheorie – Handlungstheorie – Fundamentale Theologie. Analyse zu Ansatz und Status theologischer Theoriebildung. Düsseldorf.
Peukert, H. (1983): Kritische Theorie und Pädagogik. In: Zeitschrift für Pädagogik 30 (1983) 2, S. 195-217.

Peukert, H. (1996): ‚Erziehung nach Auschwitz' – eine überholte Situationsdefinition? Zum Verhältnis von Kritischer Theorie und Erziehungswissenschaft. In: Hoffmann 1996, a.a.O., S. 127-140.
Picht, G. (1964): Die Deutsche Bildungskatastrophe. Olten/Freiburg.
Pinder, W. (1926): Das Problem der Generation in der Kunstgeschichte Europas. München 1961.
Platt, K./Dabag, M. (1995): Generation und Gedächtnis. Erinnerung und kollektive Identität. Opladen.
Pöggeler, F. (1992): ‚Erziehung nach Auschwitz' als eine Perspektive der Erwachsenenbildung. In: Erwachsenenbildung in Österreich 4/1992, S. 7-10.
Pohl, K. (1996): Bildungsreform und Geschichtsbewußtsein. Empirische Befunde zu Wirkungen der Bildungsreform im Bereich des Geschichtsunterrichts. Pfaffenweiler.
Proske, M. (2001): Pädagogik und Dritte Welt. Eine Fallstudie zur Pädagogisierung sozialer Probleme (Frankfurter Beiträge zur Erziehungswissenschaft, Reihe Monographien, Bd. 1). Frankfurt a.M.
Proske, M. (2002): Pädagogisierung und Systembildung: Das Pädagogische im gesellschaftlichen Umgang mit dem Dritte-Welt-Problem. In: Zeitschrift für Erziehungswissenschaft 5 (2002) 2, S. 279-298.
Psyche (2000): Zeitschrift für Psychoanalyse und ihre Anwendungen. Sonderheft: Trauma, Gewalt und Kollektives Gedächtnis 54 (2000) 9/10.
Pütz, J. (1999): In Beziehung zur Geschichte sein. Frauen und Männer der dritten Generation in ihrer Auseinadersetzung mit dem Nationalsozialismus. Studien zur Bildungsreform, hrsg. von Wolfgang Keim, Bd. 38. Frankfurt a.M. u.a.
Rademacher, C. (1996): Vexierbild der Hoffnung. Zur Aporie utopischen Denkens bei Adorno. In: Eickelpasch/Nassehi 1996, a.a.O., S. 110-135.
Radtke, F.-O. (1995): Interkulturelle Erziehung - Über die Gefahr eines pädagogisch halbierten Anti-Rassismus. In: Zeitschrift für Pädagogik 41 (1995) 6, S. 853-864.
Radtke, F.-O. (1996): Wissen und Können – Grundlagen der wissenschaftlichen Lehrerbildung. Opladen.
Rau, J. (2000): "Wenn wir der Jugend die Erinnerung weitergeben ...". Die Ansprache von Bundespräsident Johannes Rau vor der Knesset in Jerusalem. In: Frankfurter Rundschau vom 17. 2. 2000, S. 12.
Reemtsma, J. P. (1998): Mord am Strand. Allianzen von Zivilisation und Barbarei. Hamburg.
Reemtsma, J. P. (1998a): Über einen ästhetischen Einwand. In: ders. 1998, a.a.O., S. 208-223.
Reemtsma, J. P. (1998b): Die Memoiren Überlebender. Eine Literaturgattung des 20. Jahrhunderts. In: ders. 1998, a.a.O., S. 227-253.
Reemtsma, J. P. (2001): „Wie hätte ich mich verhalten?" und andere nicht nur deutsche Fragen. Reden und Aufsätze. München.
Reemtsma, J. P. (2001a): Was heißt: aus der Geschichte lernen? In: ders. 2001, a.a.O., S. 30-52.
Reemtsma, J. P. (2001b): Laudatio für Saul Friedländer anläßlich der Verleihung des Geschwister-Scholl-Preises. In: ders. 2001, a.a.O., S. 171-185.

Reichel, P. (1999): Politik mit der Erinnerung. Gedächtnisorte im Streit um die nationalsozialistische Vergangenheit. 2. Auflage. Frankfurt a.M.

Reichel, Peter (2001): Vergangenheitsbewältigung in Deutschland. Die Auseinandersetzung mit der NS-Diktatur von 1945 bis heute. München.

Reijen, W. v./Dooren, H. v. (2001): Aufenthalt und Passagen. Leben und Werk Walter Benjamins. Eine Chronik. Frankfurt a.M.

Richter, D. (1996): Nation als Form. Opladen.

Ritsert, J. (1997): Das Nichtidentische bei Adorno – Substanz- oder Problembegriff? In: Zeitschrift für kritische Theorie 3 (1997) 4, S. 29-51.

Rohlfes, J. (1997): Geschichtsdidaktik – Geschichtsunterricht. In: Geschichte in Wissenschaft und Unterricht 48 (1997) 1, S. 41-59.

Rosenthal, G. (1997): Der Holocaust im Leben von drei Generationen. Familien von Überlebenden der Shoah und von Nazi-Tätern. Gießen.

Rosenthal, G. (2000): Historische und familiale Generationenabfolge. In: Kohli/Szydlik 2000, a.a.O., S. 162-178.

Rousseau, J.-J. (1762): Emil oder Über die Erziehung. Paderborn u.a. 1993.

Ruhloff, J. (1983) Ist Pädagogik heute ohne „Kritische Theorie" möglich? In: Zeitschrift für Pädagogik 30 (1983) 2, S. 219-233.

Rumpf, H. (1977): Vergangenheitsbedürfnisse. Ein Versuch, auf Subjektivität aufmerksam zu werden. In: Neue Sammlung 17 (1977), S. 302-317.

Rupieper, H.-J. (1993): Die Wurzeln der westdeutschen Nachkriegsdemokratie. Der amerikanische Beitrag 1945-1952. Opladen.

Rüsen, J. (1990): Zeit und Sinn. Strategien historischen Denkens, Frankfurt a. M.

Rüsen, J. (1994a): Historische Orientierung. Über die Arbeit des Geschichtsbewußtseins, sich in der Zeit zurechtzufinden. Köln u.a.

Rüsen, J. (1994b): Historisches Lernen. Grundlagen und Paradigmen. Köln u.a.

Rüsen, J. (1995): Geschichtskultur. In: Geschichte in Wissenschaft und Unterricht 46 (1995) 9, S. 513-521.

Rüsen, J. (2001b): Holocaust, Erinnerung, Identität. Drei Formen generationeller Praktiken des Erinnerns. In: Welzer 2001, a.a.O., S. 243-259.

Rüsen, J. (Hg.) (2001a): Geschichtsbewußtsein. Psychologische Grundlagen, Entwicklungskonzepte, empirische Befunde. Köln u.a.

Schaal, G. S./Wöll, A. (Hg.) (1997): Vergangenheitsbewältigung: Modelle der politischen und sozialen Integration in der bundesdeutschen Nachkriegsgeschichte. Baden-Baden.

Schäfer, A. (1996): Kritische Pädagogik - Vom paradigmatischen Scheitern eines Paradigmas. In: Hoffmann 1996, a. a. O., S. 111-125.

Schatzker, C. (1995): Eingedenken – Das Gedächtnis der oder in der jüdischen Tradition. In: Platt/Dabag 1995, a.a.O., S. 107-114.

Schelsky, H. (1957): Die skeptische Generation. Eine Soziologie der deutschen Jugend. Frankfurt a. M. u.a. 1975

Schimank, U. (1996): Theorien gesellschaftlicher Differenzierung. Opladen.

Schlander, O. (1975): Reeducation - ein politisch-pädagogisches Prinzip im Widerstreit der Gruppe. Frankfurt a.M.

Schlander, O. (1981): Der Einfluß von John Dewey und Hans Morgenthau auf die Formulierung der Re-educationpolitik. In: Heinemann 1981, a.a.O., S. 40-52.

Schleiermacher, F. (1826): Grundzüge der Erziehungskunst (Vorlesungen 1826). In: ders.: 2000: Texte zur Pädagogik. Kommentierte Studienausgabe, Bd. 2., hg. von Michael Winkler und Jens Brachmann. Frankfurt a.M.

Schmidt Noerr, G. (1987): Die Stellung der ‚Dialektik der Aufklärung' in der Entwicklung der Kritischen Theorie. Bemerkungen zu Autorschaft, Entstehung, einigen theoretischen Implikationen und späteren Einschätzungen durch die Autoren (Nachwort des Herausgebers). In: Horkheimer, M.: Gesammelte Schriften Bd. 5. ‚Dialektik der Aufklärung' und Schriften 1940-1950. Frankfurt a.M., S. 423-452.

Schmidt, U./Fichter, T. (1973): Der erzwungene Kapitalismus. Klassenkämpfe in der Westzone 1945-1948. 3. Auflage. Berlin.

Schneider, C. (1998): Schuld als Generationsproblem. In: Mittelweg 36, 7 (1998) 4, S. 28-40.

Schneider, C. (2002): Geschichte als Krise und Übergang. Über die Möglichkeit einer ‚kritischen Geschichte' des Nationalsozialismus. In: Mittelweg 36, 11 (2002) 2, S. 4-16.

Schneider, C./Stillke, C., Leinweber, B. (1996): Das Erbe der Napola. Versuch einer Generationengeschichte des Nationalsozialismus. Hamburg.

Schneider, W.L. (1997): Die Analyse von Struktursicherungsoperationen als Kooperationsfeld von Konversationsanalyse, objektiver Hermeneutik und Systemtheorie In: Sutter, T. (Hg.): Beobachtungen verstehen, Verstehen beobachten. Perspektiven einer konstruktivistischen Hermeneutik. Opladen, S. 164-227.

Schörken, R. (1979): Geschichte im Alltag. Über einige Funktionen des trivialen Geschichtsbewußtseins. In: Geschichte in Wissenschaft und Unterricht 30 (1979) 2, S. 73- 88.

Schörken, R. (1981): Geschichte in der Alltagswelt. Wie uns Geschichte begegnet und was wir mit ihr machen. Stuttgart.

Schreier, H./Heyl, M. (Hg.) (1992): Das Echo des Holocaust. Pädagogische Aspekte des Erinnerns. Hamburg.

Schreiner, G. (1986): Indoktrinieren für Frieden und Abrüstung. In: Schweitzer, J. (Hg.): Bildung für eine menschliche Zukunft. Weinheim/München, S. 239-247.

Schröder, G. (2000): „Dem Gedächtnis unserer Jugend Ansporn geben". Auszüge aus der Rede des Bundeskanzlers Gerhard Schröder anläßlich der „1. Weltkonferenz zur Unterrichtung über den Holocaust vom 26.-28.1.2000 in Stockholm. In: Frankfurter Rundschau v. 27.1.2000, S. 2.

Schulin, E. (1994): Der Zeitbegriff in der Geschichtsschreibung der Aufklärung und des deutschen Historismus. In: Küttler/Rüsen/Schulin 1994, a.a.O., S. 333-344

Schwab-Trapp, M. (2001): Der Kosovokrieg und die deutsche politische Kultur des Krieges. In: Sozialer Sinn. Zeitschrift für hermeneutische Sozialforschung 2 (2001) 2, S. 233-258.

Schweitzer, H. (1994): Der Mythos vom Interkulturellen Lernen. Zur Kritik der sozialwissenschaftlichen Grundlagen interkultureller Erziehung und subkultureller Selbstorganisation ethnischer Minderheiten am Beispiel der USA und der Bundesrepublik Deutschland. Münster/Hamburg.

Schweppenhäuser, G. (1993): Ethik nach Auschwitz. Adornos negative Moralphilosophie. Hamburg.

Silbermann, A./Stoffers, M. (2000): Auschwitz: nie davon gehört? Erinnern und Vergessen in Deutschland. Berlin.

Simmel, G. (1908): Soziologie. Untersuchungen über die Formen der Vergesellschaftung. Frankfurt a.M. 1992.

Söllner, A. (2002): Adorno und die politische Kultur der frühen Bundesrepublik In: Mittelweg 36, 11 (2002) 2, S. 37-52.

Spencer, H. (1885): Principien der Soziologie. Leipzig.

Stichweh, R. (2000): Die Weltgesellschaft. Soziologische Analysen. Frankfurt a.M.

Stiftung für die Rechte zukünftiger Generationen (Hg.) (1999): Was bleibt von der Vergangenheit? Die junge Generation im Dialog über den Holocaust. Berlin.

Tenorth, H.-E. (1990): Verantwortung und Wächteramt. Wie die wissenschaftliche Pädagogik ihre gesellschaftliche Wirksamkeit behandelt. In: Vierteljahresschrift für wissenschaftliche Pädagogik 66 (1990), S. 409-435.

Tenorth, H.-E. (1991): Bildung der Nation zur Identität? Bildungskonzeptionen des 20. Jahrhunderts unter dem Druck politischer Funktionalisierung. In: Hinrichs, E./Jacobmeyer, W. (Hg.): Bildungsgeschichte und historisches Lernen. Symposium aus Anlaß des 65. Geburtstags von Prof. Dr. Karl-Ernst Jeismann, Braunschweig, 19.-21. September 1990. Frankfurt a.M., S. 77-94.

Tenorth, H.-E. (1994): Profession und Disziplin. Zur Formierung der Erziehungswissenschaft. In: Krüger, H.-H./Rauschenbach, T. (Hg.): Erziehungswissenschaft. Die Disziplin am Beginn einer Epoche. Weinheim/München. S. 17-28.

Tenorth, H.-E. (2000): Geschichte der Erziehung. Einführung in die Grundzüge ihrer neuzeitlichen Entwicklung. 3. Auflage. Weinheim/München.

Teschke, O.M. (1999): Schule und Erziehung zwischen Vergangenheitsbewältigung und Zukunftsorientierung. Studien zur Pädagogik der frühen Nachkriegszeit. Dissertation am Fachbereich Erziehungswissenschaften und Biologie an der Universität Dortmund.

Thiel, F. (1996): Ökologie als Thema. Überlegungen zur Pädagogisierung einer gesellschaftlichen Krisenerfahrung. Weinheim.

Thiersch, H. (1983): Geisteswissenschaftliche Pädagogik. In: Lenzen/Mollenhauer 1983, a.a.O., S. 81-99.

Thierse, W. (1999): Rede im Deutschen Bundestag am 27. Januar 1999 zum Tag des Gedenkens an die Opfer des Nationalsozialismus. In: Stenographischer Bericht des Deutschen Bundestages 1999, S. 1193-1194.

Thyen, A. (1998): Es gibt darum in der verwalteten Welt auch keine Ethik. Moral und Moraltheorie. In: Auer/Bonacker/Müller-Doohm 1998, a.a.O., S. 165-185.

Traverso, E. (2000): Auschwitz denken. Die Intellektuellen und die Shoah. Hamburg.

Türk, K. (1995): Organisation und gesellschaftliche Differenzierung. In: ders.: „Die Organisation der Welt". Herrschaft durch Organisation in der modernen Welt. Opladen, S. 155-216.

Uhle, R. (1996): Über die Verwendung des Generationen-Konzepts in der These von der 89er-Generation. In: Liebau, E./Wulf, C. (1996): Generation. Versuch über eine pädagogisch-anthropologische Grundbedingung. Weinheim, S. 77-89.

Weber, M. (1920): Gesammelte Aufsätze zur Religionssoziologie, Bd. 1. Tübingen 1978.

Wehler, H.-U. (1988): Aus der Geschichte lernen? Essays. München.

Wehler, H.-U. (1989): Deutsche Gesellschaftsgeschichte, Bd. 1.: Vom Feudalismus des Alten Reiches bis zur Defensiven Modernisierung der Reformära 1700-1815. 2. Auflage. München.

Weigel, S. (1996): „Kein philosophisches Staunen" – „Schreiben im Staunen". Zum Verhältnis von Philosophie und Literatur nach 1945. Benjamin, Adorno, Bachmann. In: Deutsche Vierteljahrsschrift für Literaturwissenschaft und Geisteswissenschaft 70 (1996) 1, S. 120-137.

Weizsäcker, R. v. (1985): Ansprache in der Gedenkstunde zum 40. Jahrestag der Beendigung des Zweiten Weltkrieges, am 8. Mai 1985 im Plenarsaal des Deutschen Bundestages in Bonn. In: Gill/Steffani 1986, a.a.O., S. 175-191.

Wellie, B. (1991): Emanzipation in Kritischer Theorie, Erziehungswissenschaft und Politikdidaktik. Studien zur Transformation einer sozialphilosophischen Basiskategorie. Hamburg.

Wellmer, A. (1993): Zur Dialektik von Moderne und Postmoderne. Vernunftkritik nach Adorno. Frankfurt a.M.

Welzer, H. (2001) (Hg.): Das soziale Gedächtnis. Geschichte, Erinnerung, Tradierung. Hamburg.

Welzer, H./Moller, S./Tschuggnall, K. (2002): ‚Opa war kein Nazi'. Nationalsozialismus und Holocaust im Familiengedächtnis. Frankfurt a.M.

Welzer, H./Montau, R./Plaß, C. (1997): „Was wir für böse Menschen sind!" Der Nationalsozialismus im Gespräch zwischen den Generationen. Tübingen.

Welzer, H. (2004): „Ach Opa!". Einige Anmerkungen zum Verhältnis von Tradierung und Aufklärung. In: Meseth/Proske/Radtke 2004, a.a.O., S. 95-146.

Weniger, E. (1957): Neue Wege im Geschichtsunterricht. 2. Auflage. Frankfurt a.M.

Wiggershaus, R. (1993): Die Frankfurter Schule. Geschichte – Theoretische Entwicklung – Politische Bedeutung. 4. Auflage. Frankfurt a.M.

Winkler, M. (1998): Friedrich Schleiermacher revisited: Gelegentliche Gedanken über Generationenverhältnisse in pädagogischer Hinsicht. In: Ecarius 1998, a.a.O., S. 115-138.

Winkler, M. (2000): Einleitung. In: Schleiermacher, F.: Texte zur Pädagogik. Kommentierte Studienausgabe, Bd. 1., hg. von Michael Winkler und Jens Brachmann. Frankfurt a.M., S. VII-LXXXIV.

Wischke, M. (1995): Eine negative gewendete Ethik des richtigen Lebens? In: Schweppenhäuser, G./Wischke, M. (Hg.): Impuls und Negativität. Ethik und Ästhetik bei Adorno. Hamburg.

Wolfrum, E. (1999): Geschichtspolitik in der Bundesrepublik Deutschland. Der Weg zur bundesrepublikanischen Erinnerung 1948-1990. Darmstadt.

Young, J. E. (1988): Beschreibes des Holocaust. Darstellung und Folgen der Interpretation. Frankfurt a. M 1997.

Zuckermann, M. (1998): Zweierlei Holocaust. Der Holocaust in den politischen Kulturen Israels und Deutschlands. Göttingen.

Zuckermann, M. (2001): Trauerarbeit und Trauerpolitik: Gedenken und Ideologie im Umgang mit der Holocaust-Erinnerung. In: Liebsch/Rüsen, a.a.O., S. 297-307.

Zuckermann, M. (Hg.) (2000): Geschichte denken: Philosophie, Theorie, Methode. Tel Aviver Jahrbuch für Deutsche Geschichte Bd. 29, Gerlingen.

Frankfurter Beiträge zur Erziehungswissenschaft
Fachbereich Erziehungswissenschaften der
Johann Wolfgang Goethe-Universität

Reihe Kolloquien:

Frank-Olaf Radtke (Hg.)
Die Organisation von Homogenität – Jahrgangsklassen in der Grundschule
Kolloquium anläßlich der 60. Geburtstage von Gertrud Beck und Richard Meier, Frankfurt am Main 1998

Frank-Olaf Radtke (Hg.)
Lehrerbildung an der Universität – Zur Wissensbasis pädagogischer Professionalität
Dokumentation des Tages der Lehrerbildung an der Johann Wolfgang Goethe-Universität, Frankfurt am Main 1999

Heiner Barz (Hg.)
Pädagogische Dramatisierungsgewinne – Jugendgewalt Analphabetismus. Sektengefahr
Frankfurt am Main 2000

Gertrud Beck, Marcus Rauterberg, Gerold Scholz, Kristin Westphal (Hg.)
Sachen des Sachunterrichts
Dokumentation einer Tagungsreihe 1997 – 2000
Frankfurt am Main 2001
Korrigierte Neuauflage 2002

Brita Rang und Anja May (Hg.)
Das Geschlecht der Jugend – Dokumentation der Vorlesungsreihe Adoleszenz: weiblich/männlich? im Wintersemester 1999 / 2000
Frankfurt am Main 2001

Dagmar Beinzger und Isabell Diehm (Hg.)
Frühe Kindheit und Geschlechterverhältnisse. Konjunkturen in der Sozialpädagogik
Frankfurt am Main 2003

Vera Moser (Hg.)
Behinderung – Selektionsmechanismen und Integrationsaspirationen
Frankfurt am Main 2003

Gisela Zenz (Hg.)
Traumatische Kindheiten – Beiträge zum Kinderschutz und zur Kindesschutzpolitik aus erziehungswissenschaftlicher und rechtswissenschaftlicher Perspektive
Frankfurt am Main 2004

Tanja Wieners (Hg.)
Familienbilder und Kinderwelten – Kinderliteratur als Medium der Familien- und Kindheitsforschung
Frankfurt am Main 2005

Reihe Forschungsberichte:

Thomas Höhne/Thomas Kunz/Frank-Olaf Radtke
Bilder von Fremden – Formen der Migrantendarstellung als der „anderen Kultur" in deutschen Schulbüchern von 1981-1997
Frankfurt am Main 1999

Uwe E. Kemmesies
Umgang mit illegalen Drogen im ‚bürgerlichen' Milieu (UMID). Bericht zur Pilotphase
Frankfurt am Main 2000

Oliver Hollstein/Wolfgang Meseth/Christine Müller-Mahnkopp/Matthias Proske/Frank-Olaf Radtke
Nationalsozialismus im Geschichtsunterricht. Beobachtungen unterrichtlicher Kommunikation
Bericht zu einer Pilotstudie
Frankfurt am Main 2002

Andreas Gruschka/Martin Heinrich/Nicole Köck/Ellen Martin/
Marion Pollmanns/Michael Tiedtke
Innere Schulreform durch Krisenindukion?
Fallrekonstruktion und Strukturanalysen zu den Wirkungen administeriell verordneter Schulprogrammarbeit
Frankfurt am Main 2003

Andreas Gruschka
Auf dem Weg zu einer Theorie des Unterrichtens - Die widersprüchliche Einheit von Erziehung, Didaktik und Bildung in der allgemeinbildenden Schule
Vorstudie
Frankfurt am Main 2005

Frank-Olaf Radtke/Maren Hullen/Kerstin Rathgeb
Lokales Bildungs- und Integrationsmanagement
Bericht der wissenschaftlichen Begleitforschung im Rahmen der Hessischen Gemeinschaftsinitiative Soziale Stadt (HEGISS)
Frankfurt am Main 2005

Reihe Monographien:

Matthias Proske
Pädagogik und Dritte Welt – Eine Fallstudie zur Pädagogisierung sozialer Probleme
Frankfurt am Main 2001

Thomas Höhne
Schulbuchwissen – Umrisse einer Wissens- und Medientheorie des Schulbuchs
Frankfurt am Main 2003

Thomas Höhne/Thomas Kunz/Frank-Olaf Radtke
Bilder von Fremden – Was unsere Kinder aus Schulbüchern über Migranten lernen können
Frankfurt am Main 2005

Wolfgang Meseth
Aus der Geschichte lernen – Über die Rolle der Erziehung in der bundesdeutschen Erinnerungskultur
Frankfurt am Main 2005